W0067588

Organisationspsychologie

Bachelorstudium Psychologie

Organisationspsychologie
von Prof. Dr. Uwe Peter Kanning und Prof. Dr. Thomas Staufenbiel

Herausgeber der Reihe:
Prof. Dr. Eva Bamberg, Prof. Dr. Hans-Werner Bierhoff,
Prof. Dr. Alexander Grob, Prof. Dr. Franz Petermann

Organisations-
psychologie

von

Uwe Peter Kanning
und Thomas Staufenbiel

HOGREFE GÖTTINGEN · BERN · WIEN · PARIS · OXFORD · PRAG · TORONTO
CAMBRIDGE, MA · AMSTERDAM · KOPENHAGEN · STOCKHOLM

D15|218/1

Hochschule
Bonn-Rhein-Sieg

Hochschul- und
Kreisbibliothek
Bonn-Rhein-Sieg

Ausgesondert

24. ... ...

Prof. Dr. Uwe Peter Kanning, geb. 1966. 1987–1993 Studium der Psychologie, Pädagogik und Soziologie in Münster. 1993–1994 Studium an der University of Kent in Canterbury, England. 1997 Promotion. 1997–2009 wissenschaftlicher Mitarbeiter des Fachbereiches Psychologie und Sportwissenschaft der Westfälischen Wilhelms-Universität Münster und Projektleiter der Beratungsstelle für Organisationen der Universität Münster. 2007 Habilitation. Seit 2009 Professor für Wirtschaftspsychologie an der Hochschule Osnabrück.

Prof. Dr. Thomas Staufenbiel, geb. 1958. 1979–1986 Studium der Psychologie in Aachen, Düsseldorf und Gießen. 1986–1993 wissenschaftlicher Mitarbeiter am Fachbereich Psychologie der Universität Gießen. 1992 Promotion. 1993–2003 wissenschaftlicher Assistent und Hochschuldozent im Fachbereich Psychologie der Universität Marburg. 2000 Habilitation. 2003–2009 Professor für Evaluation und Forschungsmethodik an der Universität Osnabrück. Seit 2009 Professor für Forschungsmethodik, Diagnostik und Evaluation an der Universität Osnabrück.

Informationen und Zusatzmaterialien zu diesem Buch finden Sie unter www.hogrefe.de/buecher/lehrbuecher/psychlehrbuchplus

Bibliografische Information der Deutschen Nationalbibliothek

Die Deutsche Nationalbibliothek verzeichnet diese Publikation in der Deutschen Nationalbibliografie; detaillierte bibliografische Daten sind im Internet über http://dnb.d-nb.de abrufbar.

© 2012 Hogrefe Verlag GmbH & Co. KG
Göttingen · Bern · Wien · Paris · Oxford · Prag · Toronto
Cambridge, MA · Amsterdam · Kopenhagen · Stockholm
Merkelstraße 3, 37085 Göttingen

http://www.hogrefe.de
Aktuelle Informationen · Weitere Titel zum Thema · Ergänzende Materialien

Das Werk einschließlich aller seiner Teile ist urheberrechtlich geschützt. Jede Verwertung außerhalb der engen Grenzen des Urheberrechtsgesetzes ist ohne Zustimmung des Verlags unzulässig und strafbar. Das gilt insbesondere für Vervielfältigungen, Übersetzungen, Mikroverfilmungen und die Einspeicherung und Verarbeitung in elektronischen Systemen.

Umschlagabbildung: © digitalstock.de
Satz: ARThür Grafik-Design & Kunst, Weimar
Druck: AZ Druck und Datentechnik GmbH, Kempten
Printed in Germany
Auf säurefreiem Papier gedruckt

ISBN 978-3-8017-2145-9

Inhaltsverzeichnis

Vorwort

Über mehr als 20 Jahre hinweg hat sich die Organisationspsychologie an deutschen Universitäten als anwendungsbezogene Teildisziplin der Psychologie etabliert. Seit mehr als 10 Jahren bieten zudem Fachhochschulen wirtschaftspsychologische Studiengänge an, die weitgehend als ein Synonym der Organisationspsychologie betrachtet werden können. Der Arbeitsmarkt entwickelt sich stetig positiv, so dass heute zumindest in jedem Großunternehmen auch Organisationspsychologen als Mitarbeiter und Führungskräfte Verantwortung tragen. Hinter der Klinischen Psychologie stellt die Organisationspsychologie inzwischen das zweitgrößte Arbeitsfeld für unsere Absolventinnen und Absolventen dar.

Die allermeisten Studierenden wählen das Fach, weil sie eine praktische Berufstätigkeit jenseits der Wissenschaft anstreben, ihrer Arbeit aber gleichwohl ein wissenschaftliches Fundament geben wollen. Genau hierin liegt die Stärke der Organisationspsychologie. Einerseits ist sie verwurzelt in psychologischen Grundlagendisziplinen wie der Sozial-, der Persönlichkeits- sowie der Differentiellen Psychologie, andererseits strebt sie nicht nur nach Erkenntnis, sondern auch nach praktischer Nützlichkeit. Gerade aus der Mischung einer anspruchvollen wissenschaftlichen Ausbildung mit einer auf Nützlichkeit hin orientierten Sichtweise erwächst ein besonderer Marktvorteil für Organisationspsychologen im Wettbewerb mit anderen Berufsgruppen.

In dieser Tradition steht auch das vorliegende Lehrbuch. Es will zum einen in die grundlegenden Theorien, Erkenntnisse und Methoden der Organisationspsychologie als Wissenschaft einführen, verliert dabei aber zum anderen nie den Blick für den praktischen Nutzen, der hieraus erwächst. Das Lehrbuch versteht sich dabei als ein einführendes Werk. Es ist in Art und Umfang speziell auf die Bedürfnisse eines Bachelor-Studienganges zugeschnitten.

Damit die aufmerksamen Leser unseres Buches nicht durch allzu viele Tippfehler gestört werden, wurden wir bei der Suche nach diesen unangenehmen Plagegeistern von verschiedenen Personen unterstützt. Wir danken Frau Dipl.-Psych. Laura Müller und Frau Margret Unger für ihre hilfreichen Dienste.

Im Sommer 2011

Uwe Peter Kanning
Thomas Staufenbiel

Kapitel 1
Grundlagen der Organisations-
psychologie

Uwe Peter Kanning

Inhaltsübersicht

Wenn wir die Psychologie ganz allgemein als die Lehre vom menschlichen Verhalten und Erleben definieren, so ist die *Organisationspsychologie* die Lehre vom menschlichen Verhalten und Erleben in Organisationen. Der Begriff des *Verhaltens* bezieht sich dabei auf sichtbare Äußerungen eines Menschen, wie etwa die Art und Weise, in der eine Führungskraft mit ihren Mitarbeitern umgeht. Demgegenüber liegt das *Erleben* erst einmal im Verborgenen. Es handelt sich um Gedanken, Gefühle oder Motive.

Breite Definition des Begriffs „Organisation"
Organisationen können sowohl Unternehmen, die primär profitorientiert arbeiten, als auch Behörden, Schulen oder Krankenhäuser sein (sog. „Non-profit"-Organisationen). Schon die Breite dieser Definition lässt erahnen, dass sich die organisationspsychologische Forschung mit vielfältigsten Fragestellungen beschäftigt: Wie findet man die richtigen Mitarbeiter für ein Unternehmen und wie kann man sie intern bestmöglich platzieren? Nach welchen Prinzipien sollten die Mitarbeiter geführt werden? Durch welche Maßnahmen der Mitarbeitermotivierung lässt sich sowohl ihre Leistung als auch die Arbeitszufriedenheit steigern? Mit welchen Methoden kann man vorhandene Kompetenzen des Personals am besten weiterentwickeln? Dies ist nur eine kleine Auswahl derjenigen Fragen, mit denen sich die Organisationspsychologie z.T. seit vielen Jahrzehnten beschäftigt. Ganz offensichtlich haben wir es hier mit einer eindeutig *anwendungsorientierten Wissenschaft* zu tun, die nicht nur den Menschen verstehen will, sondern auch konkrete Strategien zur Lösung praktischer Probleme entwickelt.

Im Folgenden wollen wir uns mit den Grundlagen der Organisationspsychologie auseinandersetzen. Hierzu gehört zunächst ein kurzer historischer Rückblick. Im zweiten Schritt wird es um die Frage gehen, welche übergeordneten Aufgaben die Organisationspsychologie als Anwendungswissenschaft zu erfüllen hat und wie sich ihr Forschungsgegenstand differenzieren lässt. Hieraus leitet sich im dritten Schritt eine Auseinandersetzung mit den Arbeitsfeldern in der Praxis ab.

1.1 Geschichte

Die Geschichte der Organisationspsychologie ist im Vergleich zu anderen psychologischen Disziplinen, wie etwa die der Wahrnehmungspsychologie oder auch der Arbeitspsychologie, vergleichsweise kurz (vgl.

Kurze Geschichte
Greif, 2007; Lück, 2004). Im deutschsprachigen Raum taucht der Begriff erst in den 70er Jahren des letzten Jahrhunderts auf, nachdem

Rosenstiel, Molt und Rüttinger (1972) ein Buch mit gleichnamigem Titel veröffentlicht haben. Gleichwohl reichen die Wurzeln weit zurück bis zu den Anfängen der akademischen Psychologie.

1.1.1 Einfluss naturwissenschaftlicher Forschung

Der Beginn der modernen Psychologie wird in aller Regel mit der Gründung des ersten psychologischen Laboratoriums an der Universität Leipzig durch *Wilhelm Wundt* (1832–1920) im Jahre 1879 gleichgesetzt. Seinerzeit löste sich die Psychologie aus der Philosophie heraus und ließ über die Jahrzehnte hinweg mehr und mehr die qualitativ interpretierende Methodik hinter sich, um sich einer quantitativ naturwissenschaftlichen Untersuchungsweise zuzuwenden.

Quantitativ naturwissenschaftliche Orientierung

Getragen wurde diese Entwicklung von der sehr grundlegenden Skepsis gegenüber den Fähigkeiten des Menschen zur objektiven Wahrnehmung und Interpretation seiner Umwelt. Es waren gerade die Wahrnehmungspsychologen der ersten Tage, die dieser Skepsis ein empirisches Fundament geben konnten. Wenn die Menschen schon bei der Wahrnehmung einfachster physikalischer Reize die Realität in systematischer Weise verzerren, wie unangebracht erscheint es da, sich bei der Erforschung des sehr viel komplexeren menschlichen Verhaltens und Erlebens allein auf seine fünf Sinne, sein Gedächtnis und seine Urteilsbildung zu verlassen? Beflügelt wurde die Hinwendung zum naturwissenschaftlichen Arbeiten durch die enormen Fortschritte der klassischen Naturwissenschaften im 19. Jahrhundert, die das Leben in der damaligen Zeit tiefgreifend veränderten. Man denke z. B. an die Erfindung der Dampfmaschine, den Ottomotor oder die Entdeckungen der Paläontologie und schließlich die Evolutionstheorie von Charles Darwin. So verwundert es denn auch nicht, wenn viele der ersten quantitativ empirisch arbeitenden Psychologen von ihrer Grundausbildung her keine Philosophen, sondern Naturwissenschaftler waren. Wilhelm Wund hat beispielsweise zunächst Medizin studiert und Theodor Fechner war Physiker.

1.1.2 Anfänge der angewandten Psychologie

Im Zentrum der Bemühungen der meisten Forscher der damaligen Zeit stand der reine Erkenntnisgewinn. Man wollte wissen, wie der Mensch funktioniert. Einige von ihnen – allen voran der Wundt-

Lösung praktischer
Probleme

Hugo Münsterberg

Schüler *Hugo Münsterberg* (1863–1916) – strebten jedoch nach mehr. Sie wollten Wissen generieren, das zur Lösung praktischer Probleme beitragen kann. Münsterberg sah in der Schaffung nützlichen Wissens die eigentliche Legitimation der Wissenschaft. In dieser Bewegung liegen die Anfänge der angewandten Psychologie. Bereits 1912 legt Hugo Münsterberg mit seinem Buch „Psychologie und Wirtschaftsleben" ein Werk vor, in dem viele der heute noch relevanten Themen, wie etwa Personalauswahl oder Führung, angesprochen wurden.

Die allermeisten anwendungsbezogenen Studien der damaligen Zeit sind jedoch sehr eindeutig der Arbeitspsychologie zuzurechnen. Im Fokus stand die Produktionsarbeit in großen Firmen. Mit Zeit- und Bewegungsstudien wollte man beispielsweise herausfinden, wie ein bestimmter Arbeitsablauf oder eine Maschine verändert werden müssen, damit die Produktivität des einzelnen Arbeiters gesteigert werden kann, wobei gleichzeitig das Verletzungsrisiko gesenkt werden sollte.

„Psychognostik"
und „Psychotechnik"

Zuvor hatte *William Stern* (1871–1938) im Jahre 1903 zwei wichtige Begriffe eingeführt, die bis heute wegweisend für die praktische Arbeit von Psychologen sind, auch wenn sie in dieser Form nicht mehr Verwendung finden. Wie Münsterberg war William Stern ein Protagonist der angewandten Psychologie und unterschied zwischen „Psychognostik" und „Psychotechnik". Die *„Psychognostik"* beschreibt die erste Phase im Prozess einer praktischen Problemlösung: Zunächst einmal muss man den Sachverhalt mit Mitteln der psychologischen Diagnostik untersuchen, ehe man zielgerichtet zur Tat schreiten kann. Die eigentliche Intervention, die dann auf der Basis der Untersuchung erfolgt, bezeichnete Stern als *„Psychotechnik"*. Auch heute ist jeder praktisch arbeitende Psychologe gehalten, sich zunächst einmal diagnostisch mit einem konkreten Problem (z. B. Mobbing gegenüber einem bestimmten Mitarbeiter) auseinanderzusetzen, ehe zielgerichtet interveniert wird (z. B. Schulung der Führungskraft oder Versetzung des Mitarbeiters).

Einfluss von Arbeitsbedingungen: Die Hawthorne-Studien

In den 20er/30er Jahren sollten arbeitspsychologische Untersuchungen in den Hawthorne-Werken der amerikanischen Western

Electric Company einen weiteren Meilenstein in der Entwicklung der Organisationspsychologie legen. In den *Hawthorne-Studien* ging man der Frage nach, wie sich Veränderung der Arbeitsbedingungen auf die Leistung der Produktionsarbeiter auswirken. Dabei kam man zu überraschenden Ergebnissen: Je weiter man die Beleuchtungskraft sowie die Pausenzeiten reduzierte, desto produktiver wurden die Arbeiter. Dieses auf den ersten Blick völlig absurd anmutende Ergebnis wurde zunächst dahingehend interpretiert, dass sich die Mitarbeiter aufgrund der besonderen Aufmerksamkeit und Wertschätzung, die ihnen durch die Forscher zuteil wurde, mehr angestrengt haben. Es waren also nicht Veränderungen der physikalischen Rahmenbedingungen der Arbeit, sondern zwischenmenschliche Aspekte, die sich vorteilhaft auf die Arbeit auswirkten. Scheinbar war es von Vorteil, wenn man die Mitarbeiter nicht nur als austauschbares „Rädchen im Getriebe" einer großen Produktionsmaschinerie betrachtete, sondern sie als Individuum ernst nahm. Dies war der Beginn der sogenannt *Human-Relations-Bewegung*, deren Grundgedanken bis heute in der Organisationspsychologie fortleben. Im Gegensatz zur klassischen Sichtweise der frühen Arbeitspsychologie legt die Human-Relations-Bewegung den Fokus der Aufmerksamkeit auf das zwischenmenschliche Miteinander am Arbeitsplatz.

Materielle und zwischenmenschliche Arbeitsbedingungen

In der Methodenlehre wurden die Hawthorne-Studien zudem lange Zeit als ein empirischer Beleg dafür angesehen, dass die Untersuchungsmethodik an sich Effekte produzieren kann, die ohne die Untersuchung gar nicht entstanden wären. Hieraus leitet sich u. a. die Forderung nach Kontrollgruppen ab, die im Experiment einer Placebo-Behandlung unterzogen werden. Erst wenn man beispielsweise im Rahmen einer Untersuchung zur Wirksamkeit einer neuen Interventionsmethode nachweisen kann, dass diese Methode im Vergleich zu einer Placebo-Methode (also einer nur für den Untersuchungsteilnehmer scheinbar wirksamen Methode) signifikante Effekte aufweist, gilt die Wirkung als belegt. Sehr viel später musste man jedoch feststellen, dass die Effekte der Hawthorne-Studien gar nicht auf regulärem Wege zustande gekommen waren. Letztlich wurden die Ergebnisse aufgrund großer methodischer Unzulänglichkeiten produziert. So hat man beispielsweise die Teilnehmer der Studien für ihre Mitarbeit besonders entlohnt und Probanden, deren Leistung nicht den Erwartungen entsprach, im Nachhinein aus dem Datensatz entfernt. Aus heutiger Sicht betrachtet stellen sie daher eher ein Beispiel für schlechte methodische Arbeit dar. Für die Weiterentwicklung der Organisationspsychologie waren sie jedoch – wenngleich aufgrund von Missverständnissen – sehr bedeutsam.

1.1.3 Entwicklung der Testdiagnostik

Diagnostik als Motor der Entwicklung

Einen weiteren Motor der Entwicklung stellen die beiden Weltkriege dar, in denen insbesondere in den USA die *Testdiagnostik* vorangetrieben wurde. Ziel war eine möglichst passende Auswahl von Soldaten für unterschiedlichste militärische Aufgaben. In kurzer Zeit sind so viele hunderttausend Soldaten untersucht worden. Da sich die psychologische Diagnostik in dieser Zeit bewährt hat, wurde sie in immer stärkerem Maße von der Wirtschaft – zunächst in den USA und später dann auch in Europa – eingesetzt. Bis heute ist die Diagnostik eine der wichtigsten Aufgaben von Organisationspsychologen in der Praxis.

Wir sehen, die Entwicklung der Organisationspsychologie ist sehr eng mit ihrer praktischen Nützlichkeit verbunden. An den Universitäten etabliert sich das Fach erst einige Jahrzehnte nachdem Psychologen bereits in Organisationen aktiv tätig waren. Mitte der 1960er Jahre taucht in den USA zum ersten Mal die Bezeichnung „organizational psychology" auf. In Deutschland gehört die Organisationspsychologie seit den 90er Jahren an nahezu allen Universitäten, die eine Voll-Ausbildung in Psychologie anbieten, zum Fächerkanon. Hinzu kommt eine wachsende Anzahl von Fachhochschulen, die unter der Bezeichnung „Wirtschaftspsychologie" weitgehend identische Inhalte anbieten.

1.2 Aufgaben

Als anwendungsorientierte Wissenschaft hat die Organisationspsychologie mehrere grundlegende Aufgaben zu erfüllen und muss dabei über das hinausgehen, was man von einer Grundlagenwissenschaft wie etwa der Allgemeinen Psychologie erwartet. Im Wesentlichen sind es vier Aufgaben (Kanning, 2001; vgl. Abb. 1).

Beschreibung des Untersuchungsgegenstandes

Zunächst einmal muss eine jede Wissenschaft Begriffe entwickeln, mit denen sich ein Gegenstand der Untersuchung *beschreiben* lässt. Auch wenn man dieselben Worte benutzt wie im alltäglichen Sprachgebrauch, so müssen diese doch sehr viel präziser definiert sein,

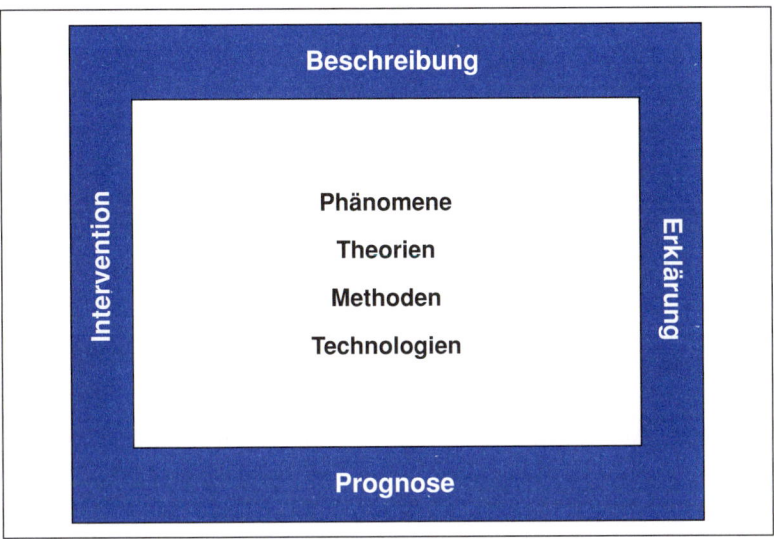

Abbildung 1: Allgemeine Aufgaben und nützliche Erkenntnisse der organisationspsychologischen Forschung

damit immer deutlich wird, mit welchem Phänomen sich eine Studie oder eine Theorie beschäftigt. Nehmen wir als Beispiel einen Begriff wie das Mobbing, der inzwischen auch in die Umgangssprache Einzug gehalten hat. Würde man in einer konkreten Studie zur Untersuchung der Ursachen des Mobbings nicht genau angeben, was man unter Mobbing versteht, so wäre nicht klar, ob es sich nur um aktuelle Unstimmigkeiten in einem Team, die chronische Ausgrenzung eines Mitarbeiters durch seine Kollegen oder die permanente Zuweisung unzumutbarer Aufgaben durch einen Vorgesetzten handelt. Dies wiederum könnte leicht zu Fehlinterpretationen der Ergebnisse und ihrer Konsequenzen führen. Eine bestimmte Intervention, die sich bei einem Konflikt im Sinne der ersten Mobbing-Definition als hilfreich erwiesen hat, kann bei einem Mobbing nach der zweiten oder dritten Definition völlig unwirksam sein. Erst die genaue Beschreibung schafft Klarheit darüber, womit sich die Forschung eigentlich beschäftigt und bietet damit die Möglichkeit, mehrere Studien zum gleichen Phänomen integrierend zu betrachten, so dass sich aus mehreren Einzelbausteinen ein Gesamtbild ergibt.

An die Beschreibung schließt sich die *Erklärung* eines Phänomens an. Man möchte in unserem Beispielfall etwa verstehen, wie verschiedene Formen des Mobbings zustande kommen. In Form von

Erklärung und Prognose

Modellen oder Theorien werden die angenommenen Zusammenhänge zunächst festgehalten, ehe man mit Hilfe empirischer Studien
überprüft, inwieweit sich die vorgenommenen Erklärungen bestäti-
gen lassen, verworfen oder modifiziert werden müssen. Zu ein und
demselben Phänomen existieren häufig mehrere Theorien, die entweder miteinander unvereinbare Erwartungen formulieren oder aber
das Phänomen nur aus unterschiedlichen Perspektiven beleuchten.
So könnte man sich im Falle des Mobbings z. B. in einem Modell
vertiefend mit der Rolle der Führungskraft auseinandersetzen, während parallel dazu ein anderes Modell primär die Eigenschaften und
Verhaltensweisen des Opfers betrachtet.

Ist man in der Lage, ein bestimmtes Phänomen zu erklären, so ist der
nächste anspruchsvolle Schritt die *Prognose* einer Veränderung.
Weiß man beispielsweise, dass ein bestimmter Führungsstil des Vorgesetzten Mobbing innerhalb eines Arbeitsteams stark begünstigt,
könnte man hieraus Prognosen über die Entwicklung einer Arbeitsgruppe bei Vorliegen eines solchen Führungsstiles ableiten. Gute
Prognosen setzen allerdings nicht zwingend eine funktionierende
Theorie voraus. Das beste Beispiel hierfür ist die Personalauswahl.
Hier geht es immer um die Prognose des Berufserfolgs, ohne dass
man tatsächlich sagen könnte, warum im Einzelnen ein biografischer Fragebogen oder ein strukturiertes Einstellungsinterview eine
gute Vorhersage ermöglichen.

Aufgaben der Orga-
nisationspsychologie
gehen über die Grund-
lagenwissenschaft
hinaus

An dieser Stelle enden die Aufgaben der Grundlagenwissenschaften. Anwendungswissenschaften müssen noch einen sehr wichtigen
Schritt weitergehen und nützliche *Interventionen* entwickeln. Im
Falle des Mobbings geht es um die Frage, wie man zum einen Mobbing im Vorhinein verhindern kann und was zum anderen zu unternehmen ist, falls bereits Mobbingfälle vorliegen. Konkrete Interventionen können z. B. Trainingsmaßnahmen sein, die das Verhalten der
Führungskräfte verändern. Aber auch diagnostische Verfahren haben den Charakter von Interventionen, wenn es beispielsweise darum geht, die Stelle des Vorgesetzten mit einer geeigneteren Person
neu zu besetzen. Interventionen stellen somit Strategien zur Lösung
praktischer Probleme dar. Die Entwicklung derartiger Strategien ist
die vielleicht vornehmste Aufgabe einer Anwendungswissenschaft.
Im günstigsten Falle bauen die Interventionsstrategien auf der Erklärung und Prognose eines Phänomens auf. Doch erneut zeigt sich,
dass dies keineswegs zwingend der Fall sein muss. Vielen nützlichen

Trainingsmaßnahmen liegt keine explizite Theorie zugrunde und dennoch sind sie erfolgreich. Hier verhält es sich in der Psychologie ganz so wie in der Medizin. Auch hier treffen wir auf nützliche Behandlungsmethoden und Medikamente, bei denen noch nicht genau geklärt ist, warum sie eigentlich wirken. Viele Problemsituationen der Praxis sind zudem viel zu komplex, als dass man sich bei ihrer Lösung auf eine einzelne Theorie beziehen könnte. Erst die Berücksichtigung vieler Erkenntnisse aus unterschiedlichen Quellen hilft hier weiter.

Vergleichen wir Grundlagen- und Anwendungsfächer der Psychologie miteinander, so treten deutliche Unterschiede zu Tage. Während die Grundlagenwissenschaften ihre Themen weitestgehend aus sich selbst heraus generieren, schauen Anwendungsfächer verstärkt danach, bei welchen Themen in der Praxis ein Forschungsbedarf auszumachen ist. Während Erstere das Laborexperiment bevorzugen, forschen Letztere sehr viel stärker im Feld, da die Erkenntnisse später auch in spezifischen Feldern – d. h. unter bestimmten realen Rahmenbedingungen, die sich nicht im Labor simulieren lassen – nutzbringend eingesetzt werden sollen. Theorien sind somit Werkzeuge, mit denen man in der Praxis ein Phänomen strukturieren und erklären kann. Zudem sollen sie Heuristiken zur Lösung der vorliegenden Probleme anbieten. In der Grundlagenforschung wird man sich schwerlich mit einer Prognose zufrieden geben, die man nicht auch erklären kann, während aus der Sicht einer auf Nützlichkeit bedachten Anwendungswissenschaft ein solcher Zustand zwar unbefriedigend ist, dennoch aber als ein wichtiger Erkenntnisfortschritt wertgeschätzt wird.

Felduntersuchungen

Theorien als Werkzeuge praktischen Handelns

Bei aller Unterschiedlichkeit darf jedoch nicht aus dem Blick verloren werden, dass auch die Organisationspsychologie wie jede psychologische Anwendungswissenschaft in starkem Maße auf Methoden und Erkenntnisse der Grundlagendisziplinen zurückgreift. Insbesondere die Sozialpsychologie lässt sich mit ihren grundlegenden Erkenntnissen zu Themen wie Führung, soziale Gruppen oder soziale Konflikte aus der Organisationspsychologie nicht wegdenken (vgl. Rosenstiel, 2007a).

Rückgriff auf Grundlagenforschung

Letztlich sind es vier Formen des Wissens, welche die Organisationspsychologie – wie jede andere Anwendungswissenschaft – zur Lösung praktischer Probleme zur Verfügung stellt (vgl. 1; Kanning, 2001).

Vier Formen des praxisrelevanten Wissens

1. Das Wissen um psychologische **Phänomene** bezieht sich auf wissenschaftlich beschriebene und empirisch untersuchte Tatsachen. So weiß man beispielsweise, dass die Lichtbilder in Bewerbungsmappen einen Halo-Effekt auslösen können, demzufolge gut aussehende Personen in systematischer Weise positiver bewertet werden (vgl. Kapitel 3). Selbst wenn man derartige Phänomene nicht eindeutig erklären kann, lassen sich allein aus der Kenntnis um ihre Existenz nützliche Schlussfolgerungen für die Praxis ziehen (z. B. die Entfernung des Lichtbildes vor der Sichtung der Bewerbungsmappe).

2. **Theorien** dienen der Erklärung und Strukturierung alltäglicher Situationen in der Organisation. Eine bestimmte Motivationstheorie kann zum einen helfen zu verstehen, warum in einer Abteilung die Leistung abfällt und zum anderen Anregungen liefern, an welchen Punkten man ansetzen muss, um diesen Zustand zu verbessern.

3. Neben der Kenntnis von Phänomenen und Theorien stellt die Organisationspsychologie **Methoden** zur Verfügung. Hierbei handelt es sich um Ableitungen aus den Forschungsmethoden, die in der Praxis eingesetzt werden können. Geht es beispielsweise darum, eine Trainingsmaßnahme aussagekräftig zu evaluieren, weiß die Psychologie Rat, wie man dies bewerkstelligen sollte. Ebenso bezieht sich das Methodenwissen aber auch auf die Prinzipien der Datenerhebung, die bei einer Mitarbeiterbefragung zum Einsatz kommen sollten oder die Kriterien, nach denen man einen Leistungstest für ein Auswahlverfahren auswählt.

4. Zu guter Letzt liefert die Organisationspsychologie **Technologien** für die Praxis. Hierbei handelt es sich um Interventionsstrategien unterschiedlichster Art. Sie können z. B. Hinweise zur Gestaltung von Verhaltenstrainings geben und darüber hinaus Strategien zur Sicherung des Transfers der Trainingsinhalte in den beruflichen Alltag aufzeigen. In diesem Fall ist das Technologiewissen vergleichsweise abstrakt und muss von den Anwendern auf den konkreten Einzelfall heruntergebrochen werden. Andere Formen des Technologiewissens – wie etwa diagnostische Fragebogeninstrumente oder Testverfahren – sind sehr konkret und bedürfen nur noch der Anwendung, um ihren Nutzen für die Organisation zu entfalten.

1.3 Forschungsthemen

Die Bandbreite der Forschungsthemen in der Organisationspsychologie ist sehr groß und überschneidet sich in einigen Punkten mit der Arbeitspsychologie. Letzteres ist nicht weiter verwunderlich, da die Organisationspsychologie historisch aus der Arbeitspsychologie hervorgegangen ist. Während sich die klassische Arbeitspsychologie vorwiegend mit der industriellen Arbeit beschäftigte und hierbei vornehmlich die Tätigkeit von Beschäftigten der unteren Lohngruppen, insbesondere der Maschinenarbeiter, untersuchte, interessierte sich die Organisationspsychologie auch für die höheren Hierarchiegruppen. Die Gestaltung von Arbeitsplätzen, Arbeitssicherheit, der Einfluss physikalischer Belastungen wie Lärm, Hitze oder Geruch sind klassische Themen der Arbeitspsychologie. Demgegenüber spielen in der Organisationspsychologie Themen wie Führung, Mitarbeitermotivation und Personalentwicklung durch Verhaltenstrainings eine zentrale Rolle. Betrachten wir die Themenpalette der organisationspsychologischen Forschung, so können wird drei übergeordnete Felder definieren (vgl. Abb. 2).

Breite Palette an Forschungsthemen

Bei einem Großteil der Forschung steht das *Individuum* im Mittelpunkt. Gängige Fragen sind hierbei etwa die folgenden: Welche Bedeutung haben grundlegende Persönlichkeitseigenschaften für die Leistung und Arbeitszufriedenheit in verschiedenen Berufsgrup-

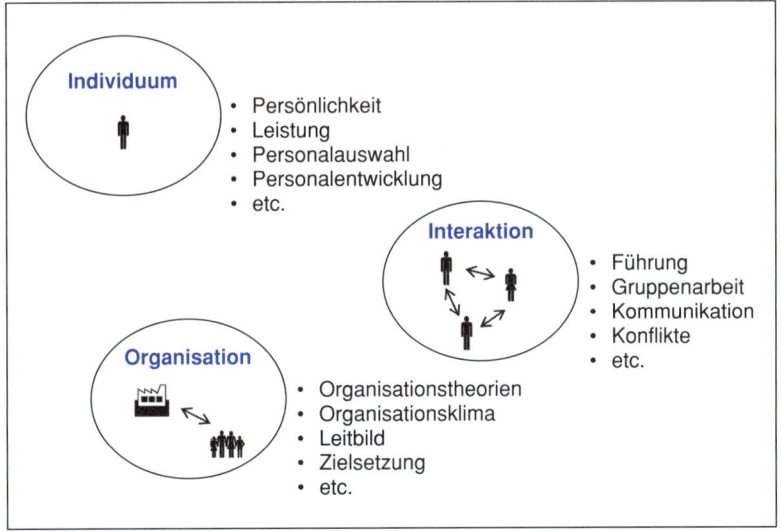

Abbildung 2: Forschungsthemen der Organisationspsychologie

pen (vgl. Kapitel 9)? Welche Rolle spielen Persönlichkeitseigenschaften für den Erfolg einer Führungskraft (vgl. Kapitel 10)?
Schützt eine hohe Kompetenz im Bereich des Selbstmanagements
eine Führungskraft vor den negativen Folgen einer hohen Arbeitsbelastung? Wie lässt sich die Innovationsbereitschaft des Einzelnen
fördern? Die gesamte Forschung zur Personalauswahl und Leistungsbeurteilung beschäftigt sich mit der Frage, wie man individuelle Fähigkeiten, Fertigkeiten und konkrete Arbeitsresultate am
besten messen und die zukünftige Leistung eines Mitarbeiters möglichst gut prognostizieren kann (vgl. Kapitel 2, 3, 4 und 8). Ganz
ähnlich verhält es sich mit der Personalentwicklung (vgl. Kapitel 5
und 6). Hier geht es um den Ausbau vorhandener Kompetenzen des
Einzelnen mit unterschiedlichsten Methoden, von der fachlichen
Unterweisung über Verhaltenstrainings bis hin zur individuellen
Beratung im Rahmen des Coachings.

Da die Mitarbeiter einer Organisation nicht nur als isolierte Individuen nebeneinander existieren, sondern sich täglich untereinander
austauschen müssen, stellt die *Interaktion* zwischen den Organisationsmitgliedern ein zweites wichtiges Forschungsfeld dar. Interaktionen finden innerhalb der Hierarchie einer Organisation sowohl in
vertikaler als auch in horizontaler Richtung statt. In vertikaler Richtung geht es insbesondere um die Führung der Mitarbeiter (vgl.
Kapitel 10). Trotz jahrzehntelanger Forschung in diesem Bereich
beschäftigt man sich auch heute noch mit der Frage, welchem Führungsstil der Vorrang zu geben ist. Ganz ähnlich verhält es sich beim
Thema Mitarbeitermotivation (vgl. Kapitel 7): Wie gelingt es der
Führungskraft, die Motive der verschiedenen Mitarbeiter so anzuregen, dass am Ende eine anspruchsvolle gemeinschaftliche Leistung
entsteht, die noch dazu den Einzelnen zufrieden stimmt? Interaktionen in horizontaler Richtung beziehen sich auf das Miteinander unter den Kollegen. In diesem Zusammenhang spielen das Thema
Konflikte eine wichtige Rolle (vgl. Kapitel 11), da überall dort, wo
Menschen zusammenarbeiten, nahezu zwangsläufig Missverständ-
nisse und Auseinandersetzungen entstehen.

Die Forschung beschäftigt sich u. a. mit der Frage, wie man Konflikte konstruktiv löst, damit am Ende vielleicht sogar ein Gewinn
für alle beteiligten Parteien resultiert. Seit den 80er Jahren des letzten Jahrhunderts ist überdies das Thema Gruppenarbeit zu einem
wichtigen Forschungsfeld geworden (vgl. Kapitel 11). Während
man ursprünglich insbesondere Arbeitsgruppen in der Produktion

betrachtet hat, interessiert man sich mehr und mehr auch für Arbeitsteams in höheren Hierarchiestufen bis hin zu virtuellen Arbeitsgruppen, also Mitarbeitern, die ihre Kollegen, mit denen sie an einem gemeinsamen Projekt arbeiten, nur aus dem Intranet kennen, weil sie z. B. in verschiedenen Ländern arbeiten.

Das dritte Forschungsfeld ist gemessen an den beiden übrigen das kleinste. Es beschäftigt sich mit der *Organisation* als eine Variable, die direkt und indirekt Einfluss auf die Leistung und das Wohlbefinden der Organisationsmitglieder nehmen kann (vgl. Kapitel 12). Ältere Organisationstheorien skizzieren beispielsweise verschiedene Modelle, in denen sich eine Organisation strukturieren lässt und gehen der Frage nach, wie sich diese verschiedenen Strukturen auf das Verhalten und Erleben auswirken. Man denke hier beispielsweise an die Anzahl der Hierarchieebenen in einer Organisation. Je mehr Ebenen es gibt, desto weniger Verantwortung trägt die einzelne Führungskraft und desto geringer ist in aller Regel auch die Entscheidungsfreiheit des einzelnen Mitarbeiters. Darüber hinaus beschäftigt sich die Forschung mit der Frage, wie die Organisation von ihren Mitgliedern wahrgenommen wird (Organisationsklima) und welche Auswirkungen dies z. B. auf Konflikte am Arbeitsplatz oder die Innovationsfähigkeit einer Organisation hat. Damit eng verbunden ist die Frage, ob eine Organisation sich Leitlinien geben soll, die sich nicht nur auf wirtschaftliche, sondern auch auf zwischenmenschliche Ziele beziehen können und wie Kontrollsysteme beschaffen sein müssen, damit sie nicht nur der Qualität der Arbeitsergebnisse, sondern auch dem Wohlbefinden der Organisationsmitglieder dienen.

Wir sehen, die Bandbreite der Forschungsthemen in der Organisationspsychologie ist beträchtlich. Die Unterteilung in drei Felder hat vor allem einen didaktischen Wert. In der alltäglichen Forschung werden die imaginären Grenzen zwischen den Feldern nicht selten übersprungen. Ein gutes Beispiel hierfür ist das Thema Führung, das aus allen drei Perspektiven heraus betrachtet werden kann. Untersuchungen zur Bedeutung der Persönlichkeit von Führungskräften können dem Feld „Individuum" zugeordnet werden während Studien zur Effektivität bestimmter Führungsstile auch die Interaktion zwischen Führungskraft und unterschiedlichen Mitarbeitertypen berücksichtigen. Einige wenige Führungstheorien bedenken zudem, dass auch strukturelle Faktoren, wie z. B. die Macht, die eine Führungskraft innerhalb der Organisation besitzt, Einfluss auf den Führungserfolg nehmen kann.

1.4 Arbeitsfelder in der Praxis

In den letzten Jahrzehnten hat sich die Organisationspsychologie mehr und mehr als ein eigenständiges Arbeitsfeld in der Praxis etabliert. Sie stellt heute hinter der Klinischen Psychologie das zweitgrößte Arbeitsgebiet für Psychologen dar. Genaue Statistiken über die Anzahl der Organisationspsychologen liegen leider nicht vor. Inzwischen werden es aber sicherlich mehr als 5 000 Personen in Deutschland sein. Waren Psychologen Anfang der 90er Jahre des letzten Jahrhunderts noch eine Seltenheit in der Wirtschaft, so dürfte man heute kaum ein internationales Unternehmen finden, in dem nicht auch Psychologen arbeiten. Da der Arbeitsplatz meistens der Personalabteilung zugeordnet ist, steigt die Wahrscheinlichkeit für die Beschäftigung mit der Größe der Personalabteilung an. Je kleiner das Unternehmen ist, desto geringer ist auch die Wahrscheinlichkeit, dass man sich einen eigenen Psychologen leistet. Neben der Arbeit direkt in den Personalabteilungen großer Unternehmen finden sich Psychologen in großen Behörden wie etwa der Polizei, in Unternehmensberatungen oder als selbstständige Unternehmensberater wieder.

Organisations-psychologie als etabliertes Arbeitsfeld

Nach der Einschätzung der Bundesanstalt für Arbeit ist die Organisationspsychologie das einzige Anwendungsfeld der Psychologie, in dem sich die Anzahl der Arbeitsplätze in den letzten 20 Jahren langsam, aber beständig nach oben entwickelt hat (Bundesagentur für Arbeit, 2005). Es liegt in der Natur der Sache, dass dabei – im Gegensatz zur Klinischen Psychologie – die aktuelle Konjunktur eine wichtige Rolle spielt. Je besser es der Wirtschaft geht, desto eher nimmt man auch die Dienstleistungen von Unternehmensberatungen in Anspruch bzw. stockt die eigene Personalabteilung auf. Organisationspsychologen werden dabei heute keineswegs schlechter bezahlt als Wirtschaftswissenschaftler. Je nach Branche, Arbeitgeber und individueller Qualifikation schwanken die Einstiegsgehälter von Organisationspsychologen allerdings um bis zu 100 %. Jeder Absolvent ist durch die Aneignung von Zusatzqualifikationen, etwa in den Bereichen Betriebswirtschaftslehre und Arbeitsrecht, gehalten, seinen eigenen „Marktwert" ggf. zu erhöhen. Zudem ist jegliche Art von praktischer Erfahrung, die über die Pflichtpraktika des Studiums hinausgeht, von Nutzen.

Inhaltlich sind es im Wesentlichen drei übergeordnete Themenfelder, mit denen man sich als Organisationspsychologe in der Praxis beschäftigt (vgl. Abb. 3).

Da ist zunächst die *Personaldiagnostik*. Jeder Mitarbeiter, der in einer Organisation neu eingestellt wird, hat zuvor ein Auswahlverfahren zu durchlaufen, das z. B. von Psychologen auf der Basis wissenschaftlicher Erkenntnisse (mit-)entwickelt und durchgeführt werden kann. Überdies besitzen Psychologen das Know-how, derartige Verfahren zu evaluieren, um beispielsweise die Validität festzustellen. Dies ist eine wichtige Voraussetzung für die Optimierung der Verfahren. Diagnostisches Wissen wird jedoch auch jenseits der Auswahl an vielfältigen Stellen benötigt. Dies ist etwa der Fall, wenn es um Beförderungen geht, ein komplett neues Arbeitsteam zusammengestellt werden muss oder die Leistung der Mitarbeiter regelmäßig gemessen werden soll, damit darauf ein leistungsbezogenes Belohnungssystem aufbauen kann.

Personaldiagnostik

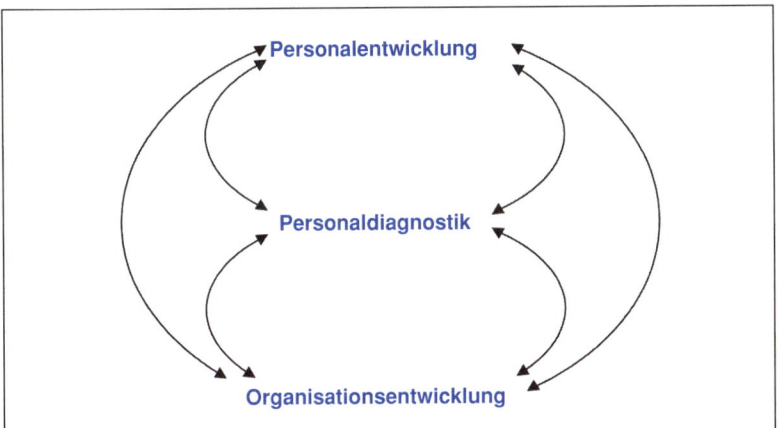

Abbildung 3: Drei übergeordnete Arbeitsfelder in der organisationspsychologischen Praxis

Das zweite große Praxisfeld liegt in der *Personalentwicklung*. Oftmals stellt der Arbeitsmarkt keine hinreichend qualifizierten Bewerber zur Verfügung, so dass das Unternehmen die neu eingestellten Mitarbeiter intern weiterqualifizieren muss. Dies wäre eine Aufgabe der Personalentwicklung. Ein Entwicklungsbedarf kann sich aber auch erst Jahre später ergeben, wenn sich die Arbeitsaufgaben der Mitarbeiter so weit verändert haben, dass die bisherigen Kompetenzen nicht mehr hinreichen. Gleiches gilt für Mitarbeiter, die zum ersten Mal in ihrem Leben Führungsaufgaben wahrnehmen. An dieser Stelle deutet sich bereits die große inhaltliche Bandbreite der Personalentwicklung an. Neben der Vermittlung reiner Fachkompe-

Personalentwicklung

tenzen (z. B. Schulung neuer Produktionstechniken) kommt heute den sozialen Kompetenzen eine steigende Bedeutung in der Personalentwicklung zu. Mitarbeiter sollen beispielsweise lernen, mit Kunden freundlicher umzugehen. Führungskräfte lernen Verhaltensstrategien jenseits von „Befehl und Gehorsam" kennen und Polizeibeamte lernen, wie sie deeskalierend auf angetrunkene Randalierer einwirken. Organisationspsychologen planen und entwickeln solche Maßnahmen, sie führen sie selbst durch und können sie anschließend evaluieren. Hier zeigt sich eine Vernetzung mit dem Arbeitsfeld der Personaldiagnostik. Ohne eine gute Bedarfsanalyse – für die man diagnostisches Wissen benötigt – laufen viele Personalentwicklungsmaßnahmen schnell ins Leere, weil entweder die falschen Leute trainiert werden und/oder man die Teilnehmer mit Inhalten und Methoden konfrontiert, die den tatsächlichen Notwendigkeiten nicht angemessen sind. Ebenso wichtig ist die Personaldiagnostik für die Evaluation der Maßnahme. Erst die anspruchsvolle Evaluation zeigt, wie erfolgreich die Maßnahme tatsächlich war und an welchen Stellen ggf. noch weiterer Entwicklungsbedarf besteht.

Organisations-
entwicklung

Das dritte Anwendungsfeld, die *Organisationsentwicklung*, widmet sich grundlegenden Fragen nach Strukturen und Prozessen der gesamten Organisation. Auch hier geht es um Optimierung. Die Organisation muss sich fragen, ob sie für die derzeitigen Aufgaben sowie zukünftige Entwicklungen hinreichend gerüstet ist. Sollte man in der Produktion Gruppenarbeit einführen und wenn ja, welche Form der Gruppenarbeit? Kann man generell den Mitarbeitern mehr Verantwortung übertragen und dadurch die Führungskräfte entlasten? Sollte man in jedem Jahr Unternehmensziele festlegen, die später von jeder Arbeitseinheit und jedem Mitarbeiter verbindlich verfolgt werden? Ist das bestehende Leistungsbeurteilungssystem des Unternehmens effektiv oder muss es verändert werden? Wie muss sich die Zusammensetzung des Personals in den nächsten zehn Jahren verändern? Ist man hinreichend auf den demografischen Wandel vorbereitet? Dies sind nur einige Fragen, die man sich im Zuge der Organisationsentwicklung stellen mag. Und auch hier ist eine Vernetzung mit den beiden anderen Arbeitsfeldern geboten. Die Personaldiagnostik hilft z. B. durch Mitarbeiterbefragungen oder die statistische Auswertung vorhandener Daten aus den Personalakten, Schwachstellen aufzudecken und kommt später auch bei der Evaluation der ausgewählten Gegenmaßnahmen zum Einsatz. Viele Organisationsentwicklungsmaßnahmen ziehen zudem Interventionen auf der Ebene der Personalentwicklung nach sich. Will man beispielsweise

Unternehmensziele definieren, die von den Mitarbeitern umzusetzen sind, muss man in der Regel die Führungskräfte schulen, damit sie die abstrakten Unternehmensziele gemeinsam mit ihren Mitarbeitern in konkret motivierende Ziele umformulieren können. Darüber hinaus müssen sie lernen, wie man die Zielerreichung kontrolliert und Mitarbeitergespräche führt, die letztlich zu einer Leistungssteigerung führen.

Alles in allem haben wir es mithin in der Praxis der Organisationspsychologie mit einer komplexen Materie zu tun. Auch wenn dies im Alltag viel zu selten geschieht, ist der größte Effekt zu erwarten, wenn man von vornherein vernetzt denkt, eine Maßnahme auf der Basis eines guten empirischen Fundaments plant, durch Interventionen in benachbarten Feldern unterstützt und letztlich auch evaluiert. Psychologen sind wie keine andere Berufsgruppe für diese Aufgaben qualifiziert.

Zusammenfassung

Die Organisationspsychologie ist eine Anwendungsdisziplin der Psychologie, die sich erst in den letzten Jahrzehnten an den Hochschulen sowie in der Praxis etabliert hat. In der Praxis stellt sie heute das zweitgrößte Arbeitsgebiet für Psychologen dar. Das primäre Ziel der Forschung ist nicht der reine Erkenntnisgewinn, sondern die Erforschung von Phänomenen, Theorien, Methoden und Technologien, die zur Lösung praktischer Probleme dienen. Dabei beschäftigt man sich nicht nur mit dem Verhalten und Erleben einzelner Mitglieder einer Organisation, sondern untersucht auch deren Interaktionen sowie den Einfluss von Strukturen und Prozessen der Gesamtorganisation. Bei der Umsetzung organisationspsychologischer Erkenntnisse spiegelt sich diese Vielfalt insbesondere in einer Vernetzung der drei großen Arbeitsfelder Personaldiagnostik, Personalentwicklung und Organisationsentwicklung wider.

Weiterführende Literatur

Kanning, U. P. (2001). *Psychologie für die Praxis: Perspektiven einer nützlichen Forschung und Ausbildung*. Göttingen: Hogrefe.

Lück, H. E. (2004). Geschichte der Organisationspsychologie. In H. Schuler (Hrsg.), *Organisationspsychologie 1 – Grundlagen und Personalpsychologie* (Enzyklopädie der Psychologie, Serie Wirtschafts-, Organisations- und Arbeitspsychologie, Bd. 3, S. 17–72). Göttingen: Hogrefe.

Nerdinger, F. W., Blickle, G. & Schaper, N. (2008). *Arbeits- und Organisationspsychologie*. Heidelberg: Springer.

Fragen

1. Welche Bedeutung kommt den Hawthorne-Studien für die Entwicklung der Organisationspsychologie zu?
2. Welches sind die vier grundlegenden Aufgaben der Organisationspsychologie, die sie mit anderen Anwendungsdisziplinen teilt?
3. Welche vier Formen des Wissens stellt die Organisationspsychologie zur Lösung praktischer Probleme zur Verfügung?
4. Welche Funktionen haben organisationspsychologische Theorien in Forschung und Praxis?
5. Welches sind die drei großen Forschungsfelder der Organisationspsychologie?
6. Wie hängen die drei wichtigsten Arbeitsfelder der Praxis miteinander zusammen?

Lösungshinweise finden Sie unter
www.hogrefe.de/buecher/lehrbuecher/psychlehrbuchplus.

Kapitel 2
Prozess der Personalauswahl

Uwe Peter Kanning

Inhaltsübersicht

Personalauswahl als mehrstufiger Prozess

Die Entscheidung für oder gegen einen bestimmten Bewerber ist immer das Ergebnis eines mehrstufigen Prozesses, von dem die Bewerber selbst nur einen kleinen Ausschnitt mitbekommen (vgl. Kanning, 2004). Ein Unternehmen muss sich fragen, welche neuen Mitarbeiter man eigentlich sucht, muss Werbung für die ausgeschriebenen Stellen betreiben und sich Gedanken über diagnostische Methoden zur Untersuchung der Kandidaten machen. Am Schluss gilt es, die Vielzahl der gesammelten Informationen zu einem Gesamturteil zu integrieren, was dann wiederum die Einstellung bzw. Ablehnung einzelner Bewerber nach sich zieht. Im Folgenden werden wir uns diesen Prozess genauer anschauen und einzelne Stufen hervorheben. Dabei spannen wir einen Rahmen auf, in den sich später die Kapitel 3 (Methoden der Personalauswahl) und 4 (Qualitätssicherung) integrieren.

2.1 Prozess der Personalauswahl im Überblick

Am Anfang einer jeden Personalauswahl steht die Frage nach den Merkmalen, Fähigkeiten und Fertigkeiten, welche die neuen Mitarbeiter mitbringen müssen, damit sie den beruflichen Herausforderungen, die vor ihnen liegen, gewachsen sind. Diese Frage zu beantworten ist die Aufgabe der *Anforderungsanalyse* (vgl. Abb. 4).

> **Begriffsklärung: Anforderungsanalyse**
>
> Eine Anforderungsanalyse hat das Ziel zu klären, über welche Merkmale ein zukünftiger Mitarbeiter verfügen muss. Mit Hilfe unterschiedlicher Methoden, die in Kapitel 2.2 vorgestellt werden, analysiert man den fraglichen Arbeitsplatz, leitet die entsprechenden Anforderungen ab und integriert die gesammelten Erkenntnisse zu einem *Anforderungsprofil*.

Ein solches Profil für die Stelle einer Verkäuferin im Supermarkt könnte z.B. beschreiben, dass die zukünftige Stelleninhaberin über geringfügige mathematische Fertigkeiten verfügen muss, sich demgegenüber aber durch eine sehr hohe Kommunikations- und Konfliktfähigkeit auszeichnen muss. Die Anforderungsanalyse ist von elementarer Bedeutung für den gesamten weiteren Prozess. Nur wenn man genau weiß, wen man eigentlich sucht, kann man das Auswahlverfahren auch so gestalten, dass die interessierenden Merkmale tatsächlich valide gemessen werden. Ohne Anforderungsanalyse bewegt man sich im Bereich der Spekulation und wählt leicht diejenigen Bewerber aus, die einem persönlich am besten zusagen, ohne dass man dabei die Herausforderungen des Arbeitsplatzes hinreichend berücksichtigt. Die Folge sind Fehlentscheidungen, die sowohl für das Unternehmen als auch für die neu eingestellten Bewerber von Nachteil sind.

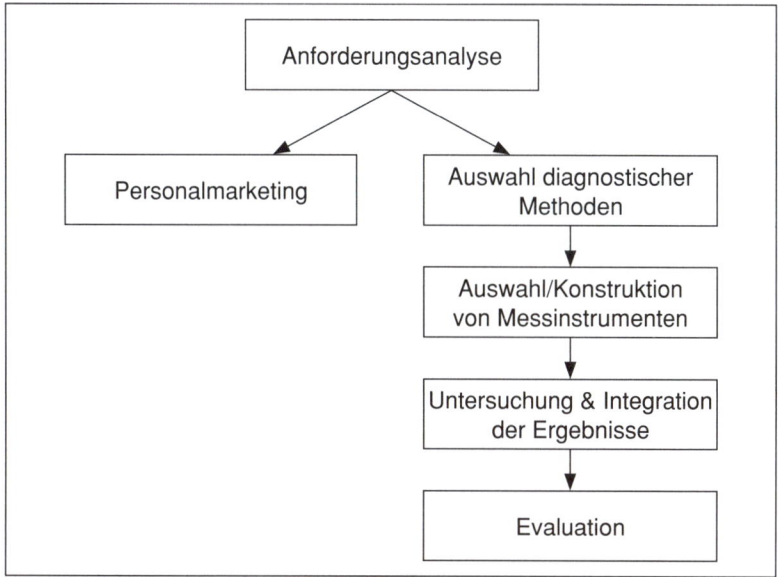

Abbildung 4: Prozess der Personalauswahl im Überblick

Weiß das Unternehmen, welche Personen man sucht, beginnt die Phase des *Personalmarketings*. Nun gilt es, die freien Stellen auf dem Markt der potenziellen Bewerber so anzupreisen, dass sich gut qualifizierte Personen auf die ausgeschriebene Stelle bewerben und weniger geeignete Kandidaten von vornherein von einer Bewerbung absehen. Auch in der Phase des Personalmarketings stehen den Entscheidungsträgern mehrere Methoden zur Verfügung (vgl. Kapitel 2.3). Im einfachsten Falle bedient man sich der klassischen Stellenausschreibung in Zeitungen. Mehr und mehr wird diese Methode jedoch durch die Anwerbung über Stellenbörsen im Internet abgelöst.

Wie interessiert man qualifizierte Menschen für das Unternehmen?

Parallel zum Prozess des Personalmarketings steigt das Unternehmen in die Phase der *Auswahl diagnostischer Methoden* ein. Ausgehend vom Anforderungsprofil muss man überlegen, mit welchen Methoden sich ein bestimmtes Anforderungsmerkmal am besten

Womit untersucht man die Anforderungsmerkmale?

untersuchen lässt. Im Falle der intellektuellen Leistungsfähigkeit erscheinen beispielsweise kognitive Leistungstests die Methode der Wahl, während man soziale Kompetenzen besser mit Hilfe eines strukturierten Interviews oder eines Assessment Centers erfassen kann (vgl. Kapitel 3). Allerdings ist die Auswahl komplexer, als es auf den ersten Blick erscheint. Natürlich sollten Erwägungen zur Objektivität, Reliabilität und Validität der einzelnen Verfahren höchste Priorität besitzen (vgl. Kapitel 4). Darüber hinaus wird man aber auch ökonomische Gesichtspunkte berücksichtigen. Letztlich müssen der

Kosten-Nutzen-Abwägung

betriebene Aufwand und die damit einhergehenden Kosten in einem vernünftigen Verhältnis zum erwarteten Nutzen stehen. So wäre ein mehrtägiges Assessment Center zur Auswahl eines Lagerarbeiters wohl kaum zu rechtfertigen. Geht es hingegen um Positionen, auf denen wegweisende Entscheidungen getroffen werden, lohnt sich ggf. auch eine Investition von mehreren 10 000 Euro.

Nachdem man sich für bestimmte Methoden entschieden hat, geht es um die *Auswahl bzw. Konstruktion konkreter Messinstrumente,* also beispielsweise um die Frage, ob man sich für den Persönlichkeitsfragebogen A oder B entscheidet. Im Falle von Einstellungsinterviews und Assessment Centern muss immer eine für die jeweilige Stelle maßgeschneiderte Konstruktion erfolgen. Bei Fragebögen und Leistungstests kann auf standardisierte Messinstrumente zurückgegriffen werden, die man bei Testverlagen oder Unternehmensberatungen erwirbt, so dass es hier meist um eine reine Auswahlentscheidung geht. Gleichwohl wird man nicht immer ein geeignetes Instrument für jede Fragestellung finden. In diesem Falle muss man ggf. selbst ein neues Verfahren entwickeln.

Kombination mehrerer Untersuchungsmethoden

Erst jetzt beginnt die eigentliche *Untersuchung* der Bewerber. In mehreren aufeinander folgenden Schritten werden die Bewerber sukzessiv ausgewählt. Je mehr Personen sich auf eine Stelle bewerben, desto wichtiger ist es, dass man die Bewerberstichprobe in den ersten Schritten deutlich reduziert, damit sich die Kosten des Auswahlverfahrens in den vorgegebenen Grenzen halten. Zu Beginn, wenn die Bewerberanzahl noch sehr groß ist, setzt man daher weniger kostspielige Verfahren ein, während die besonders teuren Verfahren – insbesondere das Assessment Center – am Ende des Auswahlprozesses stehen, wenn nur noch wenige Bewerber übrig geblieben sind.

Den Anfang macht die Sichtung der Bewerbungsmappe. Sie dient der ersten Vorselektion der Bewerber. In zunehmendem Maße geschieht die Vorselektion in Großunternehmen bereits komplett über das Internet. Auf diese innovative Entwicklung – das sogenannte *E-Recruitment* bzw. *E-Assessment* – gehen wir in Kapitel 2.4 näher ein. Die nach der Vorauswahl übrig gebliebenen Bewerber werden nun mit Hilfe von Leistungstests und Fragebögen zur Selbstbeschreibung weiter untersucht. Dieser Phase könnte man kurze Telefoninterviews vorschalten, um wichtige Informationen zu erfassen, die der Bewerbungsmappe nicht zu entnehmen waren. Bewerber, die auch diese Prüfung erfolgreich bewältigt haben, durchlaufen im Anschluss ein strukturiertes Einstellungsinterview, das meist etwa eine Stunde dauert. Den Abschluss bildet ggf. ein Assessment Center, in dem man sich die geeignetsten Kandidaten noch einmal sehr sorgfältig anschaut. Letztlich muss jedes Unternehmen selbst entscheiden, wie viele sukzessive Selektionsphasen hintereinander geschaltet werden.

Während des gesamten Auswahlverfahrens wird immer ein Abgleich zwischen den gemessenen Merkmalen der Bewerber und dem Anforderungsprofil vorgenommen. Dies wiederum bildet die Basis für die Entscheidung, ob ein Kandidat eine Runde weiter kommt oder eine Ablehnung erfährt. In jeder Phase des Auswahlverfahrens gilt es dabei, mehrere Einzelinformationen zu einem Urteil zu integrieren. Genau so verhält es sich auch zum Schluss des Verfahrens, wenn eine endgültige Entscheidung ansteht. Wie diese *Ergebnisintegration* im Einzelnen aussehen kann wird in Kapitel 2.5 dargestellt.

Nach erfolgter Einstellung bildet die *Evaluation* den Abschluss des gesamten Prozesses. Nun geht es darum, das diagnostische Vorgehen zu reflektieren und Erkenntnisse zur Verbesserung zukünftiger Verfahren zu sammeln. Ist die Stichprobe der eingestellten Bewerber hinreichend groß, sollte eine prognostische Validität berechnet werden (vgl. Kapitel 4). Darüber hinaus lassen sich Verbesserungsvorschläge auch aus einer Befragung der Bewerber sowie der am Verfahren beteiligten Unternehmensvertreter gewinnen.

2.2 Anforderungsanalyse

Die Anforderungsanalyse legt die Grundlage für das gesamte weitere Auswahlverfahren, denn erst durch sie wird deutlich, welche Merkmale für den Berufserfolg relevant sind und daher im Zuge der Auswahlprozedur systematisch untersucht werden müssen. Zur Durchführung einer Anforderungsanalyse stehen recht unterschiedliche Methoden zur Verfügung, die man isoliert oder in Kombination miteinander einsetzen kann. Sie lassen sich in drei Gruppen gliedern (vgl. Kanning 2004; Schuler, 2000): intuitive, arbeitsplatzanalytische und personenanalytische Methoden.

> **Drei methodische Zugänge zur Analyse der Anforderungen eines Arbeitsplatzes**
>
> • intuitive Methode
> • arbeitsplatzanalytische Methode
> • personenanalytische Methode

2.2.1 Intuitive Anforderungsanalyse

Die *intuitive Anforderungsanalyse* erfreut sich in der Praxis einer besonders großen Beliebtheit, da sie in kürzester Zeit mit sehr geringem Aufwand durchzuführen ist. Wie der Name bereits verrät, verlässt man sich bei der intuitiven Methode allein auf die Erfahrung und Meinung der Entscheidungsträger. Will man beispielsweise die Stelle einer Sekretärin neu besetzen, so würde man den Vorgesetzten fragen, über welche Merkmale die zukünftige Stelleninhaberin verfügen muss und damit wäre die Anforderungsanalyse auch schon abgeschlossen.

Wer ist ein Arbeitsplatzexperte?

Ein solches Vorgehen ist nur dann sinnvoll, wenn die befragte Person einen sehr guten Einblick in den beruflichen Alltag der zu besetzenden Stelle hat. Dies gilt für Vorgesetzte meist nur sehr eingeschränkt. Zwar weiß der Geschäftsführer im Prinzip, welche Aufgaben in seinem Sekretariat zu bewältigen sind, viele Details der Arbeit dürften ihm jedoch verborgen bleiben, da er selbst den Arbeitsplatz noch nie aus der Perspektive des Arbeitsplatzinhabers kennen gelernt hat und höchstwahrscheinlich auch eine völlig andere Ausbildung und berufliche Karriere durchlief. Insofern kann er nicht als Experte für den Arbeitsplatz gelten. Hinzu kommt das Problem, dass er aus der unvollständigen und ungenauen Kenntnis der Arbeitsaufgaben auf die Merkmale einer guten Mitarbeiterin schließen muss. Die Basis

Gefahr unspezifischer Merkmalsauflistungen

hierfür ist allein die eigene Meinung. Im Ergebnis resultieren häufig Listen von Eigenschaften, die sehr abstrakt bleiben und oft nicht mehr sind als Worthülsen: Natürlich müssen viele Sekretärinnen über ein hohe Organisationsfähigkeit verfügen. Viel wichtiger wäre jedoch die Kenntnis dessen, was sich hinter dem Begriff „Organisationsfähigkeit" im konkreten Fall verbirgt. Angesichts dieser Probleme kann die intuitive Anforderungsanalyse nicht empfohlen werden. Entscheidet man sich dennoch für ein solches Vorgehen, sollte man darauf achten, dass mehrere Personen an der Entscheidungsfindung beteiligt werden, und dass mindestens eine dieser Personen den Arbeitsplatz aus eigener Praxis kennt.

2.2.2 Arbeitsanalytische Anforderungsanalyse

Während man sich beim intuitiven Vorgehen von Beginn an auf einem hohen Abstraktionsniveau bewegt, zergliedert man bei der *arbeitsanalytischen Anforderungsanalyse* den Arbeitsplatz zunächst in viele kleine Aufgaben. Aus der Analyse der einzelnen Aufgaben des Mitarbeiters entsteht ein sehr differenziertes Bild von den konkreten Tätigkeiten. So erfährt man beispielsweise etwas darüber, ob und in welchem Umfang der betreffende Mitarbeiter an seinem Arbeitsplatz Gewichte heben, optische Signale beachten oder mit anderen Menschen kommunizieren muss. Erst in einem zweiten Schritt erfolgt dann die Abstraktion von den einzelnen Tätigkeiten auf die notwendigen Eigenschaften des Arbeitsplatzinhabers.

Vom Spezifischen zum Allgemeinen

Grundlage der Arbeitsanalyse sind standardisierte Fragebogeninstrumente, wie etwa der Fragebogen zur Arbeitsanalyse (FAA; Frieling & Graf Hoyos, 1978; vgl. im Überblick Dunckel, 1999).

> **Fragebogen zur Arbeitsanalyse (FAA; Frieling & Graf Hoyos, 1978)**
>
> Im Zuge der Analyse sucht ein Diagnostiker einen konkreten Arbeitsplatz auf, beobachtet einen Mitarbeiter bei seiner Tätigkeit und bearbeitet anschließend gemeinsam mit diesem Mitarbeiter die Items des Fragebogens. Im Falle des FAA handelt es sich um 221 Items, die sich auf vier Bereiche verteilen: Informationsaufnahme/-verarbeitung, Arbeitsausführung, arbeitsrelevante Beziehungen, Umgebungseinflüsse/zusätzliche Arbeitsbedingungen. Bei jedem Item müssen Einschätzungen im Hinblick auf Häufigkeit, Dauer oder Wichtigkeit einer bestimmten Tätigkeit getroffen werden.

Ein großer Vorteil dieses Vorgehens liegt in der Differenziertheit der Betrachtung. Allerdings hängt die Qualität der Analyse stark vom

Reflexionsvermögen des Mitarbeiters sowie des Diagnostikers ab. Im Zweifelsfalle empfiehlt sich daher ein zweites oder drittes Interview mit anderen Arbeitsplatzinhabern. Problematisch ist zudem, dass entsprechende Fragebogeninstrumente nicht sinnvoll eingesetzt werden können, wenn ein Mitarbeiter sehr viele unterschiedliche bzw. sich wandelnde Aufgaben übernehmen muss. Dies gilt insbesondere für akademische Berufe aber auch für solche Stellen, bei denen man über die Zeit hinweg z. B. verschiedene Maschinen bedienen muss. Je komplexer der Arbeitsplatz wird, desto schwieriger ist der Einsatz eines standardisierten Messinstrumentes. Ein weiteres Problem ergibt sich aus der Tatsache, dass die Vielzahl der Einzelinformationen zu Eigenschaften abstrahiert werden müssen, ohne dass hierfür ein Algorithmus vorliegen würde. Letztlich obliegt es den Diagnostikern, von den einzelnen Tätigkeiten, wie etwa der Interaktion mit Kunden, auf die notwendigen Eigenschaften der Mitarbeiter („Extraversion" oder die Fähigkeit zur „Perspektivenübernahme") zu schließen. Im Vergleich zum intuitiven Vorgehen liefert die arbeitsplatzanalytische Methode jedoch sehr konkrete Inhalte zur Definition der Anforderungen.

2.2.3 Personenanalytische Anforderungsanalyse

Durchführung empirischer Studien

Im Zuge der *personenanalytischen Anforderungsanalyse* führt man empirische Studien durch, mit denen ganz unmittelbar die Bedeutung bestimmter Eigenschaften für den Berufserfolg untersucht wird. Dabei unterzieht man eine größere Stichprobe von Arbeitsplatzinhabern einer differenzierten Diagnostik und setzt anschließend die Ergebnisse in Beziehung zu Kriterien der beruflichen Leistung. Auf der Seite der zu messenden Merkmale könnte man auf biografische Daten zur schulischen/beruflichen Ausbildung oder zu Art/Dauer der Berufserfahrung zurückgreifen. Darüber hinaus bieten sich Leistungstests, Persönlichkeitsfragebögen sowie strukturierte Interviews oder Assessment Center an (vgl. Kapitel 3). Auf Seiten der Leistungs-

Objektive und subjektive Kriterien beruflicher Leistung

messung wäre sowohl an objektive als auch an subjektive Kriterien beruflicher Leistung zu denken (vgl. Kapitel 8). Objektive Kriterien beziehen sich beispielsweise auf wirtschaftliche Kenngrößen wie Produktivität, Ausschussrate, Umsatz, Kundenbeschwerden etc., die zweifelsfrei der Arbeit bestimmter Mitarbeiter zugeschrieben werden können. Bei subjektiven Kriterien handelt es sich in der Regel um Einschätzungen durch Vorgesetzte, die sich durch weitere Beurteilungsquellen wie etwa Kollegen oder Kunden ergänzen lassen. Der große Vorteil der personenanalytischen Methode besteht darin, dass man nicht nur ermittelt, ob einer bestimmten Eigenschaft eine Bedeutung für den Berufserfolg zukommt, sondern auch sagen kann, wie wichtig sie ist. Die Durchführung der personenanalytischen Methode ist jedoch mit einem großen Aufwand verbunden und setzt zudem empirisch-methodische Fachkompetenzen voraus, die in den meisten Personalabteilungen nicht vorhanden sind. Zudem benötigt man größere Untersuchungsstichproben, so dass sie für viele Unternehmen kaum zu realisieren ist. In der Konsequenz dürfte sie nur äußerst selten zum Einsatz kommen, was sehr zu bedauern ist, da sie präzise Hinweise auf relevante Anforderungen eines Arbeitsplatzes liefern kann.

2.2.4 Kombination von Methoden

Eine Möglichkeit, die Vorzüge unterschiedlicher Methoden der Anforderungsanalyse miteinander zu verbinden, liefert die *Critical Incident Technique* (CIT; Flanagan 1954). Zum einen betrachtet man differenziert die konkreten Arbeitsaufgaben, die an einem bestimmten Arbeitsplatz anfallen, zum anderen setzt man sich mit dem erfolgskritischen Verhalten der Arbeitsplatzinhaber auseinander und abstrahiert anschließend – ggf. auf empirisch-quantitativem Wege – von den Verhaltensweisen auf die zugrunde liegenden erfolgskritischen Eigenschaften. Im Gegensatz zur klassischen Arbeitsanalyse zergliedert man dabei nicht den gesamten Arbeitsplatz in kleinste Bestandteile, sondern beschränkt sich auf zentrale Aufgaben und differenziert im Sinne eines personenanalytischen Vorgehens explizit zwischen gutem und weniger geeignetem Verhalten zur Bewältigung dieser Aufgaben.

Methode der Kritischen Ereignisse

Critical Incident Technique (CIT)

Die CIT ist heute eher ein Oberbegriff für unterschiedliche Vorgehensweisen, die im Kern jedoch immer gleich gestaltet sind (vgl. Kanning, 2004; Schuler, 2006).

1. Schritt: Am Anfang stehen Interviews mit Experten für den fraglichen Arbeitsplatz. Die Experten werden zunächst gebeten, konkrete Situationen aus dem beruflichen Alltag des Arbeitsplatzinhabers zu schildern. Allerdings interessiert man sich nur für solche Situationen, die erfolgskritisch sind, in denen ein Scheitern also deutlich negative Konsequenzen nach sich ziehen würde. Man denke hier z. B. an einen Bankangestellten, der in der Betreuung der Großkunden tätig ist. Sicherlich muss er auch jeden Tag mehrfach mit Kollegen Informationen austauschen. Diese Arbeitsaufgabe ist aber weitaus weniger erfolgskritisch als die Verhandlungsführung bei der Vergabe eines Großkredits. Dementsprechend würde man eher die Verhandlungssituation im weiteren Vorgehen berücksichtigen.

2. Schritt: In einem zweiten Schritt wird der Experte nun gebeten, ein konkretes Verhalten zu schildern, das der Arbeitsplatzinhaber in einer solchen Situation zeigen könnte. Dabei sollen sowohl gute als auch schlechte Verhaltensweisen geschildert werden. Über mehrere Situationen und Interviewpartner hinweg sammelt man auf diesem Wege schnell sehr viele konkrete Verhaltensweisen, die ein erfolgreiches vs. nicht erfolgreiches Verhalten am Arbeitsplatz beschreiben.

3. Schritt: Diese Verhaltensweisen müssen jetzt noch zu übergeordneten Eigenschaften gruppiert werden. Dies kann qualitativ durch eine Expertenrunde oder quantitativ auf der Basis einer Faktorenanalyse geschehen. Letzteres setzt allerdings voraus, dass man eine empirische Studie durchführt, in der die Verhaltensweisen einer größeren Stichprobe vom Arbeitsplatzinhaber vorgelegt werden. Jeder Proband soll dabei einschätzen, inwieweit er das geschilderte Verhalten selbst am Arbeitsplatz umsetzt.

Ein nicht zu vernachlässigender Vorteil der CIT besteht auch darin, dass man die Informationen über Situationen und Verhaltensweisen im weiteren Verlauf des Auswahlverfahrens gut nutzen kann. Führt man später strukturierte Einstellungsinterviews oder Verhaltensübungen durch, lassen sich aus den gesammelten kritischen Ereignissen schnell situative Interviewfragen oder Szenarien für Rollenspiele u. Ä. ableiten. Die bewerteten Verhaltensweisen bilden zudem die Grundlage für die Entwicklung verhaltensverankerter Beurteilungsskalen, mit denen sich die Leistungen der Bewerber differenziert und anforderungsbezogen bewerten lassen (vgl. Kapitel 4).

2.2.5 Anforderungsprofil

Unabhängig von der konkreten Methode der Anforderungsanalyse steht am Ende immer ein *Anforderungsprofil*. In Abbildung 5 ist ein Beispiel eines Anforderungsprofils abgebildet, das für die Geschäftsführung einer städtischen GmbH auf der Basis der CIT entwickelt wurde. Das Beispielprofil umfasst zehn Merkmalsdimensionen, die jeweils arbeitsplatzspezifisch definiert sind. Auf jeder Merkmalsdimension kann ein Bewerber 5 Punkte erlangen, wobei die eingezogene Linie die Minimalanforderung beschreibt. Ein Bewerber muss auf der Dimension „Durchsetzungsfähigkeit" mithin mindestens 4 Punkte, auf der Dimension „Rhetorik" hingegen nur 3 Punkte erlangen, um die Mindestanforderungen erfüllt zu haben. Die Punktwerte werden dabei in den verschiedenen Messinstrumenten (Test, Fragebogen, Interview und Verhaltensübungen im Assessment Center) jeweils spezifisch operationalisiert.

Ergebnis der Anforderungsanalyse

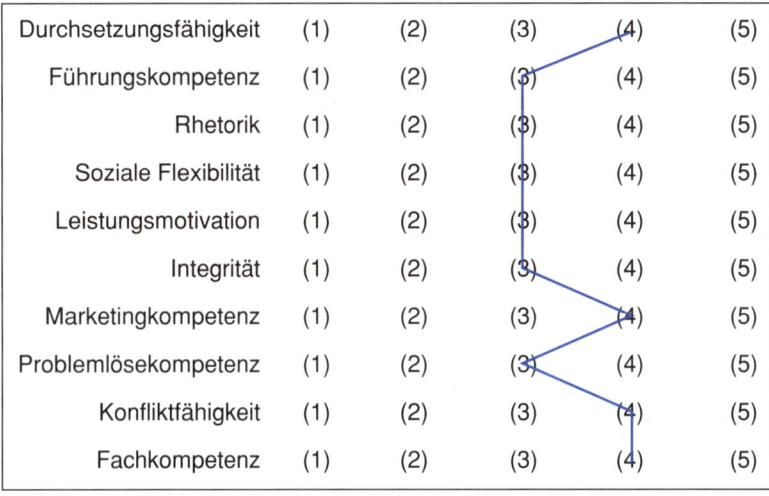

Abbildung 5: Beispiel für das Anforderungsprofil eines Geschäftsführers

2.3 Personalmarketing

Nach Durchführung der Anforderungsanalyse steht fest, über welche Merkmale die neuen Stelleninhaber verfügen sollten. Nun muss man sich zum einen Gedanken darüber machen, wie diese Merkmale im Auswahlverfahren gemessen werden. Zum anderen muss man die offene Stelle ausschreiben. Letzteres ist eine Aufgabe des *Personalmarketings*.

2.3.1 Grundlagen

Begriffsklärung: Personalmarketing

Personalmarketing bedeutet, eine Organisation auf dem Markt potenzieller Bewerber zu platzieren.

Der Begriff des Personalmarketings leitet sich vom wirtschaftswissenschaftlichen Konzept des Marketings ab. Beim Marketing geht es darum, ein Produkt auf dem Markt der Konsumenten so gut zu platzieren, dass es für möglichst viele Kunden attraktiv wird. Beim Personalmarketing verhält es sich recht ähnlich, allerdings geht es nicht um ein produziertes Produkt, sondern um die Organisation an sich bzw. um eine ausgeschriebene Stelle. Den Markt repräsentieren keine Konsumenten, sondern Personen, die sich potenziell auf die fragliche Stelle bewerben könnten. Abbildung 6 skizziert die Ausgangslage.

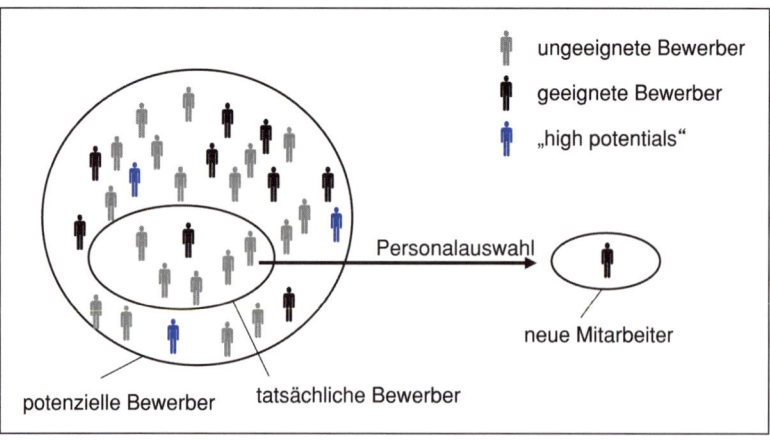

Abbildung 6: Ausgangslage des Personalmarketings

Nehmen wir einmal an, ein Unternehmen möchte die Stelle eines Psychologen in der Personalabteilung neu besetzen. Der Arbeitsmarkt stellt sicherlich hunderte potenziell interessierte Bewerber zur Verfügung, doch diese Bewerber sind nicht alle gleich gut geeignet. Zur Vereinfachung unterscheiden wir in Abbildung 6 drei Gruppen

Heterogene Gruppe potenzieller Bewerber

potenzieller Bewerber: objektiv ungeeignete Personen, geeignete und sogenannte „high potentials", also die etwa 10 % der Bewerber, die am besten für diese Stelle geeignet sind.

In der Regel ist der Anteil der objektiv ungeeigneten deutlich größer als der der geeigneten Personen. Interessant ist nun, welche der potenziellen Bewerber sich auf die ausgeschriebene Stelle tatsächlich bewerben. Im schlimmsten Fall bewirbt sich kein einziger „high potential" und sehr wenige der objektiv geeigneten Personen, während die Masse der Bewerber sich aus den objektiv ungeeigneten Personen rekrutiert. Da das Unternehmen immer nur aus der Menge der tatsächlichen Bewerber neue Mitarbeiter auswählen kann, besteht unter diesen Umständen von vornherein gar keine Chance, einen Spitzenmitarbeiter zu finden. Mehr noch, je ungünstiger das Verhältnis zwischen geeigneten und ungeeigneten Bewerbern ausfällt, desto besser muss das Auswahlverfahren sein, damit man die wenigen geeigneten Kandidaten treffsicher identifizieren kann.

Stellen wir uns einmal den umgekehrten Fall vor. Wären 95 % der Bewerber objektiv geeignet, so würde man auch mit einem sehr schlechten Auswahlverfahren mit großer Wahrscheinlichkeit einen Treffer landen. Je größer die Grundquote – also der Anteil der geeigneten Bewerber in der Bewerberstichprobe – ausfällt, desto eher wird man selbst mit einem weniger validen Verfahren geeignete Bewerber finden (Taylor & Russell, 1939). Je geringer die Grundquote ist, desto mehr muss man in ein besonders valides Auswahlverfahren investieren. Allerdings ist es nicht so, dass jedes Unternehmen high potentials suchen sollte. Personen mit herausgehobenen Qualifikationen stellen auch außergewöhnliche Anforderungen an ihren Arbeitgeber (herausfordernde Arbeitsaufgaben, Gehalt, Entscheidungsfreiräume, Aufstiegsmöglichkeiten etc.). Kann das Unternehmen diese Ansprüche nicht erfüllen, wird der Bewerber ein Stellenangebot nicht annehmen oder nach kurzer Zeit wieder kündigen. Daher ist es sinnvoll, wenn man sich gleich zu Beginn des Auswahlprozesses darüber im Klaren wird, welche Bewerber man tatsächlich dauerhaft im Unternehmen halten kann. Die Eignung steigt nicht kontinuierlich mit der Qualifikation eines Bewerbes an. Zu qualifizierte Bewerber können für eine bestimmte Stelle auch ungeeignet sein.

Grundquote der geeigneten Bewerber

High potentials sind nicht immer die erste Wahl

Mit Hilfe des Personalmarketings soll der Anteil geeigneter Personen in der Gruppe der Bewerber möglichst vorteilhaft beeinflusst werden. Für kleine und mittelständische Unternehmen, die weitgehend unbekannt sind und/oder Stellen an unattraktiven Standorten anbieten, geht es häufig darum, überhaupt erst einmal genügend Bewerber auf das Unternehmen aufmerksam zu machen.

Große, renommierte Unternehmen haben hingegen kein Problem mit zu geringen Bewerberzahlen, sondern werden eher von einer sehr großen Zahl objektiv ungeeigneter Bewerber heimgesucht, die letztlich die Kosten des gesamten Auswahlverfahrens in die Höhe treiben. In diesem Fall ist die Aufgabe des Personalmarketings zwei-

Anwerbung und Abschreckung

geteilt: Zum einen versucht man, besonders qualifizierte Personen zu einer Bewerbung anzuregen, während man zum anderen unquali-fizierte Personen von einer Bewerbung abhalten möchte. Hierin liegt auch der Grund dafür, dass Stellenanzeigen entsprechender Unter-nehmen häufig ein übertrieben anspruchsvolles Anforderungsprofil zeichnen. Sehr anspruchsvolle Stellen sollen sehr hoch qualifizierte Bewerber neugierig machen und gleichzeitig wenig qualifizierte Personen abschrecken.

2.3.2 Methoden des Personalmarketing

Die *Methoden*, mit deren Hilfe potenzielle Bewerber angesprochen werden, sind sehr zahlreich (vgl. Moser & Zempel, 2006). Dabei kann zwischen der Ansprache externer und interner Bewerber unter-schieden werden (vgl. Tab. 1).

Tabelle 1: Wichtige Methoden zur Ansprache potenzieller Bewerber

Ansprache interner Bewerber	Ansprache externer Bewerber
• gezielte Nachfrage bei Vorge-setzten • gezielte Ansprache guter Mitar-beiter und Praktikanten • Anzeigen in Firmenzeitschriften • Aushänge • E-Mail-Verteiler • Reaktivierung ehemaliger Mit-arbeiter	• Stellenanzeigen in Printmedien • Stellenanzeigen im Internet (Stellenbörsen und firmen-eigene Website) • gezielte Abwerbung von Mitar-beitern bei der Konkurrenz („Head Hunting") • Kontakte zu Schulen (Vorträge, Praktika etc.) • Kontakte zu Hochschulen (Vor-träge, Praktika, Kooperationen bei Examensarbeiten und Dis-sertationen etc.)

Interne Bewerber sind Mitarbeiter, die bereits für das Unternehmen arbeiten, aber beispielsweise in anderen Niederlassungen oder Abteilungen tätig sind. Insbesondere bei der Ansprache externer Bewerber gewinnt das Internet zunehmend an Bedeutung. Ein Studie von König et al. (2005) zeigt, dass im Jahr 2004 bereits mehr als 75 % der deutschen Großunternehmen das Internet zur Stellenausschreibung nutzten. Bei mittelständischen Unternehmen waren es etwa 60 %. Die große Attraktivität des Internets ergibt sich aus der Tatsache, dass man auf diesem Wege vergleichsweise kostengünstig und schnell eine sehr große Anzahl potenzieller Bewerber erreicht. Im Vergleich hierzu ist der Einsatz von Stellenanzeigen in Printmedien immer nur auf diejenigen Personen beschränkt, die das entsprechende Organ kaufen.

Wachsende Bedeutung des Internets

Neben der Werbung für eine konkrete Stelle spielt auch das allgemeine *Image* der Organisation bzw. einer Branche eine wichtige Rolle. Je positiver das Image ist, desto eher interessieren sich viele qualifizierte Personen für das Unternehmen. Dementsprechend ist jede Form der Außendarstellung indirekt auch ein Baustein des Personalmarketings (Cable & Turban, 2003). Manche Branchen, in denen glamouröse oder prestigeträchtige Produkte hergestellt und vertrieben werden, haben es hier leichter als andere – wer will schon gern in der Personalabteilung eines Schlachthofes arbeiten, wenn er in der Automobil- oder Medienbranche tätig sein könnte. Dennoch tragen auch klein- und mittelständische Unternehmen ohne großen Bekanntheitsgrad für einen bestimmten Bewerberkreis eine positive Identifikationsmöglichkeit. Ansatzpunkt hierfür könnten die angenommene Bodenständigkeit, Traditionsbewusstsein oder Familiensinn sein (vgl. Moser, 2002).

Außendarstellung des Unternehmens

2.3.3 Weitere Einflüsse auf das Personalmarketing

Jenseits der reinen Ansprache der Bewerber bezieht sich das Personalmarketing im weiteren Sinne auch auf den sich anschließenden Prozess der Personalauswahl und Einstellung bis hin zum dauerhaften Verbleib der neuen Mitarbeiter im Unternehmen (Moser & Zempel, 2006). Besonders qualifizierte Bewerber werden mehrere Stellenangebote von unterschiedlichen Firmen erhalten und können sich anschließend aussuchen, wo sie gern arbeiten möchten. Es reicht mithin nicht, entsprechende Personen nur zu einer Bewerbung zu bewegen, man muss sie im Zuge des Auswahlverfahrens auch von der besonderen Attraktivität des Arbeitgebers überzeugen. In diesem Zusammenhang spielt die Art und Weise, wie man mit den Bewerbern umgeht, eine wichtige Rolle. Das Auswahlverfahren ist in gewisser Weise die Visitenkarte eines Unternehmens. Haben qualifizierte Bewerber den Eindruck, dass sie nicht korrekt behandelt werden, fühlen sich nicht ernst genommen oder stellen die Aussagekraft des Auswahlverfahrens in Frage, so gibt es für Sie kaum einen Grund, ein Stellenangebot der betreffenden Firma anzunehmen.

Wie erleben Bewerber ein Auswahlverfahren? Schuler (1993) definiert vier Variablen, die einen Einfluss auf die Akzeptanz eines Auswahlverfahrens durch die Bewerber nehmen können und nennt dieses Konzept *soziale Validität* (vgl. Tab. 2). Eine hohe soziale Validität ist gegeben, wenn sich die Bewerber (1) hinreichend über die fragliche Stelle informiert fühlen. Ein Auswahlverfahren dient nicht nur zur Entscheidungsfindung auf Seiten des Unternehmens. Auch der Bewerber muss entscheiden, ob die Stelle zu seinen Fähigkeiten und Erwartungen passt. Dies kann er nur, wenn das Unternehmen entsprechende Informationen Preis gibt. Zudem muss der Bewerber das Gefühl haben, dass er (2) das Verfahren selbst in gewisser Weise kontrollieren kann. Das spricht beispielsweise gegen verdeckte Beobachtungen in Pausen des Assessment Centers und erst recht gegen projektive Verfahren, Deutungen der Gesichtszüge, des Körperbaus oder andere absurde Methoden (vgl. Kanning, 2010). Die prinzipiellen Kriterien der Bewertung sowie das Vorgehen im Zuge der Auswahl sollten den Bewerbern transparent sein (3). Hierzu zählen z. B. Informationen über die Abfolge verschiedener Auswahlschritte oder die Dauer bis zur endgültigen Auswahlentscheidung. Wer ein seriöses Auswahlverfahren durchführt, hat keinen Grund, sein Vorgehen zu verbergen. Zu guter Letzt zeichnet sich ein gutes Auswahlverfahren aus Sicht der Bewerber durch ein differenziertes Feedback aus (4). Dem Bewerber wird nicht nur mitgeteilt, ob er eingestellt wurde, sondern auch, warum bzw. warum nicht. Alle Kriterien zusammengenommen dokumentieren, dass man den Bewerber nicht als einen Bittsteller betrachtet, sondern als einen Verhandlungspartner ernst nimmt.

Gilliland (1995) legt ein ähnliches Konzept wie Schuler (1993) vor und spricht in diesem Zusammenhang von der *Fairness* eines Auswahlverfahrens gegenüber den Bewerbern. Er unterscheidet elf Kriterien, die inhaltlich eine sehr große Nähe zum Konzept der sozialen Validität aufweisen (vgl. Tab. 2). Nach Gilliland muss ein faires Auswahlverfahren einen deutlichen Bezug zu den tatsächlichen

Tabelle 2: Dimensionen der Akzeptanz eines Auswahlverfahrens aus der Sicht der Bewerber

Facetten der sozialen Validität (Schuler, 1993)	Facetten der Fairness (Gilliland, 1995)
• Information • Kontrolle • Transparenz • Feedback	• Bezug zu zukünftigen Berufs-aufgaben • Bezug zu derzeitigen Berufs-aufgaben • Möglichkeit, Leistung zu zeigen • Möglichkeit zur Korrektur • Konsistenz der Bedingungen • Feedback • Transparenz • Ehrlichkeit • respektvolle Bedingungen • Zweiweg-Kommunikation • Möglichkeit, Fragen zu stellen

Aufgaben herstellen, mit denen der Bewerber im Falle einer Einstellung konfrontiert werden würde. Zudem muss man sich mit den bisherigen beruflichen Erfahrungen und Leistungen der Bewerber auseinandersetzen. Der Bewerber muss die Chance bekommen, seine eigene Leistungsfähigkeit unter Beweis zu stellen und darf auch Korrekturen vornehmen, sofern er eine Minderleistung als solche selbst erkennt. Selbstverständlich gelten für alle Bewerber im Auswahlverfahren identische Bedingungen im Hinblick auf Methoden und Auswahlkriterien. Das Abschneiden im Verfahren wird an den einzelnen Bewerber zurückgemeldet, die Entscheidungsprinzipien werden offengelegt. Das gesamte Vorgehen ist durch Ehrlichkeit und Respekt gekennzeichnet. Hierzu gehört auch, dass Informationen in beide Richtungen fließen, so dass der Bewerber beispielsweise im Einstellungsinterview auch direkt Fragen an die Firmenvertreter stellen darf.

Der respektvolle Umgang mit den Bewerbern sollte sich übrigens auf den gesamten Kommunikationsprozess zwischen Unternehmen und Bewerber beziehen. Dies gilt für die Bestätigung des Eingangs einer Bewerbung über die Einladung zum persönlichen Vorstellen bis hin zur Ablehnung von Personen, die aus dem Verfahren aus-

Respektvoller Umgang mit den Bewerbern

scheiden. Schließlich berichten alle Bewerber in ihrem Bekannten-
kreis über die Art und Weise, wie sie behandelt wurden. Sie nehmen
somit Einfluss auf das Image und damit auch die Attraktivität des
Unternehmens. Ähnlich verhält es sich mit Initiativbewerbungen,
also Bewerbungen, die ohne Bezug zu einer ausgeschriebenen Stelle
im Unternehmen eingehen. Grundsätzlich gilt, dass man schnell,
wertschätzend und ehrlich reagiert (Kanning, Pöttker & Klinge,
2008).

2.3.4 Abschluss des Auswahlverfahrens

Stellenangebot
Haben sich zum Ende des Auswahlverfahrens beide Parteien fürein-
ander entschieden, unterbreitet das Unternehmen ein Angebot, über
das ggf. noch verhandelt werden muss. Lawler (2000) nennt sieben
Faktoren, die im Allgemeinen die *Attraktivität eines Arbeitsplatzan-
gebotes* bedingen. Neben der Höhe des Einkommens, spielen die
Arbeitsplatzsicherheit, das Interesse an der konkreten Tätigkeit, die
Karrieremöglichkeiten, die Sinnhaftigkeit der Tätigkeit sowie das
Arbeitsklima eine wichtige Rolle. Selbstverständlich unterscheiden
sich die Bewerber dahingehend, wie wichtig ihnen jedes dieser Kriterien ist. Zudem wird man in Abhängigkeit vom eigenen Wert auf
dem Arbeitsmarkt zu mehr oder weniger starken Zugeständnissen
bereit sein.

Dauerhafte Bindung
neuer Mitarbeiter
Eine *dauerhafte Bindung* der neuen Mitarbeiter an das Unternehmen
wird möglich, wenn auch über die Zeit hinweg eine gegenseitige
Attraktivität bestehen bleibt. Aus Sicht des Unternehmens bedeutet
dies, dass der Mitarbeiter die beruflichen Aufgaben zufriedenstellend bewältigt. Aus Sicht des Mitarbeiters wird entscheidend sein,
inwieweit der Arbeitgeber die Zusagen, die bei Abschluss des Ver-
trages implizit und explizit getroffen wurden (*Psychologischer Kon-
trakt*; vgl. Kapitel 9 in Bamberg, Mohr & Busch, 2012), tatsächlich
einhält und das Unternehmen dauerhaft ein angenehmes Arbeitsklima, Entwicklungsmöglichkeiten u. Ä. gewährleistet.

2.4 Vorauswahl per Internet

Das Internet wird nicht nur zur Stellenausschreibung, sondern in
zunehmendem Maße auch zur Vorauswahl von Bewerbern genutzt.
Der Oberbegriff für beide Prozesse ist das E-Recruitment. Bisweilen

wird jedoch auch zwischen der eigentlichen Vorauswahl der Bewerber *("E-Assessment")* und ihrer Anwerbung *("E-Recruitment")* sprachlich differenziert (Konradt & Sarges, 2003).

E-Assessment und
E-Recruitment

Das Internet kann in unterschiedlich weitgehendem Maße zur Vorauswahl herangezogen werden. Im einfachsten Falle beschränkt sich das Unternehmen darauf, die Bewerbungsunterlagen in digitalisierter Form zu erheben. Die Bewerber reichen in diesem Falle keine klassische Bewerbungsmappe ein, sondern senden eine E-Mail, der sie im Attachment (Anhang) die üblichen Unterlagen beilegen. Das Unternehmen druckt die Materialien aus und begutachtet sie anschließend auf herkömmlichem Wege. Will man die Möglichkeiten des Internets vollständig nutzen, so ist auf Seiten des Unternehmens ein sehr viel größerer Aufwand zu betreiben. Abbildung 7 skizziert den Prozess einer vollständigen Vorauswahl mit Hilfe des Internets.

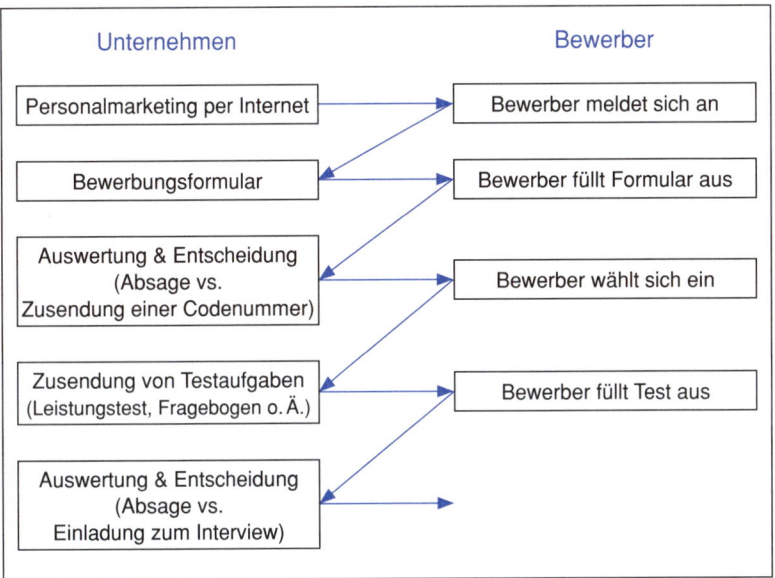

Abbildung 7: Vorauswahl von Bewerbern per Internet

Im ersten Schritt schreibt das Unternehmen eine offene Stelle im Internet aus. Dies geschieht entweder über die eigene Website oder eine der großen Stellenbörsen. Ein Bewerber, der sich für die fragliche Stelle interessiert, muss sich im zweiten Schritt auf der Website des Unternehmens anmelden und ein Bewerbungsformular anfordern. Das Bewerbungsformular ersetzt das klassische Anschreiben, sowie den selbst geschriebenen Lebenslauf, den man früher einer klassischen Bewerbungsmappe beigelegt hat. Ein großer Vorteil eines solchen Bewerbungsformulars liegt in der vollständig standardisierten Erfassung all jener Daten, die das Unternehmen für eine Vorauswahl benötigt. Sofern jedes Feld des Formulars mit Inhalt gefüllt werden muss, ehe man die Informationen losschicken kann, ist es nicht mehr möglich, dass der Bewerber aus Versehen eine wichtige Information vorenthält. Nachdem das ausgefüllte Bewerbungsformular an das Unternehmen zurückgesendet wurde, kann hier nun in sekundenschnelle eine computergestützte Auswertung der Daten erfolgen. Hat der Bewerber eine einschlägige Berufsausbildung? Ist der Notendurchschnitt hinreichend gut? Verfügt er über mindestens drei Jahre einschlägiger Berufserfahrung? Liegt mindestens ein dreimonatiges Auslandspraktikum vor? Diese und ähnliche Kriterien einer allerersten Vorselektion der Bewerber lassen sich leicht durch den Computer überprüfen, ohne dass es hier zu wichtigen Informationsverlusten käme. Ist der Bewerber aufgrund dieses ersten Screenings noch interessant für das Unternehmen, wird ihm im nächsten Schritt eine Codenummer zugeschickt, mit der er sich auf einer gesonderten Seite anmelden kann. Auf dieser Seite findet er verschiedene Leistungstests und Fragebögen zur Selbstbeschreibung. Jedes Instrument muss vollständig ausgefüllt werden, ehe man die Daten zur Auswertung an das Unternehmen senden kann. Hier wiederum erfolgt erneut eine Auswertung durch den Computer. Erfüllt der Bewerber die Minimalanforderungen, so erhält er im letzten Schritt des E-Recruitments eine Einladung zum Einstellungsinterview. Bevor diese Einladung definitiv erfolgt, könnte das Unternehmen jedoch auch erst noch abwarten, wie viele interessante Kandidaten unter den Bewerbern sind, um wiederum nur die Besten einzuladen. Liegt ein Bewerber eindeutig unter den Anforderungen, ist damit die Bewerbungsprozedur für ihn beendet.

Vorauswahl durch den Computer

Das E-Recruitment bietet für beide Parteien große Vorteile und einige Nachteile (z. B. Bartram, 2000). Auf Seiten der Bewerber schlägt zunächst eine deutliche Kostenreduzierung sehr vorteilhaft zu Buche. Eine gute Bewerbungsmappe mit Qualitätskopien und Lichtbild kostet inklusive Porto mehr als 10 Euro. Die Bewerbung per Internet ist hingegen fast zum Nulltarif zu haben. Die Geschwindigkeit, mit der die Vorauswahl erfolgt, liegt weit über der des klassischen Vorgehens. Bei vollständig computergestützter Vorauswahl weiß der Bewerber in wenigen Stunden, ob er sich noch weiter Hoffnungen manchen sollte oder besser gleich zur nächsten Bewerbung schrei-

Vor- und Nachteile des E-Recruitments

tet. Der hohe Standardisierungsgrad der Auswahl ist für beide Seiten wünschenswert, da hierdurch systematische Fehler der Personenbeurteilung, die beispielsweise von der Attraktivität des Bewerbungsfotos oder fragwürdiger Formalkriterien (Tippfehler im Anschreiben, ästhetischer Eindruck der Mappe etc.) ausgehen, (Machwirth, Schuler & Moser, 1996) vermieden werden. Die Auswahl orientiert sich somit verstärkt an den Fakten und weniger an den subjektiven und oft unbewussten Eignungstheorien einzelner Personen, die mit der Sichtung der Mappen beauftragt wurden. Auch wenn zunächst Investitionskosten für die Entwicklung des E-Recruitments anfallen, dürfte sich das Vorgehen in den meisten Fällen schnell amortisieren, schließlich spart das Unternehmen deutlich an Personalkosten, die bei der klassischen Sichtung der Bewerbungsmappen anfallen würden. Allerdings lohnt sich das E-Assessment letztlich nur dann, wenn große Bewerberzahlen anfallen. Je kleiner das Unternehmen ist, desto kostengünstiger ist der klassische Bewerbungsweg. Dabei darf man jedoch nicht außer Acht lassen, dass das E-Recruitment zu einem deutlichen Anstieg der Bewerberzahlen führt. Je weniger die Bewerber in eine einzelne Bewerbung investieren müssen, desto eher sind sie bereit, zusätzliche Bewerbungen zu versenden. Dies ist vor dem Hintergrund der zunehmenden Knappheit an Fachpersonal sicherlich ein weiteres Argument für den verstärkten Einsatz des Internets auch für kleinere, unbekannte Unternehmen. Befürchtungen, dass man per Internet vor allem junge und überdurchschnittlich gebildete Personen anspricht und daher ganze Bewerbergruppen unerschlossen bleiben, sind in dem Maße unbegründet, in dem das Internet immer stärker zu einem alltäglichen Kommunikationsmedium wird. Wer gezielt ältere Menschen mit sehr geringem Bildungsstand sucht, muss ggf. noch einige Jahre die klassischen Wege beschreiten. Das gewichtigste Argument gegen ein E-Assessment inklusive Testdiagnostik ist die Unsicherheit im Hinblick auf die wahre Identität der Testkandidaten sowie der tatsächlichen Untersuchungsbedingungen. Es ist nicht auszuschließen, dass der Bewerber einen Leistungstest nicht allein bearbeitet, sondern sich beispielsweise von einem Freund helfen lässt. Sicherlich dürfte dies aber nur für eine Minderheit der Bewerber gelten. Sicherheit über die tatsächliche Leistungsfähigkeit der Bewerber erlangt man nur dann, wenn die eingeladenen Kandidaten eine Parallelform des Testverfahrens bearbeiten müssen.

Alles in allem überwiegen mithin die Vorteile des E-Recruitments seine potenziellen Nachteile. Zumindest gibt es Lösungen für die skizzierten Probleme. In den nächsten Jahren dürfte mit einem sehr starken Anstieg der Verbreitung der E-Assessments zu rechnen sein. Vorreiter dieser Entwicklung sind Großunternehmen, die einer Prognose von König et al. (2005) zufolge schon heute mehr als 50 % ihrer Bewerbungen über das Internet abwickeln.

2.5 Ergebnisintegration

Auf nahezu jeder Stufe des Auswahlprozesses werden von jedem Bewerber vielfältige Informationen gesammelt, die anschließend zu einem Gesamturteil integriert werden müssen. So ist beispielsweise nach der Sichtung der Bewerbungsunterlagen zu entscheiden, ob man den Bewerber zu einem Einstellungsinterview einladen möchte. Nach einem Assessment Center muss eine abschließende Bewertung jedes Kandidaten erfolgen, die über die Einstellung oder endgültige

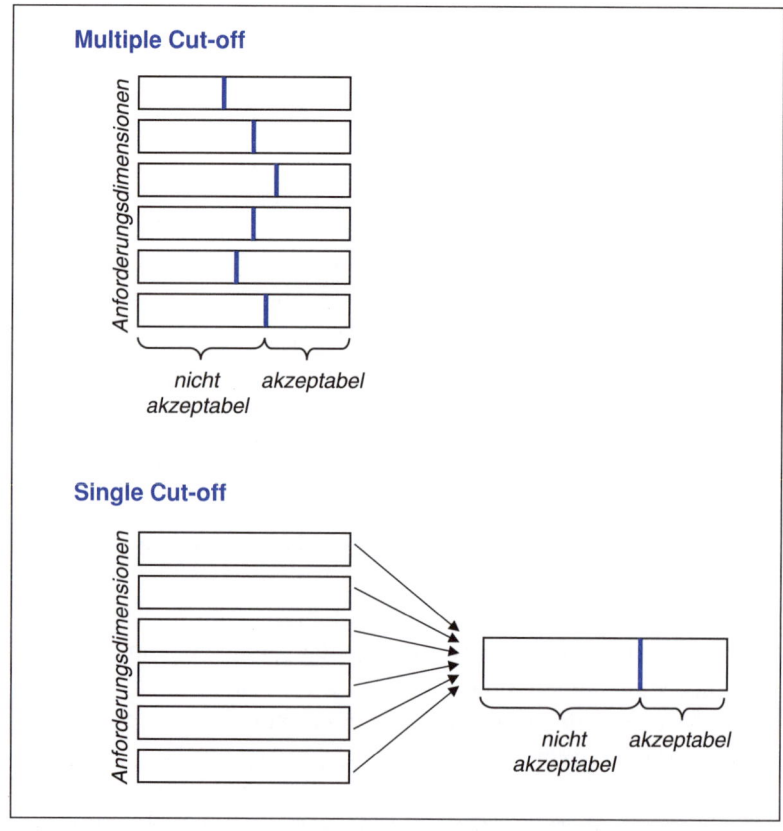

Abbildung 8: Prinzipien der Integration mehrerer Einzelergebnisse

Ablehnung der betreffenden Person entscheidet. Nun stellt sich jeweils die Frage, wie man zu einem solchen Urteil gelangen soll. In Abbildung 8 werden die beiden grundlegenden Prinzipien der Ergebnisintegration skizziert.

Beim Prinzip des *Multiple Cut-off* wird für jede Anforderungsdimension auf der Basis der Anforderungsanalyse eine Minimalausprägung definiert. Auf diesem Wege entsteht über die Dimensionen hinweg ein differenziertes Anforderungsprofil (vgl. auch Abb. 5). Die Minimalausprägung beschreibt jeweils diejenige Merkmalsausprägung, die den Übergang zwischen einem geeigneten und einem nicht geeigneten Bewerber markiert. Folgt man dem Prinzip des Multiple Cut-off, so betrachtet man jede Merkmalsdimension isoliert voneinander und schaut, ob ein Kandidat jeweils die Mindestausprägung erfüllt. Liegt er auf allen Anforderungsdimensionen über dem Cut-off, gilt er als insgesamt geeignet. Fällt ein Wert unter den Cut-off, scheidet der Kandidat aus dem Verfahren aus. Es gibt mithin keine Kompensationsmöglichkeiten. Selbst dann, wenn ein Bewerber auf einer Anforderungsdimension einen Spitzenwert erzielt, wird er abgelehnt, sofern er auf mindestens einer weiteren Dimension die Mindestanforderung nicht erfüllt.

Multiple Cut-off

Keine Möglichkeit zur Kompensation von Schwächen

Ganz anders sieht es aus, wenn man nach dem Prinzip eines *Single Cut-off* vorgeht. In diesem Falle wird nicht für jede einzelne Anforderungsdimension eine Minimalausprägung definiert. Stattdessen arbeitet man mit einer Gesamteignungsdimension, die den Mittelwert der einzelnen Anforderungsdimensionen repräsentiert. Zunächst erfolgt die Messung der relevanten Merkmale auf herkömmlichem Wege. Zum Zwecke der Datenintegration berechnet man dann jedoch den (ggf. noch mit der Bedeutung der Dimension gewichteten) Mittelwert über die einzelnen Dimensionen hinweg. Anschließend vergleicht man das Ergebnis mit einem einzigen Cut-off, der die Minimalanforderung an die Gesamteignung eines Bewerbers festlegt. Liegt ein Kandidat unter diesem Cut-off, gilt er als nicht geeignet und wird abgelehnt. Je weiter er über dem Cut-off liegt, desto größer ist seine Gesamteignung. Ein solches Vorgehen ist nur dann zu empfehlen, wenn sinnvollerweise von einer wechselseitigen Kompensationsmöglichkeit der Anforderungsdimensionen auszugehen ist. Beispielsweise könnte man mangelnde Berufserfahrung durch eine hohe Fachkompetenz bei gleichzeitig hoher Leistungsmotivation kompensieren. Weniger plausibel erscheint hingegen die Annahme, dass ein angehender Polizeikommissar mangelnde Intel-

Single Cut-off

ligenz durch außergewöhnlich gute Leistungen im Sporttest kompensieren kann.

Ähnlich problematisch ist ein Vorgehen, das bei manchen Behörden eingesetzt wird. Im Auswahlverfahren sammeln die Bewerber Punkte, die man anschließend summiert. Danach bringt man alle Bewerber in eine Rangreihenfolge und zählt vom ersten Rangplatz ausgehend so viele Personen ab, wie offene Stellen zur Verfügung stehen. Bei diesem Vorgehen verzichtet man mithin auf die Definition eines Single Cut-off und lässt zudem eine vollständige Kompensation zu. In der Konsequenz wird die Qualität der neu eingestellten Mitarbeiter nicht durch die Organisation, sondern durch den Arbeitsmarkt definiert. Liefert der Arbeitsmarkt in einem Jahr deutlich schlechtere Bewerber, so stellt man eben auch deutlich schlechtere Mitarbeiter ein. Auf diesem Wege werden zwar alle offenen Stellen besetzt; ob es sich langfristig jedoch wirtschaftlich auszahlt, schlechte Bewerber einzustellen, ist mehr als fraglich. Im Regelfall dürfte das Prinzip des Multiple Cut-off die sinnvollere Alternative sein.

Zusammenfassung

Eine gute Personalauswahl ist immer das Ergebnis eines mehrfach gestuften Prozesses, in dessen Abfolge die jeweils richtigen Entscheidungen getroffen werden. Bereits in der ersten Stufe – der Anforderungsanalyse – können Fehler unterlaufen, die nachfolgend nicht mehr auszugleichen sind. Die Psychologie stellt fundiertes Wissen zur Bewältigung der einzelnen Prozessschritte zur Verfügung. Sie reichen von differenzierten Methoden der Anforderungsanalyse über das Personalmarketing bis hin zu unterschiedlichen Prinzipien der Integration einzelner Daten zu einem Gesamturteil über die Bewerber. Jede Personalauswahl profitiert von einem methodisch überlegten Vorgehen, bei dem man sich nicht vom Glauben an die besonderen diagnostischen Fähigkeiten der Entscheidungsträger leiten lässt, sondern vielmehr auf ein überlegtes und standardisiertes Vorgehen Wert legt.

Weiterführende Literatur

Kanning, U.P. (2004). *Standards der Personaldiagnostik*. Göttingen: Hogrefe.

Schuler, H. (2000). *Psychologische Personalauswahl: Einführung in die Berufseignungsdiagnostik*. Göttingen: Verlag für Angewandte Psychologie.

1. Worin bestehen die Vorteile der Critical Incident Technique (CIT) gegenüber einer intuitiven Anforderungsanalyse?
2. Warum betreiben Unternehmen Personalmarketing?
3. Was versteht man unter sozialer Validität und welche Bedeutung hat die soziale Validität im Prozess der Personalauswahl?
4. Welches sind die Vor- und Nachteile der Vorauswahl durch das Internet auf Seiten der Bewerber sowie der Unternehmen?
5. Unter welchen Bedingungen ist es vertretbar, mit einem Single Cut-off zu arbeiten?

Lösungshinweise finden Sie unter
www.hogrefe.de/buecher/lehrbuecher/psychlehrbuchplus.

Kapitel 3
Methoden der Personalauswahl

Uwe Peter Kanning

Inhaltsübersicht

Seit Jahrzehnten hat die psychologische Forschung viel Wissen darüber zusammengetragen, wie man ein gutes Personalauswahlverfahren gestaltet. Neben einer sorgfältigen Anforderungsanalyse (vgl. Kapitel 2) steht dabei die korrekte Auswahl, Konstruktion, Durchführung und Auswertung einzelner Verfahren im Vordergrund der Betrachtung. Im Folgenden schauen wir uns die verschiedenen Auswahlverfahren an und zwar in der Reihenfolge, wie man sie in einem sehr umfassenden Auswahlprozess zum Einsatz bringen könnte. Am Anfang steht die Analyse der Bewerbungsunterlagen. Nach wie vor ist sie die Methode, welche am häufigsten in der Praxis Verwendung findet (vgl. Abb. 9). Nach einer ersten, groben Selektion derjenigen Bewerber, die nicht einmal die grundlegendsten Anforderungen (z. B. einschlägiges Studium) verfügen, unterzieht man die verbleibenden Kandidaten einer umfangreichen Diagnostik mit Hilfe von Testverfahren und Fragebögen, um grundlegende, allgemeine Eigenschaften (z. B. Intelligenz und Gewissenhaftigkeit) zu erfassen. Nach einer erneuten Filterung folgt eine Arbeitsprobe, in der die verbleibenden Bewerber mit konkreten Arbeitsaufgaben des ausgeschriebenen Arbeitsplatzes konfrontiert werden. Dies erfolgt meist parallel zum Einstellungsinterview, da die Bewerber nun ohnehin persönlich erscheinen. Den letzten Schritt stellt das Assessment Center dar, in dem man insbesondere das Sozialverhalten der besten Bewerber in berufsrelevanten Situationen unter die Lupe nimmt. Nicht jedes Auswahlverfahren umfasst all diese Methoden. So wird z. B. häufig auf den Einsatz von Arbeitsproben oder Fragebögen verzichtet. Ebenso kann die skizzierte Reihenfolge geändert werden. Viele Unternehmen integrieren z. B. das Einstellungsinterview sowie die Testdiagnostik in ein Assessment Center. Letztlich muss vor Ort entschieden werden, welche Methoden bzw. welche Reihenfolge sinnvoll ist.

3.1 Bewerbungsunterlagen

Die Bewerbungsunterlagen stellen in aller Regel den ersten Kontakt zwischen einem Bewerber und einer Organisation dar. In renommierten Großunternehmen gehen nicht selten mehrere tausend Bewerbungen für eine Handvoll ausgeschriebener Stellen ein. Die Aufgabe der Personalverantwortlichen ist es nun, aus dieser Vielzahl diejenigen Kandidaten herauszufiltern, die zumindest den grundlegendsten Anforderungen der Stelle Genüge leisten. Fehler, die hierbei unterlaufen, lassen sich nur zum Teil später wieder ausgleichen. Während man Kandidaten, die zu positiv eingeschätzt wurden, im weiteren

Auswahlprozess als solche identifizieren kann, sind Bewerber, die fälschlicherweise ungeeignet erschienen, für das Unternehmen verloren. Je weniger geeignete Bewerber der Arbeitsmarkt zur Verfügung stellt, desto wichtiger wird mithin eine sorgfältige Analyse der Bewerbungsunterlagen. Dies ist insbesondere vor dem Hintergrund des demografischen Wandels und der damit verbundenen Abnahme qualifizierter Bewerber zu bedenken. Dennoch ist es bislang so, dass sich die meisten Unternehmen nur wenige Minuten mit der Sichtung einer Bewerbungsmappe beschäftigen (Kreuscher, 2000) und häufig nicht einmal zutreffend angeben können, nach welchen Kriterien sie die Unterlagen eigentlich bewerten (Machwirth et al., 1996). Der eigenen Einschätzung nach wird die Auswahl von rationalen Erwägungen geleitet (Welche Schulausbildung hat der Kandidat? Verfügt er über einschlägige Berufserfahrung? etc.). De facto lässt man sich im Entscheidungsprozess aber stark durch fragwürdige, formelle Kriterien wie etwa die ästhetischen Gestaltung der Unterlagen oder die Länge des Anschreibens beeindrucken.

Wichtig: Vorauswahl der Bewerber

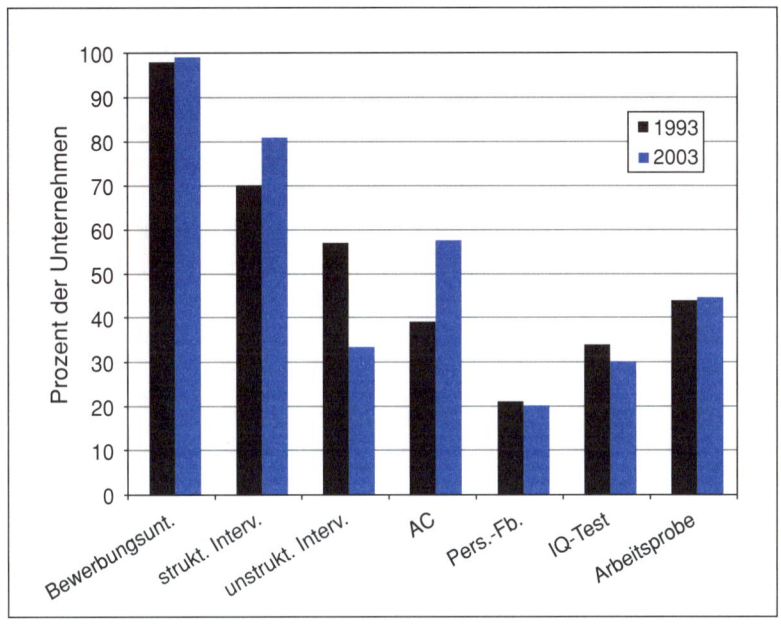

Abbildung 9: Einsatzhäufigkeit verschiedener Auswahlverfahren in deutschen Großunternehmen (Schuler et al., 2007)

Klassische Bewerbungsunterlagen bestehen aus vier Elementen: Lichtbild, Anschreiben, Lebenslauf, Zeugnisse. Jedes dieser Elemente trägt potenziell wichtige Informationen, ist aber auch gleichzeitig Quelle einer möglichen Fehlbeurteilung.

Bestandteile klassischer Bewerbungsunterlagen
- Lichtbild
- Anschreiben
- Lebenslauf
- Zeugnisse

3.1.1 Lichtbild

Das *Lichtbild* vermittelt einen ersten Eindruck von der äußeren Gestalt eines Bewerbers. Dies ist für die Stellenbesetzung in solchen Berufen bedeutsam, in denen das Aussehen eine wichtige Determinante des beruflichen Erfolgs darstellt (z. B. Verkaufspersonal in einer Parfümerie). Leider erzeugt das Lichtbild aber auch sehr leicht einen Halo-Effekt: Gut aussehende Bewerber werden in vielerlei Hinsicht deutlich positiver beurteilt als unattraktive Kandidaten. So unterstellt man ihnen beispielsweise größere fachliche sowie soziale Kompetenzen und lädt sie mit größerer Wahrscheinlichkeit zu einem Einstellungsinterview ein (Schuler & Berger, 1979; Marlowe et al., 1996). Will man sich solchen Beurteilungsfehlern nicht aussetzen, sollte man vor der Beurteilung der Unterlagen das Lichtbild entfernen. Seit 2006 verbietet das Allgemeine Gleichbehandlungsgesetz (AGG) sogar die Anforderung von Lichtbildern, um eine Diskriminierung bestimmter Personengruppen zu verhindern. Freiwillig dürfen aber weiterhin Lichtbilder beigefügt werden.

Halo-Effekt

Allgemeines Gleichbehandlungsgesetz

3.1.2 Anschreiben

Anschreiben sollten nicht länger als eine Textseite sein. Sie informieren den potenziellen Arbeitgeber über die wichtigsten Qualifikationen eines Bewerbers. Zudem legt der Kandidat kurz seine Motive für die Bewerbung dar. Beides sind potenziell wichtige Informationen zur Personalauswahl, allerdings stellt sich das Problem, dass viele Anschreiben gar nicht selbst verfasst werden und im Sinne einer positiven Selbstdarstellung verzerrt sind. In der Ratgeberliteratur sowie im Internet finden sich zahlreiche Vorlagen zur Abfassung guter Anschreiben, so dass bestenfalls nachlässig verfasste Anschreiben zur

Negativselektion der Bewerber herangezogen werden können. Besonders gute Anschreiben ermöglichen hingegen nur bedingt eine zutreffende Einschätzung. Zur Sicherheit muss man überprüfen, ob die im Anschreiben gepriesenen Eigenschaften des Bewerbers eine Entsprechung in den Fakten des Lebenslaufes sowie der beiliegenden Zeugnisse findet. Problematisch ist zudem die Praxis, Tippfehler im Anschreiben als Hinweis auf mangelnde Motivation zu interpretieren („Der Bewerber hat sich keine Mühe gegeben."). Ob dies tatsächlich so ist, lässt sich kaum feststellen. Generell sollte man sich mit psychologisierenden Deutungen zurückhalten und an den Fakten orientieren. Rechtschreibfehler wären demzufolge nur dann auswahlrelevant, wenn die zu besetzende Stelle tatsächlich fehlerfreie Schriftsprache voraussetzt. Angesichts derartiger Probleme ist es nachvollziehbar, wenn einige Unternehmen heute komplett auf die Sichtung eines Anschreibens verzichten oder im Rahmen des E-Recruitments frei formulierte Anschreiben gar nicht mehr ermöglichen.

Positiv- und Negativselektion

3.1.3 Lebenslauf

Der *Lebenslauf* enthält gepaart mit den Zeugnissen insbesondere wichtige Fakten über die schulische und berufliche Ausbildung sowie die Dauer und Art der Berufserfahrung. Lücken im Lebenslauf werden gern als Schwäche des Kandidaten interpretiert, so dass Bewerbern empfohlen werden kann, diese Lücken ggf. zu begründen. Lebensläufe sollten immer tabellarisch abgefasst sein. Fordert ein Unternehmen explizit einen handschriftlichen Lebenslauf, so deutet dies auf eine unseriöse Auswahlpraxis hin, da man wahrscheinlich ein grafologisches Gutachten erstellen lässt. Grafologische Gutachten sind ohne jeden Wert (vgl. Kanning, 2010). Neter und Ben-Shakhar (1989) konnten in einer Metaanalyse belegen, dass Grafologen keineswegs die Schrift, sondern den Inhalt des Lebenslaufes laienpsychologisch deuten. Sie liefern nachweislich keine aussagekräftigeren Schlussfolgerungen ab als völlige Laien. Gern wird auch die Dauer der Berufserfahrung als Indikator für die Leistungsfähigkeit eines Bewerbers herangezogen. Dies ist nur bedingt sinnvoll. Zwar lassen sich Validitätswerte nachweisen, die durchaus ein solches Kriterium rechtfertigen (nach einer Metaanalyse[1] von Quiño-

Grafologie – eine unseriöse Methode der Personalauswahl

---

1 *Metaanalysen* sind statistische Verfahren, in denen die Effektstärken verschiedener (Primär-)Studien zu einer Fragestellung aggregiert werden, um so zu einer zuverlässigeren Schätzung der Stärke des Effektes (z. B.

nes, Ford & Teachout, 1995, im Mittel $\rho_K = .27$), aussagekräftiger als die bloße Dauer ist jedoch die Vielfalt der Arbeitsaufgaben, mit denen man im Laufe der Zeit konfrontiert wurde ($\rho_K = .43$). Wer 10 Jahre lang immer die gleiche Tätigkeit verrichtet hat, konnte an seinen Aufgaben schon lange nicht mehr wachsen. Die Konfrontation mit vielfältigen Aufgaben birgt demgegenüber die Möglichkeit, die eigene Qualifikation zu erweitern.

3.1.4 Zeugnisse

Gute Prognose von Ausbildungs- und Studienerfolg

Im Bereich der *Zeugnisse* kann zwischen Schul- und Arbeitszeugnissen unterschieden werden. *Schulzeugnisse* erlauben eine gute Prognose des Ausbildungserfolgs (nach Schuler, 2000, .41 für die berufliche Ausbildung und .46 für den Studienerfolg), was im Wesentlichen mit der relativ hohen Vergleichbarkeit der Anforderungen in Schule und Ausbildung bzw. Studium zu erklären ist. Diese Ähn-

---

der Wirkung einer Intervention oder der Enge eines Zusammenhangs) zu gelangen.

In Metaanalysen von Korrelationen werden dabei häufig Korrekturen für Artefakte vorgenommen, die einen Einfluss auf die empirisch ermittelten Zusammenhänge haben. Häufig wird dabei um die Unreliabilität in beiden Variablen (dem Auswahlverfahren als Prädiktor und dem Berufserfolg im Kriterium) korrigiert, was man als doppelte Minderungskorrektur bezeichnet. Wird etwa nur für die Unreliabilität in einer der beiden Variablen korrigiert, so bezeichnet man die Korrelation entsprechend als einfach minderungskorrigiert. Minderungskorrigierte Korrelationen geben den theoretisch resultierenden Zusammenhang an, der sich ergeben würde, wenn man eine oder beide Variablen völlig ohne Messfehler erheben würde. Durch die Korrektur wird die Korrelation erhöht und zwar umso stärker, je unreliabler die Messungen sind. In einigen Metaanalysen wird auch noch um die Varianzeinschränkung im Prädiktor korrigiert, die im Auswahlkontext dadurch zustande kommt, dass wir die Korrelation mit dem Berufserfolg nur für die Personen bestimmen können, die im Prädiktor hohe Werte hatten und daher eingestellt wurden.

Wir bezeichnen in diesem Buch standardmäßig unkorrigierte Korrelationen mit r und korrigierte Korrelationen mit ρ. Die Subskripte am ρ geben genauer an, wofür korrigiert wurde, wobei P für eine Minderungskorrektur im Prädiktor, K für die Minderungskorrektur im Kriterium und V für die Korrektur der Varianzeinschränkung im Prädiktor steht. $\rho_K = .27$ im obigen Beispiel bezeichnet also eine nur im Kriterium (einfach) minderungskorrigierte Korrelation. Zur Vereinfachung wird zudem für den häufig auftretenden Fall $\rho = \rho_{PK}$ geschrieben.

lichkeit ist bei der Prognose des Berufserfolgs weniger gegeben (ρ_K=.32; Roth, BeVier Switzer & Schippmann, 1996). Betrachtet man einzelne Noten, so ermöglicht die Mathematiknote die beste Prognose, wobei die Durchschnittsnote noch einmal deutlich bessere Validitätswerte erzielt. Letzteres wird nicht zuletzt auf einen Reliabilitätsgewinn zurückzuführen sein, der durch die Mittelung mehrerer Einzelmessungen (Einzelnoten) erzielt wird. Insgesamt betrachtet empfiehlt es sich mithin bei der Auswahl von Auszubildenden nicht nur einzelne, inhaltlich relevante Schulnoten zu betrachten (z. B. die Chemienote bei angehenden Laboranten), sondern immer auch die Durchschnittsnote zu berechnen. Es bleibt abzuwarten, ob die Schulnoten in Zukunft eine noch bessere Prognose ermöglichen. Die Einführung einheitlicher Bewertungsmaßstäbe – wie etwa durch das Zentralabitur – rechtfertigt eine solche Erwartung.

Durchschnittsnote aussagekräftiger als Einzelnoten

Arbeitszeugnisse sind Beurteilungen, die aus früheren Arbeitsverhältnissen hervorgegangen sind. Jeder Mitarbeiter hat einen rechtlichen Anspruch auf ein solches Zeugnis. Studien zur Validität von Arbeitszeugnissen liegen nicht vor, generell ist aber eher mit einer geringen Prognosekraft zu rechnen. Die Gründe hierfür sind vielfältig. Zum einen dürften die Zeugnisse nur äußerst selten auf einer systematischen Leistungsbeurteilung beruhen, sondern eher globale Einschätzung widerspiegeln, die häufig „aus dem Bauch" entwickelt werden. Zum anderen verbietet der Gesetzgeber negative Charakterisierungen im Zeugnis. In der Folge hat sich eine Kultur der „Geheimsprache" entwickelt, mit deren Hilfe Arbeitgeber auf indirektem Weg negative Bewertungen transportieren (vgl. unten stehenden Kasten). Eine solche Strategie kann jedoch nur dann den gewünschten Effekt haben, wenn Verfasser und Leser des Zeugnisses dieselbe Sprache sprechen. In der Realität kann man sich allerdings nie sicher sein, ob der Verfasser in einem Zeugnis eine bestimmte Strategie angewendet hat oder ganz einfach nur ein unprofessionelles Zeugnis abliefert. Hinzu kommt, dass Zeugnisse nicht selten auch von den Mitarbeitern selbst verfasst werden. Dies gilt insbesondere für Praktikumszeugnisse. Eine relative Sicherheit über einen Bewerber erlangt man daher erst dann, wenn mehrere Zeugnisse von verschiedenen Arbeitgebern ein einheitliches Bild des Kandidaten zeichnen, da es unwahrscheinlich ist, dass mehrere Verfasser die gleichen „Fehler" begehen. Neben der Leistungsbewertung beinhaltet ein vollständiges Zeugnis auch eine Beschreibung der Tätigkeiten. Hierbei dürfte die Interpretation weitaus unproblematischer sein.

„Geheimsprache" in Arbeitszeugnissen

Zusätzlich zum Arbeitszeugnis können einer Bewerbung schriftliche *Referenzen* oder ein Hinweis auf einen Referenzgeber, der mündlich Auskunft über den Bewerber erteilt, beiliegen. Referenzen sind freiwillige Fürsprachen ehemaliger Vorgesetzter oder anderer Autoritäten. So könnte z. B. ein Hochschulabsolvent eine Referenz eines Professors beilegen oder ein Arbeitnehmer auf seinen ehemaligen Seniorchef verweisen. Die Validität solcher Referenzen ist recht gut (Schmidt & Hunter, 1998), was möglicherweise darauf zurückzuführen ist, dass hier keine gesetzlich vorgeschriebenen Reglementierungen greifen, sondern offen und ehrlich Auskunft erteilt werden kann.

Gute Validität von Referenzen

> ## Strategien zur Verschleierung negativer Bewertungen in Arbeitszeugnissen (nach Weuster, 1994)
>
> **Leerstellentechnik:** objektiv wichtige Arbeitsbereiche bleiben unerwähnt
>
> **Reihenfolgetechnik:** Nebensächlichkeiten werden vor den wichtigen Arbeitsbereichen erwähnt
>
> **Ausweichtechnik:** über Nebensächlichkeiten wird unverhältnismäßig ausführlich berichtet
>
> **Einschränkungstechnik:** „Frau X hat die Aufgabe B hervorragend erledigt."
>
> **Andeutungstechnik:** „Herr Y ist ein anspruchsvoller und kritischer Mensch."
>
> **Knappheitstechnik:** Absichtlich sehr kurz gefasstes Zeugnis
>
> **Widerspruchstechnik:** „Herr Z konnte unter Anleitung selbständig arbeiten."
>
> **Positiv-Skala-Technik:** Negative Bewertungen werden durch besonders schwach ausgeprägte positive Umschreibungen ausgedrückt

Bewerbungsunterlagen als „stumpfes Schwert" der Personalauswahl

Alles in allem erweisen sich die Bewerbungsunterlagen mithin als ein eher schwieriges Instrumentarium zur Personalauswahl, dessen Aussagekraft in der Praxis wahrscheinlich eher überschätzt wird. Die Analyse der Bewerbungsunterlagen wird umso aussagekräftiger, je mehr man sich von rationalen Strategien leiten lässt und auf psychologisierende Deutungen verzichtet. Hierbei hilft eine computergestützte Analyse der Unterlagen, wie sie beim E-Recruitment, also der Vorauswahl der Bewerber über das Internet, möglich ist (vgl. Kapitel 2.4). Ausgangspunkt muss immer eine differenzierte

Anforderungsanalyse sein. In den meisten Fällen kann man das Lichtbild sowie das Anschreiben ignorieren und sollte sich auf die Sammlung von Fakten aus dem Lebenslauf in Kombination mit den beiliegenden Zeugnissen konzentrieren.

3.2 Tests und Fragebögen

Tests und Fragebögen spielen heute in der Personalauswahl deutscher Unternehmen eine geringe Rolle (vgl. Abb. 9). Dies hat sicherlich auch damit zu tun, dass beide Methoden bei Bewerbern nur eine sehr geringe Akzeptanz finden (Schuler & Fruhner, 1993). Testverfahren konfrontieren die Bewerber mit abstrakten Leistungsaufgaben, denen oft keine Augenscheinvalidität im Hinblick auf die realen Anforderungen eines Arbeitsplatzes zugeschrieben wird. Fragebögen erfassen hingegen die Selbsteinschätzungen der Bewerber und ermöglichen stärker als die meisten anderen Verfahren eine positiv verzerrte Selbstdarstellung. Wir werden sehen, dass beide Methoden trotz ihrer geringen Akzeptanz sinnvolle Bausteine eines Auswahlverfahrens sein können. Sowohl Tests als auch Fragebögen sind vollständig standardisierte Verfahren, die in aller Regel als fertige Instrumente im Handel erworben werden. Neben Verfahren, die direkt aus der Forschung stammen (im Überblick Kanning & Holling, 2004), existieren inzwischen sehr viele Instrumente, die in der Praxis – beispielsweise von Beratungsfirmen – entwickelt wurden (im Überblick Sarges & Wottawa, 2005). Zu letzteren Verfahren liegen nur selten unabhängige Studien vor, so dass die Anwender häufig darauf angewiesen sind, den Angaben der Anbieter zu glauben. Das z. T. sehr offensive Auftreten der Anbieter, gepaart mit geringer diagnostischer Kompetenz auf Seiten der Anwender, lässt die Auswahl eines geeigneten Verfahrens nicht selten zu einem Lotteriespiel werden.

Geringe Akzeptanz bei Bewerbern

3.2.1 Intelligenztests

Als Prototyp der *Testverfahren* kann der Intelligenztest gelten. In einer Metaanalyse von Schmidt und Hunter (1998) schneidet der Intelligenztest mit einer Validität von $\rho_{KV} = .51$ als ein hervorragendes Instrumentarium ab. Gleichwohl kann hieraus nicht der Schluss gezogen werden, man solle grundsätzlich immer einen Intelligenztest einsetzen. Zum einen muss die Anforderungsanalyse eine besondere Bedeutung der Intelligenz ergeben haben, zum anderen ist der Ein-

Sehr hohe Validität

Einsatz keineswegs immer sinnvoll

satz nur dann sinnvoll, wenn in der Bewerberstichprobe auch mit
einer hinreichenden Varianz zu rechnen ist. Bewerben sich beispielsweise zehn promovierte Physiker mit guten Abschlussnoten, so
dürfte ein Intelligenztest kaum in bedeutsamer Weise zwischen den
Kandidaten differenzieren. Neben Intelligenztests kommen Testverfahren zum Einsatz, die spezifische kognitive Fähigkeiten (Konzen-
tration, Fachwissen, Verständnis für physikalische Prozesse etc.) erfassen. Große Firmen entwickeln zudem eigene Testbatterien.

3.2.2 Situative Verfahren

Situative Testverfahren: innovative und valide Methode

Eine Schnittstelle zwischen klassischem Leistungstest und Persönlichkeitsfragebogen stellen *situative Testverfahren* dar (*Situational
Judgment Tests*; Weekley & Ployhart, 2006). Sie beziehen sich nicht
auf die kognitive Leistungsfähigkeit, sondern auf die Persönlichkeit,
insbesondere die sozialen Kompetenzen der Bewerber. Situative
Testverfahren konfrontieren den Bewerber entweder in Textform
oder in Form eines Videoclips mit unterschiedlichen Problemsituationen aus dem Berufsalltag. Nach jeder Situation werden mehrere
Lösungsalternativen vorgegeben und der Bewerber muss im einfachsten Falle angeben, welche Alternative er für die beste hält bzw.
welche er selbst in einer solchen Situation präferieren würde. In
vielen Tests wird auch eine Rangordnung der Antwortvorgaben gefordert. Beispielsweise könnte man eine Bewerberin, die sich auf
eine Stelle als Einzelhandelskauffrau bewirbt, mit einem Film über
einen aufgebrachten Kunden konfrontieren, der ein defektes Elek-
trogerät zurückgeben möchte. Die vorgegebenen Antwortalternativen beschreiben dann ein mehr oder weniger offensives Verhalten
gegenüber dem Kunden. Wie bei einem klassischen Leistungstest
wurde zuvor festgelegt, für welche Alternativen es wie viele Punkte
gibt. Als Basis hierfür könnte eine Anforderungsanalyse nach der
Methode der kritischen Ereignisse dienen (vgl. Kapitel 2). Die Gesamtleistung der Bewerberin ergibt sich aus der Summe der Punkte,
die über viele situative Items hinweg gesammelt wurden. Situative
Tests sind vergleichsweise leicht zu konstruieren, finden aufgrund
der offensichtlichen Nähe zum Berufsalltag eine hohe Akzeptanz
bei Bewerbern und erzielen zudem gute Validitätswerte (Kanning,
Grewe, Hollenberg & Hardouche, 2006). Allerdings bilden sie keine
homogenen Kompetenzen ab, sondern erfassen im Sinne der Krite-
riumsvalidität komplexere Indikatoren der beruflichen Leistungsfähigkeit.

3.2.3 Persönlichkeitsfragebögen

Im Bereich der Fragebögen können wir zwischen Persönlichkeits- und biografischen Fragebögen unterscheiden. *Persönlichkeitsfragebögen* sind in aller Regel berufsunspezifisch. Sie arbeiten mit allgemeinen Aussagen zu Einstellungen oder Verhaltensorientierungen (Beispiel: „Ich bin lieber allein als mit anderen Menschen zusammen.“). Auf einer mehrstufigen Bewertungsskala gibt der Bewerber jeweils an, inwieweit die Aussage auf ihn zutrifft. Neben Breitbandverfahren, wie etwa dem Bochumer Inventar zur berufsbezogenen Persönlichkeitsbeschreibung (BIP; Hossiep & Paschen, 2003), die eine große Anzahl grundlegender Eigenschaften erfassen, gibt es spezifische Instrumente, die sich tiefer gehend mit einem einzelnen Konstrukt auseinandersetzen. Ein gutes Beispiel hierfür ist das Leistungsmotivationsinventar (LMI; Schuler & Prochaska, 2001), in dem nicht weniger als 17 Facetten der Leistungsmotivation unterschieden werden. Eine besondere Variante stellen Integritätsfragebögen dar, die in Deutschland kaum angeboten und eingesetzt werden (z. B. Schuler & Marcus, 2006). Von entsprechenden Messungen verspricht man sich vor allem die Identifizierung solcher Bewerber, die mit einer hohen Wahrscheinlichkeit das Unternehmen später direkt oder indirekt schädigen würden. Dieses sogenannte kontraproduktive Verhalten besteht z. B. im Diebstahl von Firmeneigentum, Blaumachen, Mobbing oder auch der Selbstschädigung, die zu einer Minderung der eigenen Arbeitskraft führt (Alkohol-, Drogenmissbrauch etc.). In den USA erzielen Integritätsfragebögen im Schnitt einen sehr guten Validitätswert (ρ_{KV}=.41 nach Schmidt & Hunter, 1998). Aussagen zur Validität allgemeiner Persönlichkeitsfragebögen sind schwierig, da sie einerseits sehr unterschiedliche Eigenschaften messen und andererseits für verschiedene Tätigkeiten unterschiedlich erfolgsrelevant sind. Nehmen wir die Validität des Persönlichkeitskonzepts der „Big 5“[2] als Beispiel, so bewegen sich die ρ_{PKV}-Werte für das Kriterium Arbeitsleistung zwischen .07 und .27 (Barrick, Mount & Judge, 2001).

In der Praxis ruft vor allem die leichte *Verfälschbarkeit* der Ergebnisse von Persönlichkeitsfragebögen Kritik hervor. Ein Bewerber, der erkennt, welche Eigenschaften für eine bestimmte Stelle von

Integritätsfragebögen

Problem der sozial erwünschten Selbstdarstellung

---

2 Die „Big 5“ umfassen: Neurotizismus, Extraversion, Offenheit für neue Erfahrungen, Soziale Verträglichkeit und Gewissenhaftigkeit (vgl. Kapitel 9). Sie haben sich in vielen Studien – auch transkulturell – als ein sinnvolles Modell zur Beschreibung der Persönlichkeit bewährt.

Vorteil sind, kann sich durch ein entsprechend angepasstes Antwortverhalten einen Vorteil verschaffen. Entscheidend ist jedoch nicht die Frage der prinzipiellen Verfälschbarkeit, sondern die tatsächliche Verfälschung und deren Auswirkungen. Insgesamt wird das Problem des sozial erwünschten Antwortverhaltens eher überschätzt. Metaanalysen können keinen validitätsmindernden Effekt derartiger Strategien nachweisen (Marcus, 2003). Dabei werden allerdings immer nur größere Stichproben von Bewerbern untersucht. Einzelne Bewerber können durch sozial erwünschtes Antwortverhalten durchaus einen besseren Rangplatz erzielen. Entsprechende Fehlentscheidungen lassen sich jedoch durch nachgelagerte Instrumente, wie etwa ein Assessment Center, zum Teil wieder ausgleichen. Wer sich z. B. im Persönlichkeitsfragebogen als sehr extravertiert darstellt, sollte auch im Assessment Center durch entsprechendes Verhalten überzeugen. Überdies stehen zahlreiche Methoden zur Verfügung, mit denen sich das Problem der Antwortverzerrung schon auf der Ebene der Selbstbeschreibung zumindest teilweise in den Griff bekommen lässt (Kanning, 2004). So könnte man z. B. im Rahmen einer Studie das Ausmaß der zu erwartenden Verfälschung abschätzen und die Minimalanforderung entsprechend nach oben korrigieren. Viele der Strategien greifen allerdings nur bei der Neukonstruktion eines Fragebogens und setzen methodisches Fachwissen voraus. In der Praxis finden sie daher kaum Verwendung.

Alles in allem sind Persönlichkeitsfragebögen sinnvolle Elemente eines Auswahlverfahrens. Sie können ökonomisch gewinnbringend zur Vorselektion großer Bewerberstichproben eingesetzt werden oder liefern ergänzend zum Einstellungsinterview bzw. Assessment Center Daten über das Selbstbild eines Bewerbers. Ebenso gewiss sind sie aber nicht in der Lage, Verfahren wie ein Interview oder ein Assessment Center, die für eine spezifische Stelle immer maßgeschneidert werden, zu ersetzen.

3.2.4 Biografische Fragebögen

Systematische
Erfassung
biografischer Fakten

Biografische Fragebögen unterscheiden sich von Persönlichkeitsfragebögen primär durch die Art der Items. Wie der Name bereits verrät, erhebt man Fakten aus der Biografie eines Bewerbers. So fragt man beispielsweise danach, ob ein Bewerber früher einmal Klassensprecher war, während des Studiums in der Fachschaft mitgearbeitet oder Jugendgruppen geleitet hat.

An dieser Stelle wird auch schon ein Problem deutlich, dass möglicherweise dafür mitverantwortlich ist, dass biografische Fragebögen in Deutschland nur selten eingesetzt werden. Der augenscheinliche Bezug zur späteren beruflichen Tätigkeit ist meist nicht gegeben. Gleichwohl fällt die Validität nach einer Metaanalyse von Bliesener (1996) mit einem Wert von $r = .30$ zufriedenstellend aus. Folgt man dem klassischen Konstruktionsansatz, so wird ein biografischer Fragebogen immer für eine zu besetzende Position neu konstruiert. Zunächst sammelt man biografische Items, legt sie einer Stichprobe relevanter Arbeitsplatzinhaber vor und validiert die einzelnen Items anhand eines Leistungskriteriums. Diejenigen Items, die bedeutsam mit dem Kriterium korrelieren, verbleiben in der Endversion, während alle übrigen der Selektion anheimfallen. Im Ergebnis resultiert ein zwar kriteriumsvalider Fragebogen, der aber kein homogenes Persönlichkeitsmerkmal misst. Auch hierin unterscheidet sich der biografische Fragebogen von einem Persönlichkeitsfragebogen. Der Konstruktionsaufwand ist alles in allem betrachtet recht groß. Auch dies ist sicherlich ein Grund für die mangelnde Verbreitung. Alternative Konstruktionsverfahren bemühen sich um die Entwicklung konstrukthomogener Skalen – also z. B. Skalen zur Messung von Führungsverhalten oder Teamfähigkeit (im Überblick Schuler & Marcus, 2006). Derartige Verfahren wären wie ein Persönlichkeitsfragebogen für unterschiedliche Berufe validiert und könnten demzufolge breiter eingesetzt werden.

3.3 Arbeitsprobe

Die Arbeitsprobe zählt zu den ältesten Verfahren der Personalauswahl und wurde schon lange Zeit vor dem Beginn einer systematischen Forschung auf dem Gebiet der Diagnostik eingesetzt. Von ihrer Anlage her ist sie denkbar einfach und gleichzeitig sehr effektiv. Ziel der Arbeitsprobe ist die Simulation einer erfolgsrelevanten Berufssituation.

Merke:

Die Arbeitsprobe gilt als die älteste und valideste Methode der Personalauswahl.

Geht es beispielsweise um die Einstellung eines neuen Kellners, so würde man den Bewerber einen Tisch für ein mehrgängiges Menü eindecken lassen, sich anschauen, wie er einen Wein anbietet und ausschenkt oder eine Gans tranchiert. Bei all diesen Tätigkeiten wird er von mindestens einem fachlich kompetenten Experten beobachtet und in seiner Leistung bewertet. Der diagnostische Nutzen der Arbeitsprobe hängt zum einen davon ab, wie repräsentativ die Probe für die tatsächlich erfolgsrelevanten Situationen des Arbeitsalltags ist und wie professionell die Bewertung zum anderen erfolgt. Von Vorteil sind eine zweite Person zur Begutachtung sowie eine klare Definition der Anforderungen (vgl. Kanning, 2004). Nicht zuletzt wohl aufgrund ihrer großen Alltagsnähe erweist sich die Arbeitsprobe als ein extrem valides Verfahren. In der Metaanalyse von Schmidt und Hunter (1998) erzielt sie mit $\rho_K = .54$ den höchsten Wert aller untersuchten Methoden.

Probezeit weniger valide als die Arbeitsprobe

Interessant ist in diesem Zusammenhang die Tatsache, dass die *Probezeit* im Schnitt eine geringere Validität erzielt ($\rho_K = .44$). Auf den ersten Blick mag dies verwundern, könnte man im Rahmen der Probezeit doch viel mehr relevante Daten sammeln und sich so ein besseres Bild von dem Kandidaten machen. Die möglichen Gründe für die Validitätsminderung sind vielfältig. Aufgrund der persönlichen Beziehung, die man inzwischen zu dem neuen Mitarbeiter aufgebaut hat, fällt eine objektive Bewertung seiner Leistungen sicherlich schwerer im Vergleich zur nüchternen Bewertungssituation der Arbeitsprobe. Hinzu kommt die verringerte Systematik der Beobachtung. In der Arbeitsprobe schaut man sich sehr aufmerksam die genauen Arbeitsschritte an und bewertet sie nach klar definierten Kriterien. Im Arbeitsalltag wird man hierzu kaum in der Lage sein. An die Stelle einer systematischen Verhaltensbeobachtung tritt daher eine Globaleinschätzung. Zu guter Letzt wird man eine Auflösung des Arbeitsvertrages in der Probezeit auch nur in besonders schlimmen Fällen tatsächlich umsetzen, da man Kosten und Mühen scheut, die mit der Durchführung eines erneuten Auswahlverfahrens verbunden wären.

Der Einsatz einer Arbeitsprobe setzt zumindest grundlegende Kenntnisse bei den Bewerbern voraus. Ist dies wie z. B. bei der Auswahl von Auszubildenden nicht gegeben, kann sie in einer abgewandelten Form umgesetzt werden. Beim sogenannten *Trainierbarkeitstest* (Callinan & Robertson, 2000) werden die Bewerber zunächst in der beruflichen Tätigkeit unterwiesen. In unserem Beispielfall würde man dem Bewerber erklären, wie man einen Tisch eindeckt und den Wein kredenzt. Anschließend hat jeder die Gelegenheit, für sich allein das Wissen praktisch umzusetzen, ehe im letzten Schritt die eigent-

Trainierbarkeitstest zur Abschätzung der Lernfähigkeit

liche Arbeitsprobe erfolgt. Da bei diesem Vorgehen allerdings nicht berücksichtigt wird, welche Vorerfahrungen die Bewerber haben, und daher auch die Lerngewinne nicht sicher eingeschätzt werden können, empfiehlt sich ein Vortest. Das interessierende Verhalten wird dann bereits vor der Instruktion beobachtet und bewertet. Der Lerngewinn ergibt sich aus der Differenz zwischen der Leistung im Vortest und der Leistung in der Arbeitsprobe.

Eine Abwandlung stellen computergestützte Simulationen dar. Sie sind sinnvoll, wenn es um abstraktere Management- oder Steuerungstätigkeiten geht. Im Falle eines Geschäftsführers könnte man z. B. am Computer den Ablauf mehrerer Entwicklungsjahre einer imaginären Firma simulieren. Der Bewerber muss dabei immer wieder Entscheidungen treffen, die auf das Geschehen Einfluss nehmen: Gewinne investieren, Personal einstellen, Produktpreise festlegen, Standorte schließen etc. Nach etwa 10 Minuten ist ein Geschäftsjahr beendet. Der Bewerber sieht nun, welche Konsequenzen aus seinen Entscheidungen erwachsen sind, und muss hierauf erneut reagieren. Ob es sich bei solchen Computersimulationen tatsächlich um eine Abwandlung der Arbeitsprobe oder nur um eine Messung der intellektuellen Fähigkeiten handelt, hängt davon ab, wie gut das Programm die Realität widerspiegelt oder eher den Charakter eines Computerspiels hat. Nicht selten zeigen sich bei derartigen Verfahren denn auch hohe Korrelationen zur allgemeinen Intelligenz. Ein Teil der an sich guten Validität solcher Verfahren ist daher wohl auf eine entsprechende Konfundierung zurückzuführen (Kersting, 1999).

> **Fazit**
>
> Zusammenfassend kann mithin zum Einsatz von Arbeitsproben geraten werden, sofern sie sorgfältig auf die tatsächlichen Anforderungen des Arbeitsplatzes abgestimmt wurden und die Bewertung der Leistung nach klar definierten Kriterien erfolgt. Wann immer es geht, sollten sie in Form einer naturalistischen Simulation erfolgsrelevanter Arbeitsaufgaben ablaufen.

3.4 Einstellungsinterview

Einstellungsinterviews gehören neben den Bewerbungsunterlagen zu den am häufigsten eingesetzten Instrumenten der Personalauswahl (vgl. Abb. 9). Dabei ist zwischen strukturierten und unstrukturierten Interviews zu unterscheiden (Schuler, 2002).

Begriffsklärung: Strukturierte Interviews

Strukturierte Interviews sind durch ein sehr systematisches und standardisiertes Vorgehen gekennzeichnet. Der größte Teil der Fragen wird auf der Basis einer Anforderungsanalyse vor dem Interview formuliert. Da die Reihenfolge der Fragen auf das Antwortverhalten Einfluss nehmen kann, werden sie später allen Bewerbern in gleicher Abfolge gestellt. Zudem liegt vor dem Interview ein verbindlicher Schlüssel zur Bewertung der Antworten fest.

Die Auswertung strukturierter Interviews geschieht im besten Fall – wie im Assessment Center – über verhaltensverankerte Bewertungsskalen (vgl. Kapitel 4). Beides, sowohl die Fragen als auch die Bewertungskriterien werden in einem *Interviewleitfaden* festgehalten, den der Interviewer im Laufe des Gesprächs abarbeitet. Die abschließende Bewertung eines Kandidaten erfolgt über mehrere Fragen zu jedem Anforderungsmerkmal hinweg, was der Reliabilität der Messung zugute kommt. Natürlich muss man während des Gespräches immer auch noch auf den Einzelfall eingehen können, also z. B. Fragen zu unklaren Angaben im Lebenslauf oder Nachfragen zu gerade gegebenen Antworten stellen. Aus diesem Grunde sind auch beim strukturierten Vorgehen nicht 100 % der Fragen fixiert. Genau genommen haben wir es mit einem teilstrukturierten Vorgehen zu tun.

Begriffsklärung: Unstrukturierte Interviews

Unstrukturierte Interviews lassen dem Interviewer völlige Freiheit, was zur Folge hat, dass die Gespräche sehr unterschiedlich ablaufen und die Bewerber untereinander kaum sinnvoll zu vergleichen sind.

Im Extremfall liegt nicht einmal ein Anforderungsprofil vor und man unterhält sich vielleicht im Gespräch mit Bewerber A minutenlang über dessen Hobby, während man Bewerber B ausgiebig über sein Praktikum in einer bekannten Firma befragt. Das Interview wird somit mehr zu einem Gespräch, bei dem sich der Interviewer aus dem Bauch heraus ein Urteil bildet. Dadurch wird ein solches Vorgehen für Fehler der Personenbeurteilung (Halo-Effekt, Priming-Effekt etc.) besonders anfällig.

Insgesamt sind unstrukturierte Interviews den strukturierten in vielfältiger Weise methodisch unterlegen: Mangel an direktem Anforderungsbezug, fehlende Standardisierung der Fragen sowie der Durchführung des Interviews, Fehlen klarer Bewertungskriterien und Regeln zur Ableitung einer Entscheidung für oder gegen einen Bewerber. Da verwundert es nicht, wenn die Validität unstrukturierter Interviews deutlich geringer ausfällt. In einer Metaanalyse von Huffcutt und Arthur (1994) betrugen die ρ_{KV}-Werte .20 bzw. .57. In der Metaanalyse von Schmidt und Hunter (1998) fielen die Unterschiede etwas geringer aus (ρ_K von .38 bzw. .51). Dennoch erfreuen sich unstrukturierte Interviews sowohl bei Interviewern als auch bei Bewerbern einer großen Beliebtheit (Schuler, 2002), da sie einer alltäglichen Gesprächssituation näher kommen und der Einzelne zumindest subjektiv mehr Einfluss auf das Geschehen nehmen kann. Zudem erfordern unstrukturierte Interviews weniger Vorbereitung und erscheinen dadurch vordergründig ökonomischer. Dass man hier an der falschen Stelle spart, sehen viele Verantwortliche nicht. Umso erfreulicher ist es, dass zumindest in deutschen Großunternehmen die Verbreitung unstrukturierter Interviews rückläufig ist (vgl. Abb. 9).

Höhere Aussagekraft von strukturierten Interviews

Das Interview ist eine diagnostisch sehr anspruchsvolle Methode. Man muss nicht nur Fragen stellen und zuhören, sondern auch Notizen anfertigen, Bewertungen vornehmen, ggf. Rückfragen stellen und parallel hierzu immer auch noch für eine freundliche Gesprächsatmosphäre sorgen. Bei der Bewertung der Kandidaten müssen immer dieselben Kriterien gelten und dies auch dann, wenn aufgrund der Vielzahl der Bewerber parallel zueinander mehrere Interviewer tätig sind. Es empfiehlt sich daher in jedem Falle, die Interviewer vor ihrem Einsatz entsprechend zu *schulen*. Optimal wäre, wenn darüber hinaus bei jedem Interview ein *Beisitzer* anwesend sein könnte, der sich ausschließlich auf das Zuhören, Protokollieren und Bewerten konzentriert.

In einem Interview können unterschiedliche *Fragetypen* zum Einsatz kommen (vgl. Tab. 4; vgl. auch Schuler, 2002). Da die Fragen immer nur Mittel zum Zweck sind, muss man sich vorher überlegen, mit welchen Typen ein bestimmtes Anforderungsmerkmal besonders gut erhoben werden kann. Fachwissen lässt sich beispielsweise mit Kenntnisfragen besonders leicht erfassen, während das Sozialverhalten besser mit biografischen oder situativen Fragen zu analysieren ist. Besonders beliebt sind gerade in kleineren Unternehmen Fragen nach Stärken und Schwächen. Jeder Bewerber, der sich halbwegs gut informiert hat, weiß jedoch, dass er auf die Frage nach den Schwächen eine Eigenschaft nennen sollte, die durchaus positiv interpretiert werden kann (Beispiel: „Ich bin immer so ungeduldig, schon in der Schule haben mir die anderen immer viel zu langsam

Gezielte Auswahl der Fragetypen

gearbeitet.")". Entsprechende Fragen haben daher ihren diagnostischen Wert weitgehend verloren. Schuler (2002) schlägt stattdessen vor, man solle Schwächen positiv als Entwicklungspotenziale betrachten und ansprechen. Beispielsweise könnte der Interviewer erläutern, dass alle Menschen heterogene Leistungsprofile aufweisen. Sinn der hausinternen Personalentwicklung ist es, Stärken auszubauen und Potenziale zu fördern. Anschließend bittet man den Bewerber, darzulegen, in welchen Bereichen er selbst von Personalentwicklungsmaßnahmen besonders profitieren könnte.

Wechselseitiger
Austausch

Fragen richten sich im Interview jedoch keineswegs ausschließlich an den Bewerber. Auch in entgegengesetzter Richtung sind Fragen sinnvoll. Schließlich geht es im Rahmen der Personalauswahl nicht nur darum, aus Sicht des Unternehmens eine geeignete Person zu finden, auch der Bewerber soll entscheiden, ob der fragliche Arbeitsplatz zu ihm passt. Niemandem ist damit geholfen, wenn ein neuer Mitarbeiter nach einigen Wochen seine Entscheidung bedauert und sich nach einer neuen Stelle umschaut oder in die innere Emigration geht. Das Unternehmen sollte also von sich aus differenziert über die konkreten Arbeitsbedingungen informieren und einen entsprechenden Dialog ermöglichen.

Tabelle 3: Fragetypen im Interview

Fragetypus	Beschreibung	Vorteile (+) und Nachteile (−)
offene Frage	W-Fragen: was, wie, wann, warum etc. *Beispiel:* Warum haben Sie sich gerade bei uns beworben?	+ Möglichkeit zur umfassenden Antwort + angenehme Gesprächsatmosphäre − aufwendigere Auswertung im Vergleich zu geschlossenen Fragen − zeitintensiv bei umfangreichen Antworten
geschlossene Frage	Proband muss aus tatsächlich oder imaginär vorgegebenen Antwortalternativen eine auswählen. *Beispiel:* Wären sie bereit, für ein Jahr in unserer Niederlassung in London zu arbeiten?	+ gezielte Datenerfassung + geringer Zeitaufwand wegen kurzer Antworten − eher unangenehme, künstliche Gesprächsatmosphäre − Informationsverlust, wenn der Proband seine Antwort nicht erklärt

Fragetypus	Beschreibung	Vorteile (+) und Nachteile (–)
Kettenfrage	Es werden unmittelbar hintereinander mehrere Fragen gestellt, die anschließend zusammen beantwortet werden sollen.	+ direkter Test, wie der Proband mit komplexen Aufgaben umgeht – eher unangenehme Gesprächsatmosphäre – ggf. bleiben Teilfragen unbeantwortet
Suggestivfrage	Dem Probanden wird durch die Frage bereits eine Antwort in den Mund legt. *Beispiel:* Sind Sie nicht auch der Meinung, dass man den Kunden nicht immer die Wahrheit sagen darf?	+ geeignet, um Probanden aus der Reserve zu locken – ggf. ethisch heikles Vorgehen – schadet der Gesprächsatmosphäre
Kenntnisfrage	Wissensfrage um z. B. berufliche Fachkenntnisse zu erfassen. *Beispiel:* Warum ist die Schulung von Interviewern so wichtig?	+ ökonomische Erfassung des relevanten, beruflichen Wissens – Prüfungscharakter trübt die Gesprächsatmosphäre
biografische Frage	Fragen zu konkreten (Berufs)-Erlebnissen aus der Vergangenheit. *Beispiel:* Wie sind Sie bei früheren Arbeitgebern mit dem Problem der Wochenendarbeit umgegangen?	+ relativ gute Prognose zukünftigen Verhaltens auf der Basis vergangenen Verhaltens + intensive Auseinandersetzung mit dem Verhalten des Probanden – zeitintensiv bei umfangreichen Erklärungen
situative Frage	Der Proband wird mit einer (Problem)-Situation aus dem Berufsalltag konfrontiert und soll beschreiben, wie er sich verhalten würde.	+ Möglichkeit zur Prognose des Verhaltens in ggf. völlig neuen Situationen + intensive Auseinandersetzung mit dem Verhalten des Probanden – zeitintensiv bei langen Erklärungen

Ein gutes Beispiel für den Aufbau eines strukturierten Interviews liefert das sogenannte *Multimodale Interview* (Schuler, 1992, 2002).

Mehrstufiger Prozess im Interviewverlauf

Es besteht aus acht Schritten und nimmt etwa eine Stunde Zeit in Anspruch. In Stufe 1, dem Gesprächsbeginn, wird keine Bewertung des Bewerbers vorgenommen. Es geht vielmehr darum, durch Small-talk eine positive Gesprächsatmosphäre aufzubauen. Es folgt in Stufe 2 die Selbstvorstellung des Bewerbers, der hier die Gelegenheit hat, Informationen über sich zu vermitteln, die ihm selbst wichtig erscheinen. Stufe 3 beinhaltet Fragen zur Berufsorientierung und Organisationswahl. Mit ihrer Hilfe möchte man z. B. erfahren, warum ein Bewerber ein bestimmtes Studium mit einer speziellen Vertiefung gewählt hat, was er sich von einer Anstellung in gerade dieser Firma verspricht etc. Stufe 4 stellt einen freien Gesprächsteil dar, in dem Fragen gestellt werden, die sich z. B. aus der Sichtung der Bewerbungsunterlagen ergeben haben. Hierauf folgen in Stufe 5 standardisierte Fragen zur Biografie. Man könnte z. B. den Bewerber bitten, eine konfliktreiche Situation aus seinem bisherigen beruflichen Leben zu schildern und darzulegen, wie er mit dieser Situation umgegangen ist. Fachbezogene biografische Fragen würden sich hingegen auf die bisherigen Erfahrungen im Umgang mit bestimmten Projekten oder auf etwaige Fortbildungen beziehen. Stufe 6 ermöglicht es dem Bewerber, sich in gewisser Weise wieder zu entspannen. Diesmal ist der Interviewer an der Reihe und gibt realistische Informationen über den fraglichen Arbeitsplatz. Der Bewerber kann zudem Fragen stellen. In der letzten bewertungsrelevanten Phase, der Stufe 7, konfrontiert man den Bewerber mit situativen Fragen. Vergleichbar zu einem situativen Test (vgl. Kapitel 3.2.2) wird dabei zunächst eine Situation geschildert, ehe der Kandidat anschließend beschreiben soll, wie er sich in dieser Situation verhalten würde. Wurde im Rahmen der Anforderungsanalyse die Methode der kritischen Ereignisse eingesetzt, so verfügt man bereits über eine gute Basis für die Entwicklung entsprechender Fragen. Phase 8 bildet den Abschluss des Gesprächs, wobei verbindliche Absprachen über das weitere Vorgehen vereinbart werden (Bis wann trifft das Unternehmen eine Entscheidung? Folgt ggf. noch ein Assessment Center? etc.).

Zusammenfassend betrachtet handelt es sich beim Einstellungsinterview um eine zentrale Methode der Personalauswahl, die valide Daten liefert. Die Aussagekraft kann durch ein standardisiertes Vorgehen im Hinblick auf den Inhalt und die Reihenfolge der Fragen sowie die Bewertungskriterien erheblich gesteigert werden. Inhaltlich sollte sich das Interview immer auf eine differenzierte Anforderungsanalyse stützen und somit spezifisch auf die zu besetzende Stelle zugeschnitten sein.

3.5 Assessment Center

Das Assessment Center ist ein sehr aufwendiges Verfahren der Personalauswahl, das mit deutlich zunehmender Tendenz in deutschen Großunternehmen eingesetzt wird (vgl. Abb. 9 in Kapitel 3.1).

Steigender Einsatz von Assessment Centern

Die Assessment-Center-Methode

Im Kern geht es bei einem Assessment Center um die Simulation erfolgsrelevanter Berufssituationen, wobei man zur Methode der Verhaltensbeobachtung greift. In gewisser Weise ähnelt das Assessment Center somit einer Arbeitsprobe, wobei man jedoch über ein bis maximal drei Tage hinweg mehrere Übungen durchführt und in jeder Übung spezifische Anforderungsdimensionen betrachtet. Neben den Simulationsübungen werden zudem häufig auch Testverfahren und Fragebogeninstrumente eingesetzt sowie Interviews mit den Bewerbern geführt. Somit wird das Assessment Center zu einer komplexen Batterie diagnostischer Methoden. Typisch für das Assessment Center ist, dass gleichzeitig mehrere Bewerber eingeladen werden. In manchen Simulationsübungen, wie etwa der Gruppendiskussion, treten sie gemeinsam auf, in den allermeisten jedoch einzeln. Bei allen Übungen werden sie von einem Beobachtergremium bewertet.

3.5.1 Struktur des Assessment Centers

Zu Beginn eines Assessment Centers steht wie immer die Anforderungsanalyse, auf deren Grundlage man die verschiedenen Simulationsübungen auswählt und inhaltlich gestaltet. Tabelle 4 gibt ein Beispiel für die so entstehende Struktur eines Assessment Centers. Jede Anforderungsdimension wird in mehreren voneinander unabhängigen Übungen untersucht, wobei die einzelnen Übungen nicht zu sehr mit Anforderungsdimensionen überladen werden dürfen. Je mehr Dimensionen ein einzelner Beobachter in einer Übung im Blick haben muss, desto schwieriger wird für ihn die Aufgabe und desto geringer fällt die Validität des Verfahrens aus (Gaugler & Thornton, 1989). Die Obergrenze liegt bei etwa drei Dimensionen pro Übung, die ein einzelner Beobachter im Hinblick auf einen Bewerber untersucht. Schauen wir uns zunächst die verschiedenen Übungstypen an, ehe wir näher auf den Prozess der Beobachtung zu sprechen kommen (vgl. auch Kleinmann, 2003; Fisseni & Preusser, 2007).

Zahlreiche Übungstypen

Tabelle 4: Beispiel für die Struktur eines Assessment Centers

Dimension	Übung					
	Selbst-vorstel-lung	Grup-pen-diskus-sion	Rollen-spiel	Steg-reifrede	Präsen-tation	Kon-struk-tions-übung
Rhetorik	x			x	x	
Kooperation		x				x
Führung		x	x			x
Sensibilität	x		x		x	
Kreativität	x				x	x
Belastbarkeit		x	x	x		

Oft steht eine *Selbstvorstellung* am Anfang eines Assessment Centers. Hierbei halten die Bewerber der Reihe nach einen kurzen Vortrag über die eigene Person. Je nach Instruktion orientieren sie sich dabei an vorgegebenen Leitfragen (z. B. „Erläutern Sie bitte, warum Sie gerade in unserer Firma arbeiten möchten.") und können Medien (Flipchart, Metaplanwand) einsetzen. Ebenso gut kann man aber auch an einem völlig freien Kurzvortrag interessiert sein.

In der *Gruppendiskussion* kommen sinnvollerweise maximal sechs Bewerber zusammen und diskutieren ein vorgegebenes Thema mit Berufs- bzw. Unternehmensbezug. Wenn möglich sollte man dabei auf die Vorgabe bestimmter Rollen verzichten, so dass ein jeder tatsächlich seine eigene Einstellung in der Runde vertreten kann. Lässt sich dies nicht realisieren, weil man z. B. einen Konflikt zwischen den Bewerbern künstlich erzeugen möchte, dürfen einzelne Teilnehmer durch ihre Rollenskizze nicht in einen Vorteil/Nachteil gesetzt werden.

In *Rollenspielen* treten die Bewerber der Reihe nach einzeln auf und müssen eine schwierige Interaktion, wie etwa das Gespräch mit einem Mitarbeiter oder einem unfairen Kollegen, bewältigen. Das Gegenüber ist kein Bewerber, sondern ein professioneller Rollenspieler, der zum Assessment-Center-Team gehört. Durch den Einsatz geschulter Rollenspieler wird eine standardisierte Behandlung der Bewerber gewährleistet.

Während das Rollenspiel als Methode in nahezu jedem Assessment Center anzutreffen ist, kommt die *Stegreifrede* seltener vor. Bei dieser Einzelübung muss der Bewerber aus dem Stegreif einen etwa dreiminütigen Vortrag zu einem vorgegebenen Thema halten. In dieser für viele Bewerber sehr belastenden Übung interessieren sich die Beobachter weniger für die Inhalte des Vortrags als vielmehr für das Auftreten der Kandidaten.

Der Unterschied zur *Präsentation* besteht darin, dass es sich hierbei um einen deutlich längeren Vortrag handelt und der Bewerber eine entsprechende Vorbereitungszeit hatte. Vorbereitungszeiten von 60 Minuten sind für einen Vortrag von 15 Minuten keine Seltenheit. Bei der Präsentation sollte in aller Regel ein Medieneinsatz erfolgen. Während in der Stegreifrede oft belanglose Themen vorgegeben werden, sind die Themen der Präsentation komplexer und können Problemlöseaufgaben beinhalten. Eine angehende Führungskraft hätte z. B. den Auftrag, ein eigenes Strategiekonzept für den Aufbau einer neuen Niederlassung im Ausland zu skizzieren.

Konstruktionsübungen zählen zu den spektakulärsten Übungen des Assessment Centers. In kleinen Gruppen zu vier Personen müssen die Bewerber mit Bastelmaterialien z. B. einen möglichst hohen und stabilen Turm bauen oder eine Brücke konstruieren, die ein vorgegebenes Gewicht hält. Natürlich interessiert man sich nicht tatsächlich für das Ergebnis der Bastelübung, es geht vielmehr um die Art, wie die Bewerber miteinander umgehen. Will man den Simulationscharakter der Übung erhöhen, so wählt man eine Aufgabe, die auch per Augenschein einen höheren Realitätsbezug hat (z. B. Entwicklung eines Modells für einen Messestand des Unternehmens).

Zu den Klassikern der Assessment-Center-Methode gehört ferner der *Postkorb*. Bei dieser Übung erfolgt keine direkte Beobachtung. Der Bewerber soll sich vorstellen, dass er nach einer längeren Dienstreise abends ins Büro kommt und hier einen Postkorb mit zahlreichen Schriftstücken (Notizen des eigenen Chefs oder der Sekretärin, E-Mails von Kunden, Bekanntmachungen u. v. m.) vorfindet, die er in der folgenden Stunde ordnen muss. Dabei gilt es, Entscheidungen über die Bedeutung der Schriftstücke zu treffen, einen Kalender zu führen und Aufgaben zu delegieren. Die Auswertung erfolgt auf zweierlei Wegen. Entweder der Bewerber protokolliert sein Vorgehen und für die einzelnen Schritte werden später Punkte vergeben oder aber er muss sein Vorgehen in einem Vortrag oder einem Interview erläutern. Die erste Variante ist zwar das klassische Vorgehen, hier stellt sich allerdings das Problem, dass die Lösungsmöglichkeiten oft so vielgestaltig sind, dass ein fairer Lösungsschlüssel nur schwer zu realisieren ist. Bei der zweiten Auswertungsvariante entsteht dieses Problem nicht, da man sich nicht für die einzelnen Lösungsschritte, sondern für die grundlegenden Strategien interessiert.

Seltener werden *Fallstudien und Planungsaufgaben* eingesetzt (zur Verbreitung der Übungsarten vgl. Kanning, Pöttker & Gelléri, 2007). Der Bewerber muss dabei ein beschriebenes Problem aus dem Berufsalltag lösen und die Lösung schriftlich festhalten. Auch hier erfolgt die Auswertung vergleichbar zu einem Test. Im Zentrum des Interesses stehen diesmal nicht das Sozialverhalten, sondern fachliche und kognitive Fähigkeiten.

3.5.2 Beobachtung im Assessment Center

Aussagekraft steht und fällt mit der Leistung der Beobachter

Neben der inhaltlichen Ausgestaltung der Übung kommt den *Beobachtern* eine Schlüsselfunktion für die Validität des Verfahrens zu. Die psychologische Forschung hat unzählige Belege für systematische Fehler der Personenbeurteilungen zu Tage gefördert. Wir lernen daraus, dass Verhaltensbewertungen nicht aus dem Bauch heraus erfolgen dürfen. Beobachter eines professionellen Assessment Centers müssen daher intensiv geschult werden. Vier Bausteine einer solchen *Schulung* haben sich empirisch bewährt (Woehr & Huffcutt, 1994): Die Beurteiler müssen sich intensiv mit den systematischen Fehlern ihrer eigenen Urteilsbildungen auseinandersetzen. Besonders hilfreich ist es, wenn die Trainingsteilnehmer am eigenen Leib erfahren, dass sie entsprechende Fehler machen (vgl. Kanning, Hofer & Schulze Willbrenning, 2004). In einem zweiten Schritt werden die zu beobachtenden Anforderungsdimensionen eingeführt und ausführlich erläutert. Hierzu gehört auch eine Auseinandersetzung mit den Beobachtungsmaterialien. Im dritten Schritt wird nun der Umgang mit den Materialien praktisch eingeübt. Die Trainingsteilnehmer sehen hierzu einen Videofilm mit einzelnen Assessment-Center-Übungen und spielen ihre Rolle (Beobachten, Notieren, Bewerten) mehrfach durch. Zwischen den einzelnen Übungsphasen werden Probleme und Fragen diskutiert sowie die Ergebnisse der verschiedenen Beobachter miteinander verglichen. Den Abschluss bildet ein Trainingsblock, in dem ein Bezugsrahmen für die

Bewertung geschaffen wird. Erneut kommen Videofilme zum Einsatz, die prototypisch bestimmte Bewertungsergebnisse zeigen. Auf diesem Weg lernen die Beobachter, einheitlich konkrete Verhaltensäußerungen als Indikator einer bestimmten Leistung zu identifizieren. Trotz der hohen Bedeutung, die derartigen Trainings zukommt, wird in der Praxis der Beobachterschulung nur wenig Aufmerksamkeit geschenkt. Im Durchschnitt dauern Beobachtertrainings in deutschen Großunternehmen gerade einmal 6.5 Stunden (Kanning et al., 2007).

Jenseits der Schulung der Beobachter kann man auch durch die methodische Gestaltung des Assessment Centers auf dessen Qualität Einfluss nehmen. So sollten die Beobachter beispielsweise keine Vorinformationen über die Bewerber haben, damit Erwartungseffekte reduziert werden. Zwischen den Übungen sollten die Beobachter sich nicht über die Kandidaten austauschen, da ansonsten die Unabhängigkeit der Bewertungen in Frage gestellt ist. Darüber hinaus sollten die Beobachter in den Pausen keinen persönlichen Kontakt zu den Bewerbern aufnehmen dürfen, da dies die Standardisierung des gesamten Verfahrens in Frage stellt. All dies sind einfache Regeln, die jedoch in sehr vielen Unternehmen nicht umgesetzt werden (Kanning et al., 2007).

3.5.3 Validität

Trotz dieser Mängel in der praktischen Umsetzung ist es um die *Validität* des Assessment Centers gut bestellt. Schmidt und Hunter (1998) verzeichnen im Schnitt eine Validität von $\rho_{KV} = .37$. Um wie vieles besser könnte die Validität des Verfahrens wohl sein, wenn man in stärkerem Maße Erkenntnisse aus der Forschung in der Praxis berücksichtigen würde? Boltz, Kanning und Hüttemann (2009) fanden in einem Kreditinstitut prognostische Validitäten zwischen .06 und .50. Je mehr wissenschaftliche Standards umgesetzt wurden, desto höher war die Validität.

Validität steigt mit der Umsetzung wissenschaftlicher Standards

Eine Schwäche des Assessment Centers liegt in der *Konstruktvalidität*. Der Ansatz des Assessment Centers geht davon aus, dass die Beobachter in jeder Übung mehrere Anforderungsdimensionen klar voneinander abgegrenzt bewerten und jede Dimension über mehrere Übungen hinweg das gleiche Merkmal repräsentiert. Demzufolge sollten innerhalb einer Übung die einzelnen Dimensionen nur sehr gering korreliert sein (diskriminante Validität), während die Ergebnisse zu einer Dimension über die Übungen hinweg hoch korrelieren sollten (konvergente Validität). Leider ist dies meist nicht der Fall. Offenbar fällen viele Beobachter in den Übungen eher Globalurteile (hohe Interkorrelation der Dimensionen pro Übung) – ein Problem, das übrigens auch im Einstellungsinterview anzutreffen ist (Van Iddekinge, Raymark, Eidson & Attenweiler, 2004). Trainings und eindeutigere Dimensionsdefinitionen helfen dabei, dieses Problem zu reduzieren und tragen zu einer weiteren Steigerung der kriterienbezogenen Validität bei (Lievens & Convay, 2001).

Alles in allem ist das Assessment Center eine sehr gute Methode der Personalauswahl. Sie ist valide und findet die Akzeptanz der Bewerber. Zu Recht wird sie in der Praxis immer häufiger eingesetzt. Gleichzeitig wurde aber auch deutlich, dass es sich um eine sehr komplexe Methode handelt, die ein hohes Maß an psychologischer Fachkompetenz voraussetzt, wenn sich die vergleichsweise hohen Investitionen auch bezahlt machen sollen (Kanning, 2004; Schuler, 2007).

Zusammenfassung

Die psychologische Forschung liefert eine breite Palette valider Methoden zur Personalauswahl. Im vorliegenden Kapitel wurden die grundlegenden Methoden mit den wichtigsten Prinzipien einer erfolgreichen Umsetzung vorgestellt. Bewerbungsunterlagen stellen dabei einen ersten Kontakt zwischen dem Bewerber und dem Unternehmen dar. Zu den standardisierten Verfahren bei der Personalauswahl gehören Tests und Fragebögen, die jedoch bei den Bewerbern eine eher geringe Akzeptanz erfahren. Die simulationsbezogene Methode der Arbeitsprobe ist eines der validesten Verfahren der Personalauswahl; das beliebte Einstellungsinterview kann durch ein standardisiertes Vorgehen eine gute Aussagekraft erhalten. Eine bei großen Unternehmen beliebte Methode ist das Assessment Center, das trotz einiger Schwächen gute Ergebnisse liefern kann, vorausgesetzt es wird von kompetentem Personal durchgeführt. Es bleibt zu hoffen, dass es der Organisationspsychologie in Zukunft besser als bislang gelingen wird, die Erkenntnisse der Forschung auch in der Praxis zu etablieren. Unsere Absolventen zählen dabei zu den wichtigsten Kommunikatoren der Wissenschaft.

Weiterführende Literatur

Kanning, U.P. (2004). *Standards der Personaldiagnostik*. Göttingen: Hogrefe.

Schuler, H. (2000). *Psychologische Personalauswahl: Einführung in die Berufseignungsdiagnostik*. Göttingen: Verlag für Angewandte Psychologie.

Schuler, H. (2002). *Das Einstellungsinterview*. Göttingen: Hogrefe.

Schuler, H. (Hrsg.). (2007). *Assessment Center zur Potentialanalyse*. Göttingen: Hogrefe.

Fragen

1. Mit welchen Strategien versuchen Unternehmen, negative Bewertungen eines Mitarbeiters im Arbeitszeugnis zu verschleiern?
2. Unter welchen Bedingungen ist der Einsatz eines Intelligenztests in der Personalauswahl sinnvoll und wann nicht?
3. Warum erzielen strukturierte Einstellungsinterviews höhere Validitätswerte als unstrukturierte Interviews?
4. Welche Fragetypen können in einem Einstellungsinterview zum Einsatz kommen?
5. Welche Inhalte sollte eine Beobachterschulung umfassen?
6. Worin besteht das Problem der Konstruktvalidität im Assessment Center und wie kann man es reduzieren?

Lösungshinweise finden Sie unter
www.hogrefe.de/buecher/lehrbuecher/psychlehrbuchplus.

Kapitel 4

Qualitätssicherung in der Personalauswahl

Uwe Peter Kanning

Inhaltsübersicht

Personalauswahlverfahren können nur dann ihren potenziellen Nutzen für ein Unternehmen entfalten, wenn sie methodisch überlegt umgesetzt werden. So kann man nicht davon ausgehen, dass ein strukturiertes Interview oder ein Leistungstest in jedem Falle immer eine gute Prognose des beruflichen Erfolgs ermöglicht. Nachdem wir in Kapitel 3 die verschiedenen Auswahlverfahren vorgestellt haben, geht es im Folgenden um die grundsätzlichen Prinzipien der Qualitätssicherung. Wir beginnen mit einem kurzen Überblick über die klassischen Gütekriterien[3].

4.1 Gütekriterien

Die klassischen Gütekriterien beschreiben die wichtigsten Prinzipien eines erfolgreichen Vorgehens in der Personalauswahl. Dabei sind drei Kriterien zu unterscheiden: Objektivität, Reliabilität und Validität.

4.1.1 Objektivität

Unabhängigkeit des Untersuchungsergebnisses

Das Kriterium der *Objektivität* bezieht sich auf die Frage, inwieweit das Ergebnis einer Untersuchung durch das diagnostische Personal – also z. B. durch den Interviewer im Einstellungsgespräch – beeinflusst werden kann. Die Objektivität ist vollständig gegeben, wenn keinerlei Einflussnahme vorliegt. Es wäre demnach also vollkommen unwichtig für das Ergebnis eines Einstellungsinterviews, ob Mitarbeiter A oder B der Personalabteilung für das Gespräch zuständig war. Die Objektivität umfasst dabei sowohl die Durchführung und Auswertung der Untersuchung als auch die Interpretation der Ergebnisse. Sie steigt in dem Maße, in dem man das Vorgehen bei der Durchführung, Auswertung und Interpretation durch klare, verbindliche Regeln standardisiert und die Diagnostiker sich an diese Regeln halten. Gefahren für die Objektivität liegen z. B. in der Sympathie, die ein Diagnostiker für einen Bewerber empfindet, in seiner aktuellen Aufmerksamkeit oder seinen eigenen subjektiven Vorstellungen im Hinblick auf die Eignung der Kandidaten. Die geringste Objektivität ist naturgemäß bei unstrukturierten Einstellungsinterviews zu erwarten. Als Prototyp eines vollständig objektiven Verfah-

---

3 Eine detailliertere Auseinandersetzung zu dem Thema „Gütekriterien" findet sich in Ortner und Westmeyer (in Vorb.).

rens kann hingegen ein computergestützter Leistungstest gelten, da der Diagnostiker hier von vornherein keinerlei Einflussmöglichkeiten hat.

In Einstellungsinterviews und Assessment Centern hat sich insbesondere der Einsatz verhaltensverankerter Bewertungsskalen als eine Maßnahme zur Steigerung der Objektivität bewährt. Sie erhöhen die Auswertungs- und Interpretationsobjektivität, indem sie einer konkreten Antwort oder einem bestimmten Verhalten einen Punktwert zuschreiben (vgl. Abb. 10). In der Regel verwendet man eine fünfstufige Skala. Das interessierende Merkmal – in unserem Beispiel die Anforderungsdimension Rhetorik – wird über die Verhaltensanker definiert, wobei neben den Extremwerten auch eine mittlere Ausprägung der Dimension verankert ist. In unserem Beispielfall werden drei Facetten der Rhetorik unterschieden, die durch die verschiedenen Zeilen repräsentiert sind. Der Beurteiler muss in jeder Zeile ein Kreuz setzen und anschließend über alles hinweg sein Gesamturteil für die Dimension Rhetorik vergeben. Analog verfährt man bei Interviewfragen, bei denen dann die möglichen Antworten durch die Anker skizziert und bewertet werden.

Verhaltensverankerte Skalen

Rhetorik				
①	②	③	④	⑤
zeigt durchgängig starke Zeichen von Nervosität (Stottern, Schwitzen, Rotwerden, zittrige Stimme)		zeigt in weniger als der Hälfte der Zeit Anzeichen von Nervosität		zeigt keinerlei Anzeichen von Nervosität
argumentiert sprunghaft/inkonsistent; sterile oder unangemessene Sprache		argumentiert mit klarer und präziser Sprache		argumentiert mit klarer und präziser Sprache; ist eloquent und überzeugend
sehr häufiger Gebrauch von störenden Füllwörtern		kein störender Gebrauch von Füllwörtern		benutzt keine Füllwörter
Gesamturteil:				

Abbildung 10: Beispiel für eine verhaltensverankerte Bewertungsskala für die Anforderungsdimension „Rhetorik"

4.1.2 Reliabilität

Bei jeder Untersuchung treten *Messfehler* auf. Dies gilt keineswegs nur für die Diagnostik in der Psychologie, sondern ist ein allgemeines Phänomen, das wir auch in der Medizin und selbst in der Physik antreffen. Entscheidend für die Interpretation eines Messergebnisses ist die Größe des Messfehlers. Je größer der Messfehler ausfällt, desto weniger aussagekräftig ist das Ergebnis der Untersuchung. Verdeutlichen wir uns dies an einem einfachen Beispiel: In einem Einstellungsinterview wird die Teamfähigkeit eines Bewerbers nur mit einer einzigen Frage erfasst. Der Bewerber war nur einen kleinen Moment unaufmerksam, traut sich aber nicht nachzufragen. Seine Antwort spiegelt dementsprechend nur sehr grob seine tatsächliche Teamfähigkeit wieder. Der Interviewer vergibt für die Antwort 3 von 5 möglichen Punkten. Der wahre Wert des Kandidaten liegt aber bei 5 Punkten. Da alle Bewerber mit Teamfähigkeitswerten unter 4 nicht zum abschließenden Assessment Center eingeladen werden, wirkt sich ein Messfehler von 2 Punkten in diesem Fall gravierend aus. Läge der Messfehler lediglich bei 0.5 Punkten, hätte das Fehlurteil vermieden werden können.

Die Größe des Messfehlers ist Ausdruck der *Reliabilität* (Zuverlässigkeit) eines Messinstrumentes und wird durch eine mathematische Kenngröße, den sogenannten *Reliabilitätskoeffizienten* abgeschätzt. Der Koeffizient bewegt sich zwischen 0 und 1. Ein Wert von 1 ist allerdings nur theoretisch denkbar, da es sich hierbei um ein Messinstrument handeln würde, das keinerlei Messfehler aufweist. Häufig wird ein Wert von 0.7[4] als Minimalvoraussetzung für eine zuverlässige Erfassung genannt (Lienert & Raatz, 1998).

Mehrfache Messung steigert die Reliabilität

Eine wichtige Strategie zur Erhöhung der Reliabilität ist die Erfassung des Merkmals über eine größere Zahl an Fragen (Items). Die Merkmalsausprägung einer Person ergibt sich dann beispielsweise als Mittelwert über die Antworten. Dieses Prinzip ist aus Tests und Persönlichkeitsfragebögen bestens bekannt und lässt sich auf alle übrigen Verfahren übertragen. Hätte man in unserem Beispielfall die Teamfähigkeit nicht nur mit einer Frage, sondern mit vier oder fünf Fragen erfasst, so hätte man die Fehlentscheidung vermeiden können. Schließlich ist es unwahrscheinlich, dass sich der Bewerber auch bei allen übrigen Fragen in gleicher Weise unaufmerksam gezeigt hätte.

---

4   Cronbachs Alpha.

4.1.3 Validität

Die Objektivität und Reliabilität bilden eine wichtige Voraussetzung für die Validität eines Verfahrens. Die *Validität* (Gültigkeit) macht eine Aussage darüber, inwieweit ein Messinstrument tatsächlich in der Lage ist, das zu messen, was es messen soll. Im Falle eines Auswahlverfahrens geht es letztlich immer um die Messung der beruflichen Leistungsfähigkeit eines Bewerbers. Dementsprechend ist der Zusammenhang zwischen dem Ergebnis eines Auswahlverfahrens und der tatsächlichen beruflichen Leistung die wichtigste Form der Validität (kriterienbezogene Validität). Auch sie wird durch einen mathematischen Kennwert – den *Validitätskoeffizienten* – ausgedrückt. Er kann einen Wert zwischen –1 und +1 annehmen. Ein Validitätswert von 0 würde bedeuten, dass das Auswahlverfahren in keiner Weise mit der beruflichen Leistung zusammenhängt, während ein Wert von 1 eine vollständige Deckung ausdrückt. Negative Werte deuten darauf hin, dass man das Gegenteil beruflicher Leistung erfasst.

Berufserfolg als Kriterium der Validität

Abbildung 11 illustriert das Prinzip der Validität. Der große Kreis repräsentiert dabei die berufliche Leistung, die mit Hilfe eines Auswahlverfahrens vorhergesagt werden soll. Die Ovale stehen für unterschiedliche Auswahlverfahren. Das Ausmaß der jeweiligen Überschneidung drückt die Validität des einzelnen Verfahrens aus. Da unterschiedliche Verfahren zum Teil die gleichen Anteile der beruflichen Leistung prognostizieren können, überschneiden sich die Ovale bisweilen. Derartige Überschneidungen sind nicht weiter schlimm, sind aber Ausdruck einer ökonomischen Schwäche des Vorgehens, da an diesen Punkten zwar Aufwand zur Erhebung getrieben wird, man hiermit aber die Aussagekraft des gesamten Auswahlverfahrens nicht steigert. Viel interessanter sind hingegen die Flächen innerhalb des Kreises, in denen es zu keiner Überschneidung mit anderen Verfahren kommt. Sie drücken den Wert eines jeden Verfahrens im Vergleich zu den übrigen aus. Nehmen wir z. B. einmal an, der Intelligenztest würde eine Validität von .22 besitzen. Durch den Einsatz eines strukturierten Einstellungsinterviews könnte man im Beispielfall die Validität um einen Wert von .25 steigern. Dieser Gewinn wird als *inkrementelle Validität* bezeichnet. Mit einzelnen Verfahren kann man bislang eine maximale Validität von etwa .50 erzielen. Durch die Kombination verschiedener Verfahren sind Werte von bis zu .70 denkbar (Schuler, 2000).

Kombinierter Einsatz verschiedener Verfahren steigert die Validität

Die Berechnung der Validität erfolgt über eine Korrelation. Da man mit Hilfe eines Auswahlverfahrens den zukünftigen beruflichen Er-

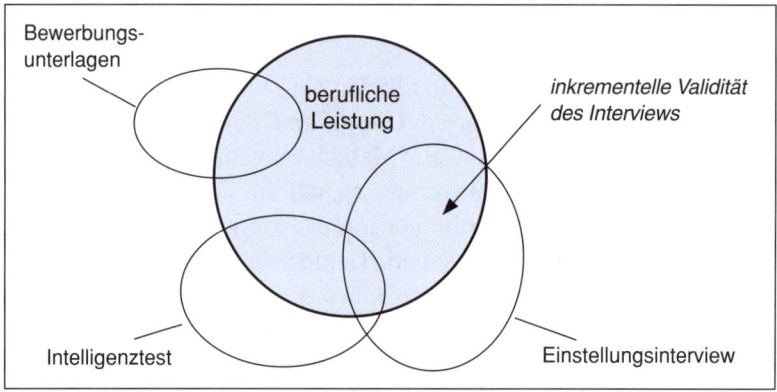

Abbildung 11: Das Prinzip der Validität

folg prognostizieren möchte, sollte auch die Validität im Längsschnitt ermittelt werden. Hierzu hält man die Ergebnisse des Auswahlverfahrens fest und berechnet z. B. ein Jahr nach der Einstellung der Bewerber, wie stark diese Ergebnisse mit der beruflichen Leistung Prognostische korrelieren. Diese *prognostische Validität* ist für die Bewertung Validität als wichtigstes eines Auswahlverfahrens besonders wertvoll, wird in der Praxis aber Qualitätskriterium nicht immer berechnet. Stattdessen begnügt man sich manchmal mit einer Querschnittsstudie. Hierzu untersucht man, wie bereits eingestellte Mitarbeiter in dem Auswahlverfahren abschneiden und korreliert die Ergebnisse mit ihrer aktuellen Leistung im Beruf *(Übereinstimmungsvalidität)*. Die Berechnung der Übereinstimmungsvalidität ist weniger aufwendig, ermöglicht aber keine Aussagen über die prognostische Kraft eines Auswahlverfahrens.

Validität als Die ermittelte Validität eines Verfahrens hängt von mehreren Varia-
abhängige Variable blen ab. Auf die Bedeutung der *Objektivität und Reliabilität* haben wir bereits hingewiesen. Ist es um diese beiden Gütekriterien schlecht bestellt, kann die Validität auch nicht hoch sein. Leider bieten sie aber auch keine Gewähr für eine hohe Validität. Sie stellen somit eine zwar notwendige, aber keineswegs hinreichende Bedingung dar.

Die Validität ist zudem immer abhängig von der untersuchten *Stichprobe*. Ein und derselbe Leistungstest kann sich z. B. bei der Auswahl von Bankkaufleuten als valide erweisen, während er für die Auswahl von Malern und Lackierern ohne jeden Wert ist. Dies ergibt sich zwangsläufig aus der Tatsache, dass unterschiedliche berufliche Tätigkeiten auch unterschiedliche Anforderungen an die Arbeitsplatzinhaber stellen.

Berechnet man eine prognostische Validität, so hängt die Höhe des Koeffizienten auch von der *Länge der Zeitspanne* ab, über die hinweg der Berufserfolg prognostiziert werden soll. Je mehr Zeit zwischen der Durchführung des Auswahlverfahrens und der Messung des Berufserfolgs verstreicht, desto geringer fällt im Allgemeinen der Validitätskoeffizient aus. Dies liegt allein daran, dass es sehr schwierig ist, über viele Jahre hinweg menschliches Verhalten zu prognostizieren, da sich in der Zwischenzeit vieles ereignen kann, das nicht vorhersehbar war. Im beruflichen Kontext denke man hier z. B. an betriebliche Weiterbildungsmaßnahmen oder ein bestimmtes Führungsverhalten, das zu einer Entfaltung vorhandener Potenziale führen mag.

Neben Objektivität, Reliabilität und Stichprobe spielt schließlich auch das *Leistungskriterium* eine wichtige Rolle. Will man beispielsweise die Validität eines Intelligenztests im Hinblick auf den Erfolg einer beruflichen Ausbildung untersuchen, so muss man sich zunächst einmal überlegen, worin denn eigentlich der Ausbildungserfolg besteht. Drückt er sich in den Noten der Berufsschule aus? Welche Rolle spielen demgegenüber die Bewertungen durch den direkten Vorgesetzten im Betrieb? Sollte man auch Kollegen und Kunden um eine Bewertung der Ausbildenden bitten? Inwieweit sollte man ferner die Zufriedenheit der Auszubildenden mit ihrem gewählten Beruf berücksichtigen? Dies und ähnliche Fragen müssen beantwortet werden, wobei die Antworten in verschiedenen Firmen sehr unterschiedlich ausfallen können. Je nachdem wie man Leistung definiert, wird am Ende auch ein unterschiedlich hoher Validitätskoeffizient resultieren. Abbildung 12 verdeutlicht das grundlegende Problem der Definition eines Kriteriums zur Berechnung der Validität. Der Kreis stellt die tatsächliche Leistung, das Rechteck das ausgewählte Leistungskriterium (z. B. Zeugnisnote) dar. Das gewählte Leistungskriterium deckt immer nur einen Teil der tatsächlichen Leistung ab (Überschneidung zwischen Rechteck und Kreis). Der nicht berücksichtigte Anteil der tatsächlichen Leistung repräsentiert die *Defizienz* des Kriteriums. In aller Regel kommt erschwerend hinzu, dass das gewählte Leistungskriterium auch solche Faktoren misst, die gar nichts mit der eigentlichen Leistung zu tun haben. Im Falle der Zeugnisnote spielt z. B. die Sympathie der Berufsschullehrer oder die Größe des Freundeskreises, der einen Auszubildenden bei der Vorbereitung auf die Prüfung unterstützen konnte, eine Rolle. Diese unerwünschten Effekte werden als *Kontamination* des Kriteriums bezeichnet. Ziel der Definition eines Leistungskriteriums ist es, sowohl die Defizienz als auch die Kontamination möglichst gering zu halten. Je besser dies gelingt, desto aussagekräftiger ist der Validitätskoeffizient, der auf der Basis dieses Kriteriums berechnet wird.

Die Defizienz lässt sich durch den Einsatz mehrerer Kriterien leicht reduzieren. Die Kontamination kann reduziert werden, indem man das Kriterium möglichst objektiv und reliabel misst. Wäre beispielsweise die Zeugnisnote nicht durch Sympathie zwischen Lehrer und Auszubildenden beeinflusst, so wäre ihre Objektivität besser. Verwendet man die Durchschnittsnote des Zeugnisses, so ist die Reliabilität der Kriteriumsmessung höher im Vergleich zu einer Alternative, bei der man lediglich einzeln auf die Noten der Hauptfächer zurückgreift. Die Validität des Auswahlverfahrens hängt somit nicht nur von der Objektivität und Reliabilität des Auswahlverfahrens, sondern auch von der Objektivität, Reliabilität und Validität der Kriteriumsmessung ab.

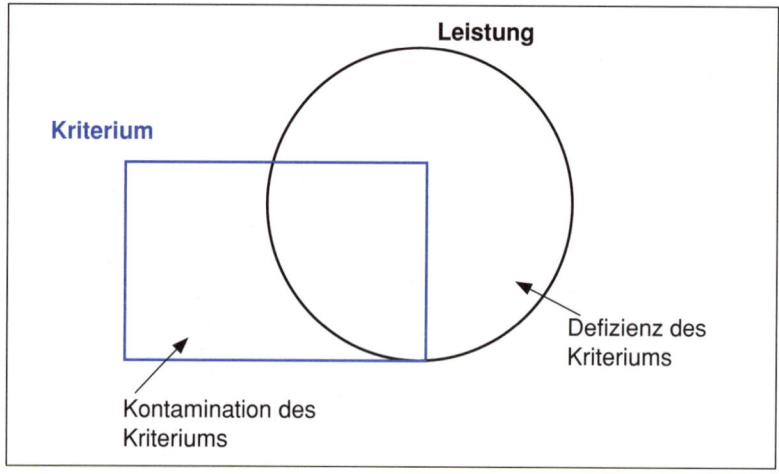

Abbildung 12: Problem der Definition eines Validitätskriteriums

4.2 Ökonomie

Im organisationspsychologischen Kontext spielt die Ökonomie eine sehr viel größere Rolle als in allen anderen Anwendungsfeldern der Psychologie. Dies betrifft auch die Personalauswahl. Dabei möchte ein Unternehmen nicht nur wissen, ob man mit Hilfe eines Auswahlverfahrens gute Mitarbeiter gefunden hat (Effektivität), sondern

Personalauswahlverfahren müssen wirtschaftlich lohnend sein

auch, ob der finanzielle Aufwand, der mit der Auswahlprozedur einherging in einem vernünftigen Verhältnis zum Nutzen steht (Effizienz).

Abschätzung der Effektivität nach Taylor und Russell

Die Frage nach der *Effektivität* ist in erster Linie eine Frage nach der Validität. Doch die Validität allein ist nur ein grober Indikator. Dies haben die beiden Psychologen Taylor und Russell bereits in den 30er Jahren des letzten Jahrhunderts erkannt (Taylor & Russell, 1939). Ziel ihrer Bemühungen war die Abschätzung der Trefferquote im Auswahlverfahren. Die *Trefferquote* macht eine Aussage darüber, wie viel Prozent der neu eingestellten Bewerber sich später tatsächlich im Berufsalltag als erfolgreich erweisen. Natürlich hängt die Trefferquote von der Validität des eingesetzten Verfahrens ab, doch Taylor und Russel identifizierten zwei weitere Variablen: Die *Grundquote* bezieht sich auf den Anteil der tatsächlich geeigneten Personen in der Bewerberstichprobe. Je höher dieser Anteil ist, desto leichter ist es, einen geeigneten Mitarbeiter zu finden. Die *Selektionsquote* drückt das quantitative Verhältnis zwischen der Menge der Bewerber und der Menge der zu besetzenden Stellen aus. Bewerben sich zehn Personen auf zwei freie Stellen, so beträgt die Selektionsquote $2/10$, also 20 %. Je höher die Selektionsquote ausfällt, desto ungünstiger ist die Ausgangssituation für das Unternehmen. Im Extremfall beträgt sie 100 % – auf eine freie Stelle bewirbt sich nur eine einzige Person –, so dass man letztlich gar keine Wahl mehr hat, sofern man die Stelle nicht neu ausschreibt.

Aus dem Zusammenspiel von Validität, Grundquote und Selektionsquote ergibt sich die Trefferquote, die aus den sogenannten *Taylor-Russell-Tafeln* abgelesen werden kann. Sie verdeutlichen die Komplexität der Zusammenhänge, wenngleich sie immer noch eine starke Vereinfachung der Realität darstellen. Dies wird z. B. deutlich, wenn man sich einmal vergegenwärtigt, dass die Trefferquote nur zwischen erfolgreichen und nicht erfolgreichen Mitarbeitern differenziert, wir es de facto aber mit einem Leistungskontinuum zu tun haben. In Abbildung 13 sind Auszüge der Taylor-Russel-Tafeln grafisch dargestellt. Sie verdeutlichen, dass ein und dasselbe Auswahlverfahren in Abhängigkeit von den Rahmenbedingungen mit sehr unterschiedlichen Trefferquoten einhergeht. Aus diesem Grund ist es nicht nur wichtig, dass man sich um ein valides Auswahlverfahren bemüht,

Relevanz der Validität hängt von den Rahmenbedingungen ab

sondern auch durch ein gutes Personalmarketing (vgl. Kapitel 2) die Rahmenbedingungen günstig gestaltet.

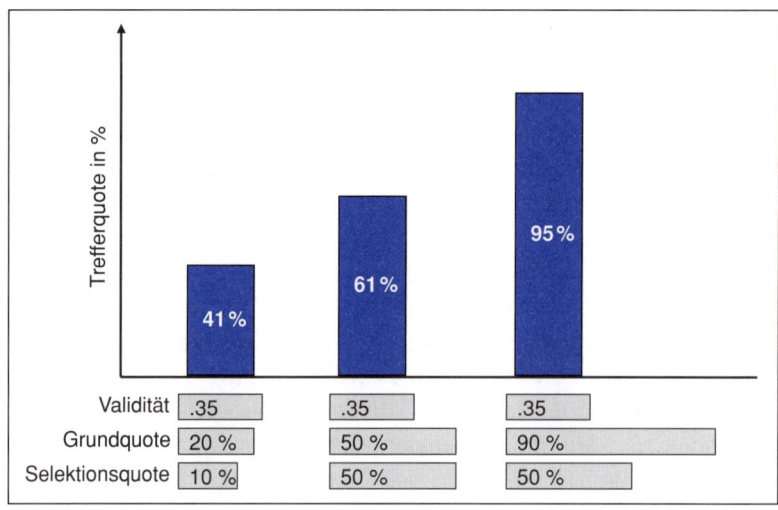

Abbildung 13: Beeinflussung der Trefferquote durch Validität, Grundquote und Selektionsquote

Monetäre
Nutzenanalysen

Geht man noch einen Schritt weiter und fragt nach der ökonomischen *Effizienz*, so kommen wir in den Bereich der Kosten-Nutzen-Kalkulationen. Auf der einen Seite verursacht jedes Auswahlverfahren Kosten (Entwicklungsarbeit, Lizenzgebühren für Testverfahren, Stundenlohn von Interviewern oder Beobachtern im Assessment Center etc.), auf der anderen Seite resultiert ein mehr oder weniger großer Nutzen, der sich in der Leistung der neuen Mitarbeiter manifestiert. Komplexe Modelle der Effizienzberechnung berücksichtigen zahlreiche Variabeln, wie z. B. die Validität des eingesetzten Verfahrens, die Selektionsrate, die Dauer des interessierenden Zeitraums, den Steuersatz oder den Zinssatz (vgl. Holling, 2002). In Abbildung 14 findet sich ein einfaches Analyseschema zur Abschätzung des Nutzens eines Auswahlverfahrens (vgl. ausführlicher Krumm & Schmidt-Atzert, 2009). Inzwischen liegen mehrere Berechnungsbeispiele vor, die allesamt sehr klar die wirtschaftliche Effizienz qualitativ guter Personalauswahlverfahren belegen (Hoffmann & Thornton, 1997; Stephan & Westhoff, 2002). Dabei erweisen sich oftmals auch schon kleine Zugewinne in der inkrementellen Validität als ökonomisch vernünftig (vgl. Barthel & Schuler, 1989). Hier verhält es sich wie in der Medizin. Selbst absolut betrachtet sehr kleine Effekte können eine sehr große (ökonomische) Bedeutung haben. So wird beispielsweise der Zusammenhang zwischen Rauchen und Lungenkrebs auf gerade einmal .15 geschätzt (Schuler, 2000). Hinter dieser kleinen Zahl verbergen sich aber tausende von Schicksalen und immense Kosten im Gesundheitswesen.

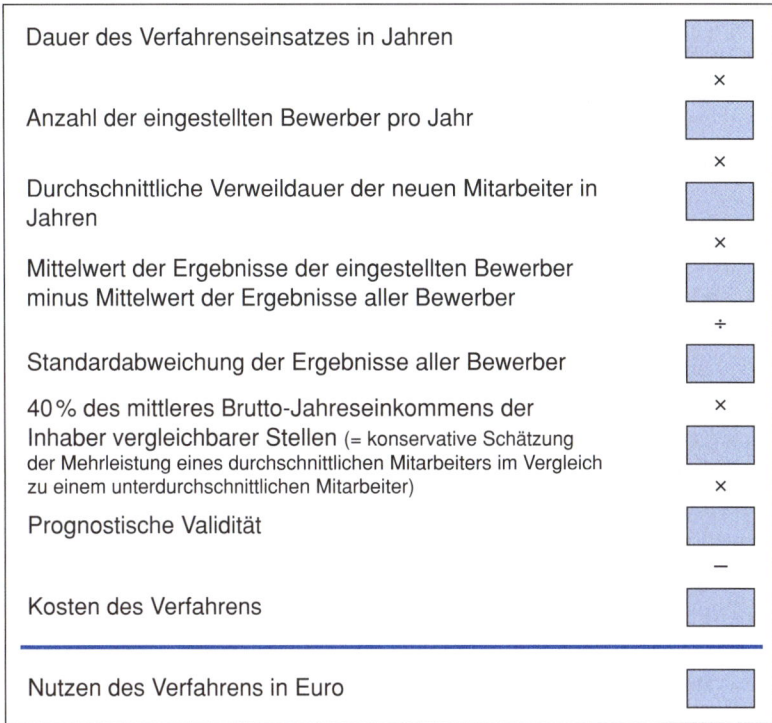

Abbildung 14: Vereinfachte Berechnung des Nutzens eines Auswahlverfahrens (in Anlehnung an Krumm & Schmidt-Atzert, 2009)

4.3 DIN 33430

Die Personalauswahl wird in Deutschland zum weitaus überwiegenden Teil von Personen betrieben, die niemals für diese Aufgabe ausgebildet wurden. In der Konsequenz dringen viele Erkenntnisse und methodische Prinzipien, die in der Psychologie z.T. schon seit Jahrzehnten eine Selbstverständlichkeit darstellen, nur sehr langsam in die tägliche Praxis ein. Die Potenziale einer wissenschaftlich fundierten Personalauswahl werden daher bestenfalls im Ansatz genutzt. Wottawa (2000) schätzt den wirtschaftlichen Schaden, der deutschlandweit in jedem Jahr durch Defizite in der Personalauswahl entsteht, auf mehr als 30 Mrd. Euro. Neben mangelnder Fach-

Wirtschaftlicher Schaden durch Missachtung wissenschaftlicher Erkenntnisse

kompetenz der Verantwortlichen trägt hierzu vor allem die Notwendigkeit, ständig Kompromisse schließen zu müssen, bei. So besteht z. B. die Gefahr, dass man sich bei der Gestaltung eines Auswahlverfahrens stark von den kurzfristigen Kosten leiten lässt, ohne den langfristigen Gewinn in Betracht zu ziehen. Oder aber man schreckt davor zurück, dass Bewerber ein Verfahren als zu belastend erleben könnten (vgl. Klehe, 2004).

Während wir an tatsächlichen oder vermeintlichen Sachzwängen in den Unternehmen kaum etwas ändern können, kann die Wissenschaft sich sehr wohl darum bemühen, ihr Wissen in der Praxis offensiver zu verbreiten. Dieser wichtigen Aufgabe hat sich eine Kommission aus Vertretern der Deutschen Gesellschaft für Psychologie und dem Berufsverband Deutscher Psychologen angenommen und im Jahr 2002 eine DIN-Norm zur professionellen Eignungsbeurteilung vorgelegt (DIN 33430; Normenausschuss Gebrauchstauglichkeit und Dienstleistungen, 2002; abgedruckt in Kanning, 2004). Die DIN zu „Anforderungen an Verfahren und deren Einsatz bei berufsbezogenen Eignungsbeurteilungen" – wie sie im vollen Wortlaut heißt –, definiert zunächst einmal grundlegende Begriffe der Diagnostik (Anforderungsanalyse, Gütekriterien etc.). In einem zweiten Schritt beschreibt sie allgemeine Standards eines professionellen Vorgehens im diagnostischen Prozess. Der untenstehende Kasten fasst die wichtigsten Aussagen zusammen. Anschließend wendet man sich direkt dem diagnostischen Personal zu und beschreibt dessen Aufgaben und notwendige Qualifikationen. Hierzu gehört beispielsweise, dass die Verantwortlichen grundlegende Begriffe kennen und über methodische Prinzipien, wie sie z. B. in der professionellen Verhaltensbeobachtung umgesetzt werden, informiert sind. An dieser Stelle wird deutlich, dass sich die DIN explizit auf das diagnostische Personal und nicht auf die eingesetzten Messinstrumente bezieht. Es geht mithin nicht darum, einem bestimmten Persönlichkeitsfragebogen oder einem Leistungstest ein Qualitätssiegel zu verleihen. Dies wäre auch nur schwer möglich, denn ein und dasselbe Verfahren kann im einen Anwendungsfall völlig unangemessen sein, während es unter anderen Rahmenbedingungen ein legitimer Baustein eines Auswahlverfahrens ist.

Förderung wissenschaftlichen Know-hows in der Praxis

Zentrale Aussagen der DIN 33430 (aus Kanning, 2004)
Grundsätzliches:
- Es kommen nur solche Verfahren zum Einsatz, die einen *Anforderungsbezug* haben.

- Das Vorgehen sowie das Ergebnis der Anforderungsanalyse wird *dokumentiert* (beteiligte Personen mit Qualifikation, Datenquellen, Methoden).

Auswahl und Zusammenstellung der Verfahren:

- Bei jedem Verfahren wird der Anwender wahrheitsgemäß mit allen wichtigen Informationen versorgt, die ihm zum einen eine *kritische Bewertung*, zum anderen eine *richtige Anwendung* des Verfahrens ermöglichen: Zielsetzung und Anwendung des Verfahrens, empirische Untersuchungen, Konstruktionsschritte, Gütekriterien und eingesetzte Analysemethoden, Durchführungsbedingungen, Kontraindikationen etc.
- Die Verfahren besitzen eine *größtmögliche Objektivität* (Durchführungs-, Auswertungs- und Interpretationsobjektivität).
- Die Verfahren besitzen eine *möglichst hohe Zuverlässigkeit* (Reliabilität). Dies gilt auch für die Beurteilerübereinstimmung (z. B. im Interview oder Assessment Center).
- Die Verfahren besitzen eine *möglichst hohe Gültigkeit* (Validität). Bei mehrfacher Anwendung sollte die Validität im Hinblick auf die konkrete Fragestellung überprüft werden.
- Sofern *Normen* zum Einsatz kommen, passt die Normierungsstichprobe zur Anwendungsstichprobe (z. B. Bewerber).
- Die Angaben zur Reliabilität und Validität sowie die Normen werden spätestens alle acht Jahre empirisch überprüft.

Planung der Untersuchung:

- Es existieren klare *Regeln zur Durchführung und Auswertung der Verfahren sowie zur abschließenden Eignungsbeurteilung.*
- Alle Vorgehensweisen, Materialien, Entscheidungsregeln etc. werden so dokumentiert, dass später alle Entscheidungen nachvollzogen werden können.
- Die Regeln werden spätestens alle 3 Jahre *überprüft.*

Durchführung:

- Der Diagnostiker hält sich an die *Durchführungsregeln*, um eine hohe Durchführungsobjektivität zu gewährleisten.
- Die Kandidaten werden über den fraglichen Arbeitsplatz *informiert.*
- Die Kandidaten werden über Ziele, Ablauf, Dauer, Funktion der Untersuchungen, Verwendung der Daten, Dauer der Datenspeicherung *informiert.*

- Die Teilnahme an der Untersuchung ist freiwillig.
- Die Kandidaten werden zeitlich, psychisch und physisch *nicht mehr als unbedingt notwendig beansprucht.*

Auswertung:
- Die Auswertung läuft nach den zuvor definierten *Regeln* ab.
- Etwaige *Störungen* bei der Durchführung *werden protokolliert.*
- Es werden *nur anforderungsrelevante Informationen* in die Auswertung einfließen.
- Sofern mehrere Diagnostiker ein Urteil abgeben, wird neben dem Gesamtergebnis auch die Streubreite dokumentiert.

Interpretation:
- Die Interpretation orientiert sich an den Grundsätzen der *Objektivität, Unparteilichkeit und Unabhängigkeit* in Bezug auf die Kandidaten.

Urteilsbildung:
- Die Urteilsbildung *gibt Antwort* auf die ursprüngliche Fragestellung.
- Die Urteilsbildung wird anhand der Messergebnisse (gegenüber dem Auftraggeber) *begründet.*

Da der Wortlaut der DIN 33430 eher an einen Gesetzestext erinnert und ohne Erläuterung von Laien kaum verstanden werden kann, gibt es inzwischen mehrere Publikationen, die dem Selbststudium dienen oder in der Ausbildung zur DIN 33430 eingesetzt werden (Westhoff et al., 2004). Im Rahmen einer mehrtägigen Ausbildung können Berufspraktiker an der Deutschen Psychologen Akademie ein Zertifikat erwerben, das sie als professionelle Diagnostiker ausweist. Die Zukunft wird zeigen, ob und inwieweit die Wirtschaft die DIN 33430 annimmt und die Personalauswahl durch zertifizierte Diagnostiker sich zu einem Qualitätsmerkmal entwickelt, mit dem u. a. Unternehmensberatungen Werbung für ihre Dienstleistungen betreiben.

4.4 Gesetzliche Bestimmungen

Die Qualität eines Auswahlverfahrens ist nicht nur Ausdruck des professionellen methodischen Vorgehens. Es sind auch immer rechtliche Aspekte zu bedenken, denn das beste Auswahlverfahren nutzt wenig, wenn die Ergebnisse später juristisch angefochten werden. Dabei sind zwei einander ergänzende Perspektiven zu bedenken. Zum einen die Vorgaben des Allgemeinen Gleichbehandlungsgesetzes (AGG), zum anderen gesetzliche Bestimmungen, die bestimmte Fragen im Einstellungsinterview untersagen. Darüber hinaus sind Bestimmungen des Betriebsverfassungsgesetzes (BetrVG) bzw. des Personalvertretungsgesetzes (PersVG) im Hinblick auf die Mitspracherechte der Mitarbeiter zu berücksichtigen.

Das Allgemeine Gleichbehandlungsgesetz

Das *Allgemeine Gleichbehandlungsgesetz (AGG)* ist seit August 2006 in Kraft und setzt eine EU-Gesetzgebung um. Ziel des Gesetzes ist die Vermeidung systematischer Diskriminierung bestimmter Personengruppen im Berufsleben. Die zu verhindernde Diskriminierung bezieht sich auf acht Personenmerkmale: Rasse, ethnische Herkunft, Geschlecht, Religion, Weltanschauung, Behinderung, Alter oder sexuelle Identität.

Diskriminierung bestimmter Personengruppen vermeiden

Man weiß beispielsweise, dass viele Unternehmen in systematischer Weise ältere Arbeitssuchende nicht mehr einstellen, obwohl es hierfür in den meisten Fällen kaum eine sachlich fundierte Begründung gibt. Dies soll mit Inkrafttreten des Gesetzes verhindert oder doch zumindest verringert werden. Dabei bezieht sich das AGG keineswegs nur auf die Personalauswahl, sondern auf alle Personalentscheidungen im Unternehmen, also beispielsweise auch auf die Personalentwicklung oder das Führungsverhalten der Vorgesetzten. Durch Inkrafttreten des AGG haben die betroffenen Mitarbeiter nun die Möglichkeit, gegen eine Diskriminierung direkt vor Gericht vorzugehen. Dies gilt auch für Bewerber. Bewerber, die sich durch das Auswahlverfahren diskriminiert fühlen, können ein Gerichtsverfahren anstrengen und im Falle, dass dem Unternehmen ein entsprechender Fehler nachgewiesen werden kann, Schadenersatz im Umfang von einigen Monatsgehältern der fraglichen Stelle einfordern.

Die potenzielle Diskriminierung setzt bereits bei der Formulierung der Stellenanzeige an. So darf man in aller Regel eine Stelle nicht von vornherein nur für Frauen oder Männer, Junge oder Alte, Deutsche oder Ausländer ausschreiben, weil dadurch die jeweils andere Gruppe diskriminiert werden würde. Eine Ausnahme ist jedoch gegeben, wenn man inhaltlich begründen kann, dass die Stelle ein entsprechendes Merkmal zwingend erfordert. Hierhinter verbirgt sich der

Formulierungen in Stellenanzeigen

Gedanke eines Anforderungsprofils, das aus diagnostischer Sicht ohnehin dringend geboten ist. Stellen wir uns beispielsweise eine Beratungsstelle für sexuell misshandelte Mädchen vor. In einem solchen Falle dürfte man männliche Bewerber komplett ausschließen, da man diese Form der Diskriminierung sachlich sehr gut begründen kann. In der Realität wird es sicherlich viele Grauzonen geben, in denen letztlich ein Gericht entscheiden muss, ob hier eine unerlaubte Diskriminierung vorliegt oder nicht, zumal der Gesetzgeber keine Aussagen darüber macht, auf welcher Basis die Begründung erfolgen muss. Da letztlich natürlich immer ein Arbeitgeber behaupten kann,

Tabelle 5: Beispiele für diskriminierende Formulierungen in Stellenanzeigen (nach Kanning et al., 2008)

diskriminierende Formulierung	zulässige Formulierung
• „Wir suchen Mitarbeiter im Alter zwischen 20 und 30 Jahren." • „Die Bewerber sollten nicht jünger/älter als X Jahre sein." • „Für unser junges Team suchen wir einen passenden Mitarbeiter."	• „Die Stelle ist auch für Berufsanfänger geeignet." • „Die Stelle erfordert eine mehrjährige Berufserfahrung."
• „Wir suchen eine Pflegerin." • „In unserem Unternehmen ist die Position des Geschäftsstellenleiters neu zu besetzen."	• „Für unsere Pflegeambulanz mit überwiegend moslemischen Patientinnen suchen wir eine weibliche Pflegekraft." • „In unserem Unternehmen ist die Geschäftsstellenleitung neu zu besetzen."
• „Der zukünftige Stelleninhaber sollte Deutsch als Muttersprache sprechen."	• „Die Stelle erfordert eine perfekte Beherrschung der deutschen Sprache in Wort und Schrift."
• „Das Tragen eines Kopftuches während der Arbeitszeit ist nicht erwünscht."	• „In der Ausübung ihrer beruflichen Tätigkeit werden sie eine Dienstkleidung tragen, die das Unternehmen stellt."
• „Bewerben sollten sich nur Personen, die körperlich uneingeschränkt belastbar sind."	• „Im Rahmen der Tätigkeit müssen täglich Gewichte von mehr als 40 kg gehoben werden."
• „Bewerbungen mit Lichtbild sind zu richten an ..."	• „Bewerbungen sind zu richten an ..."

seiner Erfahrung nach seien Personen des Typs X nicht geeignet, wird wohl so manches Verfahren vor Gericht landen. Wer sich hier keine Blöße geben möchte, sollte bei der Formulierung der Stellenanzeige Vorsicht walten lassen. In Tabelle 5 sind einige Beispiele für unzulässige und zulässige Formulierungen wiedergegeben.

Es geht jedoch nicht nur um Formulierungen in Stellenausschreibungen, sondern auch um Lichtbilder und Formulierungen in Absageschreiben. Lichtbilder dürfen grundsätzlich nicht mehr angefordert werden, weil sie z. B. die Hautfarbe eines Bewerbers zu erkennen geben. Ausnahmen stellen solche Berufe dar, in denen das Aussehen zweifelsfrei wichtig ist, wie etwa in der Modebranche. Hat man sich gegen einen Bewerber entschieden, so darf man in der Begründung selbstverständlich keine Diskriminierung erkennen lassen. Eine Absage mit der Begründung, dass der Betreffende leider zu alt für den Job ist, bietet viel Angriffsfläche. Wer hier ganz sicher sein will, dass er keinen Fehler begeht, teilt dem Bewerber lediglich mit, dass es leider andere Bewerber gab, die das Anforderungsprofil besser erfüllt haben. Die Erfahrungen der ersten Monate nach Inkrafttreten des AGG zeigen übrigens, dass viel weniger Bewerber vor Gericht gezogen sind als von der Wirtschaft befürchtet wurde.

Lichtbilder dürfen nicht mehr angefordert werden

Schon lange bevor das AGG in Kraft trat, gab es diverse Regelungen, die bestimmte *Fragen im Einstellungsinterview* für unrechtmäßig erklären (vgl. Schuler, 2002). Im Kern geht es immer darum, dass manche Fragen *nicht zulässig* sind, da sie zu weit in die Privatsphäre des Bewerbers vordringen. Allerdings ist dabei immer zu berücksichtigen, um welche Stelle es im konkreten Fall geht. So darf man beispielsweise Frauen grundsätzlich nicht nach einer Schwangerschaft fragen. Eine Ausnahme ist gegeben, wenn es sich um einen Arbeitsplatz handelt, der die Gesundheit des Ungeborenen gefährden könnte. In diesem Fall ist der Schutz des Kindes ein höheres Rechtsgut als der Schutz der Privatsphäre. Organisationen, die religiös oder politisch gebunden sind, wie etwa kirchliche Kindergärten oder Gewerkschaften, dürfen nach der Religion oder einer Parteizugehörigkeit fragen, für alle anderen ist dies nicht erlaubt. Fragen nach Vorstrafen sind erlaubt, wenn die Person in einem sicherheitsrelevanten Feld tätig werden will. Man denke hier z. B. an einen mehrfach vorbestraften Gewalttäter, der sich bei einem privaten Wachdienst bewirbt. Generell gilt, dass Personen umso mehr von ihrem Privatleben preisgeben müssen, je einflussreicher die Position ist, auf die sie sich bewerben. So muss etwa der zukünftige Leiter einer Bankfiliale seine Vermögens-

Unzulässige Fragen im Interview

verhältnisse offenlegen, während dies bei der Raumpflegerin unzulässig wäre, schließlich kann der Filialleiter sehr viel leichter Gelder der Bank unterschlagen als die Raumpflegerin.

Betriebsverfassungsgesetz (BetrVG) und Personalvertretungsgesetz (PersVG)

Das Betriebsverfassungsgesetz (BetrVG) bzw. das Personalvertretungsgesetz (PersVG) regeln u. a. die Mitsprache der Mitarbeiter in Personalauswahlverfahren. Dabei ist zwischen einem eingeschränkten und einem uneingeschränkten Mitspracherecht zu differenzieren. Bei einem eingeschränkten Mitspracherecht geht es um die Festlegung der Auswahlkriterien (Anforderungsbezug), bei einem uneingeschränkten Mitspracherecht zusätzlich um die Grundprinzipien der Vorgehens (z. B. Einstellungsinterview vs. Assessment Center) sowie der Entscheidungsregeln. Nach der Rechtsauffassung von Püttner (1999), ist das Mitspracherecht immer eingeschränkt, wenn standardisierte Testverfahren zum Einsatz kommen oder Psychologen mit der Personalauswahl beauftragt wurden. In keinem Falle haben die Vertreter der Arbeitnehmerschaft das Recht, einzelne Items – also z. B. Fragen im Interview oder Übungen im Assessment Center – zu verändern oder Gutachten, die über einzelne Kandidaten erstellt wurden, einzusehen. In der Regel wird man an einem partnerschaftlichen Verhältnis zwischen Organisationsleitung und Mitarbeitervertretung interessiert sein und daher auch dann z. B. Personen aus dem Betriebsrat bei einem Assessment Center beisitzen lassen und vielleicht auch deren Meinung hören, wenn dies nach den Buchstaben des Gesetzes nicht zwingend vorgeschrieben ist.

Zusammenfassung

Die Methoden der Personalauswahl können ihren Nutzen nur dann entfalten, wenn Maßnahmen zur Qualitätssicherung ergriffen werden. Bei der Durchführung, Auswertung und Interpretation der Ergebnisse darf es keine Rolle spielen, welcher Diagnostiker die Untersuchung durchführt. Zudem müssen Maßnahmen zur Reduzierung der Messfehler ergriffen werden. Beides ist eine notwendige, aber nicht hinreichende Bedingung für ein valides Auswahlverfahren. Prognostisch valide ist ein Verfahren, wenn es den späteren Berufserfolg vorhersagen kann. Darüber hinaus ist auf die Ökonomie des Vorgehens zu achten. Sie hängt u. a. von der Validität und der Wirkung des Personalmarketings ab. Last but not least gilt es, rechtliche Regelungen zu bedenken, damit der Erfolg des Auswahlverfahrens nicht durch etwaige Klagen unzufriedener Bewerber in Frage gestellt wird.

Weiterführende Literatur

Kanning, U. P. (2004). *Standards der Personaldiagnostik*. Göttingen: Hogrefe.

Schuler, H. (2000). *Psychologische Personalauswahl: Einführung in die Berufseignungsdiagnostik*. Göttingen: Verlag für Angewandte Psychologie.

Fragen

1. Worin unterscheidet sich ein sehr objektives Auswahlverfahren von einem weniger objektiven?
2. Wie lässt sich die Reliabilität eines Auswahlverfahrens steigern?
3. Von welchen Variablen hängt die Validität eines Auswahlverfahrens ab?
4. Von welchen Variablen hängt die Effektivität eines Auswahlverfahrens ab?
5. Worauf muss man bei der Formulierung von Stellenanzeigen achten, damit keine Klagen vor dem Hintergrund des AGG zu erwarten sind?
6. Welche Fragen sind im Einstellungsinterview rechtlich nicht zulässig?

Lösungshinweise finden Sie unter
www.hogrefe.de/buecher/lehrbuecher/psychlehrbuchplus.

Kapitel 5
Grundlagen der Personal-
entwicklung

Thomas Staufenbiel

Inhaltsübersicht

Für eine Organisation ist es von zentraler Bedeutung, dass die Mitarbeiter über die erforderlichen beruflichen Qualifikationen verfügen, um ihre Aufgaben erfolgreich ausführen zu können. Um dies sicherzustellen, wird jede Organisation einerseits im Rahmen der Personalauswahl solche Mitarbeiter rekrutieren, die über die notwendigen Qualifikationen verfügen (vgl. Kapitel 2). Auf der anderen Seite wird sie systematisch Maßnahmen ergreifen, um die Qualifikationen ihrer eingestellten Mitarbeiter den Erfordernissen anzupassen.

> **Begriffsklärung: Personalentwicklung**
>
> Personalentwicklung bezeichnet die systematische Durchführung von Maßnahmen zur Förderung der beruflichen Qualifikationen der Mitarbeiter.

Betrachtet man die heutige Arbeitswelt, die vielfach gekennzeichnet ist durch eine beschleunigte Einführungen neuer Technologien und schnelle Innovationsraten mit hohen Qualitätsanforderungen, einem steigenden globalen Wettbewerb sowie hohe Anforderungen an die Kundenorientierung, so wird deutlich, welche Bedeutung der Personalentwicklung bei der dabei erforderlichen Anpassungen der Qualifikationen der Mitarbeiter zukommt. Auch aus Sicht des Mitarbeiters ist es wichtig, seine Qualifikationen immer aktuell zu halten. Er kann dadurch seine persönlichen Aufstiegs- und Entwicklungsmöglichkeiten in seinem Unternehmen verbessern und hat auch nach einem (freiwilligen oder erzwungenen) Verlassen der Organisation bessere Chancen auf einen angemessenen neuen Job.

5.1 Formen der Personalentwicklung

Personalentwicklung umfasst alle systematisch durchgeführten Maßnahmen zur Förderung der beruflichen Qualifikationen der Mitarbeiter. Dies schließt, wie in Abbildung 15 dargestellt, nicht nur die Durchführung der Intervention selbst ein, sondern auch die vorherige Planung, bei der der erforderliche Bedarf und die Ziele festgelegt werden, sowie die Evaluation der Wirksamkeit der Intervention. In den folgenden Kapiteln werden diese einzelnen Schritte genauer dargestellt.

Der Erwerb von Qualifikationen erfordert ein Lernen auf Seiten des Individuums (Greif & Kluge, 2004). Lernen vollzieht sich in Orga-

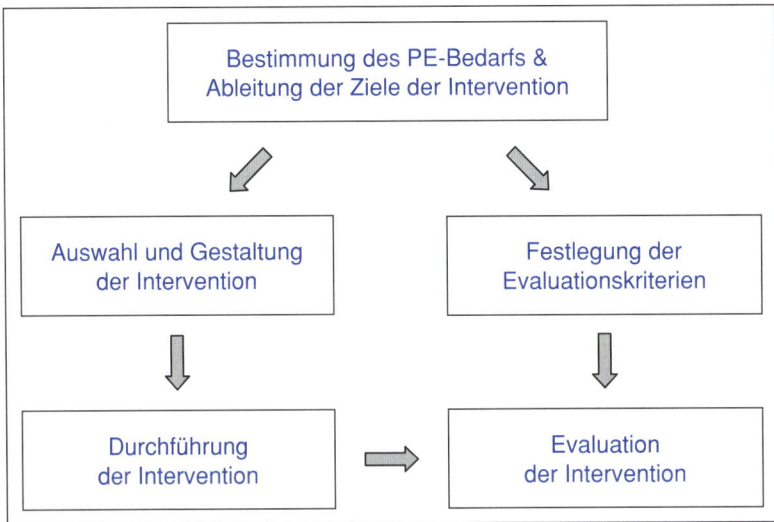

Abbildung 15: Schritte in der Personalentwicklung

nisationen allerdings auch ohne eine systematische Planung und Intervention, etwa dadurch, das Mitarbeiter erfahrenere Kollegen beobachten oder alltägliche Rückmeldung von Kollegen oder Kunden erhalten. Einige Experten schätzen, dass über 70 % des Lernens in Organisationen auf diese informelle Art geschieht. Insofern dieser Erwerb von Qualifikationen aber nicht systematisch geplant ist, wird er nicht unter die Personalentwicklung subsumiert.

Lernen kann auch informell erfolgen

Abbildung 16 zeigt eine Systematisierung von Staufenbiel (1999), die die verschiedenen Formen und Ziele von Personalentwicklung verdeutlicht. Kombiniert man die Elemente in den sechs Unterscheidungsmerkmalen (Facetten) von A bis F so ergeben sich jeweils verschiedene Varianten von Personalentwicklung. So ist etwa ein fachliches Fortbildungsseminar für einen Arzt eine planmäßige beim Individuum (= Ebene) ansetzende Intervention zur Erhaltung/Sicherung (= Aktivität) von Kenntnissen/Wissen/Informationen (= Qualifikationen), Job-begleitend außerhalb der Organisation durchgeführt (= Zeit und Ort) mit dem Ziel der Qualifikationsanpassung an bestehende/neue Anforderungen (= Ziel).

Varianten von Personalentwicklung

In der Facette Aktivität (= B) findet sich die Unterscheidung zwischen der Bedarfsanalyse, den verschiedenen Interventionen und der Evaluation wieder. Alle drei Aktivitäten im Rahmen der Personalentwicklung können auf verschiedenen Ebenen (= A) ansetzen. In

PE bezeichnet planmäßige

A: Ebene
- beim Individuum
- bei der Arbeitsgruppe/dem Team
- bei der Organisation(seinheit)
- am Arbeitsplatz/an der Aufgabe
- bei einer Kombination von Ebenen

ansetzende Maßnahmen der

B: Aktivität
- Bedarfsanalyse.
- Intervention zur Schaffung/Ausbildung
- Intervention zur Wiedererlangung
- Intervention zur Verbesserung/Förderung/Steigerung
- Intervention zur Erhaltung/Sicherung
- Intervention zur Anpassung/Veränderung
- Evaluation der Intervention.

von

C: Qualifikationen
- sensumotorischen Kompetenzen
- Kenntnissen, Wissen, Informationen
- fachlichen kognitiven Kompetenzen
- überfachlichen kognitiven Kompetenzen
- sozialen Kompetenzen
- Motivation und Emotionen
- Einstellungen/Werten/Interessen/Commitment
- Gesundheit
- einer Kombination von Qualifikationen

für die Zielgruppe *(z)*

D: Zeitpunkt
- zur Vorbereitung auf den Job (into-the-job)
- Job-begleitend (along-the-job)
- zur Beendigung des Jobs (out-of-the-job)

unter Einsatz der Methoden *(m)*, durchgeführt

E: Ort
- am Arbeitsplatz (on-the-job)
- innerhalb der Organisation (near-the-job)
- außerhalb der Organisation (off-the-job)
- an einer Kombination der Orte

mit dem (durch die Organisation) verfolgten Ziel der

F: Ziel
- Qualifikationsanpassung an bestehende/neue Anforderungen.
- Umsetzung einer bestimmten Unternehmensstrategie.
- Unterstützung der Einführung neuer Technologien.
- Vorbereitung auf beruflichen Aufstieg, Führungsaufgaben.
- Steigerung der Arbeitsmotivation, Leistung, Produktivität.
- Steigerung der Qualität, Kundenorientierung, Flexibilität.
- Senkung der Fluktuation, Fehlzeiten.
- Förderung der persönlichen Entwicklung der Mitarbeiter.
- Verbesserung der Kommunikation, Kooperation.
- Reduktion von Beanspruchung, Stress, Konflikten usw.
- Kombination von Zielen.

Abbildung 16: Formen und Ziele von Personalentwicklung (PE; modifiziert nach Staufenbiel, 1999)

Bezug auf die Interventionen gibt es neben der eben geschilderten individuell ansetzenden Trainingsmaßnahme beispielsweise auch Interventionen wie Teamentwicklungsmaßnahmen, bei denen die Verbesserung der Qualifikationen innerhalb einer Arbeitsgruppe erreicht werden soll. Eine Reihe von Autoren zählen Interventionen, die sich auf Teams oder noch größere Organisationseinheiten beziehen, nicht mehr zur Personalentwicklung sondern zur *Organisationsentwicklung* (vgl. z. B. Holling & Liepmann, 2004). Da wir Organisationsentwicklung als ein eigenes Kapitel in diesem Band behandeln (vgl. Kapitel 12), werden wir uns bei den Interventionen in diesem Kapitel ebenfalls auf die individuelle Ebene, und hier insbesondere die sehr weit verbreiteten Trainings, konzentrieren.

Kennzeichnend für die Personalentwicklung ist die Förderung von Qualifikationen der Mitarbeiter.

Förderung von Qualifikationen

Begriffsklärung: Qualifikationen

Wir verwenden hier den Begriff *Qualifikationen* sehr weitgefasst für alle (stabilen und variablen) Merkmale von Personen, die relevant für die erfolgreiche Ausführung einer Tätigkeit sein können. Dazu zählen nicht nur fachliche (z. B. die Bedienung einer Maschine) oder überfachliche Kompetenzen (z. B. Problemlösefähigkeiten oder interkulturelle Kompetenzen) der Beschäftigten, sondern auch deren Motivation und Einstellungen.

In Abbildung 16 ist in Facette *C* eine der zahlreichen Systematisierungen von Qualifikationen dargestellt. Im angloamerikanischen Sprachraum bezeichnet man Qualifikationen häufig als KSAOs, wobei K für Knowledge steht (Wissen über Fakten und Prozesse), S für Skills (Fertigkeiten zur Ausführung der Aufgaben), A für Abilities (physische und kognitive Fähigkeiten) und O für Others (andere leistungsrelevante Merkmale der Person und Rahmenbedingungen). Im deutschsprachigen Raum findet man häufiger die Unterscheidung zwischen Fach-, Methoden-, Sozial- und personellen Kompetenzen. Beide Taxonomien sind teilweise unscharf und deren Kategorien werden je nach Autor etwas unterschiedlich abgegrenzt. Dies gilt auch für die Unterscheidung zwischen den Begriffen Qualifikation, Kompetenz, Leistung etc., die mal synonym und mal mit unterschiedlicher Bedeutung verwendet werden. Wir betrachten hier Qualifikationen als den übergeordneten Begriff, der die motorischen, kognitiven, affektiven und sozialen überfachlichen sowie fachlichen Kompetenzen (vereinfacht: das Können) ergänzt um die motivationalen Merkmale (vereinfacht: das Wollen) der Beschäftigten einschließt.

Vielfältige Interventionen stehen zur Verfügung

Die Interventionen, die zur Steigerung der Qualifikationen eingesetzt werden, sind äußerst vielfältig. Diese finden nicht immer nur isoliert statt (wie ein Training zum Erwerb bestimmter Computerkenntnisse) sondern sind häufig auch Bestandteil von umfassenderen Interventionen. So wird beispielsweise die Einführung eines leistungsbezogenen Bezahlungssystems die Information aller Beteiligten und ein entsprechendes Leistungsbeurteilungstraining der Vorgesetzten beinhalten. Die Durchführung eines Job-rotation-Programms (vgl. Kapitel 12.5 in Bamberg et al., 2012), bei dem Mitarbeiter in einem bestimmten geplanten Rhythmus nacheinander verschiedene Tätigkeiten ausführen, benötigt möglicherweise vorab die zusätzliche Qualifizierung der Mitarbeiter für diese Jobs; die Ausführung der wechselnden Jobs selbst kann zudem zusätzlich informell ihre Qualifikationen erhöhen.

5.2 Bedarfsanalyse

Der erste Schritt im Rahmen der Personalentwicklung besteht in der Analyse des bestehenden Bedarfs (Bergmann & Sonntag, 2006; Goldstein & Ford, 2002).

Maßnahmen sollte eine Bedarfsanalyse vorangehen

Begriffsklärung: Bedarfsanalyse

In der Bedarfsanalyse soll festgestellt werden, welche Qualifikationen aktuell oder in der Zukunft bei welchen Personen nicht in ausreichendem Maße vorhanden sind oder sein werden und welche Personalentwicklungsmaßnahmen geeignet sind, diese Defizite zu beheben.

Unternehmen unterscheiden sich stark darin, welche Rolle sie der Weiterqualifizierung ihrer Mitarbeiter für den Unternehmenserfolg beimessen, in welchem Umfang sie Ressourcen (Geld, Personal, Arbeitszeit der Mitarbeiter) dafür bereitstellen und wie und ob sie eine systematische Analyse ihres Personalentwicklungsbedarfs vornehmen. Wird auf eine Analyse ganz verzichtet, so besteht die Gefahr, dass übersehen wird, Mitarbeiter rechtzeitig zu qualifizieren oder dass Trainings ineffizient eingesetzt werden, etwa weil dort überwiegend Bekanntes gelehrt wird.

Die Bedarfsanalyse kann man in die Organisations-, Aufgaben- und Personenanalyse unterteilen. In der Organisationsanalyse wird allgemein festgestellt, ob bzw. welcher Bedarf hinsichtlich der Personalentwicklung besteht. In der Aufgabenanalyse werden die Qualifikationen genauer bestimmt, die erforderlich sind, um die anstehenden Aufgaben erfolgreich bearbeiten zu können und in der Personenanalyse wird geprüft, wer diese Qualifikationen noch erwerben muss.

5.2.1 Organisationsanalyse

Ziel der *Organisationsanalyse* ist, darüber zu entscheiden, in welchen Bereichen überhaupt Personalentwicklung betrieben werden soll. Dabei spielt die Unternehmensstrategie, in der festgelegt ist, wie die Organisation welche Ziele kürzer- und längerfristig erreichen will, eine besondere Rolle (einige solcher Ziele sind in Facette *F* in Abb. 16 dargestellt). Ein Unternehmen, das beispielsweise plant, seine Produktionstechnologie umzustellen (wie z. B. vielfach in den 80er Jahren im Druckereihandwerk vom klassischen Setzverfahren zum Computersatz) muss entscheiden, ob neue Mitarbeiter eingestellt werden sollen, die bereits diese Technologie beherrschen, oder ob die eigenen Mitarbeiter mittels Personalentwicklung für diese Technologie qualifiziert werden sollen. Technologische Veränderungen sind dabei nur ein möglicher Ausgangspunkt für einen entsprechenden Personalentwicklungs-Bedarf. Andere Ursachen können beispielsweise eine Neuorientierung des Unternehmens in Richtung einer stärkeren Kundenorientierung, einer Veränderung der Palette der angebotenen Produkte oder Dienstleistungen sein usw. Auch die demografische Struktur der Mitarbeiter in dem Unternehmen spielt eine Rolle, etwa wenn sehr viele erfahrene Mitarbeiter auf einmal in Pension gehen.

Strategische Bestimmung des Bedarfs

Im Rahmen der Organisationsanalyse können verschiedene Methoden zum Einsatz kommen. Unternehmensstrategien lassen sich bestehenden Dokumenten entnehmen, möglich sind auch diesbezügliche Interviews mit höheren Führungskräften. Aktueller Bedarf kann sich aber auch aus der Analyse objektiver Kennzahlen wie sinkenden Produktivitätskennzahlen, erhöhten Unfallstatistiken oder einer erhöhten Fluktuation ableiten. Ferner kann man Problembereiche durch Kundenumfragen oder Mitarbeiterbefragungen identifizieren. Diese beiden Verfahren bieten darüber hinaus die Möglichkeit, den Personalentwicklungs-Bedarf aus Sicht der Mitarbeiter zu erheben.

5.2.2 Aufgabenanalyse

Ist aufgrund der Organisationsanalyse festgelegt, dass für eine bestimmte Zielgruppe (z. B. Mitarbeiter des Vertriebs) eine Personalentwicklungsmaßnahme durchgeführt werden soll, so ist in der

Feststellung des Soll-Zustandes

Aufgabenanalyse spezifischer zu erheben, welche Aufgaben durch diese Gruppe genau bewältigt werden müssen und welche Qualifikationen für eine erfolgreiche Bewältigung dieser Aufgaben erforderlich sind (Sonntag, 2006).

Zu genaueren Beschreibung der Anforderungen in einer Tätigkeit kann man diese zunächst in Teilaufgaben zerlegen und dann für die Teilaufgaben einzeln bestimmen, wie wichtig, häufig auftretend und schwierig sie sind (sog. *Aufgabeninventare* oder *task inventories*). Diese Beurteilungen kann man durch die Beobachtung bei der Ausführung der Tätigkeit erhalten, oder auch durch die Befragung von Personen, die den Job der Zielgruppe gut kennen (*subject matter experts*, SMEs, z. B. Stelleninhaber, Vorgesetzte oder andere Experten für den Job), und am besten durch eine Kombination dieser Informationsquellen. Statt auf diese Weise besonders wichtige und schwierige Aufgaben zu identifizieren, kann man z. B. auch die *Methode der kritischen Ereignisse* (*Critical Incident Technique*, CIT; nach Flanagan, 1954; vgl. Kapitel 2.2.4) einsetzen. Dabei werden SMEs danach befragt, welche Aufgaben in dem betreffenden Job besonders wichtig sind und wie Personen vorgehen, die diese Aufgaben besonders erfolgreich oder besonders schlecht bewältigen. Darüber hinaus sind auch einige der in Kapitel 11 im Arbeitspsychologie-Band von Bamberg et al. (2012) näher beschriebenen arbeitsanalytischen Instrumente zur genauen Beschreibung der Aufgaben einsetzbar.

Aufgabeninventare und Methode der kritischen Ereignisse zur Aufgabenanalyse

Die Identifizierung wichtiger und schwieriger Teilaufgaben kann nun direkt in die Gestaltung der Personalentwicklungsmaßnahme einfließen (z. B. das Einüben eines als schwierig identifizierten Landeanflugs im Flugsimulator durch einen Piloten). Das Problem dabei ist aber, dass man nicht alle möglichen im Job auftretenden Aufgaben trainieren kann (Goldstein & Ford, 2002). Daher erscheint es häufig vielversprechender, in einem zweiten Schritt die übergreifenderen Qualifikationen auf Seiten der Personen zu identifizieren, die für die erfolgreiche Ausführung der Aufgaben erforderlich sind, und dann die wichtigsten dieser Qualifikationen zum Gegenstand der Personalentwicklungs-Maßnahme zu machen. Die Bestimmung der relevanten Qualifikationen kann wieder durch SMEs erfolgen. Darüber hinaus kann man solche Informationen auch durch *kognitive Aufgabenanaly-*

sen erhalten, in denen mit verschiedenen Methoden die Wissensrepräsentationen und Informationsverarbeitung von Stelleninhabern näher untersucht werden. Insbesondere der Vergleich der kognitiven Prozesse zwischen *Experten* und *Novizen*, also erfahrenen und neuen Mitarbeitern in einem Job, kann wichtige Ansatzpunkte für die spätere Gestaltung der Personalentwicklungs-Maßnahme beisteuern.

In jüngerer Zeit werden häufiger auch Verfahren eingesetzt, die man als *Kompetenzmodellierung* bezeichnet (Lucia & Lepsinger, 1999). Dabei geht es ebenfalls darum, die Qualifikationen der Mitarbeiter zu identifizieren, die für den Erfolg des Mitarbeiters und des Unternehmens zentral sind. Im Gegensatz zum oben geschilderten Prozedere gründet sich das Vorgehen meist nicht auf eine sorgfältige Arbeitsanalyse, sondern setzt meist unmittelbar bei der Identifizierung der Qualifikationen an, wobei der Beachtung der Unternehmensstrategie eine besondere Rolle zukommt. Darüber hinaus sind auch die als Kompetenzen bezeichneten Qualifikationen meist breiter gefasst, so dass sie auf eine ganze Gruppe von Jobs – z. B. Führungskräfte – oder sogar eine gesamte Organisation anwendbar sind. Eine besondere Herausforderung ergibt sich dann, wenn es dabei um die Bestimmung zukünftiger Qualifikationen geht, etwa für Jobs, die es in dieser Form noch gar nicht gibt (Bergmann & Sonntag, 2006).

Kompetenzmodellierung als Alternative

5.2.3 Personenanalyse

Nachdem in der Aufgabenanalyse der Soll-Zustand festgestellt wurde, wird in der Personenanalyse der Ist-Zustand erhoben. Es geht also darum festzustellen, in welchem Umfang die Mitarbeiter der Zielgruppe bereits über die erforderlichen Qualifikationen verfügen bzw. wo noch Defizite bestehen. Geht es dabei um die Qualifikationen für zukünftige neue Anforderungen, so wird häufig auch von *Potenzialbeurteilung* gesprochen.

Personenanalyse zur Erhebung des Ist-Zustandes

Für die Bestimmung der bestehenden Qualifikationen der Mitarbeiter kommen sowohl Verfahren der Eignungsdiagnostik (vgl. Kapitel 3) als auch der Leistungsbeurteilung (vgl. Kapitel 8) in Frage (Schuler & Görlich, 2006). Wichtig ist, dass die erhobenen Informationen spezifisch genug sind, um daraus den Personalentwicklungsbedarf ableiten zu können.

In der Eignungsdiagnostik können beispielsweise Assessment Center herangezogen werden, die im Rahmen der Personalauswahl durchgeführt wurden oder spezifisch neu zum Zwecke der Bedarfsanalyse entwickelt und umgesetzt werden (dann manchmal als *development center* bezeichnet). Tabelle 4 in Kapitel 3 zeigt, wie über verschiedene Übungen hinweg verschiedene Qualifikationen der Teilnehmer erfasst werden sollen. (Zu beachten ist aber, dass das Assessment Center gewisse Probleme bei der validen Erfassung dieser Qualifikationen aufweist; vgl. Kapitel 3.5.3) Auch andere in der Personalauswahl eingesetzte Verfahren wie Lebensläufe (bzw. standardisiert durch Personalfragebogen), biografische Fragebögen und Arbeitsproben liefern nützliche Informationen zur Personenanalyse. Dasselbe gilt für Wissenstest. Weniger geeignet sind solche Tests, die stabile im Rahmen der Personalentwicklung nicht veränderbare Traits erfassen, wie z. B. Intelligenz.

Assessment Center als Methode zur Personenanalyse

Im Rahmen der Leistungsbeurteilung werden im Standardfall Mitarbeiter durch ihre Vorgesetzten hinsichtlich vorgegebener Qualifikationsmerkmale beurteilt. In persönlichen Fördergesprächen kann zwischen Vorgesetztem und Mitarbeiter abgeglichen werden, welche Qualifikationen des Mitarbeiters zukünftig gefördert werden sollen. Neben Vorgesetztenurteilen und Selbsteinschätzungen können auch objektive Leistungsmaße (z. B. Anzahl geschlossener Verträge) oder andere Beurteilergruppen (z. B. Kollegen oder Kunden) wertvolle Informationen in der Personenanalyse beisteuern. In systematischer Weise werden die Sichtweisen unterschiedlicher Beurteilergruppen im 360°-Feedback kontrastiert, das in Kapitel 8.7.1 ausführlich dargestellt wird.

Leistungsbeurteilung als Methode zur Personenanalyse

5.3 Lernen und Transfer

Wie man Abbildung 15 entnehmen kann, schließt sich an die Bedarfsanalyse die Festlegung der Ziele der Personalentwicklungsintervention an. An diesen Zielen richtet sich die Gestaltung der Intervention aus. Bei dieser Gestaltung sollten Prinzipien eingesetzt werden, die sich in grundlagen- und anwendungsorientierter Forschung als wirkungsvoll erwiesen haben. Neben der Gestaltung der Personalentwicklungsmaßnahme sind die Fähigkeiten und die Motivation der Teilnehmer sowie ein förderliches Arbeitsumfeldes zentral für den Erfolg einer Intervention. Ein besonderes Augenmerk muss dabei nicht nur darauf gelegt werden, dass die Teilnehmer einer Intervention etwas lernen sondern auch, dass sie das Gelernte auch im beruflichen Alltag anwenden.

5.3.1 Ziele der Intervention

In den *Zielen* wird festgelegt, über welche Qualifikationen die Teilnehmer nach der Intervention verfügen sollen. Diese sollten möglichst spezifisch formuliert sein, so dass der Grad der Zielerreichung der Teilnehmer festgestellt werden kann. Eine Zielformulierung wie z. B. „Unmittelbar im Anschluss an das Training soll der Teilnehmer zeigen, dass er die Schritte bei der Wartung der Maschine X auflisten kann, die Notwendigkeit der Schritte begründen kann und sie auch praktisch an der Maschine X ausführen kann" erfüllt diese Anforderung, da aus ihr hervorgeht, welches Verhalten der Teilnehmer unter welchen Bedingungen zeigen können soll und wie die Erreichung geprüft wird.

Die Ziele stellen die Grundlage für die Planung der Intervention und die Evaluation dar. Die Intervention soll so durchgeführt werden, dass sie die Wahrscheinlichkeit der Erreichung der Ziele maximiert. Ob dies erfolgreich war, wird in der Evaluation geprüft. Ergänzend zu den allgemeinen Zielen der Intervention kann es sinnvoll sein, dass die Teilnehmer während der Durchführung der Maßnahme spezifische individuelle Ziele formulieren.

Festlegung der zu erwerbenden Qualifikationen

5.3.2 Prinzipien des Lernens

Aus der Forschung sind eine Reihe von sehr wirkungsvollen Prinzipien bekannt, die das Lernen unterstützen (Noe, 2010). Einige wichtige dieser bewährten Prinzipien werden im Folgenden dargestellt. Sie können untereinander kombiniert werden und in ganz unterschiedlichen Interventionen zum Einsatz kommen.

> **Merke**
>
> Personalentwicklung sollte auf bewährte Lernprinzipien zurückgreifen.

Verstärkung

Aus den operanten Lerntheorien wissen wir, dass sich die Auftretenswahrscheinlichkeit von Verhalten erhöht, wenn auf das Verhalten positive Konsequenzen folgen (positive Verstärkung). Diese positiven Konsequenzen (Verstärker) müssen nicht jedes Mal auf das

Verstärkung als wirksames Lernprinzip

Verhalten folgen; eine intermittierende Belohnung ist ebenfalls wirksam und führt sogar zu einer größeren Stabilität des Verhaltens. Die Wirksamkeit von Verstärkern wie z. B. Lob durch den Trainer oder Vorgesetzten, Aufmerksamkeit bei Kollegen oder materielle Belohnungen kann interindividuell variieren. Deshalb ist es nützlich, jeweils herauszufinden, welche Verstärker für wen besonders wirksam sind. Eine Erhöhung der Verhaltenshäufigkeit kann auch durch den Entzug einer negativen Konsequenz erfolgen (negative Verstärkung, z. B. dadurch, dass nach einem effizienteren Arbeiten keine Überstunden mehr gemacht werden müssen).

Bestrafungen zielen auf die Verringerung der Häufigkeit eines unerwünschten Verhaltens. Sie können dadurch erfolgen, dass eine negative Konsequenz auf das Verhalten folgt (z. B. Kritik) oder eine positive Konsequenz entzogen wird (negative Bestrafung, z. B. die Nichtbeachtung eines Mitarbeiters, der sexistische Witze erzählt). Wenngleich Bestrafungen generell wirksam sind, so können sie doch eine Reihe unerwünschter Nebenwirkungen wie z. B. negative Emotionen bei dem Bestraften (Angst, Aggression) hervorrufen. Deswegen ist es besonders wichtig, dass zeitgleich positive Verhaltensalternativen aufgezeigt werden.

Verstärkungen spielen nicht nur durch den Trainer oder andere Teilnehmer im Rahmen der Personalentwicklungsinterventionen eine Rolle. Sie sind nach der Rückkehr an den Arbeitsplatz, an dem die neu erworbenen Qualifikationen gezeigt werden sollen, besonders wichtig. Hierbei spielen Kollegen und vor allem Vorgesetzte eine besondere Rolle.

Lernen am Modell

Verhalten kann durch Beobachtung gelernt werden

Wie durch die sozial-kognitive Lerntheorie von Bandura (1977) vorhergesagt wird, können Menschen Verhalten dadurch erwerben, dass sie andere Personen während der Ausführung des Verhaltens beobachten. Wenn sie aufmerksam beobachten, können Personen also lernen, ohne das Verhalten selbst direkt auszuführen. Die spätere Ausführung des Verhaltens (Performanz) erfordert, dass die Person über das erforderliche Verhaltensrepertoire verfügt und motivational ein Anreiz besteht, dieses Verhalten zu zeigen.

Im Rahmen von Personalentwicklungsmaßnahmen können entsprechende Modelle durch Videoaufzeichnungen eingebracht werden oder vor Ort durch den Trainer oder bereits erfolgreiche Kollegen, die das Verhalten demonstrieren.

Eine besondere Rolle bei der Motivation spielt dabei, dass die Person der Überzeugung ist, das Verhalten auch zeigen zu können. Diese als (wahrgenommene) *Selbstwirksamkeit* bezeichnete Überzeugung kann man etwa dadurch stärken, dass man die Person entsprechend ermutigt und ihr zeigt, dass sie in der Vergangenheit ähnliche Aufgaben ebenfalls erfolgreich bewältigt hat.

Übung

Für den Erwerb neuen Verhaltens ist wichtig, dieses Verhalten häufig genug einzuüben („Übung macht den Meister"). Damit dies nicht zu ermüdend ist, ist es in der Regel besser, wenn die Übungsphasen in einem bestimmten zeitlichen Abstand mit zwischengeschalteten Pausen erfolgen (*verteiltes* statt *massiertes* Lernen). Besonders komplex ist die Einübung von sozialen Verhaltensweisen. Diese erfolgt im Rahmen von Trainings meist in Form von *Rollenspielen*.

Verteiltes Üben

Bei bestimmten Verhaltensweisen, die selten auftreten, bei denen eine automatisierte, fehlerfreie Ausführung aber besonders wichtig ist (z. B. der Schusswaffengebrauch bei einem Polizisten), kann man die Technik des *Overlearnings* einsetzen. Dabei wird das Verhalten nicht nur so lange geübt, bis es fehlerfrei beherrscht wird, sondern auch deutlich häufiger (z. B. 150 % zusätzlich).

Overlearning

Geeignete Techniken zur Einübung neuen Verhaltens

- verteiltes Lernen
- Rollenspiele
- Overlearning

Das Ausmaß der Übung im Rahmen einer Personalentwicklungsmaßnahme ist häufig aufgrund von Zeitbeschränkungen limitiert. Daher kann es sinnvoll sein, diese Übung als Hausaufgabe oder auch später im Job systematisch weiter durchzuführen.

Feedback

Von zentraler Bedeutung für das Lernen ist die Rückmeldung über den Grad der Zielerreichung. Es ermöglicht dem Lernenden, seinen Fortschritt wahrzunehmen, was motivierend ist und zur Setzung

Rückmeldung über die Zielerreichung ist wichtig

neuer Ziele anspornt. Außerdem bietet es die erforderlichen Informationen, um Fehler zu korrigieren. Die Rückmeldung kann sich auf das Ergebnis (z. B. die Zeit, die ein Sprinter für die 100 Meter benötigt) und das Verhalten (z. B. bezüglich des Bewegungsablaufes) beziehen und aus verschiedenen Quellen stammen. Die Person kann ihre Leistung selbst bewerten (was alltäglich sehr häufig geschieht), die Rückmeldung kann aber auch aus der Aufgabe selbst (z. B. das erfolgreiche Ausdrucken eines Dokuments) oder anderen Personen (Vorgesetzte, Trainer, Kollegen etc.) kommen. Um für den Lernprozess nützlich zu sein, sollte das Feedback möglichst zeitnah erfolgen. Wichtig ist auch, dass das Feedback vom Lernenden akzeptiert wird. Dies ist dann eher der Fall, wenn der Feedbackgeber als kompetent und vertrauenswürdig eingestuft wird. Negatives Feedback wird eher schlechter akzeptiert als positives, vor allem wenn es bedrohlich für den Selbstwert des Lernenden ist. Wichtig bei negativem Feedback ist, dass der Lernende erkennt, was er tun kann, um sein Verhalten zu verbessern und so die Lernsituation weiterhin als kontrollierbar erlebt.

In Trainings wird das Verhalten von Teilnehmern (vor allem in Rollenspielen) häufig per Video aufgezeichnet. Auf diese Weise wird die Verhaltenssequenz nicht durch Feedback unterbrochen, sondern im Anschluss nach dem Abspielen relevanter Ausschnitte spezifisch eingesetzt.

Zielsetzung

Ziele sollten spezifisch und anspruchsvoll formuliert werden

Besonders wirkungsvoll ist Feedback in Kombination mit *Zielsetzung* (vgl. Kapitel 7.4). Dabei sind besonders solche Ziele motivierend, die spezifisch formuliert sind. Vage formulierte Ziele wie „Ich will heute so viel aus dem Lehrbuch X zusammenfassen, wie ich kann" führen zu einer geringeren Leistung als spezifisch formulierte Ziele, wie z. B. „Ich will heute 100 Seiten in dem Lehrbuch X zusammenfassen". Außerdem müssen die Ziele aus Sicht der Person anspruchsvoll, aber prinzipiell erreichbar sein. (Im obigen Beispiel könnte dies etwa der Fall sein, wenn die Person am Vortag 85 Seiten exzerpiert hat.) Insbesondere bei komplexen Zielen ist es sinnvoll, diese in kleinere Teilschritte/-ziele zu unterteilen. Die konkreteren zunächst zu erreichenden Ziele bezeichnet mal auch als *proximale* und die längerfristigen als *distale* Ziele. Damit Ziele ihre motivierende Wirkung entfalten, müssen sie durch die Person akzeptiert und auch bei auftretenden Hindernissen aufrecht erhalten werden *(Ziel-*

bindung). Die Zielbindung ist in der Regel höher, wenn die Person an der Formulierung der Ziele beteiligt war (Partizipation) und der Überzeugung ist, die Ziele auch erreichen zu können (Selbstwirksamkeit). Beim Erwerb neuer Fertigkeiten ist es wichtig, in den Zielen nicht von Beginn an auf die positiven Ergebnisse zu fokussieren und so einen Druck aufzubauen, sonders zunächst zu betonen, dass es darum geht, die beste Strategie zur Bewältigung der Aufgabe zu finden.

Erwartung, Instrumentalität und Wert

Personen sind motivierter, etwas zu lernen, wenn sie der Überzeugung sind, dass sie auch in der Lage sind, das Geforderte zu lernen *(Selbstwirksamkeit, Erwartung),* und dass dann, wenn sie etwas gelernt haben, dies mit einer hohen Wahrscheinlichkeit *(Instrumentalität)* zu positiven Konsequenzen *(Wert, valence)* führt (Vroom, 1964; vgl. Kapitel 7.3). Ist man der Überzeugung, die Ziele der Intervention nicht erreichen zu können, oder glaubt man, dass sich die Erreichung nicht lohnt, so wird man wenig motiviert sein, daran teilzunehmen. Etwas lohnt sich dann, wenn persönlich bedeutsame positive Konsequenzen in Aussicht stehen (z. B. Anerkennung durch Vorgesetzte, interessantere Arbeit, beruflicher Aufstieg, geringe Arbeitsbelastung, höhere Leistung) und diese auch mit einer hohen Wahrscheinlichkeit eintreten.

Erwartung, Instrumentalität und Wert

Insbesondere vor Beginn der Interventionen ist daher wichtig, den Teilnehmern deutlich zu machen, dass sie die Ziele auch erreichen können und welche positiven Konsequenzen für sie daraus erwachsen.

Selbstmanagement

Selbstmanagement-Strategien legen besonderen Wert auf die Selbststeuerung beim Lernen. Um Verhalten erfolgreich zu verändern, ist dem Ansatz von Kanfer (1980) folgend (1) eine Selbstbeobachtung und Protokollierung des Verhaltens erforderlich, die dann (2) zu einem Abgleich mit den Zielen der Person führen soll (Selbstbewertung), der (3) im positiven Fall zu einer Selbstbelohnung der Person und im negativen Fall einer bestehenden Diskrepanz mit einer Selbstbestrafung führen soll. Die ausführlichere Darstellung eines Trainings, das auf diesen Prinzipien basiert, ist im folgenden Kasten dargestellt.

Schritte des Selbstmanagements

Durchführung und Evaluation eines Selbstmanagement-Trainings

Ausgangspunkt für die im Folgenden dargestellte Trainingsmaßnahme war die Beobachtung in einer Regierungsbehörde, dass sich sehr hohe Kosten durch die häufige Abwesenheit von Mitarbeitern (Fehlzeiten) ergaben. Solche Fehlzeiten entstehen nicht nur durch Krankheiten, sondern können auch durch die Unfähigkeit zustande kommen, mit auftretenden Problemen (z. B. Streit mit Kollegen, Arbeitsüberlastung, Krankheit von Kindern) adäquat umzugehen.

Frayne und Latham (1987) führten daher ein Training durch, um die Qualifikationen der Mitarbeiter zum Umgang mit diesen Problemen zu verbessern und damit auch die Fehlzeiten zu reduzieren. Die Intervention basiert auf Kanfers (1980) Ansatz zum Selbstmanagement, der zuvor im klinischen Kontext – etwa zur Gewichtsreduktion oder zur Raucherentwöhnung – bereits erfolgreich eingesetzt worden war. Dabei werden die Trainingsteilnehmer instruiert, ihr problematisches Verhalten selbst zu beobachten und zu protokollieren (Selbstbeobachtung), sich Ziele bezüglich der Verhaltensänderung zu setzen (Zielsetzung) und dann die Zielerreichung kontinuierlich zu überwachen (Selbstbewertung) und die Erreichung zu verstärken bzw. die Nichterreichung zu bestrafen (Selbstbelohnung bzw. -bestrafung).

50 Mitarbeiter aus einer Instandhaltungsabteilung der Behörde, die durch starke Abwesenheitsprobleme auffällig geworden waren, wurden vom Unternehmen zur Teilnahme an dem Training eingeladen. Die Teilnahme an dem Training, das während der Arbeitszeit stattfand, war freiwillig. 40 Mitarbeiter willigten zur Teilnahme ein und wurden per Zufall zur Trainings- und Kontrollgruppe (je $N = 20$) zugewiesen. Die Teilnehmer waren überwiegend männlich (70 %), seit durchschnittlich 7.4 Jahren beim Unternehmen beschäftigt und übten Berufe wie Tischler, Elektriker und Maler aus.

Das Training umfasste in wöchentlichem Abstand einstündige Gruppensitzungen mit zehn Teilnehmern, auf die jeweils eine halbstündige Einzelsitzung folgte, die individualisiert auf die Bedürfnisse des einzelnen Teilnehmers zugeschnitten war. Die sieben Gruppensitzungen beschäftigten sich mit folgenden Inhalten:
1. *Orientierung:* In der ersten Stunde wurden den Teilnehmern die Prinzipien des Selbstmanagements erläutert.

2. *Problemdiagnose:* Die Gründe für die Abwesenheit wurden aus Sicht der Teilnehmer genau spezifiziert und jeweils analysiert, wodurch die Probleme entstehen und aufrechterhalten werden und wie man damit umgehen kann.
3. *Zielsetzung:* Die Teilnehmer setzten sich hier Ziele. Als distales Ziel wurde die Erhöhung der Anwesenheit in einem bestimmten Zeitraum festgelegt; darüber hinaus als proximale Ziele die Änderung des Verhaltens, so dass die Ziele erreicht werden können.
4. *Selbstbeobachtung:* Die Teilnehmer wurden instruiert, ihre Anwesenheit zu protokollieren, ggf. zu notieren, warum sie gefehlt haben und was sie unternommen haben, um das Fehlen zu verhindern.
5. *Selbstbelohnung und -bestrafung:* Die Teilnehmer identifizierten Verstärker (z. B. sich selbst ein kleines Geschenk kaufen) und Strafreize (z. B. ungeliebter Weise die Garage aufräumen), die sie sich selbst zuteilen sollten, falls sie die proximalen Ziele (nicht) erreichten.
6. *Verhaltensvertrag:* Alle Inhalte der vorangegangenen Sitzungen wurden noch einmal rekapituliert. Die Teilnehmer setzten einen Vertrag mit sich selbst auf, in denen sie die Ziele und die Konsequenzen noch mal spezifisch niederlegten.
7. *Rückfallprophylaxe:* Ursachen für potenzielle Misserfolge bzw. Rückschläge wurden antizipiert und Coping-Strategien für diese Situationen entwickelt.

Um den Erfolg der Maßnahme zu evaluieren, wurden zu folgenden Zeitpunkten Daten erhoben: T_V (vor dem Training), T_N (unmittelbar nach dem Training) und T_F (Follow-up 3 Monate nach dem Training). Im Einzelnen waren dies die folgenden Erfolgsmaße:
- Die anonym erhobene subjektive Bewertung des Trainingserfolgs durch die Teilnehmer zu T_N und T_F (Reaktionskriterium). Ein Beispielitem lautete: „Das Training hat mir dabei geholfen, mit Hindernissen umzugehen, die mich davon abgehalten haben, zur Arbeit zu kommen", zu beantworten auf einer Likert-Skala von 1 bis 5.
- Ein für diesen Zweck entwickelter Test, der prüft, ob die Teilnehmer die im Training gelernten Strategien auch beherrschen (Lernkriterium). Dazu wurden ihnen zu T_V und T_F 12 bezüglich der Anwesenheit kritische Situationen vorgelegt, zu denen sie jeweils angeben mussten, wie sie reagieren würden. Die Ant-

worten wurden durch zwei Forscher unabhängige voneinander so codiert, dass die Teilnehmer jeweils einen hohen Wert erhielten, wenn deren Reaktionen in den Situationen das in dem Training vermittelte Wissen widerspiegelten.

- Als Verhaltensmaß wurde objektiv erhoben, wie viele Stunden die Teilnehmer im Durchschnitt pro Woche fehlten bzw. anwesend waren (Verhaltenskriterium), erfasst über einen Zeitraum von 1 Jahr vor dem Training und einen Zeitraum 12 Wochen nach dem Training. Der optimale Wert für die wöchentliche Anwesenheit betrug 40 Stunden, da alle in diesem Umfang vollzeitbeschäftigt waren und Überstunden nicht möglich waren.

Die subjektive Bewertung des Trainings durch die Teilnehmer war unmittelbar im Anschluss an das Training (Mittelwert zu T_N von 4.32) und auch noch 3 Monate später (Mittelwert zu T_F 4.46) hoch, wenn man betrachtet, dass der maximal möglich Wert 5 betrug. Die Ergebnisdarstellung in Abbildung 17 links zeigt, dass sich auch im Lernkriterium der erwartete Effekt zeigte: Während sich Trainings- und Kontrollgruppe vor der Intervention in ihrem Wissen um Coping-Mechanismen in problematischen Situationen nicht unterschieden, steigt nur in der Trainingsgruppe dieses Wissen an. Ein ähnliches Ergebnis zeigt auch das Verhaltensmaß. Wie in Abbildung 17 rechts dargestellt steigt auch die durchschnittliche wöchentliche Anwesenheit von ca. 33.1 Stunden auf 35.7 Stunden nach dem Training an.

In einer Folgestudie konnten Latham und Frayne (1989) zeigen, dass die positiven Effekte in der trainierten Gruppe auch 6 und

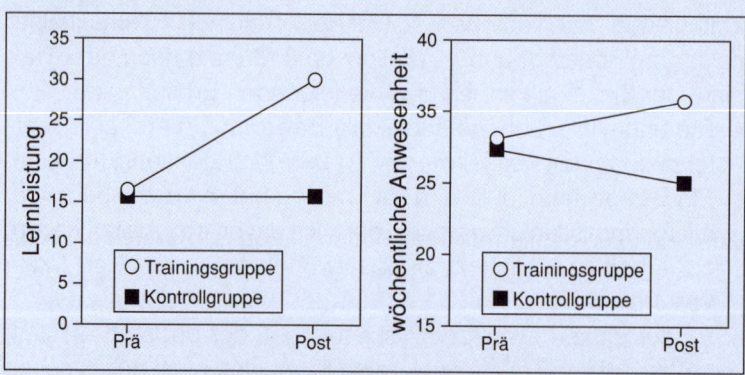

Abbildung 17: Lernleistung (links) und durchschnittliche Anwesenheit in Stunden (rechts) vor und nach der Intervention in der Trainings- und Kontrollgruppe

9 Monate nach der Intervention stabil blieben. Darüber hinaus belegten sie, dass das anschließende Training der Kontrollgruppe mit einem anderen Trainer vergleichbare Effekte erbrachte.

Lernen als Informationsverarbeitung

Betrachtet man das Lernen als einen Prozess der Informationsverarbeitung, bei der Informationen aufgenommen, gespeichert und wieder abgerufen werden, so sollte man in jeder Phase der Informationsverarbeitung möglichst optimale Bedingungen schaffen. Bei der Informationsaufnahme ist wichtig, dass die Aufmerksamkeit auf das Wichtige gelenkt wird und nicht zu viele Informationen *(cognitive overload)* dargeboten werden. Ferner sollten die neu präsentierten Informationen strukturiert dargeboten werden und eine Einordnung in das bereits vorhandene Wissen möglichst erleichtert werden. Dazu können z. B. *advance organizer* beitragen. Diese vorab dargebotenen Lernhilfen bieten in Form von Diagrammen, Listen oder Kurztexten einen Überblick über die wesentlichen Inhalte des in der Folge zu lernenden Materials.

Die Speicherung der Information kann gefördert werden durch Techniken der mentalen Wiederholung des Gelernten *(mental rehearsal)* und das schriftliche Niederschreiben der zentralen Punkte *(learning points)*, am besten in eigenen Worten.

Lerntechniken

Der Abruf kann erleichtert werden, indem bestimmte Cues zur Erinnerung geboten werden, z. B. eine Regel oder ein Diagramm (z. B. ein Flussdiagramm, aus dem der Ablauf bei der Fehlerdiagnose in einem Gerät veranschaulicht wird).

5.3.3 Merkmale der Teilnehmer

Damit eine Personalentwicklungsintervention erfolgreich ist, bedarf es nicht nur des Einsatzes geeigneter Strategien und Techniken. Vielmehr ist es auch erforderlich, dass die Teilnehmer fähig sind, die Inhalte erlernen zu können und motiviert sind, dies zu tun.

Ob ein Mitarbeiter eine Personalentwicklungsmaßnahme erfolgreich absolvieren kann bzw. wie erfolgreich er darin sein wird hängt auch davon ab, ob er prinzipiell das Geforderte lernen kann (auch

Intelligenz als Prädiktor von Trainingserfolg

bezeichnet als *trainee readiness*). Ein in vielen Studien belegter Erfolgsfaktor ist dabei die Intelligenz der Teilnehmer. Dieser Trait hat sich in einer Vielzahl von Berufen und von Trainingsmaßnahmen als prädiktiv valide für den Trainingserfolg erwiesen. Abbildung 18 links verdeutlicht diesen Befund schematisch. Gleichgültig, welche Intervention eingesetzt wird, erzielen intelligentere Teilnehmer (als Personenmerkmal auf der Abszisse abgetragen) einen größeren Erfolg als weniger intelligentere.

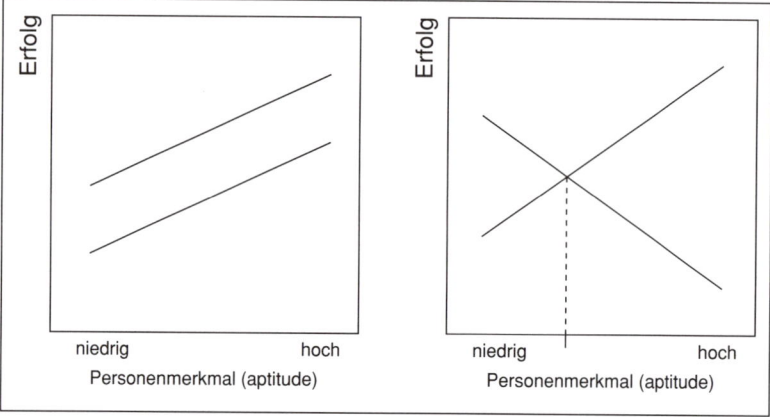

Abbildung 18: Hypothetischer Einfluss eines Personenmerkmals bei zwei verschiedenen Interventionen auf den Erfolg

Neben der Intelligenz können aber auch ganz andere Qualifikationen relevant sein: Besitzt beispielsweise ein Mitarbeiter in ausreichendem Maße die psychomotorischen Koordinationsfähigkeit, um Miniaturschaltungen zu löten? Ist ein Mitarbeiter gewissenhaft genug, um sich bei einer Überwachungsaufgabe zuverlässig an eine bestimmte Kontrollsequenz zu halten? Ist ein Mitarbeiter zu ängstlich, um in einer Gruppe bestimmte soziale Verhaltensweisen zu erlernen? Weiß man, welche Merkmale relevant sind, kann man diese vorab z. B. mittels Tests erfassen und prüfen, wie gut die Erfolgsaussichten einer Intervention bei einer Person sind.

Häufig wird man dies aber nicht (so genau) wissen. Eine Alternative besteht dann darin, die Trainierbarkeit zu testen, indem man Mitarbeitern vorab in einem „Mini-Training" eine Stichprobe von relevanten Teilaufgaben ausführen lässt und dabei beobachtet, ob und wie schnell sie diese Aufgabe erlernen (sog. *Trainability-Tests*; Callinan & Robertson, 2000). Eine zusätzliche positive Nebenwirkung

Trainability-Tests

dieses Vorgehens ist, dass die Teilnehmer bereits eine realistische Erwartung darüber ausbilden können, was sie in der Maßnahme erwartet (und möglicherweise entscheiden, dass die Intervention für sie nicht geeignet ist).

Solange nur individuelle Unterschiede in der Art des Lernens wie in Abbildung 18 links dargestellt existieren, ergeben sich keine Konsequenzen für die Gestaltung der Maßnahme (außer eventuell der, jemand nicht der Maßnahme zuzuweisen): Man wählt immer die Intervention A, weil sie – gleichgültig wie intelligent ein Teilnehmer ist – immer zu besserem Erfolg führt. Denkbar ist aber auch, dass bestimmte Interventionen für unterschiedliche Personen(gruppen) verschieden gut geeignet sind. Möglicherweise lernt eine Gruppe von Personen (z. B. intelligentere oder weniger ängstlichere Personen) besser mit einer Intervention A, die andere Gruppe besser mit der Intervention B. Dann treffen wir auf eine Situation, wie sie in Abbildung 18 rechts dargestellt ist. Hier sollte bei allen Teilnehmern, die in dem Merkmal eine hohe Ausprägung aufweisen (genau gesagt, alle rechts von der gestrichelten Linie) am besten die Intervention A, und bei den anderen B durchgeführt werden. Vor allem in der Pädagogischen Psychologie ist nach solchen differenziellen Effekten gesucht worden, die dort als *Aptitude-Treatment-Interaction* (ATI) bezeichnet werden (wobei *aptitude* das Merkmal der Person und *treatment* die Intervention bezeichnet). Insgesamt wurden solche systematischen Effekte nicht häufig beobachtet. Eine Ausnahme ist der Befund, dass Personen mit wenig Vorerfahrung in den Trainingsinhalten (aptitude) von mehr didaktischen Hilfen wie zusätzliche Visualisierungen, Animationen etc. profitieren (treatment), während diese Hilfen bei erfahreneren Teilnehmern eher den Erfolg beeinträchtigen.

Aptitude-Treatment-Interaction (ATI)

Da im Falle einer solchen Interaktion meist das Personenmerkmal nicht verändert werden kann (eine Ausnahme wäre z. B. eine Reduktion der Ängstlichkeit durch geeignete Vorabinformationen und eine Stärkung der Selbstwirksamkeit) ergibt sich daraus die Forderung nach der Erfassung des Merkmals und einer darauf zugeschnittenen, adaptiven Intervention. Insbesondere computergestützte Lernumgebungen bieten hier vielversprechende Möglichkeiten.

Als weitere Einflussgröße auf den Erfolg einer Intervention ist die Motivation der Teilnehmer bedeutsam (Noe & Colquitt, 2002). Die Motivation bezieht sich auf das Interesse an den Lernaktivitäten und

Trainingsmotivation als bedeutender Erfolgsfaktor

die Anstrengung und Ausdauer, die beim Lernen während und nach
der Intervention aufgewendet wird.

Es sind eine Reihe von Einflussgrößen bekannt, von denen es abhängt,
ob ein Mitarbeiter motiviert ist, an einer Personalentwicklungsmaßnahme teilzunehmen. Diese lassen sich zum Teil aus den in Kapitel 5.3.2 dargestellten Prinzipien ableiten. Motivationsförderlich sind
etwa die Überzeugungen, dass die Intervention den eigenen Bedürfnissen entspricht und wirklich benötigt wird, dass man deren Ziele
auch erreichen kann (Selbstwirksamkeit), und dass die Anwendung
des Gelernten zu positiven Konsequenzen in der Arbeit führen wird
(z. B. die Anerkennung durch Vorgesetzte und Kollegen). Darüber
hinaus konnte gezeigt werden, dass weniger ängstliche Mitarbeiter
motivierter sind und auch solche, die insgesamt einen größeren Wert
auf ihre Weiterentwicklung und die aktive Planung ihrer Karriere legen wie auch Mitarbeiter, die sich dem Unternehmen stärker verbunden fühlen (Commitment). Schließlich erhöht auch die Freiwilligkeit
der Teilnahme an einer Maßnahme die Motivation.

Man erkennt, dass auf einige dieser die Motivation bestimmenden
Variablen durch die Gestaltung der Intervention, z. B. durch die Art
der Vorinformationen, Einfluss genommen werden kann.

5.3.4 Merkmale des Arbeitsumfeldes

Bei der Planung einer Personalentwicklungsmaßnahme ist nicht nur
die konkrete Gestaltung der Intervention selbst zu bedenken. Vielmehr hängt der Erfolg auch von Rahmenbedingungen ab, die bereits
vor der Maßnahme und auch danach wirksam werden.

Ziele und
Rahmenbedingungen

Wichtig ist, dass der Teilnehmer rechtzeitig vorab über die Ziele und
Rahmenbedingungen (Ort und Zeit) der Personalentwicklungsmaßnahme informiert wird. Neben den sachbezogenen Informationen
sollten für den Mitarbeiter außerdem die Möglichkeiten zur Weiterentwicklung herausgestellt werden (statt der Betonung einer Behe-
bung von Qualifikationsdefiziten). Häufig ist es sinnvoll, auch im
Vorfeld der Intervention bereits motivierende Arbeitsmaterialien an
die Teilnehmer zu versenden oder Informationen zur Anpassung der
Inhalte der Maßnahme von ihnen einzuholen.

Die wahrgenommene Unterstützung durch Vorgesetzte und Kollegen hatten wir oben bereits als motivationsförderlichen Faktor iden-

tifiziert. Es ist also sinnvoll, dass der Vorgesetzte vor Beginn der Intervention dem Teilnehmer deutlich macht, dass er die Teilnahme sehr unterstützt und welche positiven Konsequenzen diese für den Mitarbeiter hat.

Unterstützung durch Vorgesetzte und Kollegen

Im Anschluss an die Intervention können etwa computerbasierte Systeme die Teilnehmer weiter mit Informationen (z. B. Schulungsunterlagen, Arbeitsanweisungen, Daten, Rat durch Experten etc.) unterstützen, auf die sie direkt an ihrem Arbeitsplatz zugreifen können (auch bezeichnet als *electronic performance support systems*, EPSS).

5.3.5 Transfer

Wurde in einer Personalentwicklungsmaßnahme z. B. neues Wissen erworben oder neue Verhaltensweisen erlernt, so ist damit noch nicht sichergestellt, dass der Mitarbeiter diese Qualifikationen auch am Arbeitsplatz einsetzt. Nach pessimistischen Schätzungen werden sogar nur etwa 10 % des Gelernten tatsächlich im Job genutzt (Machin, 2002).

Die Anwendung des Gelernten am Arbeitsplatz bezeichnet man auch als (positiven) *Transfer*. Dabei kann eine sehr direkte, nahezu 1:1 Übertragung des in der Intervention Gelernten stattfinden; darüber hinaus ist aber häufig auch der Transfer auf neue, ähnliche Situationen wünschenswert *(Generalisierung)*. Eine zweite Facette des Transfers ist, dass das Gelernte in den angemessenen Situationen auch kontinuierlich über einen längeren Zeitraum eingesetzt wird *(Erhalt)*.

> **Merkmale von Transfer**
> - Ziele des Transfers: Generalisierung, Erhalt
> - Transfer ist abhängig von Teilnehmermerkmalen, Intervention und Umwelt

Abbildung 19 zeigt, dass der Transfer wie auch das Lernen von Merkmalen der Teilnehmer, der Intervention und des Umfeldes abhängig ist (Baldwin & Ford, 1988). Schließlich macht sie auch noch einmal deutlich, dass das letztendliche Ziel meist eine Steigerung der beruflichen Leistung ist. Nur wenn die in der Intervention erwor-

benen und in den Alltag transferierten Qualifikationen auch erfolgsrelevant sind, kann dies erwartet werden (zu weiteren Einflussgrößen auf die Leistung vgl. Kapitel 8).

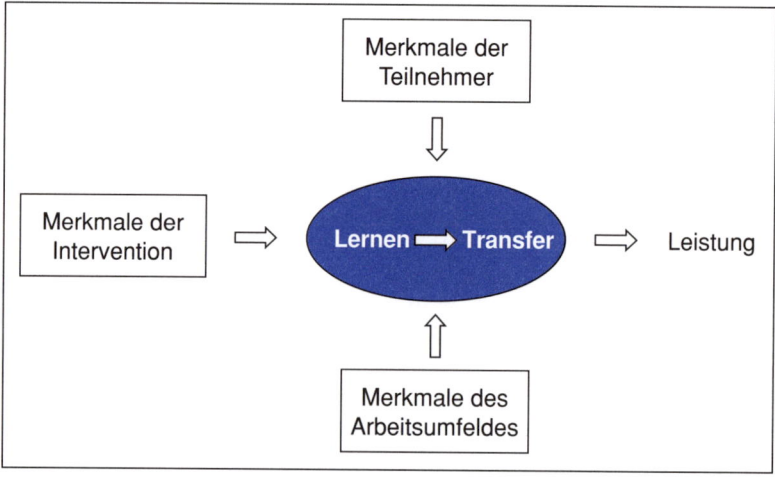

Abbildung 19: Einflussgrößen auf Lernen, Transfer und Leistung

Transferförderliche Merkmale der Person und der Intervention

Bezüglich der Merkmale von Personen und der Gestaltung einer
Maßnahme haben wir oben bereits eine Reihe von Einflussgrößen
dargestellt, die sich positiv auf das Lernen auswirken. Viele von
diesen Variablen erweisen sich auch als transferförderlich: In Abhängigkeit von Personenmerkmalen ist der Transfer stärker, wenn
die Teilnehmern intelligenter, gewissenhafter und motivierter sind
(Blume, Ford, Baldwin & Huang, 2010). Bei der Gestaltung der Intervention sind ein hohes Ausmaß an Übung, das Setzen von Zielen,
die Erhöhung der Selbstwirksamkeit der Teilnehmer und der Einsatz
von Selbstmanagement-Techniken transferförderlich.

Trainings- und
Arbeitsbedingungen
sollten ähnlich sein

Darüber hinaus ist wichtig, dass sich die Situation, in der gelernt
werden soll und die Situation im Job, in dem die Qualifikationen
später gezeigt werden sollen, möglichst ähnlich sind *(fidelity)*. Um
das sicherzustellen, ist eine sorgfältige Aufgabenanalyse hilfreich,
die durch zusätzliche Informationen der Teilnehmer weiter konkre-
tisiert und individualisiert werden kann. In einem Training zum
Führen von Leistungsbeurteilungsgesprächen könnten die Teilneh-

mer beispielsweise konkrete Problemgespräche aus der Vergangenheit einbringen und im Rollenspiel lernen, ihr Verhalten in dieser Situation zu optimieren.

Wichtig bei der Trainingsgestaltung ist auch, dass das zu Erlernende an möglichst verschiedenen Beispielen demonstriert wird. Dabei sollte deutlich werden, welches die dahinter stehenden, generellen Prinzipien sind, die dann immer auf die spezifische Situation angewendet werden müssen.

Als sinnvoll hat sich auch erwiesen, in der Intervention Schritte zur *Rückfallprophylaxe* einzuplanen. Dabei geht es darum, mit den Teilnehmern zu antizipieren, warum es bei der Umsetzung des Gelernten im Job Schwierigkeiten geben könnte, und den Umgang mit diesen Schwierigkeiten zu trainieren (vgl. auch den Kasten zur Durchführung eines Selbstmanagement-Trainings).

Rückfallprophylaxe

Transferförderliche Merkmale des Arbeitsumfeldes

Im Arbeitsumfeld ist die Unterstützung durch Vorgesetzte und Kollegen nicht nur – wie oben dargestellt – zur Steigerung der Motivation wichtig. Sowohl die Zuweisung von Aufgaben durch den Vorgesetzten, in denen der Mitarbeiter die erworbenen Qualifikationen demonstrieren kann, als auch die Anerkennung sowie Unterstützung bei der Anwendung des Gelernten durch Kollegen oder Vorgesetzte sind Beispiele für Verhaltensweisen, die förderlich für den Transfer sind. Hilfreich ist auch, wenn der Vorgesetzte bereits vorher ebenfalls an der Intervention teilgenommen hat, weil er dann eine gezieltere Unterstützung geben kann (Taylor, Russ-Eft & Chan, 2005).

Die Unterstützung wird manchmal als ein Bestandteil eines umfassenderen Konzepts gesehen, dass als *Transferklima* bezeichnet wird. Unter *Klima* wird allgemein eine übereinstimmende Wahrnehmung von organisationalen Merkmalen durch Mitarbeiter verstanden. Je nachdem, auf welchen Kontext sich die Merkmale beziehen, spricht man von einem Serviceklima, einem Sicherheitsklima oder eben auch von einem Transferklima. Dabei besteht allerdings noch keine vollständige Einigkeit darüber, welche Merkmale beim Transferklima relevant sind. Häufiger werden beispielsweise neben der Unterstützung durch Vorgesetzte und Kollegen eine generelle Offenheit gegenüber Veränderungen in der Organisation, eine hohe Wertschätzung der Personalentwicklung und des kontinuierlichen Lernens in

Förderliches Transferklima

dem Unternehmen, die positive Berücksichtigung des Erwerbs neuer Qualifikationen bei der Leistungsbeurteilung usw. genannt. Angesichts der unscharfen Abgrenzung des Konstruktes erstaunt es nicht, dass die Forschungsbefunde zur Förderlichkeit des Transferklimas noch uneinheitlich sind (Aguinis & Kraiger, 2009)

Zusammenfassung

Personalentwicklung als systematische Durchführung von Maßnahmen zur Förderung der beruflichen Qualifikationen der Mitarbeiter erfordert zunächst eine Analyse des bestehenden Bedarfs. Bei dieser Analyse können Informationen auf der Ebene der Organisation, der Person und der Aufgabe gewonnen werden. Die an den Zielen ausgerichtete Intervention kann dann auf eine Vielzahl von Prinzipien zurückgreifen, die sich in der Forschung als wirkungsvoll erwiesen haben. Darüber hinaus sind die Fähigkeiten und die Motivation der Teilnehmer sowie ein förderliches Arbeitsumfeldes für den Erfolg der Intervention sehr bedeutsam. Dabei ist nicht nur wichtig, dass die Mitarbeiter in der Intervention effektiv lernen, sondern auch, dass sie das Gelernte später im beruflichen Alltag anwenden.

Weiterführende Literatur

Goldstein, I. L. & Ford, J. K. (2002). *Training in organizations: Need assessment, development, and evaluation* (4th ed.). Belmont, CA: Wadsworth.

Noe, R. A. (2010). *Employee training and development* (5th ed.). Boston, MA: McGraw-Hill.

Sonntag, K. (Hrsg.). (2006). *Personalentwicklung in Organisationen* (3. Aufl.). Göttingen: Hogrefe.

Fragen

1. Was versteht man unter Qualifikationen und welche Formen kann man unterscheiden?
2. Wie könnte man vorgehen, um eine Aufgabenanalyse für den Job eines Grundschullehrers vorzunehmen?
3. Welche Methoden können im Rahmen der Personenanalyse eingesetzt werden?

4. Was versteht man unter Selbstmanagement-Trainings und aus welchen Komponenten setzen sie sich zusammen?

5. Was versteht man unter Aptitude-Treatment-Interaction und in welcher Weise sind solche Effekte relevant für die Personalentwicklung?

6. Was versteht man unter Transfer und durch welche Maßnahmen kann man ihn fördern?

Lösungshinweise finden Sie unter
www.hogrefe.de/buecher/lehrbuecher/psychlehrbuchplus.

Kapitel 6
Interventionen und Evaluation in der Personalentwicklung

Thomas Staufenbiel

Inhaltsübersicht

6.1 Interventionen

Die außerordentlich große Vielfalt an Personalentwicklungsinterventionen macht es schwierig, diese in überzeugender Weise zu systematisieren. Mögliche Einordnungen bieten die Unterscheidungsmerkmale aus Abbildung 16 in Kapitel 5, nach denen danach differenziert wird, auf welcher Ebene die Intervention ansetzt, welche Qualifikationen mit ihr erworben werden können und wo und wann sie stattfindet.

Insgesamt sind die verschiedenen Interventionsformen aber historisch nebeneinander gewachsen und ihre Bezeichnungen orientieren sich mal mehr an den Inhalten (z. B. Stresstrainings), und ein anderes Mal mehr an der Methodik (z. B. Frontalunterricht) oder an der Zielgruppe (z. B. Führungskräftetrainings). Auch reichen die Interventionen von einzelnen Techniken (wie z. B. Simulationen) bis hin zu breiten, verschiedene Methoden integrierende Maßnahmen (z. B. Verhaltensmodellierung).

Im Folgenden sollen daher einige Ansätze exemplarisch ausgewählt und beschrieben werden. Umfassendere Darstellungen finden sich etwa bei Goldstein und Ford (2002), Noe (2010) oder Schuler (2006). Dabei beschreiben wir die Interventionen zunächst und kommen dann in Kapitel 6.3 nochmals auf die Frage der Wirksamkeit dieser Ansätze zurück.

6.1.1 Frontalunterricht

Im weit verbreiteten Frontalunterricht *(classroom lecture)* gibt der Trainer oder ein Experte in Form eines Vortrages Informationen an die Teilnehmer. Frontalunterricht ist eine ökonomische Methode, um einer größeren Gruppe von Teilnehmer Wissen zu vermitteln (Noe, 2010). Dies kann sowohl deklaratives Wissen (über Fakten, Ereignisse, Regeln usw.: „Wissen was") als auch prozedurales Wissen sein (handlungsbezogenes Wissen: „Wissen wie"). Nachteile von Frontalunterricht sind darin zu sehen, dass kaum ein Eingehen auf interindividuelle Unterschiede der Teilnehmer möglich ist und diese häufig wenig motiviert werden, auch weil sie innerhalb der Maßnahme kein Feedback über ihren Lernfortschritt erhalten.

Ökonomische Form der Wissensvermittlung

Frontalunterricht wird häufiger durch Fragen an die Teilnehmer oder Diskussionen sowie audiovisuelle Techniken (etwa PowerPoint-Präsentationen oder Videos) angereichert. Er ist auch Bestandteil vieler anderer Interventionen, z. B. der Verhaltensmodellierung.

6.1.2 Computergestützte Trainings

Die Gemeinsamkeit computergestützter Trainings (*computer based trainings*, CBT) besteht darin, dass die Trainingsinhalte dem Lernenden vermittelt über den Computer dargeboten werden (Goldstein & Ford, 2002). Die Informationen können dabei in Multimedia-Anwendungen nicht nur durch Text und Grafiken sondern auch durch Ton, Animationen oder Video präsentiert werden. Vielfach werden dabei heute die Trainingsinhalte über das firmeneigene Intranet oder das Internet bereitgestellt *(web-based training)*.

Nutzung verschiedener Medien

Gegenüber Trainingsformen, die wie der Frontalunterricht eine Präsenz der Teilnehmer erfordern, hat das Lernen am Computer als eine Form des sogenannten *E-Learnings* die Vorteile, dass die Teilnehmer den Ort, den Zeitpunkt und die Geschwindigkeit des Lernens bestimmen können. Wird E-Learning mit Präsenzveranstaltungen kombiniert, so spricht man auch von hybriden Lernformen *(blended learning)*.

Computergestützte Trainingsmethoden

- interaktive Videos
- programmierter Unterricht
- Hypertextsysteme
- intelligente tutorielle Systeme
- Simulationsprogramme

Die Einsatzmöglichkeiten des Computers sind äußerst vielfältig und wachsen stetig. Einige Anwendungsformen seien im Folgenden exemplarisch dargestellt.

Häufig werden Lerninhalte über *interaktives Video* vermittelt. Dabei können Gegenstände (z. B. Maschinen bei technischen Trainings), Personen (z. B. Trainer bei der Vermittlung von Wissen) oder Verhaltenssequenzen (z. B. beim Training interpersoneller Qualifikationen) realitätsnäher dargestellt werden und mit anderen Komponenten wie z. B. textlichem Informationsmaterial oder Fragen zur Überprüfung des Gelernten interaktiv verknüpft werden.

Eine einfache Struktur zur Verknüpfung des Lehrmaterials basiert auf der Idee des *Programmierten Unterrichts*. Dort werden dem Teilnehmer in vorgegebener Reihenfolge bestimmte zu bearbeitende Lerninhalte am Computer präsentiert und nach der Bearbeitung

Programmierter Unterricht als interaktive Lernform

eines Abschnitts Kontrollfragen gestellt. Werden die Fragen korrekt beantwortet, so wird der Lernende positiv verstärkt und ihm neuer Lernstoff präsentiert. Andernfalls wird er wieder auf den nicht beherrschten Stoff zurückverzweigt.

Dieses sehr statische Konzept, bei dem für den Lernenden keine Freiheitsgrade bestehen, wird bei *Hypertextsystemen* aufgegeben. In solchen Systemen sind komplexere Lerninhalte in Informationseinheiten gegliedert, die in vielfältiger Weise durch (Hyper-)Links netzwerkartig logisch miteinander verknüpft sind. Der Lernende kann sich selbstgesteuert über die Links durch die Lerninhalte navigieren. Ein bekanntes Hypertextsystem im Internet ist Wikipedia.

In *intelligenten tutoriellen Systemen* ist das Ziel, die Trainingsinhalte individuell an den Wissensstand der Teilnehmer anzupassen. Die Lernfortschritte und -defizite der Teilnehmer sollen dabei durch das System überwacht werden und entsprechend durch einen computerisierten Tutor Rückmeldung gegeben werden. In Abhängigkeit vom Wissensstand soll dann jeweils das passende zu lernende Material präsentiert werden. Die Realisierung solcher prinzipiell attraktiven Systeme ist allerdings mit vielen Schwierigkeiten verbunden.

Simulationsprogramme bilden Ausschnitte der Realität ab   In computergestützten *Simulationsprogrammen* werden Ausschnitte der Realität mit ihren Elementen und den funktionalen Zusammenhängen zwischen diesen Elementen abgebildet. Die Aufgabe des Lernenden besteht darin, das System zu explorieren oder nach bestimmten Vorgaben optimal zu steuern. So erlauben etwa Simulatoren eines komplexen automatisierten Fertigungssystems den Lernenden, das System zu explorieren, auf simulierte Störfälle zu reagieren und so ein mentales Modell des Funktionierens des Systems aufzubauen. Standardmäßig werden auch Piloten in Flugsimulatoren oder Operateure in simulierten Leitständen eines Kernkraftwerks geschult. Dabei wird die Realitätsnähe *(fidelity)* noch dadurch erhöht, dass auch die Arbeitsumgebung (z. B. ein Cockpit) hardwaretechnisch komplett nachgebildet wird. Der Vorteil von Simulationen besteht darin, risikofrei auch extreme Gefahrensituationen herstellen zu können. Außerdem können Abläufe und Eingriffe aufgezeichnet und wiederholt abgespielt werden, was bei der Rückmeldung durch Trainer hilfreich ist.

Sind Trainer und Lernende räumlich separiert, so spricht man auch von *distance learning*. Die Kommunikation zwischen den Teilnehmern und Trainern kann dann z. B. postalisch (z. B. durch zugesendete Lehrbriefe im Fernunterricht), durch Radio/Fernsehen oder eben auch über den Computer erfolgen. Die computergestützte Kommunikation kann sowohl nur in eine Richtung erfolgen (z. B. durch die Bereitstellung von Videoaufzeichnungen von einem Vortrag) oder auch interaktiv sein. Die interaktive Kommunikation kann sowohl asynchron (z. B. die verzögerte Beantwortung einer Frage per E-Mail) als auch synchron (z. B. in Videokonferenzen) erfolgen.

Räumliche Trennung von Lehrendem und Lernendem

6.1.3 Verhaltensmodellierung

Die *Verhaltensmodellierung (behavior modeling training)* ist eine weit verbreitete Intervention, die auf der sozial-kognitiven Lerntheorie von Bandura aufbaut. Sie wird insbesondere zum Erwerb interpersoneller Verhaltensweisen eingesetzt (wie z. B. Führungsverhalten, Kommunikation, interkulturelle Fähigkeiten oder kundenorientiertes Verhalten), kann aber auch zum Erwerb technischer Fertigkeiten (wie z. B. in Trainings zum Erwerb von Softwarekenntnissen) verwendet werden.

Erwerb sozialer Kompetenzen

Nach der sozial-kognitiven Lerntheorie von Bandura (1977) setzt sich das Lernen aus den Prozessen der Aufmerksamkeit, des Behaltens, der Reproduktion und der Motivation zusammen.

Elemente des Lernens (nach Bandura, 1977)

Aufmerksamkeit: Die Aufmerksamkeit richtet sich auf die Beobachtung von Modellen, die direkt (z. B. durch den Trainer oder andere Teilnehmer) oder vermittelt über Videoaufzeichnungen präsentiert werden. Die Aufmerksamkeit ist z. B. dann höher, wenn dem Modell eine große Expertise zugeschrieben wird, es dem Teilnehmer ähnlich ist, wenn die wichtigen Verhaltensweisen explizit benannt werden und der Teilnehmer weiß, dass er das Verhalten später auch selbst zeigen muss. Nützlich ist auch, solche Modelle zu kontrastieren, die das Verhalten sehr gut und nicht gut beherrschen.

Behalten: Nachdem die Teilnehmer die Verhaltensweisen wahrgenommen haben, müssen diese möglichst so im Langzeitgedächtnis abgespeichert werden, dass sie später wieder leicht abgerufen werden können. Hilfreich ist dabei die schriftliche Zusammenfassung der relevanten Verhaltensweisen des Modells (sog. *learning points*), die auch als zu befolgende Regeln formuliert werden können (*rule codes*, z. B. „Wenn der Kunde abwehrend reagiert, höre aufmerksam zu und reagiere empathisch"). Die mentale Wiederholung des Gelernten *(mental rehearsal)* oder die Planung, wie das Verhalten eingesetzt werden soll, ist ebenfalls förderlich.

Reproduktion: Das Verhalten wird im Rollenspiel eingeübt und durch Feedback vom Trainer und anderen Teilnehmer gesteuert und bekräftigt (vgl. Kapitel 5.3.2).

Motivation: Das Feedback und die Verstärkung führen auch zu einer Steigerung der Motivation. Diese kann durch die in Kapitel 5.3 dargestellten Maßnahmen (z. B. die Förderung der Überzeugung, dass die Anwendung des Gelernten zu positiven Konsequenzen in der Arbeit führen wird) zusätzlich erhöht werden.

Bei komplexen Verhaltensweisen erfolgt eine Unterteilung des Trainings in Module (meist zwischen 4 und 12) von jeweils 2 bis 4 Stunden Dauer, die jeweils andere Verhaltensweisen adressieren. Bei einem entsprechend verteilten Lernen kann zwischen den Modulen auch bereits der Transfer in den Job erfolgen.

6.1.4 Coaching

Begriffsklärung: Coaching

Beim Coaching wird einem Mitarbeiter ein Berater (Coach) zur Seite gestellt, der ihn individuell dabei unterstützt, seine beruflichen Ziele zu erreichen.

Anlässe der Inanspruchnahme einer solchen meist freiwilligen individuellen Beratung können verschiedene Anlässe sein, wie z. B. die anstehende Übernahme einer neuen Funktion, Konflikte mit Kollegen oder Mitarbeitern, eine Unzufriedenheit mit der beruflichen Perspektive oder eine starke berufliche Überlastung mit der Folge von Problemen im privaten Bereich. Die zeitlich begrenzte Beratung (typisch sind Zeiträume zwischen 0.5 bis 1.5 Jahren) kann etwa die gemeinsame Herausarbeitung neuer beruflicher Ziele beinhalten, aber auch die Gabe von Feedback, den Aufbau neuer Qualifikationen oder das Herausarbeiten konkreter Problemlösungen. Besonderer Wert wird dabei häufig darauf gelegt, dass der gecoachte Mitarbeiter verstärkt zur Reflexion über sich und seine Probleme imstande ist und selbstgesteuert Problemlösungen findet (Greif, 2008).

Die Beratung erfolgt in der Regel durch einen professionellen organisationsexternen Berater *(executive coaching)*. Insbesondere im angloamerikanischen Sprachgebiet ist mit Coaching aber auch (oder manchmal auch ausschließlich) die Unterstützung durch den Vorgesetzten *(supervisory coaching)* gemeint, wobei dort der besondere Fokus meist auf der Optimierung der beruflichen Leistung liegt (Wexley & Latham, 2002). Coaching ist auch für Gruppen von Mitarbeitern möglich *(Gruppencoaching)* und eine inflationierte Begriffsverwendung spricht auch von *Selbstcoaching*, wenn der Berater durch das Studium von Ratgeber-Büchern ersetzt wird.

Coaching durch externe Berater oder Vorgesetzte

6.1.5 Mentoring

> **Begriffsklärung: Mentoring**
>
> Im Mentoring begleitet ein erfahrener Kollege *(Mentor)* einen jüngeren Mitarbeiter *(Protégé, Mentee)*, um ihn in seiner Karriere zu unterstützen (Blickle, 2000). Beide stammen meist aus der gleichen Organisation.

Protégés sind häufig Berufseinsteiger und Neulinge im Unternehmen, Mentoren meist erfolgreiche Führungskräfte. Die Mentoren sollen drei Funktionen erfüllen: Sie sollen als Vorbild und Rollenmodell fungieren, die Protégés psychosozial unterstützen und ihre Karrieren fördern. Die psychosoziale Unterstützung äußert sich in der Wertschätzung durch den Mentor und seiner Unterstützung bei Problemen des Protégés, die bis zu einer Freundschaft gehen kann. Zur Förderung der Karriere des Protégés kann der Mentor ihn beraten, z. B. indem er ihm Hinweise zur Weiterqualifikation gibt oder ihm die informellen Regeln und die Mikropolitik des Unternehmens erläutert. Er kann aber auch wirksam werden, indem er ihm beim Knüpfen von Kontakten hilft, ihn vor Angriffen schützt, sich dafür einsetzt, dass der Protégé befördert wird, oder dass ihm herausfordernde Aufgaben zugewiesen werden, mit denen er sich profilieren kann.

Mentor-Protégé-Beziehungen können auf verschiedene Weise zustande kommen. Sie können informell auf der Basis persönlicher

Formelle und infor-
melle Mentoring-
Beziehungen

Sympathie entstehen oder durch eine Personalentwicklungsintervention gestiftet werden, in denen Protégés geeignete Mentoren zugewiesen werden. Informell entstandene Beziehungen sind oft umfassender und länger andauernd. Mentoring kann sehr unterschiedlich
gestaltet werden (z. B. hinsichtlich der Bildung der Protégé-Mentor-
Dyaden, der Ziele, des Trainings und der Unterstützung der Mentoren) und es ist noch nicht abschließend geklärt, welche Variante des
Mentorings optimal ist.

6.1.6 Entwicklung von Führungskräften

**Maßnahmen zur Personalentwicklung
von Führungskräften**

Führungskräftetrainings sind außerordentlich vielfältig und können
unterschiedliche Qualifikationen fördern:
- Erwerb von Management-Fähigkeiten (z. B. Planung, Problem-
  lösung, Entscheidungsfindung)
- Qualifikationen zur Führung von Mitarbeitern und Teams
- Fähigkeiten zum Selbstmanagement (z. B. Zeitmanagement,
  Prioritätensetzung, Handlungssteuerung)

Problemanalyse
und Entscheidungs-
findung

Wichtige Management-Fähigkeiten sind z. B. eine adäquate Problemanalyse und Entscheidungsfindung. Diese können z. B. in *Fallstudien*
trainiert werden, die entweder eigenständig oder eingebettet in Seminare mit Frontalunterricht stattfinden. In Fallstudien wird eine realistische Problemsituation im Unternehmen detailliert anhand von
verschiedenen Informationsmaterialien (Texte, Grafiken, Tabellen)
beschrieben. Der einzelne Teilnehmer oder ein Team von Teilnehmern
analysiert dann diese Informationen, erarbeitet mögliche Handlungs-
alternativen und trifft schließlich eine Entscheidung, wie mit dem
Problem umgegangen werden soll, und präsentiert diese Lösung.
Werden Fallstudien in Teams bearbeitet, so können zusätzlich die
Gruppenprozesse durch begleitende Trainer analysiert und rückge-
meldet werden.

Fallstudien und Plan-
spiele als Methoden

Vergleichbar in ihrer Zielsetzung, aber dynamischer als Fallstudien,
sind computergestützte *Planspiele* (Leutner, 1994). Im Unterneh-
menskontext simulieren diese Planspiele beispielsweise einen bestimmten Unternehmensbereich (z. B. den Verkauf). Der Teilneh-

mer oder ein Team von Teilnehmern hat dann die Aufgabe, dieses komplexe System zu analysieren und durch bestimmte Eingriffe (z. B. die Festlegung der Verkaufspreise, des Werbeetats, der Zahl der einzustellenden Mitarbeiter usw.) möglichst erfolgreich zu steuern. Nach jedem Eingriff erfolgt durch den Computer eine Rückmeldung, wie sich das System verändert hat. Dann analysieren die Teilnehmer wieder die Situation und reagieren erneut usw. Wie bei den Fallstudien kann sowohl eine Rückmeldung über den Erfolg bei der Bearbeitung der Aufgabe gegeben werden als ggf. auch ein Feedback über die Kooperation und Entscheidungsfindung im Team.

Über die Managementfunktionen hinaus besteht eine Aufgabe einer Führungskraft darin, die unterstellten Mitarbeiter bzw. Teams so zu führen, dass diese zufrieden und erfolgreich sind. Hinweise, welche Qualifikationen dazu erforderlich sind, geben die verschiedenen Führungstheorien (vgl. Kapitel 10). So müssen etwa im Sinne einer *Stützung auf Führungstheorien* aufgabenorientierten Führung klare Arbeitsziele gesetzt werden, den Mitarbeitern die Arbeitsaufgaben entsprechend ihrer Fähigkeiten zugewiesen werden und die Zielerreichung belohnt werden. Um eine mitarbeiterorientierte Führung sicherzustellen müssen Mitarbeiter gefördert und unterstützt werden, an Entscheidungen beteiligt werden und auftretende Konflikte gelöst werden. Andere Theorien (z. B. die transaktional-transformationale Führungstheorie; vgl. Kapitel 10.3.3) betonen etwas andere Qualifikationen. Zum Erwerb dieser Qualifikationen wird in Trainings häufig neben der Präsentation des entsprechenden Wissens die Verhaltensmodellierung zum Erwerb des erforderlichen Verhaltens eingesetzt. Je nach theoretischem Ansatz geht es dabei nicht nur darum, die entsprechenden Verhaltensweisen zu erlernen, sondern auch zu berücksichtigen, unter welchen Bedingungen sie gezeigt werden sollen (*Kontingenzansätze*, vgl. Kapitel 10.4).

Neben der Einflussnahme auf andere ist für Führungskräfte wichtig, sich selbst steuern zu können. Um ihre Ziele erreichen zu können, müssen sich Führungskräfte entsprechend organisieren und motivieren (König & Kleinmann, 2006). Dazu gehört beispielsweise auch die Fähigkeit, die Zeit effektiv zu nutzen (*Zeitmanagement*). Erfolgversprechend sind hier Trainings, die Selbstmanagement-Techniken einsetzen (vgl. den Kasten zum Selbstmanagement-Training in Kapitel 5.3.2). Dabei spielt die Fähigkeit zur Zielsetzung sowie zur

Selbstkontrolle über Zeit und Stress

Selbstbeobachtung und Selbstbekräftigung des gewünschten Verhaltens eine wichtige Rolle. Bedeutsam ist darüber hinaus der Umgang mit Stress.

Stressbewältigungstrainings können sowohl auf eine aktive Umgestaltung des Arbeitsumfeldes zur Reduktion von Stressoren abzielen *(bedingungsbezogen)* wie auch den Umgang mit den Belastungen zum Gegenstand haben *(personenbezogen;* vgl. Bamberg & Busch, 2006). Personenbezogene Trainings können z. B. die Vermittlung von Entspannungstechniken, aber auch ein verbessertes Zeitmanagement beinhalten. Ein bedingungsbezogener Ansatz wäre die Einführung von betrieblichen Gesundheitszirkeln, in denen Mitarbeiter sich regelmäßig treffen, um gesundheitsschädigende Anforderungen in der Arbeit zu identifizieren und diesbezügliche Veränderungsvorschläge zu machen.

Neben den genannten breiteren Absätzen sind einige Trainings auf spezifische Aufgaben von Führungskräften ausgerichtet. Dazu zählen etwa Trainings zur Leistungsbeurteilung (vgl. Kapitel 8.5.3) oder Personalentwicklungsmaßnahmen zur Unterstützung von Führungskräften bei einem längeren Auslandsaufenthalt *(Expatriates)*. Expatriates können beispielsweise durch interkulturelle Trainings unterstützt werden.

Interkulturelle Trainings

Interkulturelle Trainings dienen dazu, Wissen über die fremde Kultur (z. B. deren Normen und Werte) zu erwerben und eine wertschätzende, akzeptierende Einstellung zum Gastland zu fördern. Darüber hinaus sollen auch adäquate Interaktionsmuster (einschließlich der Sprache) erworben werden. Informationen dazu können in Vorträgen oder im Selbststudium von Literatur erworben werden. Adäquate interkulturelle Interaktionsmuster können per Verhaltensmodellierung trainiert werden, wobei auch Modelle aus dem Gastland eingesetzt werden können.

Neuere Forschung zeigt, dass es sinnvoll ist, die Unterstützung nicht nur vor der Entsendung ins Ausland zu gewähren sondern auch auf die Phasen des Aufenthalts dort (z. B. über Mentoren) und die Rückkehr auszudehnen, und dabei auch die Familien der Führungskräfte einzubeziehen.

6.1.7 Team-Trainings

Wie in Kapitel 11 näher dargestellt wird, hängt der Erfolg von Teams nicht nur davon ab, ob die einzelnen Mitglieder die fachlichen Qualifikationen besitzen, um die dem Team gestellten Aufgaben zu lösen (*taskwork skills*, Goldstein & Ford, 2002). Sie müssen darüber hinaus über *teamwork skills* verfügen, damit das Team gut zusammenarbeitet. Dazu zählen viele verschiedene Fertigkeiten, wie eine gute Kommunikation, Koordination und Anpassungsfähigkeit, die Überwachung und Rückmeldung der Leistung der Mitglieder sowie die Fähigkeit eine Gruppenkohäsion aufrechtzuerhalten und Konflikte zu lösen. Schließlich zeichnen sich erfolgreiche Teams auch dadurch aus, dass sie kontinuierlich auftretende Probleme und deren Ursachen identifizieren und adäquate Lösungen dafür finden *(process improvement skills)*.

Teamwork skills

Taskwork skills können beispielsweise teambezogen dadurch verbessert werden, dass Mitglieder lernen, wechselseitig ihre Jobs ausführen zu können (*Job rotation*, vgl. Kapitel 12.5 in Bamberg et al., 2012).

Beispiele für Formen des Team-Trainings

- Crew-Resource-Management-Trainings
- Outdoor-Trainings
- Sensitivitätstrainings

Zur Verbesserung der teamwork skills existieren verschiedene Interventionen, die jeweils auf andere Qualifikationen fokussieren. Durch *Crew-Resource-Management-Trainings* (Salas, Burke, Bowers & Wilson, 2001) soll vor allem die Kommunikation und Koordination von Teams gefördert werden, bei denen diese Fähigkeit besonders wichtig ist. Dazu zählen beispielsweise Piloten oder Teams im Operationssaal. Gearbeitet wird u. a. mit computergestützten Simulationen, wobei ein besonderer Wert auf das Feedback und die Reflexion des Verhaltens anhand der Videoaufzeichnungen gelegt wird.

Koordination in den Teams fördern

In *Outdoor-Trainings* bearbeitet ein Team im Freien eine Reihe von häufig auch physisch anstrengenden Aufgaben (z. B. Orientierungsaufgaben im Gelände oder Kletteraufgaben mit Seilen). Im Anschluss erfolgt meist eine gemeinsame Reflexionsphase (McEvoy, 1997). Ziele derartiger Interventionen liegen meist in der Verbesserung der Fähigkeit zur Konflikt- und Problemlösung sowie einer Erhöhung der Gruppenkohäsion.

Sensitivitätstrainings: unstrukturiertes Gruppensetting

Sensitivitätstrainings (auch *Encountergruppen*, *T-Groups* oder *laboratory trainings*) waren mit ihrem starken Fokus auf die Selbsterfahrung in Gruppen vor allem in den 60er und 70er Jahren populär. Ihr Prinzip besteht darin, dass Teilnehmer, die sich nicht kennen („ohne gemeinsame Vergangenheit und Zukunft"), miteinander kommunizieren und dabei durch den Trainer ermuntert werden, sich ihre dabei auftretenden Gefühle (fokussiert auf das „hier und jetzt") rückzumelden. Der Trainer macht dabei keine Vorgaben bezüglich der Kommunikationshalte, sondern überlässt deren Festlegung den Teilnehmern. Die ungewohnte, wenig strukturierte Situation führt dabei zu unterschiedlichen Reaktionsmustern (etwa Rückzug, Aggression oder dem Versuch, die Diskussion zu starten oder zur strukturieren) und kann zu starken Belastungen bei den Teilnehmern führen. Als Ziele, die man mit den Sensitivitätstrainings erreichen will, werden häufig die Sensibilisierung der Selbst- und Fremdwahrnehmung und ein besseres Verständnisses für Gruppenprozesse genannt. Kritisch erscheint, dass die Sensitivitätstrainings systematisch eine Reihe von Prinzipien verletzen, die die Wahrscheinlichkeit von Transfer maximieren (z. B. klare, explizite Ziele; eine hohe Ähnlichkeit zwischen Trainings- und Arbeitssituation).

Neben den hier genannten Formen von Team-Trainings gibt es eine Vielzahl von Trainings ohne eine spezifische Bezeichnung. Idealerweise bauen diese – wie auch andere Personalentwicklungsinterventionen – auf einer teambezogenen Bedarfsanalyse auf und leiten daraus die Trainingsziele ab. Um diese zu erreichen nutzen sie in der Intervention bewährte Prinzipien wie z. B. Zielsetzung oder Feedback und Methoden wie etwa Simulationen oder Rollenspiel (Salas, Burke & Cannon-Bowers, 2002).

6.2 Evaluation

Im Rahmen der Evaluation einer Personalentwicklungsintervention wird geprüft, in welchem Ausmaß deren Ziele erreicht wurden und was man ggf. tun kann, um die Intervention zu optimieren. Liegt der Schwerpunkt auf der Zielüberprüfung, so spricht man allgemein von *summativer* Evaluation. In Abhängigkeit vom Ausgang der Evaluation wird man darüber entscheiden wollen, ob man die Maßnahme

Summative vs. formative Evaluation

so fortführen, beenden oder ggf. modifizieren will. Hinweise zur Optimierung erhält man aus der *formativen* Evaluation. Hierbei geht es darum, differenziertere Informationen darüber zu erhalten, wie welche Teile der Intervention so verändert werden können, dass die Teilnehmer motivierter sind, besser lernen oder das Gelernte besser transferieren.

Bei der konkreten Durchführung einer Evaluation stellen sich die Fragen nach der Wahl der Erfolgskriterien sowie des Versuchsdesigns und abschließend die Frage nach den Methoden der Datenauswertung.

6.2.1 Kriterien

Wie in Abbildung 15 in Kapitel 5 dargestellt wurde, richtet sich die Wahl der Evaluationskriterien an der Bedarfsanalyse und den daraufhin formulierten Zielen aus. Die Ziele legen fest, welche Qualifikationen im Rahmen der Intervention erworben werden sollen. In der Evaluation müssen nun Kriterien gefunden werden, anhand derer man entscheiden kann, ob bzw. in welchem Umfang dies gelungen ist.

Prinzipiell steht hierfür eine Vielzahl sehr unterschiedlicher Kriterien zur Verfügung. Eine nützliche Systematisierung dieser Vielfalt, auf die häufig zurückgegriffen wird, stammt von Kirkpatrick (1959, 1960). Er unterscheidet vier Klassen *(Ebenen)*, die er mit Reaktions-, Lern-, Verhaltens- und Ergebniskriterien bezeichnet.

Vier Erfolgskriterien nach Kirkpatrick

Reaktionskriterien: Diese erfassen, wie die Teilnehmer die Intervention bewerten. Die subjektiven Bewertungen werden meist unmittelbar nach Abschluss der Intervention mittels eines Fragebogens erhoben, in dem nach der Zufriedenheit mit den Inhalten, den Arbeitsmaterialien, den Rahmenbedingungen, dem Trainer oder dem Ausmaß des Gelernten und dessen Nutzen gefragt wird. Möglich ist auch, Vorschläge zur Verbesserung zu erheben.

Lernkriterien: In den Lernkriterien wird erfasst, ob die in den Zielen benannten Qualifikationen auch erworben wurden. Je nach Kontext können diese Wissen, Verhalten, Einstellungen etc. beinhalten. Häufig werden Lernkriterien vor und nach der Intervention erfasst, um nachzuweisen, dass ein entsprechender Qualifikationszuwachs stattgefunden hat. Die dabei verwendeten Methoden hängen davon ab, welcher Art diese Qualifikationen sind. Geht es etwa um den Erwerb von Wissen, so können entsprechende Wissenstests durchgeführt werden. Sollen bestimmte soziale Verhaltensweisen (z. B. das Führen von schwierigen Leistungsbeurteilungsgesprächen) oder motorische Fertigkeiten (z. B. das Schweißen einer Naht) erworben werden, so können Arbeitsproben eingesetzt werden, in denen die Teilnehmer eine bestimmte Aufgabe ausführen müssen und dabei durch geschulte Beobachter bewertet werden (vgl. Kapitel 3.5). Veränderungen in Einstellungen (z. B. gegenüber sicherheitsrelevantem Verhalten) können per Fragebogen erfassen werden. Während die Reaktions- und Lernkriterien im Rahmen der Intervention (also vor, während oder unmittelbar danach) erhoben werden, beziehen sich die beiden folgenden Kriterien auf den Transfer.

Verhaltenskriterien: In den Verhaltenskriterien spiegelt sich wider, ob sich das Gelernte in entsprechend verändertem Verhalten der Teilnehmer am Arbeitsplatz niederschlägt. Dies lässt sich beispielsweise durch die Befragung von Kollegen, Vorgesetzten oder Kunden erheben.

Ergebniskriterien: Diese erfassen, inwieweit durch die Intervention für die Organisation relevante Resultate erzielt werden konnten. Dabei werden vor allem solche erfasst, die objektiv messbar sind, wie z. B. die Reduktion von Kosten, Fehlzeiten oder Unfällen oder die Steigerung des Umsatzes, der Qualität, der Laufzeit der Maschinen etc.

Ebenen sollen eine Hierarchie bilden

Kirkpatrick ging davon aus, dass die vier Ebenen eine Hierarchie bilden, in der positive Ergebnisse in den Kriterien einer Ebene notwendig sind, damit sich auch positive Resultate in den „höheren" Ebenen einstellen. Insbesondere in den beiden ersten Ebenen scheint dies nicht notwendig so zu sein: So kann auch in einem Training etwas gelernt worden sein, obwohl die Teilnehmer mit Aspekten der Maßnahme unzufrieden waren (z. B. weil das Training sehr anstrengend war).

Betrachtung multipler Kriterien zur Evaluation

Die Typologie der Kriterien von Kirkpatrick (zu alternativen Unterscheidungen vgl. Kraiger, 2002) ist pragmatisch nützlich, weil sie hervorhebt, dass man verschiedene *(multiple)* Kriterien, möglichst auf den verschiedenen Ebenen, zur Evaluation heranziehen sollte. Empirisch zeigt sich, dass Kriterien aus verschiedenen Ebenen nicht hoch miteinander korrelieren ($.02 \leq r \leq .26$ in einer Metaanalyse der Zusammenhänge der ersten drei Ebenen von Alliger, Tannenbaum, Bennett, Traver & Shotland, 1997). Unterschiedliche Kriterien liefern also jeweils spezifische Informationen und sind keineswegs so redundant, dass man beispielsweise aus positiv bewerteten Reaktionskriterien auf einen positiven Transfer schließen kann. Die gängige Praxis in Unternehmen, sich auf die Erhebung der Zufriedenheit mit der Maßnahme („happy sheets") zu beschränken, führt so fast immer zu einer *defizienten* Erfassung des Erfolgs, d. h. relevante Wirkungen der Intervention werden nicht erfasst.

Umgekehrt können Kriterien auch *kontaminiert* sein (zur ausführlicheren Darstellung der Begriffe „Kontamination" und „Defizienz" vgl. Kapitel 8.3), wenn sie nicht nur durch die Intervention beeinflusst werden, sondern zusätzlich von weiteren Einflussgrößen abhängen. Kontamination ist insbesondere auch bei Ergebniskriterien ein Problem. So kann etwa ein mangelnder Anstieg der verkauften Objekte durch Immobilienmakler nach einer vorangegangenen Verkaufsschulung möglicherweise seine Ursache nicht in einem unwirksamen Training haben sondern beispielsweise auch darauf zurückzuführen sein, dass die Immobilien des Unternehmens nicht attraktiv sind oder die Kunden wenig kaufen, weil gerade eine Rezession droht.

Kontamination und Defizienz

6.2.2 Design

Zur Erhebung der Kriterien stehen eine Reihe von Untersuchungsplänen *(Designs)* und den damit verbundenen Techniken zur Kontrolle von Störeinflüssen zur Verfügung. Je besser Störeinflüsse kontrolliert werden, desto eher lassen sich Veränderungen in den Kriterien auch (kausal) auf die Intervention zurückführen *(interne Validität)*. Ebenso wichtig ist, dass die Ergebnisse über die konkrete Untersuchung hinaus auf andere Situationen, Zeitpunkte und Teilnehmer generalisiert werden können *(externe Validität)*.

Bei jeder Evaluation ist ein geeignetes Untersuchungsdesign auszuwählen

Abbildung 20 zeigt einen experimentellen Versuchsplan, der für viele Evaluationszwecke gut geeignet ist *(Prätest-Posttest-Kontrollgruppendesign)*. Hier werden die Teilnehmer per Zufall der Experimental- und Kontrollgruppe zugewiesen *(Randomisierung)* und die

Experimentelles Prätest-Posttest-Kontrollgruppendesign

Kriterien in beiden Gruppen vor (T_1) und nach (T_2) der Intervention erhoben. In der Experimentalgruppe wird die Personalentwicklungsmaßnahme (das *Treatment*) durchgeführt, in der Kontrollgruppe kann zeitlich parallel gar nicht interveniert werden oder auch eine andere (z. B. die vorherige oder eine sehr kostengünstige, vermeintlich schwache) Maßnahme durchgeführt werden.

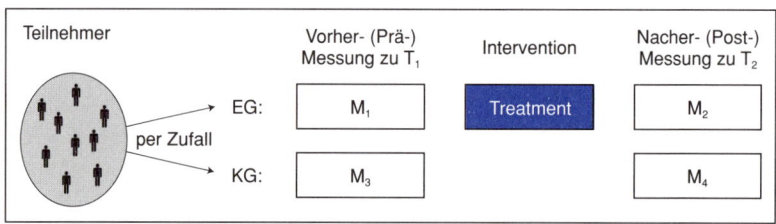

Abbildung 20: Experimentelles Prätest-Posttest-Kontrollgruppendesign mit vier Kriteriums-Messungen M (EG: Experimentalgruppe und KG: Kontrollgruppe)

Häufig kann dieses Design aber nicht realisiert werden. Besteht ein Unternehmen etwa darauf, dass aus organisatorischen Gründen jeweils immer alle Mitarbeiter einer Abteilung die Maßnahme durchlaufen, so ist eine Randomisierung der Teilnehmer nicht möglich.

Quasi-experimentelles Design

Bei den dann verwendeten *quasi-experimentellen Designs* besteht die Gefahr, dass sich die Experimental- und Kontrollgruppe nicht nur im Treatment, sondern auch in weiteren (unbekannten) Variablen unterscheiden, die ebenfalls für die beobachteten Effekte verantwortlich sein können. Wird keine Prä-Messung erhoben, so weiß man nicht, in welchem Umfang die Qualifikationen bereits vor der Maßnahme existierten und entsprechend auch nicht, ob sich Experimental- und Kontrollgruppe bereits vor der Intervention unterschieden haben. Häufiger ist auch die Erhebung einer Kontrollgruppe nicht möglich, weil etwa die wenigen Teilnehmer, die für die Maßnahme in Frage kommen, gemeinsam an der Intervention teilnehmen sollen. Dann ist beispielsweise nicht auszuschließen, dass andere zwischen T_1 und T_2 stattfindenden Ereignisse die Intervention überlagern (besonders bei Interventionen, die über einen längeren Zeitraum andauern) und die Effekte dann nicht mehr eindeutig auf das Treatment zurückgeführt werden können. Auch Retest-Effekte (z. B. Leistungssteigerung durch wiederholte Messung) oder das Auftreten eines *Hawthorne*-Effektes (d. h. eine unspezifische positive Wirkung, die unabhängig vom Inhalt der Maßnahme dadurch zustande kommt, dass den Teilnehmer Aufmerksamkeit geschenkt wird) können bei einer fehlenden Kontrollgruppe nicht ausgeschlossen werden.

Die Wahl eines Designs muss immer an die spezifischen Gegebenheiten angepasst werden und ist in der Regel ein Kompromiss zwischen einer hohen experimentellen Validität und dem unter den entsprechenden Gegebenheiten Machbaren. Dabei können auch ganz andere Untersuchungspläne als die erörterten in Frage kommen, darunter eine Vielzahl quasi-experimenteller Designs, die z. B. viel mehr Messzeitpunkte beinhalten (vgl. Shadish, Cook & Campbell, 2002). Ein Beispiel für ein solches Zeitreihen-Design mit einer größeren Zahl von Messungen findet sich im Kapitel 8.7.2 (vgl. dort Abb. 37).

6.2.3 Auswertung

Die Wahl der adäquaten Auswertungsmethodik hängt unter anderem vom gewählten Design und dem Skalenniveau der Kriterien ab.

Bei einem intervallskalierten Kriterium als abhängige Variable (und dem Vorliegen der entsprechenden statistischen Voraussetzungen wie z. B. Homoskedastizität) wird man beispielsweise für das Prätest-Posttest-Kontrollgruppendesign aus Abbildung 20 eine zweifaktorielle Varianzanalyse mit Messwiederholung auf einem Faktor einsetzen. Abbildung 21 zeigt, welches Muster hier idealtypisch resultieren könnte: Experimental- und Kontrollgruppe unterscheiden sich vor der Intervention nicht; nur die Experimentalgruppe zeigt dann nach der Intervention einen Anstieg in dem Erfolgskriterium. Eine wirksame Intervention äußert sich entsprechend in einer statistisch signifikanten Wechselwirkung.

Varianzanalytische Auswertung

Je nach Design kommen andere varianzanalytische oder gänzlich andere Verfahren zum Einsatz (Goldstein & Ford, 2002). Werden wie empfohlen multiple Erfolgskriterien erhoben, so sind auch multivariate Verfahren sinnvoll.

Bei der Bewertung der Ergebnisse einer Intervention ist nicht nur die Frage der statistischen Signifikanz von Bedeutung. Da bei zunehmender Stichprobengröße immer kleinere Effekte statistisch signifikant werden können, ist es wichtig, zu bestimmen, wie groß der Effekt ist. Dazu werden Maße der *Effektstärke* bestimmt, z. B. Cohens

Effektstärke vs. statistische Signifikanz

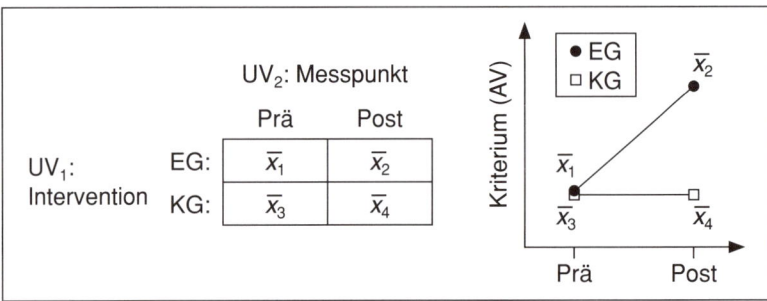

Abbildung 21: Schematische Darstellung eines Ergebnismusters im Prätest-Posttest-Kontrollgruppendesign

d als standardisierte Mittelwertsdifferenz zwischen den Mittelwer-
ten der Experimental- und Kontrollgruppe

$$d = \frac{\overline{x}_{EG} - \overline{x}_{KG}}{s}.$$

In obigem Prätest-Posttest-Kontrollgruppendesign kann z. B. $\overline{x}_2 - \overline{x}_4$
als Mittelwertsdifferenz und die Standardabweichung der Kontroll-
gruppe als s im Nenner gesetzt werden. Ein d-Wert von 0.7 bedeutet
also, dass die Experimentalgruppe durchschnittlich 0.7 Standardabweichungen über der Kontrollgruppe liegt. Ist das hoch?

Bewertung von Cohens _d_

Als grobe Daumenregel klassifiziert Cohen (1988) Effektstärken _d_
um 0.2 als klein, um 0.5 als mittel und 0.8 als groß. Eine häufig
aussagekräftigere, inhaltlich begründete Einordnung der Stärke
des Effektes ergibt sich durch den Vergleich mit den _d_-Werten
alternativer Interventionen. Auf dieser Basis lässt sich entscheiden, welche Intervention zur Erreichung eines bestimmten Zieles
relativ die beste ist.

Bewertung
der Korrelation _r_

Alternativ zu d wird auch die Produkt-Moment Korrelation r als
Effektstärkemaß herangezogen. (Beide Maße können auch ineinan-
der umgerechnet werden.) So kann r z. B. im Prätest-Posttest-Kont-
rollgruppendesign als Korrelation zwischen der Zugehörigkeit zur
Experimental- bzw. Kontrollgruppe (codiert mit 0 und 1) und dem
Erfolgsmaß bestimmt werden. Als grobe Orientierung klassifiziert
Cohen r-Werte von 0.1 als kleinen, 0.3 als mittelgroßen und 0.5 als
großen Effekt.

Eine weitere entscheidende Frage bei der Signifikanzprüfung ist, ob die Wahrscheinlichkeit, einen vorhandenen Effekt einer Intervention tatsächlich auch aufdecken zu können (die *Power*) groß genug ist. Die Power hängt dabei von einer Reihe von Einflussgrößen ab, darunter von der Stichprobengröße und der Stärke des Effektes. Besonders bei geringen zu erwartenden Effekten und kleinen Stichprobenumfängen kann es gehäuft zum fehlerhaften statistischen Schluss kommen, dass kein Effekt der Intervention existiert.

Häufig ist die Power klein

Will man noch weitergehend den *finanziellen Nutzen*, den eine Intervention für eine Organisation hat, bestimmen, so spielen neben der Stärke des Effektes weitere Einflussgrößen eine Rolle.

Schätzung des finanziellen Nutzens einer Maßnahme

Der finanzielle Nutzen wird mit der Zahl der Mitarbeiter N, die die Maßnahme durchlaufen (und die damit verbesserte Qualifikationen aufweisen), wie auch mit der Dauer t in Jahren, mit der der Effekt konstant wirksam ist, proportional größer. Der Nutzen der Durchführung einer Intervention, U (für Utility, relativ zur Kontrollgruppe, gemessen z. B. in Euro), lässt sich bestimmen als

$$U = t \cdot N \cdot d \cdot SD_y - N \cdot C.$$

Man erkennt, dass das den Nutzen bestimmende Produkt $t \cdot N \cdot d$ noch mit einer Größe SD_y multipliziert werden muss und anschließend die Kosten der Intervention ($C =$ Kosten pro Teilnehmer) subtrahiert werden. SD_y bezeichnet die Standardabweichung der Leistung der Teilnehmer der KG, ausgedrückt in Euro. Diese nicht leicht zu bestimmende Größe wird häufig über Expertenurteile abgeschätzt. Nähere Informationen zur Bestimmung von SD_y und ein Beispiel für eine Nutzenberechnung findet sich beispielsweise in Cascio und Aguinis (2005).

6.3 Wirksamkeit

Zur Frage, wie wirksam Personalentwicklungsmaßnahmen sind, existieren eine Vielzahl von Studien. Statt die Ergebnisse dieser Einzelstudien zu betrachten, erhält man eine zuverlässigere Abschätzung der Effekte, wenn man sich die Ergebnisse von *Metaanalysen* anschaut, in denen die Ergebnisse über relevante Studien aggregiert

Metaanalysen

werden. Über diese aggregierten Effektstärken erhält man aus Metaanalysen häufig auch Ergebnisse zu der Frage, unter welchen Bedingungen die Effekte stärker bzw. schwächer ausfallen *(Moderatoren)*.

Die vorliegenden Metaanalysen unterscheiden sich darin, welche
Interventionen sie untersuchen und wie breit ihr Fokus ist, d. h. welche Studien sie in eine Kategorie zusammenfassen.

Metaanalyse von Guzzo, Jette und Katzell

Einen sehr breiten Fokus hat die Metaanalyse von Guzzo, Jette und
Katzell (1985). Insgesamt wurden dort die Ergebnisse von 98 Feldex-
perimenten einbezogen, deren Interventionen in die in Abbildung 22
dargestellten Kategorien eingeteilt wurden. Man sieht, dass die Kategorien breit gewählt wurden; z. B. wurden alle Trainings in einer Kategorie zusammengefasst, ohne näher nach der Art des Trainings zu
unterteilen. Alle Interventionen bis auf die materiellen Anreizsysteme
zeigen durchschnittliche Effekte, die statistisch signifikant von Null
verschieden sind (erkennbar daran, dass das eingezeichnete 95 %-Kon-
fidenzintervall die 0 nicht einschließt). Über alle Interventionen hinweg liegen die Interventionsgruppen fast eine beachtliche halbe Standardabweichung über der Kontrollgruppe ($d = .44$). Trainings mit
einer aggregierten Effektstärke von $d = .78$ zeigen dabei von allen Interventionen den stärksten Effekt.

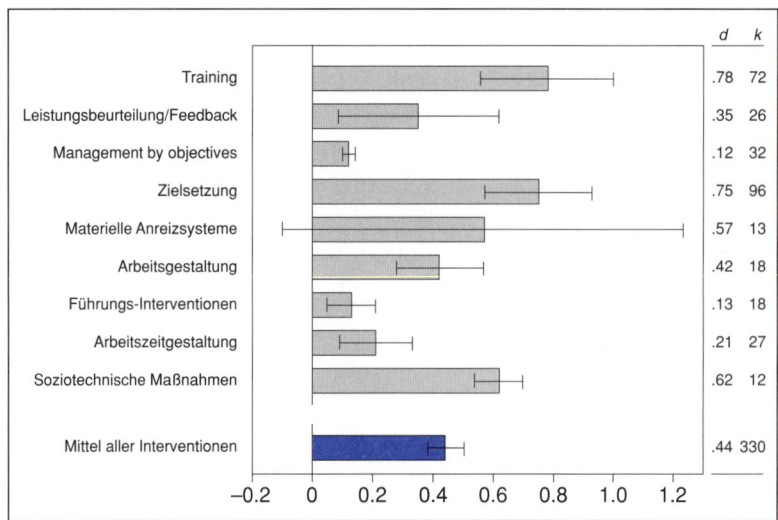

Abbildung 22: Ergebnisse der Metaanalyse von Guzzo, Jette und Katzell
(1985). Mittlere Effektstärken (Balken, *d*) mit 95 %-Kon-
fidenzintervall und die Zahl der darin aggregierten Effekte
(*k*) für neun Interventions-Kategorien.

Andere Metaanalysen beschäftigen sich mit stärker eingegrenzten Interventionen. Für die oben dargestellten Interventionen sollen einige Ergebnisse aus solchen Metaanalysen im Folgenden dargestellt werden.

Wirksamkeit spezifischerer Interventionen

In einer Metaanalyse konnten Arthur, Bennett, Edens und Bell (2003) zeigen, dass sich Frontalunterricht trotz seines teilweise schlechten Rufes positiv auf das Lernen auswirkt ($d = .45$ bei reinen Vorträgen und $d = .50$, wenn diese mit Diskussionen kombiniert waren).

In verschiedenen Metaanalysen konnte die Wirksamkeit der Verhaltensmodellierung belegt werden. In der Metaanalyse von Taylor, Russ-Eft und Chan (2005) zeigen sich starke Effekte in den Lernkriterien in der Größenordnung von einer Standardabweichung ($d = 1.05$ für deklaratives und $d = 1.07$ für prozedurales Wissen) und schwächere für Verhaltenskriterien ($d = .25$). Die Effekte fielen in den Lernkriterien größer aus, wenn länger trainiert wurde und damit auch mehr Möglichkeiten zur Übung existierten und wenn Lernpunkte in der Form von „rule codes" eingesetzt wurden. Transferförderlich zeigten sich stärkere Effekt in den Verhaltenskriterien, wenn sowohl positive als auch negative Modelle gezeigt wurden, wenn bei der Übung die Beispiele von den Teilnehmern generiert wurden, wenn die Teilnehmer instruiert wurden, sich Ziele zu setzen, und im Bezug auf das Arbeitsumfeld die Vorgesetzten ebenfalls das Training durchlaufen hatten und das Zeigen des Verhaltens am Arbeitsplatz positiv durch den Vorgesetzten sanktioniert wurde. Dabei blieben die Transfereffekte auch über die Zeit stabil.

Unterschiede in den Effektstärken je nach verwendeten Kriterien

Dass Mentoring zu positiven Effekten führt, belegt eine Metaanalyse von Allen, Eby, Poteet, Lentz und Lima (2004). Darin zeigt sich, dass Mitarbeiter mit einem Mentor subjektiv zufriedener mit ihrer Karriere ($r = .21$) und ihrer Arbeit insgesamt sind ($r = .18$) und eher glauben, dass ein Aufstieg wahrscheinlich ist ($r = .26$). Tatsächlich steigen Protégés auch schneller auf ($r = .31$) und verdienen mehr ($r = .12$) als Mitarbeiter ohne einen Mentor.

Angesichts dieser positiven Konsequenzen von Mentoring ist untersucht worden, ob Frauen den gleichen Zugang zu Mentorenbeziehungen haben und dabei auch die gleiche Förderung erfahren wie Männer. O'Brien, Biga, Kessler und Allen (2010) konnten in einer weiteren Metaanalyse zeigen, dass dies der Fall ist. Männer und Frauen haben gleich häufig Mentoren und berichten über das gleiche

Vom Mentoring profitieren Frauen wie Männer

Ausmaß an Unterstützung durch das Mentoring. Als einziger Geschlechtsunterschied zeigte sich, dass Frauen eine stärkere psychosoziale Unterstützung im Mentoring berichteten.

Taylor, Russ-Eft und Taylor (2009) untersuchten die Wirksamkeit von Managementtrainings im Hinblick auf den Transfer. Sie betrachteten dabei lediglich Verhaltenskriterien und führten ihre Analysen getrennt für verschiedene Beurteilungsquellen durch. Dabei zeigten sich deutliche Unterschiede, je nachdem wer das Verhalten beurteilt hatte. Die stärksten Effekte zeigten sich in den Selbsteinschätzungen des Trainingserfolgs ($d=.61$), gefolgt von Vorgesetztenurteilen ($d=.51$), Kollegenurteilen ($d=.25$) und Urteilen von unterstellten Mitarbeitern ($d=.12$). Zudem konnten die Autoren zeigen, dass die Effekte stärker ausfielen, wenn die Trainingsinhalte basierend auf einer Bedarfsanalyse festgelegt wurden und wenn das Training den Führungskräften die Möglichkeit für aktives Einüben neuer Skills bot.

Wirksamkeit von Team-Trainings

In einer Metaanalyse konnten Salas et al. (2008) für Team-Trainings zeigen, dass sowohl Taskwork- ($r=.35$) als auch Teamwork-Interventionen ($r=.38$) erfolgreich sind. Stärkere Effekte auf die Leistung resultierten dann, wenn die Teams größer waren (mindestens fünf Teilnehmer) und wenn bereits bestehende Teams trainiert wurden. Dies gilt aber nicht für alle Interventionen in diesem Kontext. Für Sensitivitätstrainings zeigt sich beispielsweise, dass die Unterschiede in den Effekten zwischen Studien so groß sind, dass keine verlässliche Vorhersage des Erfolgs möglich ist (Burke & Day, 1986).

Unternehmen, die in Training investieren, sind produktiver

Interessant ist die weitergehende Frage, ob sich Personalentwicklungsinterventionen auch positiv auf die gesamte Organisation auswirken. Damit dies der Fall ist, müssten sich positive Transfereffekte über möglichst viele Trainierte kumulieren und auch in ihrer Kombination ergänzen (auch als *vertikaler* Transfer bezeichnet und vom bisher behandelten individuellen *horizontalen* Transfer abgegrenzt). Eine Literaturübersicht von Tharenou, Saks und Moore (2007) zeigt, dass Unternehmen, die mehr in Training investieren, auch tatsächlich produktiver sind als andere (gemessen über Indizes wie beispielsweise die unternehmensweite Kündigungsrate, Fehlzeitenrate, Produktivität oder Qualität). Diese Effekte schlagen aber nur sehr schwach auch auf finanzielle Ergebnisse durch (z. B. Profit, Kapitalrendite), die offensichtlich stärker von anderen Einflussgrößen abhängig sind.

Zusammenfassung

Die möglichen Maßnahmen im Rahmen der Personalentwicklung sind äußerst vielfältig und reichen von einzelnen Techniken (z. B. Simulationen) bis zu umfassenden Interventionen (z. B. Mentoring). Um nachzuweisen, dass eine Intervention ihre Ziele auch erreicht hat bzw. wie man sie optimieren kann, muss man sie evaluieren. Dabei sind zunächst Erfolgskriterien festzulegen und dann ein geeignetes Untersuchungsdesign auszuwählen, mit dem diese Kriterien erfasst werden können. Die allgemeine Wirksamkeit ist für viele der dargestellten Maßnahmen inzwischen auch durch Metaanalysen gestützt.

Weiterführende Literatur

Cascio, W. F. & Aguinis, H. (2005). *Applied psychology in human resource management* (6th ed.). Upper Saddle River, NJ: Pearson.

Goldstein, I. L. & Ford, J. K. (2002). *Training in organizations: Need assessment, development, and evaluation* (4th ed.). Belmont, CA: Wadsworth.

Schuler, H. (2006). *Lehrbuch der Personalpsychologie* (2. Aufl.). Göttingen: Hogrefe.

Fragen

1. Worin liegen Vor- und Nachteile von computergestützten Trainings?
2. Was haben Coaching und Mentoring gemeinsam und was unterscheidet sie?
3. Welche Qualifikationen sind für Führungskräfte wichtig und durch welche Personalentwicklungsmaßnahmen können diese gefördert werden?
4. Aufgrund hoher Unfallzahlen hat ein Taxiunternehmen seine Fahrer einem Fahrsicherheitstraining unterzogen. Was wären – entlang der Typologie von Kirkpatrick – mögliche Kriterien zur Evaluation des Erfolgs dieser Intervention?
5. Welche Konsequenzen hat es, wenn man eine Evaluationsstudie mit einer sehr kleinen Stichprobe durchführt?

Lösungshinweise finden Sie unter
www.hogrefe.de/buecher/lehrbuecher/psychlehrbuchplus.

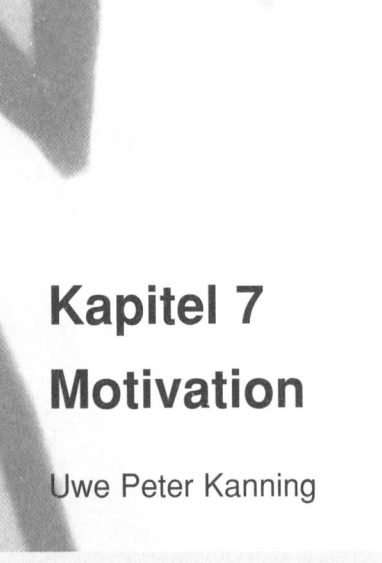

Kapitel 7
Motivation

Uwe Peter Kanning

Inhaltsübersicht

„Tanken Sie grenzenlose Energie für den Rest Ihres Lebens!" „Verwandeln Sie Angst in Mut!" „Verdoppeln Sie Ihren Umsatz in nur sechs Monaten!" „Armut kommt von arm im Mut!" „Geben Sie alles und dann noch 10 %!" „Werden Sie der freie Schöpfer Ihrer Welt, der freie Unternehmer Ihres Lebens!" „Du schaffst, was Du willst! Alles ist möglich!"

Dies sind nur einige wenige Sprüche, mit denen unseriöse Motivationsgurus durch die Lande tingeln, um leichtgläubigen Privatpersonen und Firmenvertretern das Geld aus der Tasche ziehen. Mit seichten Ratgeberbüchlein, CDs zur Autosuggestion und maßlos überteuerten Seminaren vermitteln sie die Mär von der unendlichen Kraft der Motivation, die ein jeder in sich entfesseln kann und die ihn in kürzester Zeit zu Ruhm und Reichtum verhelfen soll. Da lässt man schon einmal gern Manager über glühende Kohlen laufen oder schwört Außendienstmitarbeiter mit Kampfschreien des Modells „Tsjakkaa!" auf das bevorstehende Gefecht mit dem Kunden ein (im Überblick Kanning, 2007). Für viele Menschen sind derlei Praktiken zu einem Inbegriff der Motivierungstechnik geworden und nicht selten werden Psychologen in der Praxis mit entsprechenden Erwartungen konfrontiert. Im folgenden Kapitel werden wir sehen, dass all dies mit den Erkenntnissen und Methoden der Psychologie rein gar nichts zu tun hat. Die Erkenntnisse der Psychologie stehen meist sogar im Widerspruch zu den Predigten der selbsternannten Motivationsexperten. In einem ersten Schritt gehen wir zunächst auf grundlegende Begriffe der Motivationsforschung ein und verdeutlichen, dass Motivation im Arbeitsleben in einem komplexen Wechselspiel zwischen Individuum und Umwelt entsteht. In den sich anschließenden Kapiteln werden klassische Ansätze und Methoden referiert, ehe wir abschließend der Frage nachgehen, welche Schlussfolgerungen sich hieraus für die Praxis der Motivierung von Menschen im Arbeitsleben ableiten lassen.

7.1 Grundlegende Begriffe und Zusammenhänge

Die Grundlage eines motivierten Verhaltens am Arbeitsplatz bilden die *Motive* der Mitarbeiter (vgl. Heckhausen, 1989; Nerdinger, 2003).

Begriffsklärung: Motive

Motive drücken aus, was einem Menschen wertvoll erscheint. Sie sagen etwas darüber aus, welchen Zustand ein Mensch erreichen möchte und können von sehr unterschiedlicher Natur sein. Sie beziehen sich ebenso auf materielle Dinge (z. B. Geld, Größe eines Büros oder eines Dienstwagens) wie auf Immaterielles (soziale Anerkennung, Karrierechancen, Entscheidungsspielräume etc.).

Mitarbeiter unterscheiden sich dahingehend, wie stark bestimmte Motive bei ihnen ausgeprägt sind. Während für Person A das Geld von zentraler Bedeutung ist und sie für ein höheres Einkommen bereit wäre, an immer neuen Produktionsstandorten im In- und Ausland eingesetzt zu werden, verhält es sich bei Person B ganz anders. Ihr kommt es vor allem darauf an, dass sie einen fest geregelten Arbeitsalltag hat, der möglichst wenig Veränderungen mit sich bringt.

Die Ursprünge der Motive liegen zum einen in der genetischen Ausstattung des Menschen, zum anderen in seinen Lernerfahrungen, die er im Laufe der individuellen Sozialisation machen konnte. Biologisch determinierte Motive, wie etwa das Streben nach physischer Erholung, Schlaf, Nahrungsaufnahme oder Sexualität werden häufig als *Bedürfnisse* bezeichnet. Während man den Bedürfnissen einen universellen Charakter zuschreibt, sind erworbene Motive in starkem Maße kulturell geprägt. So könnte man z. B. mit Hofstede (1980) erwarten, dass Menschen, die in Südeuropa sozialisiert wurden, im Durchschnitt sehr viel mehr Wert darauf legen, Zeit mit der eigenen Familie zu verbringen als Menschen aus Nordamerika. Da aber auch innerhalb einer Kultur bedingt durch Erfahrungen in Elternhaus, Schule, Freundeskreis etc. sehr große Unterschiede in der individuellen Sozialisierung zu erwarten sind, wird man auch hier auf sehr differenzierte Motivstrukturen treffen.

Damit Motive das Verhalten am Arbeitsplatz beeinflussen können, bedarf es eines Anreizes. Der *Anreiz* verdeutlicht den Mitarbeitern, dass ein Motiv durch eine bestimmte Arbeitsleistung befriedigt werden kann. Stellen wir uns zur Verdeutlichung einmal einen Außendienstmitarbeiter im Versicherungswesen vor, der primär daran interessiert ist, möglichst viel Geld zu verdienen. Ein solcher Mitarbeiter wird umso motivierter zur Tat schreiten, je deutlicher sich die Qualität und Quantität seiner Arbeitsleistung in seinem Gehalt niederschlägt. Das dominante Motiv „viel Geld verdienen" könnte das Unternehmen anregen, indem es klare Vereinbarungen darüber trifft, welche konkrete Leistung (z. B. Menge und Höhe der in einem Mo-

Anreize der Arbeitsumgebung können Motive aktivieren

nat abgeschlossenen Versicherungsverträge) eine bestimmte monetäre Belohnung nach sich zieht.

Hätte in unserem Beispielfall der Mitarbeiter ein sehr viel stärkeres Bedürfnis nach Autonomie, so müsste man dementsprechend andere Anreize setzen. Je mehr Leistung der Mitarbeiter zeigt, desto mehr Möglichkeiten sollte man ihm einräumen, seinen Arbeitsalltag z. B. in Bezug auf Arbeitszeiten und Arbeitsdauer nach seinen eigenen Vorstellungen zu gestalten. An dieser Stelle wird bereits deutlich, dass den Führungskräften mitunter enge Grenzen gesetzt sind, wenn es darum geht, Anreize so zu setzten, dass sie der individuellen Motivstruktur der einzelnen Mitarbeiter Rechnung tragen. Man kann nicht für jeden Mitarbeiter einer Arbeitsgruppe unterschiedliche Belohnungssysteme installieren und ebenso wenig kann man bei besonders eintönigen Arbeitsplätzen in der Produktion ein hohes Autonomiemotiv erfolgreich anregen. Da man aber nicht jeden Mitarbeiter mit den gleichen Anreizen anspricht, kommt der richtigen Personalauswahl und Platzierung der Menschen im Unternehmen auch im Hinblick auf die Arbeitsmotivation ein hoher Stellenwert zu (vgl. Kapitel 2).

Begriffsklärung: Motivation

Konnte ein Motiv erfolgreich angeregt werden, so entsteht *Motivation*. Motivation kann als innere Kraft zur Befriedigung von Motiven angesehen werden.

Der Mitarbeiter ist bestrebt, sein Handeln auf dasjenige Ziel hin auszurichten, von dem er sich eine Befriedigung seines Motivs verspricht. In Abhängigkeit davon, wie sehr das Motiv ausgeprägt ist und wie gut es angeregt werden konnte, wird eine unterschiedlich starke Motivation resultieren. Das Ausmaß der Motivation nimmt dabei Einfluss auf Richtung, Intensität und Ausdauer eines Arbeitsverhaltens. Alle drei Faktoren sind wichtige Determinanten der resultierenden Arbeitsleistung. Die Richtung ist entscheidend für die Frage, inwieweit sich der Mitarbeiter auf jene Handlungen konzentriert, die tatsächlich zu einer höheren Effektivität und Effizienz der Arbeit beiträgt (z. B. mehr Versicherungsverträge abschließen vs. Pausenzeiten ausdehnen). Die Intensität drückt aus, mit welcher Anstrengung er sich dieser Arbeitsaufgabe in einem bestimmten Moment widmet. Im Falle des Außendienstmitarbeiters wäre zu sehen, ob er einen Kunden engagiert und mit vielen Argumenten von der besonderen Qualität der Versicherungen zu überzeugen versucht. Die Ausdauer bezieht sich schließlich auf die Beharrlichkeit, mit der er auch dann noch aktiv bleibt, wenn das Ziel nicht schnell und ohne Hindernisse zu erreichen ist, also man den Kunden z. B. mehrfach aufsuchen muss.

Gelingt es der Führungskraft, die Motive der Mitarbeiter entsprechend so anzuregen, dass Motivation entsteht und diese Motivation auf die richtigen Handlungsziele auszurichten, spricht man von *Motivierung*. Die Motivierung der Mitarbeiter ist eine zentrale Aufgabe der Mitarbeiterführung (vgl. Kapitel 10).

Motivierung als zentrale Führungsaufgabe

Die resultierende *Arbeitsleistung* ist niemals nur Ausdruck der Motivation eines Menschen (vgl. Kapitel 8). Die stärkste Motivation nutzt wenig, wenn die Arbeitsbedingungen ungünstig oder die notwendigen Kompetenzen zur Realisierung einer hohen Leistung nicht vorhanden sind. So setzt in der Produktion z. B. die Qualität der Maschinen, der Leistung des einzelnen Arbeiters enge Grenzen und auch wer noch so motiviert ist, ein erstklassiger Außendienstmitarbeiter zu werden, wird nicht erfolgreich sein, sofern seine sozialen Kompetenzen nur sehr gering ausgeprägt sind.

Arbeitsleistung als Ergebnis motivierten Arbeitshandelns

Die Arbeitsleistung zieht eine *Belohnung* (in Form einer Reaktion des Arbeitgebers auf die Arbeitsleistung der Mitarbeiter) nach sich, die im günstigsten Falle zu der erwarteten Befriedigung des Motivs beiträgt. Das Ausmaß der Belohnung sollte die tatsächliche Leistung des Mitarbeiters reflektieren und kann je nach Motiv sehr unterschiedlich ausfallen. Dabei mag es sich beispielsweise um eine monetäre Belohnung handeln. Andere Belohungen bestehen darin, dass man mehr Anerkennung von Vorgesetzten und Kollegen erfährt, wichtigere Arbeitsaufgabe zugewiesen bekommt, in der Hierarchie aufsteigt oder seinen Arbeitsplatz dauerhaft sichert. Die Belohungen können mithin mehr oder weniger kurz bzw. langfristig erfolgen. Zudem kann sich der Mitarbeiter auch selbst belohnen, in dem er sich z. B. nach erfolgreicher Bewältigung einer anstrengenden Aufgabe eine umfangreichere Ruhezeit zugesteht, einen Wunsch erfüllt oder ganz einfach sich selbst lobt. Im günstigsten Fall stellt die Erfüllung seiner Aufgaben bereits eine Belohnung dar, wenn die betreffende Person aus einer intrinsischen Motivation heraus arbeitet. Dies wäre der Fall, wenn beispielsweise eine Journalistin Artikel schreibt, weil ihr das Schreiben Freude bereitet.

Belohnung

Wenn alles gut gelaufen ist, sollte am Ende des Prozesses beim Mitarbeiter *Zufriedenheit* resultieren. Allerdings zeigen die Ergebnisse

Zufriedenheit als Folge der Belohnung

der Gerechtigkeitsforschung, dass die bloße Belohnung allein nicht ausreicht, um das Ausmaß der Zufriedenheit erklären zu können. In aller Regel möchten die Mitarbeiter auch den Eindruck haben, dass es bei der Belohnung gerecht zuging. In Kapitel 7.5 gehen wir auf diesen wichtigen Sachverhalt ausführlicher ein.

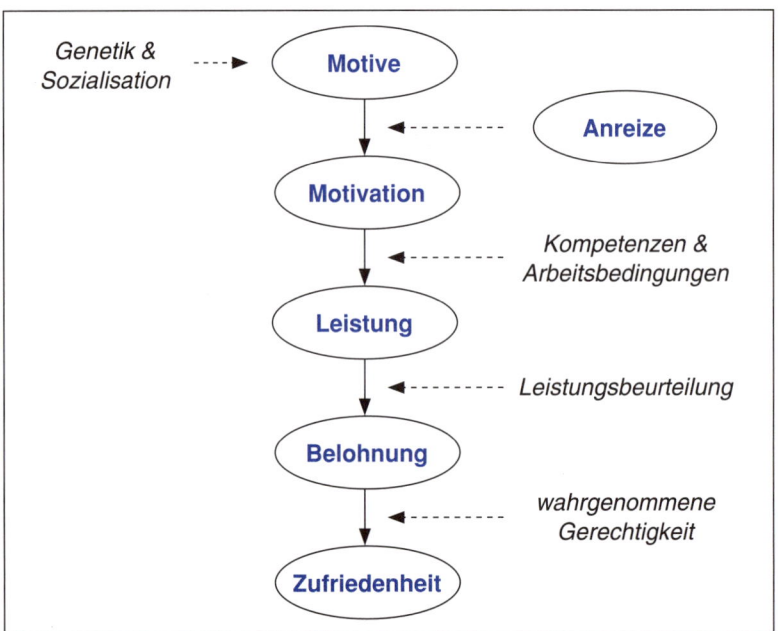

Abbildung 23: Prozess des motivierten Verhaltens im Arbeitsleben

Wir sehen, motiviertes Verhalten im Arbeitsleben ist in einen komplexen Prozess eingebunden, bei dem Individuum und Umwelt in einer bestimmten Weise zusammenwirken müssen, damit am Ende Leistung und Zufriedenheit resultieren (vgl. Abb. 23). Der soeben skizzierte Prozess stellt selbstredend eine Vereinfachung der Realität dar. Man denke nur einmal daran, dass die Mitarbeiter gleichzeitig mehrere Motive verfolgen können, von denen noch dazu einige auf eine kurzfristige, andere hingegen auf eine sehr langfristige Befriedigung ausgerichtet sind. Entsteht nur an einer Stelle im Prozess eine Störung, weil man beispielsweise ein Belohnungssystem etabliert hat, das den Motiven der Mitarbeiter nicht entspricht, oder das nicht als gerecht erlebt wird, können die Potenziale der Mitarbeitermotivierung nicht optimal genutzt werden. In den nachfolgenden Abschnitten werden wir uns mit einzelnen Schritten dieses Prozesses eingehender auseinandersetzen.

7.2 Motive

Den Motiven der Mitarbeiter kommt eine zentrale Rolle bei der Entstehung motivierten Verhaltens zu. Dementsprechend ist es auch wichtig, dass sich die Führungskräfte mit den Motiven ihrer Mitarbeiter auseinander setzen. In der Geschichte der Psychologie gab es zahlreiche Ansätze, die sich mit der Beschreibung und Ordnung grundlegender Motive beschäftigt haben.

7.2.1 Bedürfnishierarchie nach Maslow

Besondere Aufmerksamkeit wird bis auf den heutigen Tag der sogenannten *Bedürfnispyramide* nach Abraham Maslow (1943) zuteil. Maslow geht davon aus, dass es eine Reihe angeborener Bedürfnisse gibt, die bei allen Menschen in gleicher Weise wirken. Er unterscheidet fünf Gruppen derartiger Bedürfnisse, die zueinander in einer hierarchischen Beziehung stehen (vgl. Abb. 24).

Hierarchisch geordnete Grundbedürfnisse

Die Basis bilden die *physiologischen Bedürfnisse* (Nahrungsaufnahme, Schlaf, Sexualität). Werden sie nicht hinreichend befriedigt, treten sie in den Vordergrund und bestimmen das Verhalten des Menschen. Erst nach ihrer Befriedigung erreichen die Bedürfnisse der nächsten Hierarchiestufe das Zentrum der Aufmerksamkeit.

Nun strebt der Mensch vor allem nach *Sicherheit*. Übertragen auf das Arbeitsleben gibt er sich also nicht damit zufrieden, einen Arbeitplatz zu haben, der ihn selbst ernährt und den Bezug einer Wohnung ermöglicht, er möchte diesen Zustand auch dauerhaft absichern. Hierzu gehört ein unbefristeter Arbeitsplatz in einer krisensicheren Branche ebenso wie Arbeitsbedingungen, welche die eigene Gesundheit nicht gefährden. Kann auch dies hinreichend gewährleistet werden, steigt er bildlich gesprochen eine weitere Stufe in der Bedürfnispyramide auf.

Jetzt wird das Streben nach *Zugehörigkeit* dominant. Der Mitarbeiter möchte nicht isoliert arbeiten, sondern soziale Kontakte pflegen und sich in ein Team integrieren. Nach der Befriedigung dieser Bedürfnisse folgt auf der nächsthöheren Stufe das Streben nach *Achtung*. Der Mitarbeiter will nun auch Wertschätzung für seine Arbeit erfahren. Eine solche Wertschätzung wird beispielsweise dadurch dokumentiert, dass die Vorgesetzten ihn nach seiner Meinung fragen oder er als wichtiger Ratgeber bei Auszubildenden und jüngeren Kollegen gilt.

Defizitbedürfnisse

Bis zu diesem Punkt, der vierten Stufe in seinem Modell, spricht Maslow von „Defizitbedürfnissen". Das Motiv entsteht aus einem Mangel heraus (zu wenig Sicherheit, Integration, Wertschätzung etc.). Gleichzeitig wird aber auch eine Übererfüllung als unangenehm erlebt. Besonders leicht nachzuvollziehen ist dies bei den physiologischen Bedürfnissen: Man beendet das Essen, wenn man gesättigt ist oder steigt aus dem Bett, wenn man genügend Schlaf bekommen hat. Wer zu viel isst, fühlt sich unwohl und wer zu lange im Bett liegen bleibt, erlebt Langeweile. Analog stellt sich Maslow die Prozesse auf den Stufen zwei bis vier vor. Demnach würden die Mitarbeiter auch ein Zuviel an Sicherheit, sozialer Integration und Wertschätzung als unangenehm erleben. Angestrebt wird also eine optimale Bedürfnisbefriedigung, die dann gegeben ist, wenn ein Sollwert weder unter- noch überschritten wird (Prinzip der Homöostase).

Prinzip der Homöostase

Ganz anders sieht es auf der fünften Stufe der Pyramide aus. Das Streben nach *Selbstverwirklichung* ist nach Maslow ein Wachstumsbedürfnis, es kennt als solches keine Grenzen. Je mehr Selbstverwirklichungsmöglichkeiten ein Arbeitsplatz bietet, desto positiver wird er erlebt. Die Selbstverwirklichung besteht beispielsweise darin, dass der Mitarbeiter nicht ständig von Vorgesetzten überwacht wird, eigene Entscheidungsspielräume besitzt und auch neue Ideen ausprobieren kann.

Bewertung der Theorie von Maslow

Die Theorie von Maslow weist trotz ihrer großen Popularität eine Reihe grundlegender Probleme auf (vgl. Ambrose & Kulik, 1999). An erster Stelle ist die angenommene Universalität der Stufenabfolge zu nennen. Warum sollen Menschen ihre grundlegenden Bedürfnisse nicht auch in einer anderen Hierarchie ordnen können? Gibt es nicht Menschen, denen die Anerkennung anderer wichtiger ist als die soziale Integration? Verzichten Menschen, die in künstlerischen Berufen arbeiten, nicht sehr oft auf eine finanzielle Absicherung ihrer Existenz und bemühen sich dennoch um Selbstverwirklichung? Eine Universalität der Stufenabfolge kann kaum überzeugend begründet werden und lässt sich empirisch nicht belegen. Vielmehr spricht viel dafür, dass die verschiedenen Bedürfnisse parallel in persönlich unterschiedlichem Ausmaße bestehen. Ähnlich problematisch ist die Annahme des Homöostaseprinzips für die höheren Defi-

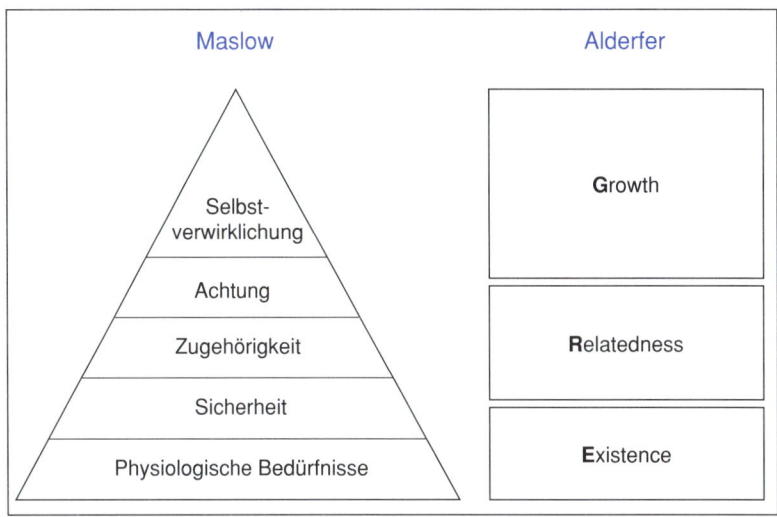

Abbildung 24: Bedürfnistheorien nach Maslow (links) und Alderfer (rechts)

zitbedürfnisse. Gibt es nicht z. B. viele Menschen, die nach immer mehr sozialer Anerkennung streben, sich also immer wieder an einen erreichten Zustand adaptieren und ihn nach kurzer Zeit nicht mehr als zufriedenstellend erleben?

7.2.2 ERG-Theorie nach Alderfer

Ausgehend von diesen Kritikpunkten entwickelt Alderfer (1972) die sogenannte *ERG-Theorie*, ein dreistufiges Modell, das in seiner Stufenabfolge wesentlich flexibler ist. Auf der untersten Stufe wirken die sogenannten Existenzbedürfnisse (E = Existence). Sie umfassen die physiologischen Bedürfnisse sowie Teile der Sicherheitsbedürfnisse nach Maslow (vgl. Abb. 24). Die Mitarbeiter möchten auf dieser Stufe die Grundlagen ihrer Existenz sichern. Dazu gehört neben einem hinreichenden Einkommen auch ein sicherer Arbeitsplatz. Es folgen die Beziehungsbedürfnisse (R = Relatedness). Die soziale Integration stellt nach Aldefer (1972) u. a. eine Quelle der eigenen Sicherheit sowie der Anerkennung durch andere Menschen dar. Kollegen und Freunde können in schwierigen Situationen Hilfe leisten und gleichzeitig das Gefühl der sozialen Akzeptanz vermitteln. Aus diesem Grund überschneidet sich die Stufe 2 in der ERG-Theorie mit den Stufen 2 bis 4 der Bedürfnispyramide. Die dritte und letzte Stufe bezieht sich auf das persönliche Wachstum des

Weiterentwicklung von Maslows Theorie

Menschen (G = Growth). Dabei geht es einerseits um die Verwirklichung eigener Ziele, andererseits aber um die Anerkennung der eigenen Leistungen durch Kollegen und Vorgesetzte.

Die eigentliche Innovation der ERG-Theorie besteht allerdings nicht in der Reduzierung der fünf Ebenen nach Maslow auf drei Stufen – dies könnte man durchaus auch als einen Rückschritt hin zu einer weniger differenzierten Abbildung der Realität werten – sondern in der Liberalisierung der Stufenabfolge. Alderfer (1972) postuliert, dass sich die Bedürfnisse wechselseitig kompensieren können. Die Befriedigung einer Bedürfnisstufe führt zwar zu einem Aufstieg in die nächsthöhere Gruppe, kommt es auf dieser Ebene jedoch nicht zu einer Befriedigung, so kann das Defizit auch durch eine Übererfüllung der Bedürfnisse der vorherigen Stufe erfolgen. Wer sich im Arbeitsleben nicht selbst verwirklichen kann, könnte dies also durch eine stärkere soziale Integration kompensieren. Die Kompensation ist jedoch nicht nur über eine niedrigere, sondern auch über eine höhere Stufe möglich. Demzufolge könnte man beispielsweise eine mangelnde soziale Integration durch mehr Selbstverwirklichung ausgleichen. Alles in allem wird durch diese Optionen die starre Stufenabfolge letztlich weitgehend aufgelöst, wodurch sich die reale Vielfalt des Lebens besser abbilden lässt.

Prinzip der Inhaltstheorien

Sowohl die Bedürfnispyramide als auch die ERG-Theorie sind Beispiele für sogenannte *Inhaltstheorien*. Sie benennen konkrete Motive, die einen Menschen antreiben und auch für das Arbeitsleben von Bedeutung sein können. Bislang ist es allerdings nicht gelungen, eine endliche Anzahl grundlegender Motive empirisch überzeugend abzusichern. Dabei hat man durchaus unterschiedliche Wege beschritten. Entweder man stellt sehr umfangreiche Motivkataloge auf, die aufgrund ihrer Komplexität schwer zu handhaben sind – z. B. Murray (1938), der nicht weniger als 23 Motive definiert – oder man abstrahiert so stark, dass – wie bei Maslow oder Alderfer – sehr unscharfe Motivgruppen entstehen, die wiederum viele nicht genau definierte Einzelmotive umfassen. Insgesamt betrachtet spielen die Inhaltstheorien in der zeitgenössischen Forschung nur noch eine sehr untergeordnete Rolle (Latham & Pinder, 2005). Gleichwohl kommt den Motiven in der Praxis der Mitarbeitermotivierung eine sehr wichtige Funktion zu. Auch wenn die Forschung letztlich keine ultimative Inhaltstheorie zur Verfügung stellen kann, kommt man in der Praxis nicht umhin, sich auch mit den konkreten Motiven der Mitarbeiter auseinanderzusetzen (vgl. Kapitel 7.6).

7.3 Valenz, Erwartung und Instrumentalität

Motivation entsteht, wenn vorhandene Motive durch äußere Anreize aktualisiert werden, Mitarbeiter also z. B. die Erwartung ausbilden, dass sie durch mehr Leistung ein höheres Einkommen erzielen können oder ein höheres Ansehen erwerben. Mehrere Motivationstheorien beschäftigen sich mit der Frage, wie derartige Erwartungen funktionieren und welche Bedingungen erfüllt sein müssen, damit Erwartungen tatsächlich zu einem leistungsbezogenen Verhalten führen. Es handelt sich dabei um sogenannte *Prozesstheorien*. Dies sind Ansätze, die sich mit den kognitiven Prozessen auseinandersetzen, die einer motivierten Handlung vorausgehen. Im Gegensatz zur Inhaltstheorien definieren sie keine konkreten Motive, die ein Mitarbeiter am Arbeitsplatz befriedigen möchte.

Prinzip der Prozesstheorien

Zu den prominentesten und gleichzeitig differenziertesten Theorien dieser Tradition gehört die *VIE-Theorie* von Victor Vroom (1964). Wie die Buchstaben im Namen der Theorie bereits vermuten lassen, sind bei Vroom drei Variablen von zentraler Bedeutung. Verdeutlichen wir uns ihre Funktion an einem einfachen Beispiel. Eine Verkäuferin in einem großen Einzelhandelsgeschäft steht vor der Frage, ob sie ein bestimmtes Verhalten, das von der Geschäftsleitung propagiert wird, in ihrem Arbeitsalltag integrieren soll. Es geht um den Umgang mit schwierigen Kunden. Bislang verhält sich die Mitarbeiterin eher abweisend oder doch zumindest distanziert. In Zukunft wird gewünscht, dass sie auch schwierigen Kunden aufmerksam und mit Freundlichkeit begegnet. Selbst wenn sie keine Verantwortung für ein Missgeschick hat, soll sie sich bei einem aufgebrachten, schimpfenden Kunden entschuldigen und aktiv an der Suche nach einer einvernehmlichen Lösung des Problems mitwirken. Die Ergebnisse, die aus einem solchen Verhalten erwachsen können, sind sehr vielgestaltig (vgl. Abb. 25).

Motivation als Ergebnis komplexer Bewertungsprozesse

Zunächst einmal werden aufgebrachte Kunden zufriedener das Geschäft verlassen. Ein entsprechend vorteilhaftes Verhalten wird zudem von den Vorgesetzten sehr positiv bewertet, wodurch sich für die Verkäuferin schon sehr bald die Möglichkeit zum beruflichen Aufstieg ergibt. Vielleicht führt das kundenfreundliche Verhalten auch dazu, dass die Kunden in Zukunft die fragliche Verkäuferin besonders häufig aufsuchen.

Im Hinblick auf jedes dieser drei potenziellen Ergebnisse des eigenen Verhaltens muss die Verkäuferin der Theorie zufolge eine *Erwar-*

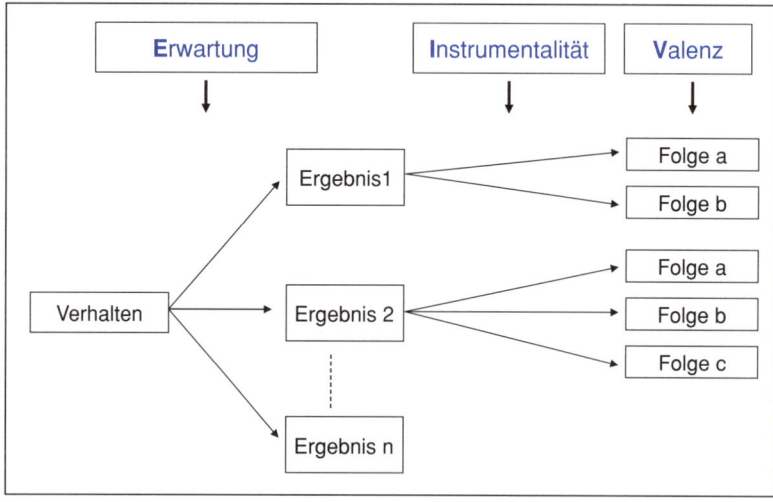

Abbildung 25: VIE-Theorie von Vroom (1964)

Erwartung *tung* (E) ausbilden. Die Erwartung bezieht sich auf die Frage, inwieweit sie es sich zutraut, durch ihr eigenes Verhalten ein entsprechendes Ergebnis tatsächlich erzielen zu können. Je stärker die Erwartung ausfällt, desto größer ist die Wahrscheinlichkeit, dass sie sich entsprechend anstrengt. Geringe Ergebniserwartungen können darauf zurückzuführen sein, dass entweder entsprechende Kompetenzen zur Umsetzung des Verhaltens tatsächlich nicht vorliegen oder aber es der Verkäuferin einfach nur an dem notwendigen Selbstvertrauen mangelt. Beide Motivationsprobleme lassen sich mit den Methoden der Personalentwicklung bearbeiten (vgl. Kapitel 5 und 6).

Die Ergebniserwartung allein reicht aber nicht aus, um ein motiviertes Verhalten erklären zu können. Aus jedem Ergebnis können sich mehrere Folgen ergeben. So mag die Zufriedenheit der Kunden z. B. die Kundenbindung erhöhen, wodurch mittelfristig auch der Arbeitsplatz der Verkäuferin gesichert wird. Eine mögliche Beförderung geht mit mehr Gehalt einher, bedeutet gleichzeitig aber auch einen Verlust an Freizeit. Eine größere Beliebtheit bei den Kunden kann überdies die Kollegen zu Neidreaktionen veranlassen. Wir sehen, nicht alle Folgen sind in gleicher Weise positiv zu bewerten.

Valenz Diesem Umstand wird bei Vroom durch die Variable V *(Valenz)* Rechnung getragen. Die Verkäuferin in unserem Beispiel muss jede potenzielle Folge dahingehend untersuchen, wie positiv sie ihr erscheint.

An dieser Stelle kommen indirekt die individuellen Motive des Menschen ins Spiel, auch wenn sie in der Theorie nicht direkt angesprochen werden. Die Bewertung der Folgen ergibt sich vor dem Hintergrund der Motive. Hat die Verkäuferin ein ausgeprägtes Bedürfnis nach sozialer Anerkennung, wird sie die Konsequenzen einer Beförderung wesentlich positiver bewerten, als eine Kollegin, die sehr viel mehr Wert auf die Einhaltung der Arbeitzeiten legt. Ein motiviertes Verhalten wird umso wahrscheinlicher, je positiver die möglichen Folgen von der handelnden Person bewertet werden. Dabei spielt allerdings auch die Frage, wie wahrscheinlich dem Handelnden eine solche Folge erscheint, eine wichtige Rolle.

Diese Einschätzung bezieht sich auf die dritte Variable der Theorie, die *Instrumentalität* (I). Die Instrumentalität ist hoch, wenn aus einem Ergebnis mit hoher Wahrscheinlichkeit eine bestimmte Folge resultiert. Je geringer diese Wahrscheinlichkeit ist, desto geringer ist die Instrumentalität. Glaubt die Verkäuferin im Beispielfall etwa, dass sie sich auf die Versprechungen des Vorgesetzten nicht verlassen kann und somit eine in Aussicht gestellt Beförderung sehr fraglich ist, fällt die Instrumentalitätseinschätzung gering aus.

Instrumentalität

> ## Die drei zentralen Elemente der VIE-Theorie von Vroom
>
> - *Erwartung:* Wie wahrscheinlich ist es, dass ich durch eigene Anstrengung bestimmte Arbeitsergebnisse erziele?
> - *Instrumentalität:* Wie wahrscheinlich ist es, dass aus den Arbeitsergebnissen bestimmte Folgen erwachsen?
> - *Valenz:* Wie sind die Folgen der Arbeitsergebnisse zu bewerten?

Zusammenfassend resultiert ein motiviertes Verhalten, wenn die Folgen des Verhaltens positiv bewertet werden, sie mit hoher Wahrscheinlichkeit eintreten und der Mitarbeiter sich selbst auch zutraut, das notwendige Verhalten in die Tat umsetzen zu können. Dabei müssen gleichzeitig mehrere Ergebnisse und Folgen gegeneinander abgewogen werden. Die drei Variablen V, I und E sind dabei multiplikativ miteinander verknüpft.

Die Theorie von Vroom ist weitaus komplexer als die klassischen Inhaltstheorien. Gleichzeitig sind die Konstrukte abstrakt genug, so dass sich sehr unterschiedliche individuelle Motivationsszenarien mit der Theorie beschreiben und erklären lassen. Die Theorie von

Bewertung der Theorie von Vroom

Vroom und verwandte Ansätze haben sehr viel Forschung nach sich gezogen, die, insgesamt betrachtet, die Relevanz der drei Variablen unterstreicht (Latham & Budworth, 2007). Allerdings stellt sich, wie immer bei sehr komplexen kognitiven Theorien, die Frage, ob das menschliche Verhalten in Alltagssituationen nicht sehr viel einfacheren Entscheidungsprinzipien folgt. Hier sind generell Zweifel angebracht (vgl. Bargh & Chartrand, 1999). Dennoch liefert auch die VIE-Theorie sehr wichtige Heuristiken für den Prozess der Motivierung von Mitarbeitern in der Praxis (vgl. Kapitel 7.6). Alle genannten Variablen haben sich in mehreren Untersuchungen als wichtige Determinanten bewährt. Hinsichtlich der Frage, ob sie in der von Vroom beschriebenen multiplikativen Form zusammenwirken, sind die Befunde jedoch uneinheitlich (Donovan, 2001; Van Eerde & Thierry, 1996).

7.4 Ziele

Motiviertes Verhalten ist immer auch zielgerichtetes Verhalten. Die Mitarbeiter strengen sich an, um ein Ziel zu erreichen, wobei die Zielerreichung an sich schon als Belohnung empfunden werden kann (intrinsische Belohnung) oder aber durch das Unternehmen belohnt wird (extrinsische Belohnung). Mehrere Theorien und unzählige empirische Studien gehen der Frage nach, wie Ziele auf die Leistung der Mitarbeiter wirken.

7.4.1 Zielsetzungstheorie

Der erfolgreichste Ansatz – die *Zielsetzungstheorie* („goal setting") – geht auf Edwin Locke und Gary Latham (1990, 2002) zurück (vgl. Abb. 26). Zwei Faktoren stehen im Zentrum der Theorie und haben sich als überaus bedeutsam erwiesen: zum einen die *Schwierigkeit* der Ziele, zum anderen ihre *Präzision*.

Durch Zielsetzung zur Leistungssteigerung

Motivierende Ziele

Ziele sind insbesondere dann motivierend, wenn sie für die Mitarbeiter eine Herausforderung darstellen, man sich also anstrengen muss, um sie zu erreichen. Allerdings sollte man darauf achten, dass die Ziele noch in einem vernünftigen Verhältnis zur Leistungsfähigkeit der Mitarbeiter stehen. Fallen die Ansprüche zu

> hoch aus, erscheinen sie den Mitarbeitern unerreichbar. In der Konsequenz wird man sie zu keiner besonderen Anstrengung mobilisieren können. Herausfordernde Ziele müssen zudem präzise formuliert sein, damit die Mitarbeiter wissen, was zu tun ist.

Ungeeignet sind Ziele wie etwa „Wir wollen unser Bestes geben" oder „Wir wollen den Umsatz steigern", da sie einen sehr großen Interpretationsspielraum lassen. Es wird nicht deutlich, wann ein solches Ziel überhaupt erreicht ist. Präzise Ziele zeichnen sich im Vergleich hierzu durch konkrete Zahlenangaben aus: „Die Produktivität wird bis zum Ende des Quartals um 2 % gesteigert", „Die Ausschussproduktion wird im selben Zeitraum um 10 % gesenkt", „Im kommenden Jahr steigert jeder Außendienstmitarbeiter seinen Umsatz um 5 %".

Herausfordernde und präzise Ziele führen u. a. deshalb zu einer Leistungssteigerung, da sie bestimmte *Wirkmechanismen* aktivieren. In der Theorie von Locke und Latham (2002) werden vier Wirkmechanismen genannt: Die Ziele geben dem Arbeitsverhalten eine Richtung, fördern seine Intensität und wirken sich vorteilhaft auf die Ausdauer der Mitarbeiter aus. Darüber hinaus tragen richtig formulierte Ziele maßgeblich dazu bei, dass die Mitarbeiter spezifische Strategien entwickeln (vgl. Abb. 26). Auf der Basis der Ziele können die Mitarbeiter leichter zwischen wichtigen und unwichtigen Ar-

Ziele müssen anspruchsvoll und eindeutig sein

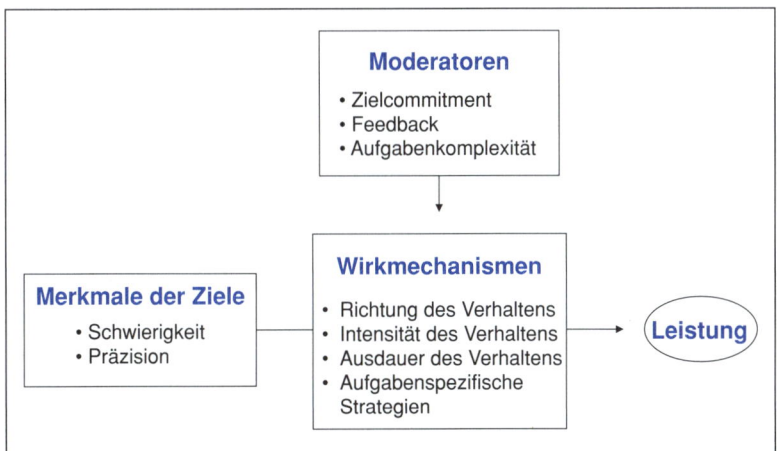

Abbildung 26: Zielsetzungstheorie (vereinfacht nach Locke & Latham, 2002)

beitsschritten unterscheiden. Spezifische Arbeitsstrategien, die ggf. gemeinsam im Team entwickelt wurden, helfen den Mitarbeitern dabei, die eigene Arbeitskraft effektiver einzusetzen. Wurde eine bestimmte Strategie erst einmal als richtig erkannt, lohnt sich die eigene Anstrengung umso mehr und man lässt sich auch nicht so leicht von Hindernissen abschrecken.

Die Wirkmechanismen und damit auch der Einfluss der Ziele werden allerdings durch drei *Moderatoren* – Zielcommitment, Feedback und Aufgabenkomplexität – beeinflusst. Das *Zielcommitment* bezieht sich auf die Verbundenheit der Mitarbeiter mit den aufgestellten Zielen. Je höher die Verbundenheit, desto mehr engagieren sich die Mitarbeiter aus eigenem Antrieb für die Zielerreichung. Ein hohes Commitment lässt sich durch Partizipation erreichen. Die Vorgesetzten geben die Ziele also im besten Falle nicht einfach vor, sondern legen sie gemeinsam mit ihren Mitarbeitern fest. Bei Gruppenzielen geschieht dies in Gruppensitzungen, bei Zielen für einzelne Personen z. B. im Rahmen eines jährlichen Mitarbeitergesprächs.

Die Führungskraft muss jedoch nicht nur bei der Zielsetzung aktiv werden, sie kontrolliert über die gesamte Zeitspanne auch den Grad der Zielerreichung und meldet diesen an ihre Mitarbeiter zurück *(= Feedback)*. Sinnvollerweise erfolgt das Feedback nicht nur am Ende des Prozesses, sondern auch zwischendurch, denn nur so kann man ggf. nachsteuern oder die Strategien ändern, wenn sich die bisherigen Bemühungen nicht als hinreichend erweisen. Greifen wir einmal das Beispiel des Außendienstmitarbeiters auf, der in einem Jahr seinen Umsatz um 5 % steigern soll. Hier wäre es sinnvoll, sich nach einem halben Jahr oder ein Mal pro Quartal zusammenzusetzen, um das bisher Erreichte kritisch zu reflektieren.

Der dritte Moderator bezieht sich auf die *Komplexität* der zu bewältigenden Aufgabe. Generell gilt, dass die Effekte der Zielsetzung umso geringer werden, je komplexer die zu bewältigende Aufgabe ist. Dies liegt daran, dass komplexe Aufgaben eine Kombination unterschiedlicher Lösungsstrategien erfordern und Routinehandlungen weniger zum Einsatz kommen können. Damit wird die Leistung stärker durch die Kompetenzen und die Strategien bestimmt und die motivationale Komponente spielt eine geringere Rolle. Zusätzliche Reibungsverluste entstehen, wenn komplexe Aufgaben ein besonders hohes Maß an Koordination zwischen den Einzelarbeiten der Mitarbeiter erfordern. Diese unerwünschten Effekte allzu komplexer Aufgaben können reduziert werden, indem man Zwischenziele definiert. Aus einer einzigen Zielsetzung wird somit eine Kette aufeinander aufbauender Zielsetzungen, wodurch sich die Komplexität der einzelnen Aufgaben merklich reduzieren lässt.

7.4.2 Management by Objectives

Neben der Zielsetzungsmethode im Sinne von Locke und Latham (1990, 2002) haben sich mehrere ähnlich gelagerte Ansätze etabliert, von denen hier einer besonders hervorgehoben werden soll.

Unter *Management by Objectives* (MbO; Drucker, 1954) versteht man eine Zielsetzung, die nicht nur lokal zwischen Vorgesetztem und direkten Mitarbeitern abläuft, sondern ein ganzes Unternehmen, von der obersten Führungsebene bis zum Produktionsmitarbeiter durchzieht. Auf der obersten Führungsebene formuliert man übergeordnete Ziele, die im Laufe eines Jahres von der Gesamtorganisation erreicht werden sollen. Diese vergleichsweise abstrakten Ziele werden dann nach unten weitergereicht, wo die einzelne Führungskraft mit ihren Mitarbeitern die Möglichkeiten zur lokalen Umsetzung bespricht. Auf diesem Weg leitet jedes Team aus den übergeordneten Unternehmenszielen konkrete Teamziele ab und operationalisiert sie.

Von der Organisationsleitung vorgegebene Ziele

Eine Schwäche des MbO liegt in dem geringen Commitment, das ggf. resultiert, wenn die Mitarbeiter im Gegensatz zur Zielsetzungsmethode keine eigenen Ziele formulieren können. Daher ist es umso wichtiger, dass man den Mitarbeitern den Sinn der Ziele erläutert und sie nicht nur einfach mitteilt. Nach einem Jahr ist ein MbO-Zyklus beendet. Die Unternehmensleitung reflektiert nun den Grad der Zielerreichung und legt die Ziele für das nächste Jahr fest. Für die Mitarbeiter ist die Zielerreichung mit der Ausschüttung von Bonuszahlungen verbunden.

7.5 Gerechtigkeit

Will man motiviertes Verhalten erzeugen, so kommt es nicht nur darauf an, dass man die Motive der Mitarbeiter kennt, Erwartungen kanalisiert und Ziele aufstellt, am Ende muss auch eine Belohnung für die erbrachte Leistung resultieren. Die Belohnung schließt gewissermaßen den Kreis, indem sie das Motiv, das ganz am Anfang des Prozesses stand, befriedigt. Konnte das Motiv hinreichend befriedigt werden, erlebt der Mitarbeiter Zufriedenheit und ist auch in Zukunft bereit, das gewünschte Verhalten zu zeigen.

Belohungen müssen als gerecht angesehen werden

Allerdings ist nicht nur die Belohnung an sich von Bedeutung, auch der wahrgenommenen *Gerechtigkeit* kommt eine wichtige Funktion zu. Belohnungen, die als ungerecht erlebt werden, wirken nicht in der gewünschten Weise, ja können sogar zu einer Leistungsminderung führen (Cropanzano, Rupp, Mohler & Schminke, 2001). In der Gerechtigkeitsforschung wird dabei zwischen Verteilungs- und Verfahrensgerechtigkeit unterschieden.

7.5.1 Verteilungsgerechtigkeit

Zusammenhang zwischen Aufwand und Ertrag

Die *Verteilungsgerechtigkeit* bezieht sich auf die Frage, wie die zur Verfügung stehenden Belohnungen unter den Mitarbeitern aufgeteilt werden. Schon früh hat Adams (1965) in seiner Equity-Theorie beschrieben, welche Bedingungen für das Erleben einer hohen Verteilungsgerechtigkeit erfüllt sein müssen. Demzufolge setzt der einzelne Mitarbeiter zunächst seine eigene Belohnung in Beziehung zur erbrachten Leistung (vgl. Abb. 27).

Doch damit nicht genug. Der Mitarbeiter vergleicht sich mit Kollegen und schaut auch hier, in welchem Verhältnis Einsatz und Belohnung zueinander stehen. Die Verteilung der Belohnung wird als gerecht erlebt, wenn die Relation zwischen Einsatz und Belohnung in beiden Fällen identisch ist.

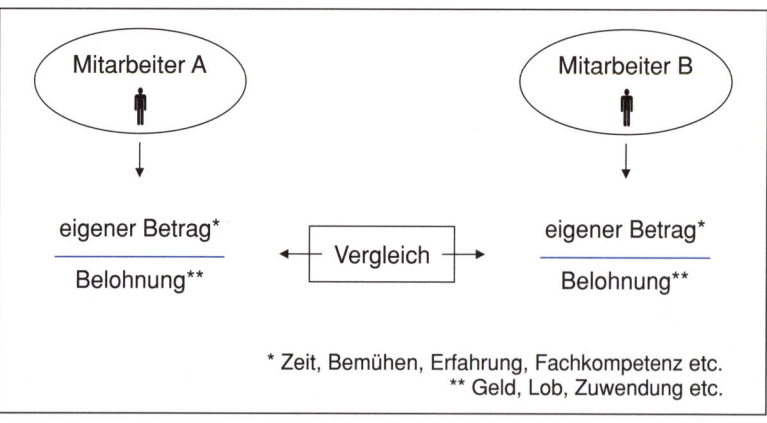

Abbildung 27: Prinzipien der Verteilungsgerechtigkeit (nach Adams, 1965)

Verdeutlichen wir uns diesen Sachverhalt an einem einfachen Bei-spiel: In einer kleinen Schreinerei arbeiten zwei Gesellen, die beide Stühle für die Neuausstattung eines Restaurants fertigen. Die Firma ist mit der Produktion bereits ein wenig in Verzug und setzt daher Anreize für besondere Leistungen. Mitarbeiter A produziert darauf-hin pro Woche fünf Stühle mehr und erhält einen Bonus von 100 Euro. Um festzustellen, ob er gerecht belohnt wurde, vergleicht er sich mit seinem Kollegen B. Mitarbeiter B schafft sogar sieben Stühle und bekommt 140 Euro. Obwohl B letztlich einen höheren Bonus erzielt, erlebt A dies als gerecht, da das Verhältnis zwischen Einsatz und Be-lohnung in beiden Fällen völlig gleich ist (20 Euro pro Stuhl). Auf den ersten Blick erscheint dieser Sachverhalt trivial. Bedenkt man jedoch, dass sowohl der Einsatz, als auch die Belohnung von vielfäl-tiger Gestalt sein kann (vgl. Abb. 27), wird deutlich, wie komplex die Prozesse der Gerechtigkeitswahrnehmung im Alltag ausfallen kön-nen. Neben der bloßen Menge an Stühlen könnten die beiden Kolle-gen z. B. auch danach fragen, ob A nicht viel mehr Einsatz zeigt, weil er sich aufgrund mangelnder Berufserfahrung stärker anstrengen muss. Ebenso gut könnte B ins Feld führen, dass A zwar weniger Geld erhält, dafür aber vom Chef sehr viel mehr gelobt wurde. Er-schwerend kommt hinzu, dass es vielleicht auch noch einen Kollegen C gibt, mit dem man sich alternativ vergleichen könnte.

7.5.2 Verfahrensgerechtigkeit

Die *Verfahrensgerechtigkeit* bezieht sich auf die Frage, inwieweit die Entscheidungsprozesse, die zu einer Belohnung führen, als gerecht erlebt werden. Leventhal (1980) unterscheidet hier sechs Prinzipien.

Gerechtigkeit der Entscheidungs-prozesse

Prinzipien der Verfahrensgerechtigkeit (nach Leventhal, 1980)

Konsistenz: Zuteilung erfolgt über die Zeit und über verschiedene Personen hinweg nach den gleichen Regeln

Unvoreingenommenheit: keine Bevorzugung einzelner durch den Verteilenden

Genauigkeit: alle für die Verteilung wichtiger Informationsquellen werden ausgeschöpft, bevor die Verteilung erfolgt

Korrekturmöglichkeiten: Revision getroffener Entscheidungen ist möglich

> **Repräsentativität:** Interessen aller Beteiligten werden bei der Entscheidung berücksichtigt
>
> **Ethische Rechtfertigung:** allgemeingültige Moralvorstellungen werden eingehalten

Eine hohe Verfahrensgerechtigkeit liegt vor, wenn sich die Mitarbeiter darauf verlassen können, dass die festgelegten Verteilungsregeln über einen längeren Zeitraum verbindlich und ohne Ansehen der Person für alle betroffenen Mitarbeiter in gleicher Weise gelten. Die persönliche Beziehung zum Vorgesetzten darf dabei keine Rolle spielen. Im gesamten Prozess, von der Leistungsbeurteilung bis zur Belohnungszuweisung wird sorgfältig gearbeitet, so dass die tatsächliche Leistung des einzelnen Mitarbeiters objektiv zu Tage tritt. Ergeben sich dennoch Fehler, kann der Mitarbeiter Einspruch erheben und eine Korrektur herbeiführen.

Die Akzeptanz für ein Belohnungssystem steigt zudem, wenn nicht nur die Interessen des Arbeitgebers berücksichtigt werden. Dies lässt sich leicht realisieren, indem man von Beginn an den Betriebsrat mit in die Entwicklung des Systems einbindet. Darüber hinaus gilt es, allgemeine moralische Werte zu bedenken. Ein Belohnungssystem muss beispielsweise berücksichtigen, ob ein Mitarbeiter eine Minderleistung überhaupt selbst zu verantworten hat oder ob sie auf eine defekte Maschine zurückzuführen ist.

7.6 Motivierung in der Praxis

Nutzung der Forschungsergebnisse in der Praxis

Forschung sollte möglichst immer einen praktischen Nutzen für die Gesellschaft nach sich ziehen. Die Motivationsforschung kann diese Forderung ohne jeden Zweifel sehr gut erfüllen, lassen sich aus den bisherigen Erkenntnissen doch mehrere gut fundierte Strategien zur Mitarbeitermotivierung ableiten.

> **Grundlegende Strategien zur Motivierung von Mitarbeitern**
>
> - Motive der Mitarbeiter ermitteln
> - anspruchsvolle Ziele vereinbaren/setzen
> - präzise Ziele vereinbaren/setzen
> - Feedback geben

- Belohnung an Motive der Mitarbeiter anpassen
- kontingentes Belohnungssystem schaffen
- Verfahrensgerechtigkeit gewährleisten
- Selbstwirksamkeit fördern

Zunächst einmal ist es von Vorteil, wenn die Führungskräfte die zentralen Arbeitsmotive ihrer Mitarbeiter kennen. Dies legt die Grundlage dafür, dass man die späteren Belohnungen so auswählen kann, dass sie die Mitarbeiter tatsächlich ansprechen. Überdies kann die Kenntnis der Motive eine wichtige Basis für die Personalauswahl bzw. die richtige Platzierung von Mitarbeitern innerhalb des Unternehmens liefern. So mag etwa verhindert werden, dass Mitarbeiter, die vor allem an Autonomie und Eigenverantwortung interessiert sind, auf Arbeitsplätzen sitzen, die eine Befriedigung dieser Motive von vornherein nicht ermöglichen.

Die Zielsetzung ist ein weiteres Element der Mitarbeitermotivierung, zumal wenn die Ziele einen herausfordernden Charakter besitzen und präzise formuliert wurden. Die Ziele können sowohl von den Vorgesetzten festgelegt als auch gemeinsam mit den Mitarbeitern erarbeitet werden. Letzteres hat den Vorteil, dass die Mitarbeiter in aller Regel eine höhere Verbundenheit mit den Zielen erleben. Ziele wirken jedoch nur dann, wenn es ein regelmäßiges Feedback über den Grad der Zielerreichung gibt. Dies ist eine wichtige Führungsaufgabe. Das Feedback ermöglicht insbesondere bei komplexen Aufgaben eine kontinuierliche Anpassung der Arbeitsstrategien an sich verändernde Bedingungen.

Selbstredend muss auf die Leistung eine Belohnung folgen, die wenn irgend möglich eine Befriedigung der Mitarbeiterbedürfnisse beinhaltet. Oft setzt man Geld als Belohnung ein. Daneben gibt es aber auch weitere Belohnungen, über die man vor Ort gemeinsam mit den Mitarbeitern nachdenken kann. Sie reichen von einfacher Wertschätzung durch Vorgesetzte und Kollegen, über den Freizeitausgleich und Weiterbildungsmöglichkeiten bis hin zum Aufstieg innerhalb der Unternehmenshierarchie. Belohnungssysteme wirken allerdings nur dann, wenn die Belohnung auch kontingent erfolgt, für die Mitarbeiter also verlässlich kalkulierbar ist, welches Verhalten mit welcher Belohnung einhergeht.

Darüber hinaus muss das Belohnungssystem als gerecht erlebt werden. Insbesondere die Prinzipien der Verfahrensgerechtigkeit sind in der Praxis leicht umzusetzen. Da Motivierung meist auch an die Selbststeuerungsfähigkeit der Mitarbeiter appelliert, sollte überdies das Vertrauen in die eigenen Fähigkeiten und Fertigkeiten (*Selbstwirksamkeit*) gefördert werden. Dies geschieht, indem Mitarbeiter während der Arbeit positive Leistungserfahrungen machen oder gezielt mit Personalentwicklungsmaßnahmen gefördert werden.

Zusammenfassung

Das Thema Motivation wird seit vielen Jahrzehnten systematisch erforscht. Verschiedene Theorien fokussieren unterschiedliche Ausschnitte aus einem komplexen Prozess, der von der Motivlage der Mitarbeiter über die Arbeitsleistung bis hin zur Befriedigung entsprechender Motive führt. Die Motivierung ist in jeder Organisation eine zentrale Führungsaufgabe. Dabei kann man wie in kaum einem Gebiet der Personalführung auf eine ganze Reihe empirisch gut belegter Strategien zurückgreifen. Eine maßlose Selbstüberschätzung oder der Glaube an die unendliche Macht der Autosuggestion, wie sie unseriöse Motivationsgurus predigen, gehören ebenso wenig dazu, wie der Lauf über glühende Kohlen und andere effektheischende Rituale.

Weiterführende Literatur

Kleinbeck, U. & Kleinbeck, T. (2009). *Arbeitsmotivation: Konzepte und Fördermaßnahmen*. Lengerich: Pabst.

Nerdinger, F. (2006). Motivierung. In H. Schuler (Hrsg.), *Lehrbuch der Personalpsychologie* (S. 385–407). Göttingen: Hogrefe.

Fragen

1. Was verbirgt sich hinter den grundlegenden Begriffen Motiv, Anreiz und Motivation?
2. Worin besteht die Weiterentwicklung der ERG-Theorie in Bezug auf die Bedürfnispyramide von Maslow?
3. Worin liegt der Unterschied zwischen Prozess- und Inhaltstheorien der Motivation? Inwiefern spielen Motive auch in Inhaltstheorien eine Rolle?
4. Welche Funktion haben Valenz, Instrumentalität und Erwartung für den Prozess der Motivierung nach Vroom?

5. Welche Funktion haben Ziele bei der Motivierung und was ist bei der Zielsetzung zu beachten, damit sie zum Erfolg führt?

6. Worin besteht der Unterschied zwischen Verteilungs- und Verfahrensgerechtigkeit?

Lösungshinweise finden Sie unter
www.hogrefe.de/buecher/lehrbuecher/psychlehrbuchplus.

Kapitel 8
Leistung und Leistungsbeurteilung

Thomas Staufenbiel

Inhaltsübersicht

Leistung und
Unternehmenserfolg Die Leistung der Mitarbeiter in ihrer Tätigkeit ist eine entscheidende Einflussgröße für den Erfolg von Organisationen. Da sich die Leistung verschiedener Mitarbeiter am selben Arbeitsplatz stark unterscheiden kann, setzen Organisationen eine Vielzahl von Maßnahmen ein, um möglichst geeignete Mitarbeiter auszuwählen (vgl. Kapitel 2 und 3), die Fähigkeiten der eingestellten Mitarbeiter weiterzuentwickeln (vgl. Kapitel 5 und 6), sie zu motivieren und zu führen (vgl. Kapitel 7 und 10) und ein optimales Arbeitsumfeld zu gestalten (vgl. Kapitel 12 in Bamberg et al., 2012).

Die berufliche Leistung kann sich in vielfältiger Form äußern: Ein Werftarbeiter verschweißt Stahlbleche, ein Künstler fertigt eine Skulptur an, eine Stewardess beruhigt einen aufgebrachten Kunden, eine Führungskraft kritisiert ihren Mitarbeiter für Fehlverhalten, usw. Im folgenden Abschnitt werden wir darauf eingehen, was genau unter Leistung zu verstehen ist und wie sich die vielen Erscheinungsformen systematisieren lassen.

Leistung messbar
machen
Außerdem muss die Leistung von Mitarbeitern messbar gemacht werden. Andernfalls ließe sich beispielsweise nicht feststellen, wie erfolgreich eine Organisation in der Umsetzung der oben genannten Maßnahmen ist. Aber auch für eine leistungsbezogene Entlohnung und andere Zwecke ist eine reliable und valide Erfassung der Leistung erforderlich. Wie man bei der Erfassung vorgehen kann, erörtern wir in Kapitel 8.3.

Die berufliche Leistung ist aber nicht nur aus der Perspektive der Organisation, sondern auch für die Mitarbeiter selbst wichtig. Einerseits reagiert das Unternehmen auf die Leistung der Mitarbeiter, z. B. mit der Höhe der Bezahlung, mit Lob oder Tadel durch Vorgesetzte oder sogar einer Kündigung. Darüber hinaus kann die erfolgreiche Bewältigung von Aufgaben aber auch unmittelbar zur Zufriedenheit, Stolz und einer gesteigerten Wahrnehmung der eigenen Kompetenz und des Selbstwerts beim Mitarbeiter führen.

8.1 Begriff der beruflichen Leistung

Was versteht man unter beruflicher Leistung? Betrachten wir dazu einen jungen Verkäufer in der Fernsehabteilung eines Kaufhauses. Kompetenzen, Arbeitsverhalten und Ergebnisse Um erfolgreich zu sein, muss er zunächst über bestimmte *Kompetenzen* verfügen: Er muss seine Produkte und deren Eigenschaften kennen, er muss überzeugend argumentieren können, er muss Kunden offen gegenüber treten können, usw. Ist er motiviert, diese Kompetenzen einzusetzen und sind die Rahmenbedingungen dafür auch gegeben (d. h. es gibt Kunden, die sich für Fernsehgeräte interessieren; die arbeitsorganisatorischen Bedingungen geben ihm Zeit dafür usw.), so kann er das entsprechende *Arbeitsverhalten* zeigen: Er fragt in adäquater Weise nach den Bedürfnisse des Kunden, erklärt verständlich die Unterschiede zwischen den Produkten, argumentiert erfolgreich gegen Einwände, usw. Als Konsequenz ergeben sich bestimmte *Arbeitsergebnisse*: Der Verkäufer macht in einem bestimmten Zeitraum einen bestimmten Umsatz, seine Kunden sind mit ihm mehr oder weniger zufrieden, usw. Die Arbeitsergebnisse hängen aber nicht ausschließlich vom Arbeitsverhalten des Verkäufers ab. Sind etwa die angebotenen Geräte in dem Supermarkt veraltet oder überteuert, so führt vermutlich auch ein optimales Verhalten des Verkäufers nicht zum Erfolg.

Manchmal wird auch noch von dem *Potenzial* eines Mitarbeiters gesprochen. Je nach Autor wird dieser Begriff synonym mit den Kompetenzen verwendet oder aber auch mit der prognostizierten Fähigkeit eines Mitarbeiters, sich in der Zukunft bestimmte Kompetenzen oder Verhaltensweisen leicht aneignen zu können.

Potenzial von Mitarbeitern

Im Kapitel zur Personalentwicklung haben wir außerdem den Begriff der *Qualifikationen* eingeführt, den wir so verwenden, dass er neben den Kompetenzen auch die übrigen leistungsrelevanten Merkmale der Person einschließt, also auch deren Motivation.

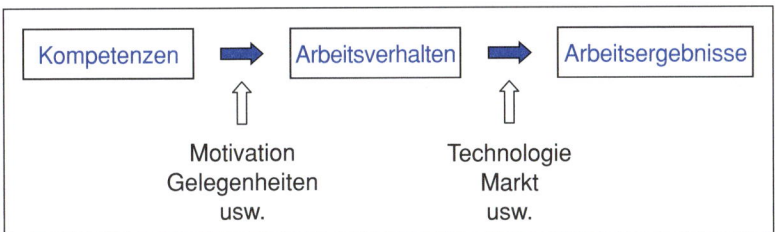

Abbildung 28: Drei Komponenten der Arbeitsleistung

Man kann nun die drei angesprochenen Komponenten in Abbildung 28 unter dem Begriff Leistung subsumieren. Vielfach wird in Theorie und Praxis Leistung aber eingeschränkter mit allen beobachtbaren Verhaltensweisen (dem Arbeitsverhalten) gleichgesetzt,

Arbeitsverhalten zur Erreichung der Organisationsziele

die zur Erreichung der Ziele der Organisation beitragen. Die Kompetenzen werden dann ebenso wenig zur Leistung gezählt wie die Ergebnisse. Man betrachtet die Kompetenzen vielmehr separat als mögliche *Antezedenzien* von Leistung und nicht als deren Bestandteil. Die Begründung liegt darin, dass das bloße Vorhandensein der für eine Tätigkeit relevanten Kompetenzen – ohne die Motivation, diese Kompetenzen auch in geeigneter Weise einzubringen – nicht zur Erreichung der Ziele der Organisation beiträgt. Entsprechend werden positive Arbeitsergebnisse als eine mögliche *Konsequenz* der Leistung betrachtet. Sie werden unter dieser Perspektive nicht der Leistung zugerechnet, da das Eintreten der Arbeitsergebnisse häufig auch von externen Faktoren (z. B. von der Konkurrenzfähigkeit der Produkte oder der Konjunktur) abhängig ist. Würde man die Leistung eines Mitarbeiters also an den Ergebnissen messen, so würde man ihn für etwas verantwortlich machen, dass er teilweise gar nicht verursacht hat oder nicht beeinflussen kann.

Andererseits wird argumentiert, dass positive individuelle Arbeitsergebnisse (ein hoher Umsatz, die Gewinnung neuer Kunden etc.) dem Unternehmensziel der Gewinnmaximierung am unmittelbarsten dienen. Gerade bei Mitarbeitern im Vertrieb werden daher häufig Provisionen leistungsabhängig bezahlt, wobei sich deren Höhe an den erzielten individuellen Umsätzen orientiert. Dies ist innerhalb einer Gruppe von Mitarbeitern umso gerechter, je mehr alle unter den gleichen Rahmenbedingungen arbeiten.

Man sieht also, dass der Leistungsbegriff unterschiedlich verwendet wird. Wir werden darauf in Kapitel 8.3 zurückkommen. Dort werden wir sehen, dass die verschiedenen Leistungskomponenten aus Abbildung 28 jeweils mit ganz unterschiedlichen Verfahren erfasst werden.

Gruppenleistung ist nicht die Summe von Einzelleistungen

Wenn wir bisher von Leistung gesprochen haben, war damit immer die Leistung eines einzelnen Mitarbeiters gemeint. Sowohl in der Forschung als auch in der Praxis interessiert man sich aber auch für die Leistung von Teams (Gruppenleistung), Organisationseinheiten oder ganzen Organisationen. Auch auf diesen Ebenen kann man zwischen Kompetenzen, Verhalten und Ergebnissen unterscheiden. Dabei gilt, dass sich die Leistung auf einer Ebene (z. B. eines Teams) nicht einfach durch die Summierung der Leistungen der zugehörigen Einheiten auf der Ebene darunter (der Mitglieder des Teams) ergibt.

8.2 Struktur von Arbeitsleistung

Die leistungsbezogenen Verhaltensweisen von Mitarbeitern sind in der Regel sehr vielfältig. So muss der Verkäufer nicht nur Fernsehgeräte verkaufen, sondern beispielsweise auch erfolgreich Weiterbildungen besuchen, den Lagerbestand per Computer überwachen, Auszubildende anlernen, oder in einer anderen Abteilung einen Kollegen vertreten können. Eine noch größere Vielfalt leistungsbezogener Verhaltensweisen ergibt sich, wenn man verschiedene Tätigkeiten betrachtet, etwa wie oben angedeutet bei einem Werftarbeiter, einem Künstler oder einer Stewardess.

Es wurden daher Versuche unternommen, diese Vielfalt zu systematisieren. Dabei wird nach solchen Leistungsfaktoren gesucht, die allen – oder zumindest vielen – unterschiedlichen Tätigkeiten zugrunde liegen. Eine solche Systematisierung stammt von Campbell und Kollegen (Campbell, McCloy, Oppler & Sager, 1993). Sie basiert auf einer groß angelegten, als „Project A" bezeichneten Studie, bei der in den amerikanischen Streitkräften die Zusammenhänge zwischen einer Vielzahl von Leistungsindikatoren (z. B. Arbeitsproben, Wissenstests, Vorgesetztenbeurteilungen, Fitnesstests) an einer großen Stichprobe von Soldaten mit ganz unterschiedlichen Aufgaben untersucht wurden. Die Analysen zeigten, dass sich die Leistung der Armeeangehörigen über die verschiedenen Tätigkeiten hinweg in fünf Faktoren klassifizieren lies (Campbell, McHenry & Wise, 1990).

Vielfältige Systematisierungen der Leistungskomponenten

Aufgrund weiterer Untersuchungen erweiterten Campbell und Kollegen diese Faktoren und unterschieden schließlich acht Faktoren.

Acht Leistungsfaktoren nach Campbell et al. (1990)

I. **Erfüllung tätigkeitsspezifischer Aufgaben:** Fähigkeit, die Aufgaben auszuführen, die für die Tätigkeit spezifisch sind und sich von anderen Tätigkeiten unterscheiden.

II. **Erfüllung tätigkeitsunspezifischer Aufgaben:** Fähigkeit, Aufgaben auszuführen, die unspezifisch in vielen Tätigkeiten erforderlich sind.

III. **Schriftliches und mündliches Kommunizieren:** Qualität der schriftlichen oder mündlichen Kommunikation, unabhängig von der Korrektheit des Inhalts.

IV. **Zeigen von Einsatz:** Intensität und Ausdauer, mit der auch unter widrigen Umständen an den Aufgaben gearbeitet wird.

V. Aufrechterhalten der Disziplin: Ausmaß, in dem negative Verhaltensweisen wie Alkoholkonsum oder Regelverletzungen unterlassen werden.

VI. Förderung der Leistung des Teams und der Kollegen: Ausmaß, in dem Kollegen unterstützt werden, ihnen bei Problemen geholfen wird, das Team bei der Zielerreichung unterstützt wird und die Partizipation der Teammitglieder gefördert sowie als Vorbild für Kollegen und Teammitglieder gehandelt wird.

VII. Führung: Ausmaß, in dem durch direkten Kontakt positiv auf die Leistung der unterstellten Mitarbeiter Einfluss genommen wird.

VIII. Management und Administration: Ausmaß der Bewältigung von Management- und administrativen Aufgaben wie z. B. die Formulierung von Zielen für die Organisationseinheit, die Bereitstellung von Ressourcen, die Überwachung von Prozessen oder die Lösung auftretender Probleme auf dem Weg zur Zielerreichung.

Dabei wird davon ausgegangen, dass nicht alle Faktoren für alle Tätigkeiten im gleichen Ausmaß relevant sind. So sind etwa die Faktoren VII und VIII nur für Führungskräfte von Bedeutung. Lediglich für die Faktoren I, IV und V wird angenommen, dass sie in jeder Tätigkeit relevant sind.

Andere Systematisierungen unterscheiden sich von der Campbell-Taxonomie z. B. dadurch, dass sie durch andere Methoden gewonnen wurden (d. h. statt durch die empirische Analyse einer Vielzahl existierender Leistungsindikatoren etwa durch theoretische Ableitungen, die Synthese aus der Literatur, oder durch arbeitsanalytische Untersuchungen von Tätigkeiten) oder einen geringeren Gültigkeitsanspruch haben (z. B. nur für Führungskräfte gelten sollen).

Das hierarchische Modell von Bartram

Als ein weiteres Beispiel sei ein hierarchisches Modell von Bartram (2005) vorgestellt. Hierarchische Modelle gehen davon aus, dass man Leistung auf unterschiedlich abstrakten Ebenen beschreiben kann. In dem in Abbildung 29 dargestellten Modell von Bartram wird auf der obersten Ebene global zwischen Verhaltensweisen unterschieden, die unmittelbar der Erreichung der Ziele dienen („getting ahead") und solchen, die die Zusammenarbeit und gemeinsame Problemlösung mit anderen („getting along") wie z. B. Kollegen, Vorgesetzten oder

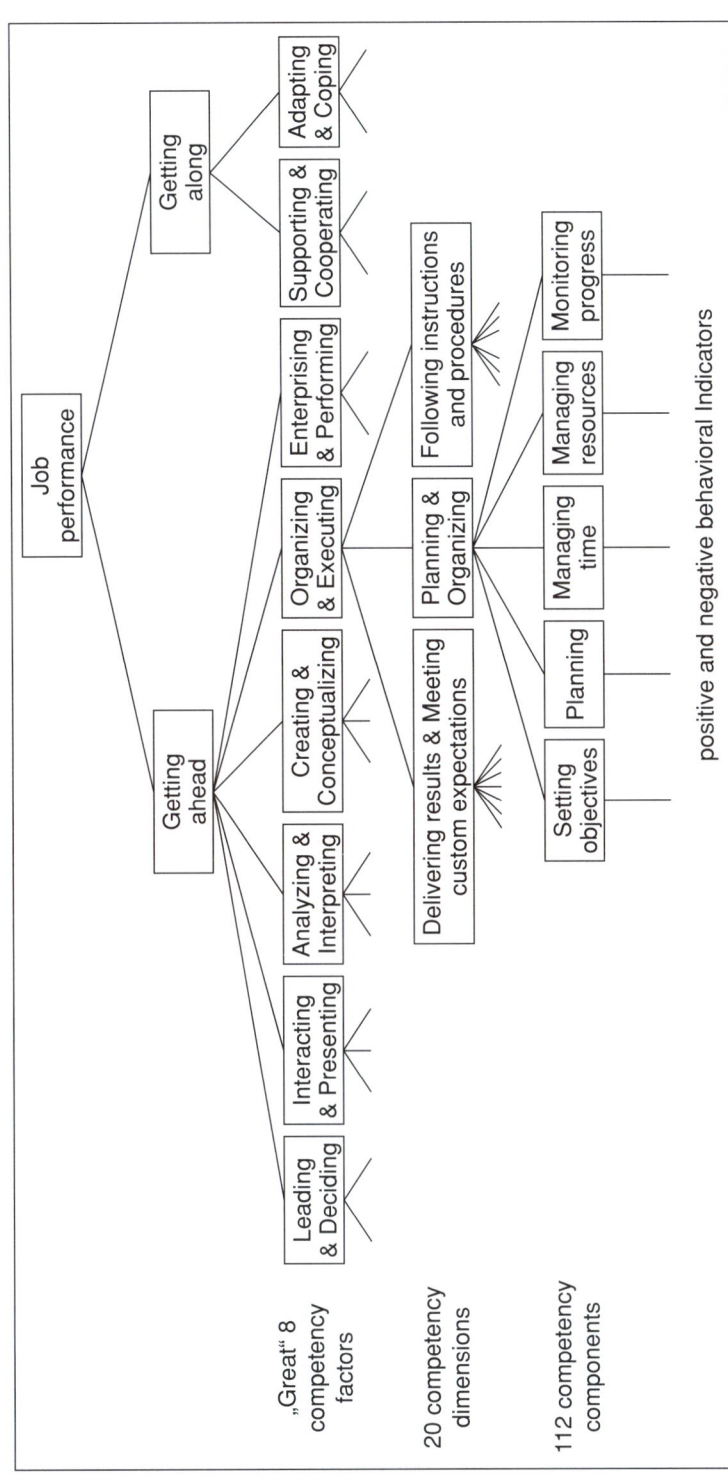

Abbildung 29: Ein hierarchisches Modell der Arbeitsleistung nach Bartram (2005)

Kunden betreffen. In der zweiten Ebene wird dann „getting ahead" in sechs und „getting along" in zwei weitere Leistungskomponenten differenziert (von Bartram in Anlehnung die Bezeichnung „Big Five" bei Persönlichkeitsmerkmalen als die „Great Eight competencies" bezeichnet). Diese untergliedern sich wiederum in 20 Kompetenzdimensionen und weiter in 112 Kompetenzkomponenten, welche dann auf der untersten Ebene durch konkrete Verhaltensindikatoren erfasst werden.

Lange Zeit ging man davon aus, dass man die Anforderungen in einer Tätigkeit durch Arbeitsplatzbeschreibungen oder laufend angepasste Zielvereinbarungen festlegen kann und sich die Leistung dann darin erschöpft, diese Anforderungen zu erfüllen. Es ist das Verdienst von Organ (1988), darauf hingewiesen zu haben, dass eine Organisation nicht erfolgreich sein kann, wenn alle Mitarbeiter nur einen solchen „Dienst nach Vorschrift" machen. Es ist vielmehr erforderlich, dass Mitarbeiter darüber hinaus auch nicht direkt formal festgelegte Verhaltensweisen zeigen, wie z. B. den Streit zwischen Kollegen zu schlichten, immer pünktlich zu sein, sich nicht über jede kleine Widrigkeit bei der Arbeit zu beklagen oder Verbesserungsvorschläge einzubringen.

Leistung kann nicht vollständig formal vorgeschrieben werden

Organ bezeichnete diese Verhaltensweisen zusammenfassend als *Organizational Citizenship Behavior* (OCB, auch als „extra-role behavior" oder „contextual performance" bezeichnet) und grenzte es von der geforderten Arbeitsleistung ab (auch „in-role performance" oder „task performance").

> **Formen von Organizational Citizenship Behavior**
>
> OCB lässt sich weiter differenzieren in OCB gegenüber der Organisation (wie etwa besonders gewissenhaftes Verhalten, OCB-O) und OCB gegenüber Individuen bzw. Mitarbeitern (wie etwa hilfsbereites Verhalten, OCB-I).

Versucht man OCB in die Taxonomie von Bartram einzuordnen, so entspricht es am ehesten dem Zweig „getting along" in Abbildung 29.

Im Gegensatz zu diesen positiven Beiträgen von Mitarbeitern stehen Verhaltensweisen wie Diebstahl, häufiges Fehlen und Unpünktlichkeit, Mobbing oder Verstöße gegen Arbeitssicherheitsvorschriften.

Diese werden zusammenfassend auch als *kontraproduktive Verhaltensweisen* bezeichnet und können für Organisationen wie für deren Mitarbeiter zu großen Problemen führen (Marcus, 2000).

8.3 Kriterien zur Leistungsbeurteilung

Um Leistung beurteilen zu können, benötigt man *Kriterien*. Solche *Leistungskriterien* (auch als Leistungs-*Indikatoren* bezeichnet) können der Erfassung von Kompetenzen, Arbeitsverhalten oder Arbeitsergebnissen dienen (vgl. Abb. 28).

Verdeutlichen wir dies am Beispiel des Verkäufers im Kaufhaus. Seine Kompetenzen können beispielsweise über bestimmte Abschlussnoten seiner Ausbildung oder einen Leistungsmotivationstest erfasst werden. Auf der Verhaltensebene könnten wir beobachten, wie häufig er Kunden anspricht oder seine Kollegen befragen, wie hilfsbereit er ist. Ergebniskriterien wären beispielsweise der Umsatz, den der Verkäufer durchschnittlich pro Monat erzielt.

Man erkennt, dass diese Kriterien sehr vielfältig sind. Einige Indikatoren sind *objektiver* Natur, d. h. sie benötigen zur Erfassung keinen Beurteiler (z. B. der Umsatz). Bei den *subjektiven* Kriterien kann man verschiedene *Quellen* unterscheiden: Die Informationen können von dem Beurteilten selbst kommen (z. B. im Leistungsmotivationstest), aber beispielsweise auch von Kollegen (peers), Vorgesetzten, unterstellten Mitarbeitern oder Kunden.

Objektive vs. subjektive Leistungskriterien

Am häufigsten werden zur Beurteilung der Leistung Kriterien herangezogen, die sich auf das Verhalten beziehen und subjektiv erhoben wurden. Sie haben den Vorteil, dass sie für jede Tätigkeit konstruiert werden können und auch konkrete Informationen für die Leistungsrückmeldung beinhalten, die dem Beurteilten helfen, sein Verhalten zu optimieren. So birgt die Information, dass ein Verkäufer beispielsweise die Kunden zu wenig anspricht oder von seinen Kollegen als wenig unterstützend erlebt wird direkte Ansatzpunkte zur Verhaltensänderung (etwa im Gegensatz zu der Information, dass sein Umsatz zu gering ist).

Gleichgültig, welcher Art das Kriterium ist, es ist praktisch niemals mit der zur erfassenden Leistung deckungsgleich, die ein theoretisches Konstrukt darstellt. Abbildung 30 verdeutlicht diese Tatsache

Kriterien und Leistung sind nicht deckungsgleich

in einem Diagramm. Der rechte Kreis symbolisiert die Leistung, die wir erfassen wollen. Dazu ziehen wir ein beobachtbares Kriterium heran, das links dargestellt ist. Idealerweise überlappen beide möglichst stark, d.h. das Kriterium erfasst genau das, was die Leistung des Mitarbeiters ausmacht. In einem gewissen Ausmaß wird dies für den Umsatz eines Mitarbeiters als Kriterium für dessen Leistung gelten (bezeichnet als *Relevanz*).

Wir haben aber schon gesehen, dass die Leistung des Verkäufers beispielsweise auch darin besteht, seine Kollegen zu unterstützen, Azubis auszubilden und langfristig zufriedene Kunden an das Kaufhaus zu binden (d.h. beispielsweise einem Kunden ein für seine Bedürfnisse geeignetes Produkt zu empfehlen und ihm nicht eines aufzuschwatzen, dass einen möglichst hohen Umsatz erbringt). Insofern ist das Umsatz-Kriterium (wie jedes andere auch) in einem bestimmten Ausmaß *defizient*, d.h. es spiegelt bestimmte Aspekte der Leistung nicht adäquat wider.

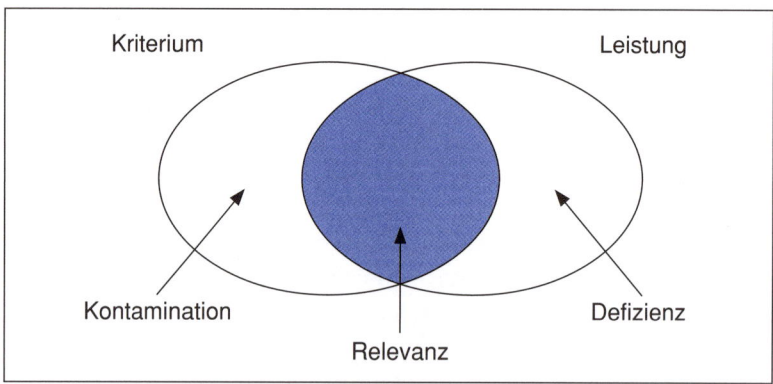

Abbildung 30: Relevanz, Kontamination und Defizienz eines Kriteriums

Gleichzeitig ist das Kriterium auch in einem bestimmten Ausmaß *kontaminiert*, d.h. es reagiert auf bestimmte Einflussgrößen, die mit der Leistung des Mitarbeiters nichts zu tun haben. Ein geringer Umsatz könnte beispielsweise daran liegen, dass das Kaufhaus keine konkurrenzfähigen Produkte im Angebot hat, die Preise zu hoch sind, insgesamt die Nachfrage konjunkturbedingt niedrig ist, in der Sommerzeit generell weniger verkauft wird (etwa gegenüber dem Weihnachtsgeschäft) usw.

Objektive Indikatoren wie die produzierte Stückzahl oder der Umsatz, die zunächst wegen ihrer Nähe zu den betriebswirtschaftlichen

Zielen der Organisationen als attraktive Leistungskriterien erscheinen, weisen solche Kontaminationsprobleme häufig besonders stark auf. Setzt man diese zur Beurteilung der Leistung eines Mitarbeiters ein, so kann dies also unfair sein, weil der Mitarbeiter das Kriterium (teilweise) gar nicht beeinflussen kann. Dieser und andere praktische Gründe (z. B. die Schwierigkeit, objektive Kriterien für höhere Positionen zu finden) haben dazu geführt, dass objektive Kriterien seltener zur Leistungsbeurteilung herangezogen werden.

Objektive Kriterien sind häufig kontaminiert

Prinzipiell kann die Beurteilung der Leistung eines Mitarbeiters global erfolgen. Meist aber geht man davon aus, dass sich die Leistung aus verschiedenen Komponenten oder Dimensionen zusammensetzt. Bei der Frage, welche dies sind, kann man entweder auf ein allgemeines Dimensionssystem wie das in Abbildung 29 gezeigte zurückgreifen oder aber diese Dimensionen für die betreffende Tätigkeit mittels einer Anforderungsanalyse empirisch erheben. (Wie man dabei vorgeht, ist im Kapitel 11 des Bandes „Arbeitspsychologie" von Bamberg et al., 2012, dargestellt.) Bei einer solchen multidimensionalen Konzeption von Leistung benötigt man dann auch mehrere Indikatoren, in der Regel mindestens einen pro Dimension. Das Ergebnis ist ein Leistungsprofil, das die Stärken und Schwächen in den verschiedenen Dimensionen aufzeigt.

Leistungsbeurteilung global oder auf Dimensionen

Ein Beispiel für eine solche multidimensionale Erfassung der Leistung findet sich im Kapitel 3.5 dieses Bandes. Dort wird gezeigt, wie in einem Assessment Center verschiedene, durch eine Anforderungsanalyse ermittelte Dimensionen in verschiedenen Übungen erfasst werden. Jedes Kreuz in Tabelle 4 (vgl. S. 78) stellt dort also einen Leistungsindikator dar.

Kennzeichnend für eine konstruierte Beobachtungssituation im Assessment Center ist (wie allgemein bei Verfahren der Personalauswahl), dass die Beurteilten dort stark motiviert ihre *maximale* Leistung zeigen, die von der *typischen*, im beruflichen Alltag gezeigten, abweichen kann. Meist interessiert man sich in der Leistungsbeurteilung aber mehr für die typische Leistung.

Unterschiede in maximaler und typischer Leistung

8.4 Beurteilungsverfahren

Haben wir eines oder mehrere Leistungskriterium festgelegt, so stellt sich im nächsten Schritt die Frage, wie wir die Kriterien konkret erfassen bzw. messen wollen.

Wenn objektive Kriterien, wie z. B. der Umsatz, die produzierten Stückzahl, die Zahl der Patente oder die Zahl der Verstöße gegen Arbeitssicherheitsverstößen zur Leistungsbeurteilung herangezogen werden, könnte man vermuten, dass diese bezüglich der Messung keine weiteren Überlegungen mehr erfordern. Am Beispiel der Zahl der Patente als Leistungskriterium für Mitarbeiter aus dem Bereich Forschung und Entwicklung wird aber deutlich, dass bei der Messung eine Reihe von zur begründenden Entscheidungen getroffen werden müssen. So wäre beispielsweise festzulegen, welche Art von Patenten gezählt werden sollen, wie lang der Beobachtungszeitraum gewählt werden soll, ob verschiedene Patente hinsichtlich ihrer Bedeutung unterschiedlich gewichtet werden sollen und ob der resultierende Indikator noch in bestimmter Weise normiert werden soll (z. B. in Bezug auf Ziele oder die Leistung einer Vergleichsgruppe von Mitarbeitern).

Die Wahl von Kriterien erfordert eine Reihe von Entscheidungen

Wie bereits ausgeführt, werden aber zur Leistungsbeurteilung meist subjektive Kriterien herangezogen, die die Einschätzung durch Beurteiler erfordern. Von den sehr vielfältigen Varianten der in diesem Kontext eingesetzten Instrumente sollen im Folgenden nur die gebräuchlichsten dargestellt werden (für weitergehende Informationen vgl. Bernardin & Beatty, 1984).

8.4.1 Ratingverfahren

Begriffsklärung: Ratingverfahren

Die sehr häufig eingesetzten *Ratingverfahren* (auch als *Einstufungsverfahren* bezeichnet) basieren auf Items, die aus einer Frage (oder einer Aussage) und einer festliegenden Antwortskala bestehen. Durch das Ankreuzen einer der vorgegebenen Antwortmöglichkeiten geben die Beurteiler z. B. an, wie intensiv oder wie häufig aus ihrer Sicht ein Verhalten zu beobachten ist. Abbildung 31 zeigt exemplarisch zwei solche Items im Kontext der Leistungsbeurteilung.

Das obere Item in Abbildung 31 erfasst die Leistung global, das untere Item eine bestimmte Leistungsdimension (in diesem Fall die OCB-Dimension Hilfsbereitschaft; vgl. Staufenbiel & Hartz, 2000). Das untere Item weist ein sogenanntes Likert-Format auf, bei dem die Befragten ihre Zustimmung oder Ablehnung zu einem als Aus-

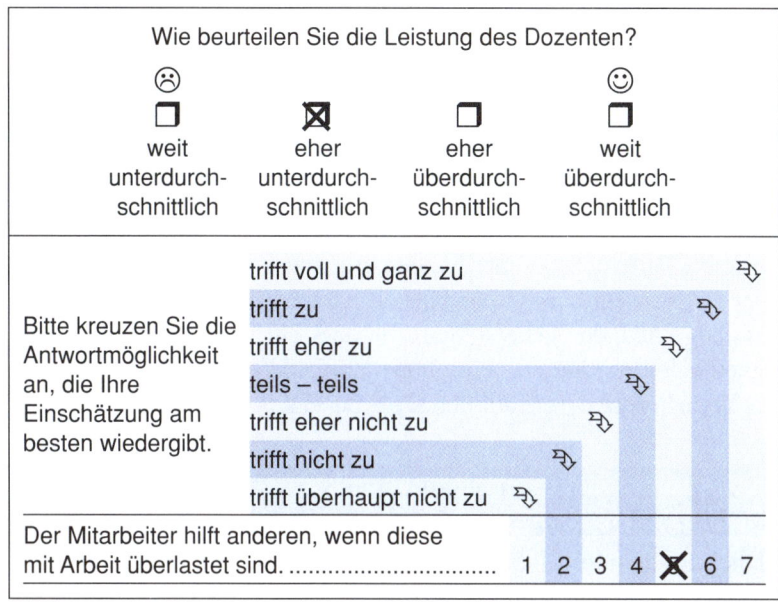

Abbildung 31: Zwei Leistungsbeurteilungsitems mit Ratingskalen als Antwortformat

sage formulierten Inhalt ausdrücken. Likert-Items weisen eine Reihe von Vorzügen auf und sind insbesondere in der Forschung weit verbreitet.

Wie man schon an den beiden Beispielen sehen kann, können Ratingskalen sehr unterschiedlich ausgestaltet sein (Borg & Staufenbiel, 2007). Sie unterscheiden sich hinsichtlich der Zahl der vorgegebenen Antwortalternativen (im Beispiel: vier vs. sieben) und damit verbunden hinsichtlich der Existenz einer Mittelkategorie (im Beispiel: bei einer ungeraden Zahl von Antwortmöglichkeiten nur unten) sowie im Ausmaß und der Art der Etikettierung der Antwortmöglichkeiten. Etikettierungen können verbal (z. B. oben durch „weit überdurchschnittlich" oder unten durch „teils-teils"), numerisch (unten durch Zahlen von 1 bis 7) und symbolisch (oben teilweise durch Smileys) erfolgen, wobei immer alle oder nur eine Teilmenge der Antworten etikettiert sein können.

Ratingskalen können sehr unterschiedlich gestaltet sein

Ratingverfahren zählen zu den gebräuchlichsten Skalenformaten der Leistungsbeurteilung. Meist werden fünf oder sieben Antwortmöglichkeiten (selten auch mehr, z. B. neun) verwendet, die zumindest verbal etikettiert sind. Eine wichtiges Ziel der Etikettierung besteht darin, eine größere Eindeutigkeit der Antwortmöglichkeiten und als Folge eine hohe Übereinstimmung zwischen verschiedenen Beurteilern (und damit hohe Reliabilität der Urteile) zu erzielen.

BARS verwenden spezifische Verhaltens-beschreibungen

Diese Etikettierung wird bei den *verhaltensverankerten Ratingskalen* (*BARS* für *B*ehaviorally *A*nchored *R*ating *S*cales) noch spezifischer umgesetzt. Hierbei sind verschiedene Positionen auf der Skala durch konkrete Verhaltensbeschreibungen etikettiert. Der Konstruktion solcher BARS liegt ein systematischer, aufwendiger Konstruktionsprozess zugrunde, der sicherstellen soll, dass die Verhaltensbeispiele tätigkeitsrelevant sind und eine hohe Eindeutigkeit in der Platzierung der Verhaltensbeispiele auf der Skala besteht (vgl. folgenden Kasten).

Konstruktion von verhaltensverankerten Ratingskalen (BARS)

Nach Smith und Kendall (1963) läuft die Konstruktion von BARS in den folgenden Schritten ab (Landy & Farr, 1983):

1. Eine Gruppe A von Experten für die betreffende Tätigkeit (z. B. Vorgesetzte, Stelleninhaber, Personalverantwortliche) bestimmt die wichtigsten für die Tätigkeit relevanten Leistungsdimensionen, definiert diese und charakterisiert, was eine gute, mittlere und schlechte Leistung in den Dimensionen ausmacht.
2. Eine zweite Expertengruppe B sammelt konkrete Beispiele für Verhaltensweisen, die jeweils gute, mittlere und schlechte Leistung in den Dimensionen anzeigen.
3. Eine Expertengruppe C bekommt die Verhaltensbeispiele vorgelegt und muss diese jeweils den Dimensionen zuordnen (manchmal bezeichnet als Rückübersetzung). Nur solche Verhaltensweisen, die mit einer großen Übereinstimmung durch die Beurteiler eindeutig einer Leistungsdimension zugeordnet werden können, werden beibehalten.
4. Die Experten einer Gruppe D geben für jedes Verhaltensbeispiel auf einer Ratingskala (z. B. von 1 bis 9 wie in Abbildung 32) an, welches Leistungsniveau dieses in der betreffenden Dimension widerspiegelt.
5. Für alle Verhaltensbeispiele werden Mittelwerte und Standardabweichungen der Daten aus 4. bestimmt und dann solche Verhaltensbeispiele für die Endform der BARS ausgewählt, deren Mittelwerte möglichst über den gesamten Bereich der Antwortskala streuen und deren Standardabweichung möglichst gering ist (was für eine hohe Übereinstimmung der Ex-

perten spricht). So könnte sich etwa für die oberste Verhaltens-
beschreibung aus Abbildung 32 der Mittelwert 8.4 mit einer
geringen Streuung von 0.7 ergeben haben.

Da Smith und Kendall davon ausgingen, dass ein Beurteiler (z. B. ein
Vorgesetzter) typischerweise nicht die Gelegenheit hat, genau die
exemplarisch genannten Verhaltensweisen auch tatsächlich zu beobachten, wurden die Verhaltensanker immer hypothetisch formuliert
(also für das oberste Beispiel z. B. „man könnte erwarten, dass er selbst
kreative Vorschläge und Beispiele aus verschiedenen Bereichen vor-
bringt"; auch bezeichnet als Verhaltenserwartungsskalen, BES = *B*eha-
vioral *E*xpectation *S*cales). Dieses Format hat sich aber nicht durch-
gesetzt, da der Vorteil, dass sich das Leistungsurteil auf tatsächlich
beobachtetes vergangenes Verhalten bezieht, damit verloren geht.

Abbildung 32: Beispiel für eine verhaltensverankerte Ratingskala (BARS)
zur Erfassung der Leistungsdimension „Innovation" für Mitarbeiter im Bereich Forschung & Entwicklung (aus Schuler,
Funke, Moser & Donat, 1995)

Auch in einer anderen Weise weicht das in Abbildung 32 darge-
stellte Ergebnis einer BARS-Konstruktion vom obigen Vorgehen ab.
Die Verhaltensweisen werden nämlich nicht mehr genau an der Po-
sition ihres Mittelwertes auf dem Leistungskontinuum dargestellt.
Vielmehr sind die Verhaltensbeispiele wieder vergröbert zu drei
Klassen zusammengefasst.

Neben dieser Modifikation sind auch andere vorgeschlagen worden.
Um den beträchtlichen Aufwand bei der Konstruktion zu verringern
wurde z. B. eine Expertengruppe für verschiedene Schritte gleichzeitig eingesetzt.

8.4.2 Ranking- und Paarvergleichsverfahren

Begriffsklärung: Ranking-Verfahren

Bei den *Ranking*-Verfahren (auch als *Rangordnungsverfahren*
bezeichnet) besteht die Aufgabe für den Beurteiler darin, die zu
Beurteilenden einer Gruppe global oder bezüglich einer Dimen-
sion in eine Rangreihe ihrer Leistung zu bringen (vgl. Abb. 33).
Dieser Rangordnung lässt sich dann entnehmen, wer in der
Gruppe der leistungsstärkste, wer an zweiter Position steht usw.

Statt alle Beurteilten in eine Rangfolge bringen zu lassen, kann man
auch für jeden Rangplatz festlegen, dass dort nicht nur ein Beurteil-
ter sondern eine festgelegte Zahl an Beurteilten eingeordnet werden
soll *(Quotenvorgabe)*. Die vorgegebene Verteilung kann dabei beispielsweise aussehen wie in Abbildung 33 oder noch simpler derart,
dass 10 % als „niedrig", 70 % als „durchschnittlich" und 20 % als
„hoch" eingestuft werden sollen.

Vor- und Nachteile
von Rankings

Bei beiden Vorgehensweisen kann nichts darüber ausgesagt werden,
wie groß der Unterschied zwischen der Leistung der Beurteilten ist
(ordinalskalierte Leistung) und wie hoch das Leistungsniveau eines
Beurteilten absolut ist. Während bei Ratings der Fall eintreten kann,
dass allen (oder vielen) Beurteilten das gleiche Leistungsniveau zugeschrieben wird, erzwingen Rankings eine Differenzierung zwischen den Beurteilten. Gleichzeitig wird eine Abhängigkeit zwischen den Beurteilungen erzeugt: Kommt z. B. ein neuer besonders
leistungsfähiger Mitarbeiter in das Team oder verbessert sich ein
Mitarbeiter besonders in der Leistung, so können sich dadurch die

Rangplätze der anderen Mitarbeiter auch dann ändern, wenn ihre Leistung konstant geblieben ist.

Eine weitere Möglichkeit des interindividuellen Leistungsvergleichs besteht darin, jeweils alle Mitarbeiter paarweise untereinander vergleichen zu lassen, wobei die Mitarbeiter im einfachsten Fall jeweils angeben müssen, welcher von beiden Mitarbeitern der Leistungsstärkere ist (*Forced-choice*-Urteile). Dieses Vorgehen hat den Vorteil, dass man prüfen kann, ob die Beurteilungen in sich konsistent sind (d. h., wenn Mitarbeiter A als leistungsstärker als Mitarbeiter C eingestuft wird und C leistungsstärker als F, dann sollte auch A leistungsstärker als F beurteilt werden). Nachteile dieses Verfahrens sind, dass die Leistungswerte der Beurteilten erst durch ein Skalierungsverfahren aus den Paarvergleichsdaten berechnet werden müssen (vgl. dazu Staufenbiel & Kleinmann,

Weitere Methode: Paarvergleiche

Ein Vorgesetzter hat 12 unterstellte Mitarbeiter (hier bezeichnet mit den Buchstaben A bis L), die er hinsichtlich ihrer Leistung in der Dimension „Selbstmanagement" beurteilen soll. Es ist vorab festgelegt, was unter Selbstmanagement verstanden werden soll.

Verfahren	Seine Aufgabe besteht darin ...	
Ranking	... die 12 Mitarbeiter hinsichtlich ihres Selbstmanagements in eine Rangreihe zu bringen:	1. _C_ 2. ___ ... 12. ___
Quoten-Ranking (Q-Sort)	... die Mitarbeiter hinsichtlich ihres Selbstmanagements in eine vorgegebene Verteilung einzuordnen:	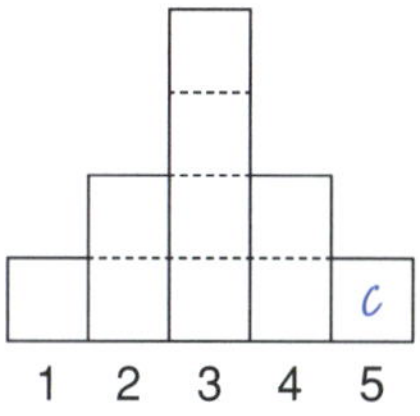
Paarver-gleich	... bei jedem möglichen Paar von Mitarbeitern jeweils anzugeben, welcher der beiden ein besseres Selbstmanagement besitzt:	1. A oder C? _C_ 2. D oder L? __ ... 66. E oder D? __

Abbildung 33: Vorgehen bei einfachen Rankings, Quoten-Rankings und der Paarvergleichsmethode

2002, oder allgemeiner Borg & Staufenbiel, 2007) und dass der Datenerhebungsaufwand bei einer größeren Zahl von Beurteilten sehr groß wird. In der Praxis finden aus diesen Gründen die in diesen Abschnitt dargestellten Methoden deutlich seltener Anwendung als die Ratingverfahren.

8.4.3 Qualität der Bewertungsverfahren

Wie dargestellt kann man die Leistung mit ganz verschiedenen Verfahren ermitteln. Zur Beurteilung, welche dieser Verfahren besser oder schlechter geeignet sind, können verschiedene Qualitätsmaßstäbe herangezogen werden.

Einerseits sind solche Verfahren besonders geeignet, die zu möglichst geringen Beurteilerfehlern führen. Zu beobachtende *Urteilsfehler* (auch als *Urteilstendenzen* bezeichnet) sind z. B. Mittelwerts- und Korrelationstendenzen.

Häufige Urteilsfehler

Mittelwertstendenzen bestehen darin, dass die Leistung generell zu positiv (Mildetendenz) oder zu negativ (Strengetendenz) eingeschätzt wird. Tatsächlich urteilen Vorgesetzte häufig zu milde, d. h. die Urteile fallen im Durchschnitt besser aus, als durch die Leistung der Mitarbeiter gerechtfertigt wäre. Diese zu positiven Bewertungen können verschiedene Ursachen haben (z. B. dass Vorgesetzte die Befürchtung haben, dass eine schlechte Beurteilung die Mitarbeiter demotiviert) und im Extremfall dazu führen, dass keine Differenzierung zwischen Mitarbeitern mehr möglich ist.

Die **Korrelationstendenzen** beziehen sich auf die Zusammenhänge zwischen den Urteilen auf verschiedenen Leistungsdimensionen. Der *Halo*-Fehler als eine solche Tendenz besteht darin, dass die Leistungsurteile auf den verschiedenen Dimensionen ähnlicher ausfallen, als es tatsächlich der Fall ist. Dies kann z. B. dadurch der Fall sein, dass ein positiver (oder negativer) Gesamteindruck die Beurteilungen eines Mitarbeiters auf anderen Dimensionen überstrahlt. Möglich ist auch, dass nicht ausreichend relevantes Verhalten des Mitarbeiters beobachtet wurde und die fehlenden Informationen in einigen Dimensionen durch diesen Gesamteindruck

Halo-Fehler als Korrelationstendenz

ergänzt werden. Ein starker Halo Effekt führt dazu, dass das Stärken-Schwächen Profil eines Mitarbeiters nivelliert wird und so eine differenzierte Rückmeldung erschwert wird.

Neben der Forderung nach einem geringen Auftreten solcher Urteilstendenzen wird als weiterer Qualitätsmaßstab gefordert, dass Urteile eine möglichst hohe *Genauigkeit (accuracy)* aufweisen sollten. Urteile sind umso genauer, je weniger sie von den wahren Leistungswerten der Beurteilten abweichen. Die Genauigkeit kann also nur geprüft werden, wenn die wahren Leistungswerte bestimmt werden können. Dies ist z. B. unter Laborbedingungen möglich, wenn man Leistungsverhalten per Video aufzeichnet und Experten unter Optimalbedingungen Beurteilungen der dort gezeigten Leistung vornehmen lässt. Als wahrer Wert kann dann z. B. das mittlere Urteil der Experten herangezogen werden. Lässt man nun auch Beurteiler das aufgezeichnete Verhalten einschätzen, so kann man feststellen, wie genau deren Urteile sind, indem man deren Abweichung von den wahren Werten bestimmt.

Urteile sollten über eine hohe Genauigkeit verfügen

Liegen die Daten eines Beurteilers für verschiedene Personen hinsichtlich verschiedener Leistungsdimensionen vor, so kann man für jede Person in jeder Dimension die Abweichung des Urteils vom wahren Wert bestimmen. Je nachdem, wie man diese Abweichungswerte aggregiert, erhält man dann verschiedene Indizes der Genauigkeit (Murphy & Balzer, 1989). Das einfachste als *elevation* bezeichnete globale Genauigkeitsmaß mittelt über alle Abweichungen. Andere Maße geben an, wie genau die Personen im Mittel über alle Dimensionen beurteilt werden *(differential elevation)*, wie genau die Dimensionen im Mittel über alle Personen eingeschätzt werden *(stereotype accuracy)* und wie genau die Leistungsunterschiede der Personen innerhalb der Dimensionen erfasst werden *(differential accuracy)*.

Verschiedene Indizes der Genauigkeit

Studien zeigen, dass sowohl die verschiedenen Genauigkeitsmaße untereinander als auch die oben dargestellten Urteilstendenzen nur gering untereinander korrelieren. Sie erfassen also jeweils unterschiedliche Aspekte von Qualität.

Unabhängig von den genannten psychometrischen Qualitätsstandards kann man auch nach praktisch relevanten Kriterien des Einsatzes verschiedener Bewertungsverfahren fragen. Hierbei geht es um

Fragen der Praktikabilität und der Akzeptanz des Einsatzes verschiedener Methoden oder – weitergehend – des gesamten Leistungsbeurteilungssystems (vgl. Murphy & Cleveland, 1995, Kapitel 11).

8.5 Durchführung von Leistungsbeurteilungen

Große Unterschiede in Leistungsbeurteilungs- systemen

Fast alle Organisationen erfassen in bestimmter Weise die Leistung ihrer Mitarbeiter. Kommt beispielsweise ein Mitarbeiter auf einen Vorgesetzten mit dem Wunsch nach einer Gehaltserhöhung zu, so wird die Leistung des Mitarbeiters (neben anderen Kriterien wie evtl. der Seniorität oder der Bedürftigkeit) bei der Entscheidung, ob diese gewährt wird, eine wichtige Rolle spielen. Organisationen unterscheiden sich beträchtlich darin, wie systematisch sie solche Leistungsbeurteilungen vornehmen.

8.5.1 Varianten von Leistungsbeurteilungen

In einem kleinen mittelständischen Unternehmen wird häufig kein formalisiertes Leistungsbeurteilungssystem existieren. Der Vorgesetzte wird dann ad hoc aufgrund seines in der Vergangenheit gebildeten Eindrucks die Leistung seines Mitarbeiters einschätzen. Solche informellen Leistungsbeurteilungen finden nicht nur in Situationen wie bei der Forderung nach einer Gehaltserhöhung statt. Sie sind vielmehr alltäglich: Vorgesetzte, Kollegen, Kunden und auch der Mitarbeiter selbst beurteilen ständig mehr oder weniger explizit den Erfolg bei der Erreichung der Ziele. Die alltägliche Rückmeldung, die unmittelbar auf ein Verhalten folgt, ist eine wichtige Quelle des Lernens.

Vor allem in größeren Unternehmen aber werden in systematischer Weise Personal- oder Leistungsbeurteilungen vorgenommen, bei denen das Prozedere verbindlich festgelegt ist. Dies kann z. B. so geschehen, dass jeder Vorgesetzte jeden seiner Mitarbeiter zu einem Stichtag einmal jährlich mit einem vorgeschriebenen Instrument hinsichtlich verschiedener Leistungsdimensionen beurteilt.

Unterscheidungsmerk- male von Leistungs- beurteilungssystemen

Solche formalen Leistungsbeurteilungssysteme können sehr unterschiedlich ausgestaltet sein. Sie unterscheiden sich beispielsweise darin, welche Antworten sie auf die folgenden Fragen geben:

- *Prozedere*: Wie groß sind die zeitlichen Abstände der Beurteilung? Wie läuft eine Beurteilung ab? Wie stark werden die Mitarbeiter am Beurteilungsprozess beteiligt? Was passiert, wenn ein Mitarbeiter die Beurteilung nicht akzeptiert?
- *Beurteilungsverfahren*: Wie global oder spezifisch wird die Leistung erfasst? Werden Kompetenzen, Verhalten oder Ergebnisse oder eine Kombination daraus erfasst? Wenn die Leistung spezifischer erfasst wird: Welches sind die Leistungsdimensionen? Welche Beurteilungsverfahren werden verwendet?
- *Beurteilungsquellen*: Erfolgt (wie es häufig der Fall ist) die Beurteilung ausschließlich durch den Vorgesetzten oder werden auch andere Quellen wie Kollegen, Kunden, Unterstellte und der Beurteilte selbst herangezogen? Falls auch andere Quellen eingesetzt werden: Welche Urteiler (z. B. Kunden) werden durch wen ausgewählt und wie werden die verschiedenen Urteile zusammengeführt?

8.5.2 Ziele von Leistungsbeurteilungen

Bei der Entscheidung darüber, wie ein Leistungsbeurteilungssystem gestaltet werden soll, spielt eine große Rolle, welche Ziele damit verfolgt werden. Grob kann man diese Ziele (Funktionen, Zwecke) in vier Gruppen einteilen.

Vier Funktionen von Leistungsbeurteilungen

- **Treffen von personenbezogenen Entscheidungen:** Hier stellen die Leistungsbeurteilungen Informationen bereit, anhand derer über die Höhe von Lohn bzw. Gehalt (leistungsorientierte Vergütung), über Beförderungen, Versetzungen sowie Kündigungen von Mitarbeitern entschieden werden kann.
- **Förderung von Mitarbeitern:** Die in der Leistungsbeurteilung identifizierten Stärken und Schwächen dienen als Grundlage für die Planung individueller Maßnahmen der Personalentwicklung für den Beurteilten, z. B. durch Beratung, Zielsetzung, Feedback, Coaching usw. (vgl. Kapitel 6.1)
- **Kommunikation von Zielen:** Durch Leistungsbeurteilungssysteme wird dem Mitarbeiter kommuniziert, was er tun muss, damit er seinen Beitrag zur Erreichung der Ziele der Organisation leisten kann und wie erfolgreich er darin bereits ist.

> • **Planung und Evaluation organisationaler Interventionen:** Die über Mitarbeiter aggregierten Ergebnisse der Leistungsbeurteilung bieten eine Grundlage für die Planung von Personalentwicklungsmaßnahmen in der Organisation. Ferner erlauben die Leistungsdaten Maßnahmen, die zur Leistungssteigerung führen sollen, zu evaluieren. Dazu zählen u. a. Personal- oder Organisationsentwicklungsmaßnahmen sowie auch die Personalauswahl.

8.5.3 Einführung eines Leistungsbeurteilungssystems

Mit einem Leistungsbeurteilungssystem lassen sich nicht alle Ziele gleich gut erreichen. Dies ist zum einen der Fall, weil die verschiedenen Einsatzbereiche jeweils unterschiedliche Anforderungen an die erhobenen Leistungsinformationen stellen. So ist bei personenbezogenen Entscheidungen besonders wichtig, eine zuverlässige individuelle Leistungskennzahl zu ermitteln, an die sich dann die Entscheidung (z. B. über den Prozentsatz der Gehaltserhöhung) knüpfen lässt. Verfolgt man das Ziel der Förderung der Mitarbeiter, so steht die Erhebung eines differenzierten Leistungsprofils im Vordergrund, das dann möglichst spezifische Ansatzpunkte für anschließende Maßnahmen zur Weiterentwicklung bereitstellt. Eine besondere Anforderung bei der Planung und Evaluation organisationaler Interventionen besteht darin, Leistungsbeurteilungen über ganz verschiedene Positionen hinweg aggregieren zu können.

> **Merke**
>
> Die Ausgestaltung eines Leistungsbeurteilungssystems wird von ihrem Zweck bzw. ihrem Ziel beeinflusst.

Von der Zielsetzung der Leistungsbeurteilung wird auch die Bereitschaft von Mitarbeitern abhängen, offen über Schwächen zu reden. So kann die Identifizierung solcher Leistungsdefizite in einem Kontext als willkommene Chance gesehen werden, gezielt Maßnahmen zu ergreifen, um diese zu beheben. Sie kann aber als Bedrohung erlebt werden, wenn mit einer anderen Zielsetzung entsprechend Nachteile in der Gehaltsentwicklung resultieren.

Komplexer
Einführungsprozess

Die Einführung eines formalen Leistungsbeurteilungssystems in einer Organisation stellt einen komplexen Prozess dar, bei dem es sich als nützlich erwiesen hat, die Mitarbeiter frühzeitig einzubinden. Konkretere Hinweise, wie so ein Prozess ablaufen soll finden sich z. B. bei Pulakos (2009). Dabei sind auch rechtliche Rahmenbedingungen, wie sie etwa im Betriebsverfassungsgesetz festgelegt sind, zu beachten. Nachdem ein solches System eingeführt wurde, sollte es evaluiert und auf der Basis der Evaluationsergebnisse optimiert werden.

Ein wichtiger Bestandteil während der Einführung eines Leistungsbeurteilungssystems ist das Training der Beurteiler, also im Regelfall der Vorgesetzten. Diese Beurteilertrainings verfolgen eine Reihe von Zielen. Sie sollen die Beurteiler mit dem neuen System vertraut machen, ihre Fähigkeiten bei der Beobachtung und Beurteilung der leistungsrelevanten Verhaltensweisen schulen, auf Urteilsfehler mit dem Ziel hinweisen, diese zu vermeiden und schließlich auch die Durchführung der Beurteilungsgespräche trainieren.

Leistungsbeurteilung muss man lehren

Während früher in Trainings häufig der Schwerpunkt auf die Vermeidung von Urteilstendenzen gelegt wurde, zeigen Studien, dass die Etablierung eines gemeinsamen Bezugsrahmens zur übereinstimmenden Einstufung von leistungsbezogenem Verhalten auf den Beurteilungsdimensionen (sog. *Frame-of-reference*-Trainings; vgl. Woehr & Huffcutt, 1994) wirksamer ist, um Beurteilungen mit einer hohen Genauigkeit zu erzielen. In diesen Trainings wird besonderer Wert auf die genaue Explikation der Dimensionen mit der Verankerung durch Verhaltensbeispiele auf den verschiedenen Leistungsniveaus gelegt. Ferner wird die Beurteilung von Leistungsverhalten anhand von Videosequenzen eingeübt, indem Feedback von Experten hinsichtlich der Beurteilungsstandards gegeben wird.

8.6   Determinanten der Arbeitsleistung

Betrachtet man verschiedene Mitarbeiter an gleichen Arbeitsstellen, so kann man beträchtliche Unterschiede in ihrer Leistung feststellen. Hier stellt sich nun die Frage, wie solche Leistungsunterschiede zustande kommen können.

Einen Erklärungsansatz liefern Campbell et al. (1993), die ihre in Kapitel 8.2 dargestellte Leistungstaxonomie mit einem Modell verknüpft haben, das auch die Determinanten der Leistung beschreibt.

Determinanten von Leistung nach Campbell et al. (1993)

Campbell et al. (1993) postulieren, dass die Leistung von dem Ausmaß des deklarativen Wissens, des prozeduralen Wissens und prozeduraler Fähigkeiten sowie der Motivation des Mitarbeiters abhängt. Unter dem *deklarativen* Wissen wird das erworbene Wissen über Fakten, Prinzipien und Ziele sowie die eigene Person verstanden („Wissen, was zu tun ist"). Die *prozeduralen* Fähigkeiten beziehen sich darauf, wie man etwas erreicht, und umfasst dabei kognitive, physische, psychomotorische und soziale Fertigkeiten sowie die Fähigkeit zum Selbstmanagement („Wissen, wie etwas zu tun ist"). Die *Motivation* schließlich beinhaltet die Entscheidung des Individuums, ein bestimmtes Leis-

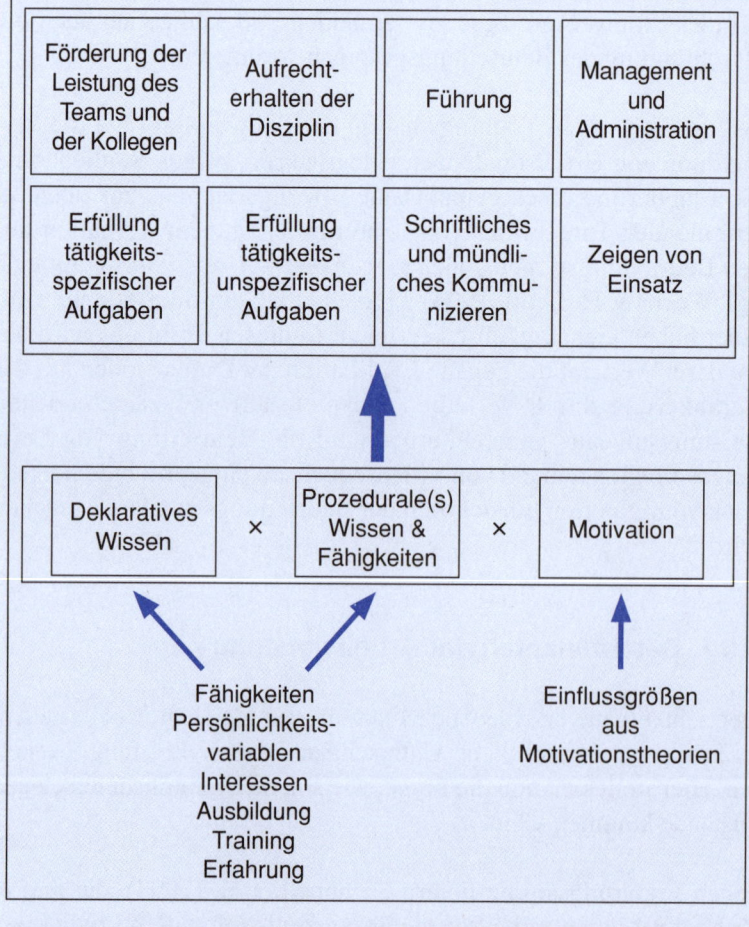

Abbildung 34: Das Leistungsmodell von Campbell et al. (1993)

tungsverhalten zeigen zu wollen, sowie die Intensität und die Ausdauer der aufgewendeten Anstrengung.

Campbell und Kollegen postulieren, dass die Einflussgrößen multiplikativ miteinander verknüpft sind. Im Gegensatz zu einer additiven Verknüpfung bedeutet dies, dass ein Mindestmaß in jedem
der Determinanten vorhanden sein muss, damit eine entsprechende Leistung resultiert. Eine fehlende Motivation (eine Ausprägung von 0) führt plausibler Weise dazu, dass das Verhalten nicht
gezeigt wird, unabhängig davon wie stark Wissen und Fähigkeiten
ausgeprägt sind.

Weitere Einflussgrößen, wie etwa Interessen, die Berufserfahrung,
oder Persönlichkeitsvariablen wirken in dem Modell nur indirekt
über die drei unmittelbaren Determinanten auf die Leistung ein. Aus
der Gruppe der Persönlichkeitsvariablen ist die allgemeine *Intelligenz* am bedeutendsten (vgl. Kapitel 9.3.1). Wie in Campbells Modell wird dabei häufig angenommen, dass eine höhere Intelligenz
indirekt dadurch die Leistung fördert, dass intelligentere Personen
leichter das Wissen und die Fertigkeiten erwerben, die für die Leis-
tungserbringung erforderlich sind.

Einfluss von Intelligenz und Gewissenhaftigkeit

Auch andere stabile Persönlichkeitsmerkmale korrelieren positiv
mit der Leistung, vor allem die Big-Five-Dimension *Gewissenhaftigkeit*. Dabei ist der Zusammenhang allerdings deutlich niedriger
als bei der Intelligenz. Intelligenz und Gewissenhaftigkeit tragen
beide in einem gewissen Grade unabhängig zur Vorhersage der Leistung bei, so dass der gemeinsame Einsatz beider Prädiktoren in der
Personalauswahl die Leistungsvorhersage erhöht (vgl. Kapitel 9.3).

Zu beachten ist, dass die Zusammenhänge in Abhängigkeit von der
betrachteten Leistungskomponente variieren können. So zeigen Studien, dass Gewissenhaftigkeit höher mit OCB korreliert als mit der
geforderten Arbeitsleistung, während es sich bei der Intelligenz umgekehrt verhält. Die Wirkung der verschiedenen Einflussgrößen auf
die Leistung kann sich zudem über die Zeit ändern. Der Start in eine
neue Tätigkeit oder veränderte Aufgabenstellungen erfordern eine
Lernphase, in der die Intelligenz wichtiger sein kann als in einer
späteren Phase, in der das gelernte Verhalten automatisiert abläuft
und möglicherweise motivationale Einflussgrößen stärker werden.

Neben den Personenvariablen, die in Campbells Modell im Vordergrund stehen, sind auch situationale Einflussgrößen für die Leis-

Leistung ist auch von situationalen Variablen abhängig

tungserbringung von Bedeutung. Darunter fallen beispielsweise Bedingungen des Arbeitsumfeldes (z. B. Hitze), der Arbeitsorganisation (z. B. der Grad an Autonomie oder die Arbeitszeitgestaltung), des sozialen Umfeldes (z. B. die Rollenambiguität oder die Führung) bis hin zu organisationalen Variablen (z. B. das Organisationsklima).

Ob diese Einflussgrößen, wie im Modell von Campbell postuliert, vermittelt über das Wissen, die Fähigkeiten und Motivation auf die Leistung wirken, ist bisher noch wenig untersucht. Häufiger wurden in Studien vor allem arbeits- oder organisationsbezogene Einstellungen als vermittelnde Prozesse bestätigt, die ebenfalls mit der Leistung in positiver Beziehung stehen. Dazu zählen etwa die Arbeitszufriedenheit und das Commitment gegenüber der Organisation (vgl. Kapitel 9.1). Bei diesen Variablen ist allerdings die Wirkrichtung umstritten. So kann eine hohe Arbeitsleistung auch (z. B. aufgrund der damit verbundenen positiven Konsequenzen) zu einer positiveren Bewertung der Arbeit oder der Organisation führen.

8.7 Verfahren zur Leistungssteigerung

Wie eingangs des Kapitels dargestellt, sind sehr viele Aktivitäten einer Organisation darauf ausgerichtet, eine hohe Produktivität der Mitarbeiter sicherzustellen. So versucht man, in der Personalauswahl durch geeignete Rekrutierung und Selektion möglichst leistungsstarke Mitarbeiter zu gewinnen. Vorhandene Mitarbeiter werden durch Personalentwicklungsmaßnahmen in ihren Kompetenzen und ihrer Motivation gefördert. Außerdem können Optimierungen der situationalen Bedingungen (etwa im Rahmen der Arbeitsplatzgestaltung) zur Leistungssteigerung der Mitarbeiter beitragen.

Im Folgenden sollen zwei Interventionen näher dargestellt werden, die beide vor allem auf der leistungssteigernden Wirkung von Feedback aufbauen.

8.7.1 360°-Feedback

Verfahren des 360°-Feedbacks

Beurteilung durch verschiedene Quellen

Die Idee des 360°-Feedbacks (auch: *multi-source* feedback) besteht darin, Mitarbeitern in systematischer Weise Leistungsrückmeldungen aus verschiedenen Perspektiven (Quellen) zu geben, die diese dann mit ihrer Selbsteinschätzung abgleichen können (Scherm & Sarges, 2002). Meist wird das Verfahren bei Führungs- kräften eingesetzt, die durch aus verschiedenen Perspektiven durch Vorgesetzte, Kollegen, Mitarbeiter sowie Kunden in ihrer Leistung beurteilt werden. Betrachten Sie hierzu Abb. 35, in der Kollegen z. B. die Führungskräfte „aus dem 90°-Winkel" beurteilen, daher der Name des Verfahrens. (Manchmal wird auch schon von 360°-Feedback gesprochen, wenn nicht alle Perspektiven einbe- zogen werden.)

Üblicherweise werden die Einschätzungen mit standardisierten Fra- gebögen erhoben, in denen die Leistung auf verschiedenen Dimensio- nen erfasst wird. Die Rückmeldung erfolgt meist in der Form von in- dividuellen Feedbackberichten, in denen die Einschätzungen der Feedbackgeber anonymisiert und aggregiert aufbereitet werden. Auf- bauend auf das Feedback kann eine individuelle Entwicklungspla- nung der Führungskräfte erfolgen. Nicht selten finden im Anschluss auch Workshops mit der Führungskraft und Beurteilergruppen statt, in denen die Ergebnisse gemeinsam diskutiert und Veränderungsmaß- nahmen abgeleitet werden. Seltener findet sich auch eine Koppelung der Ergebnisse des Feedbacks mit administrativen Entscheidungen, z. B. über das Gehalt.

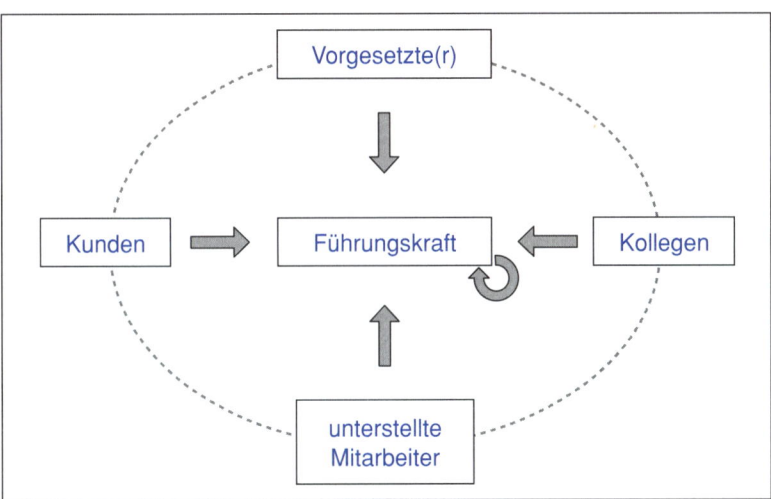

Abbildung 35: Beurteilerquellen bei einem 360°-Feedback

Gegenüber der „klassischen" Leistungsbeurteilung, die ausschließ- lich durch den Vorgesetzten erfolgt, verspricht das 360°-Feedback

Vorteile von 360°-Feedback

eine Reihe von Vorteilen: Es wird nicht nur das durch den Vorgesetzten beobachtbare Verhalten als Grundlage der Beurteilung herangezogen, sondern auch das Verhalten gegenüber anderen relevanten Gruppen. So kann sich die Führungskraft gegenüber ihren unterstellten Mitarbeitern möglicherweise ganz anders verhalten als gegenüber dem Vorgesetzten oder den Kunden. Tatsächlich zeigt sich empirisch, dass die Urteile zwischen verschiedenen Quellen meist nicht sehr hoch korrelieren (im Bereich von $.14 \leq r \leq .34$; Conway & Huffcutt, 1997) und die verschiedenen Perspektiven jeweils zusätzliche, valide Informationen über das Leistungsverhalten beisteuern. Die Berücksichtigung der Urteile vieler Feedbackgeber reduziert auch das Risiko des „impression management" gegenüber einer einzelnen Person und macht die Beurteilung weniger anfällig für die Urteilsverzerrungen einer einzelnen Person.

Interessant am 360°-Feedback ist für die Führungskraft auch der Abgleich der Selbsteinschätzung mit den Fremdurteilen. Diskrepanzen können dabei helfen, die eigene Selbsteinschätzung zu korrigieren oder eine Motivation darstellen, etwas zu ändern. Dabei zeigen erste Studien, dass besonders solche Personen vom Feedback profitieren, die sich relativ zu den Fremdurteilen in ihrer Leistung überschätzt haben.

8.7.2 ProMES

Bei dem auf Robert Pritchard zurückgehenden *Pro*ductivity *M*easurement and *E*nhancement *S*ystem (ProMES; Pritchard et al., 1989) liegt der Fokus auf der Erfassung und Rückmeldung von Leistung in Arbeitsgruppen.

Entwicklung eines ProMES

In einem Projektteam unter Beteiligung der Mitarbeiter, für die ProMES eingesetzt werden soll, wird das System in folgenden Schritten entwickelt:

1. Die Ziele *(objectives)* der Arbeitsgruppe(n) werden gesammelt und auf die wichtigsten vier bis sechs Ziele reduziert. Ein Beispiel für ein Ziel einer Reparatureinheit von Leiterplatinen in der U.S. Air Force (Pritchard et al,. 1989) ist „Sicherstellung einer hohen Qualität".

2. Für jedes der Ziele wird mindestens ein messbarer Indikator gesucht. Ein Indikator für obiges Ziel wäre „Prozentsatz der

Platinen, die die Qualitätskontrolle ohne Beanstandung passieren" innerhalb eines definierten Zeitraums. Wichtig dabei ist, dass jedes Ziel durch dessen Indikatoren möglichst ohne Kontamination und Defizienz erfasst werden.

3. In sogenannten Bewertungsfunktionen *(contingency functions)* wird in einem etwas aufwendigen Prozedere für jeden Indikator festgelegt, in welchem Zusammenhang er zur Produktivität *(effectiveness*; im Wertebereich zwischen −100 und +100 skaliert) der Organisation steht.

Einer Bewertungsfunktion wie in Abbildung 36 kann man folgende Informationen entnehmen:

- Was ist der Wertebereich, in dem der Indikator unter normalen Bedingungen schwankt? Hier: Der Prozentsatz der beanstandeten Platinen durch die Qualitätskontrolle schwankt zwischen 2 und 20 %.

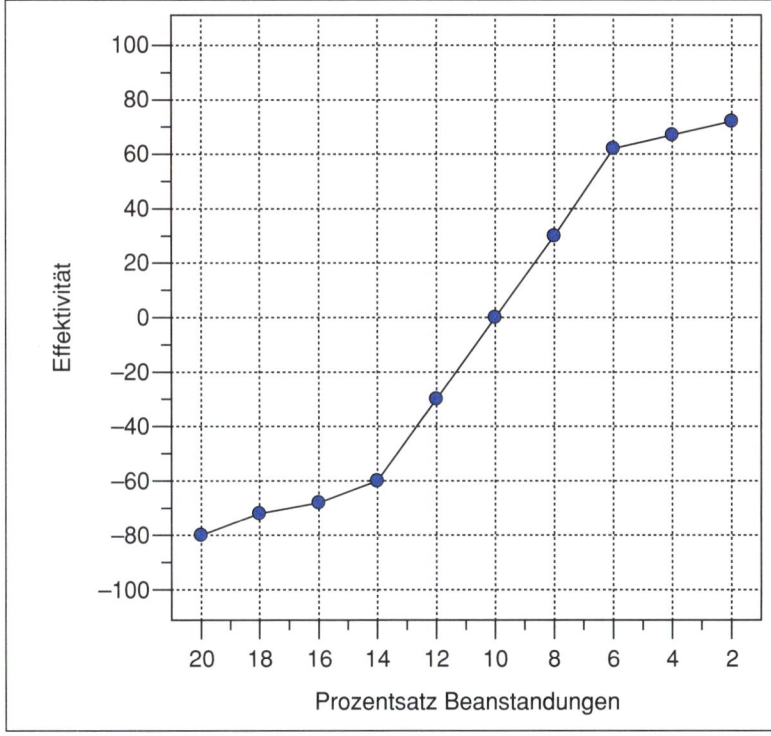

Abbildung 36: Bewertungsfunktion in ProMES (aus Pritchard et al., 1989)

- Was ist die erwartete Ausprägung in dem Indikator, die weder besonders positiv noch besonders negativ ist? Hier: Der Effektivität von 0 entspricht eine Beanstandungsquote von 10 %.
- Wie wichtig ist der Indikator? Hier: Wichtig, da eine Änderung im Indikator eine starke Veränderung der Effektivität im Wertebereich zwischen −80 und +72 nach sich zieht; bei einem weniger wichtigen Indikator würde die Kurve flacher verlaufen.
- Wie ist der genaue Zusammenhang zwischen dem Indikator und der Effektivität? Hier: Annähernd linear, mit leichten Abflachungen an den Extremen des Indikators, d. h. dort bewirkt eine Veränderung im Indikator nicht mehr eine so starke Änderung in der Effektivität.

Hat das Management den Ergebnissen des Projektteams zugestimmt, so wird das System den betreffenden Mitarbeitern kommuniziert und mit dem Feedback begonnen. Alle Indikatoren werden laufend gemessen und den Arbeitsgruppen (z. B. im monatlichen Abstand) zurückgemeldet. Aufbauend auf das Leistungsfeedback der Arbeitsgruppe können von diesen Maßnahmen geplant werden.

Abbildung 37 zeigt in den Verlauf der summierten Effektivitätsmaße in einer Baseline-Phase in den acht Monaten vor der Intervention

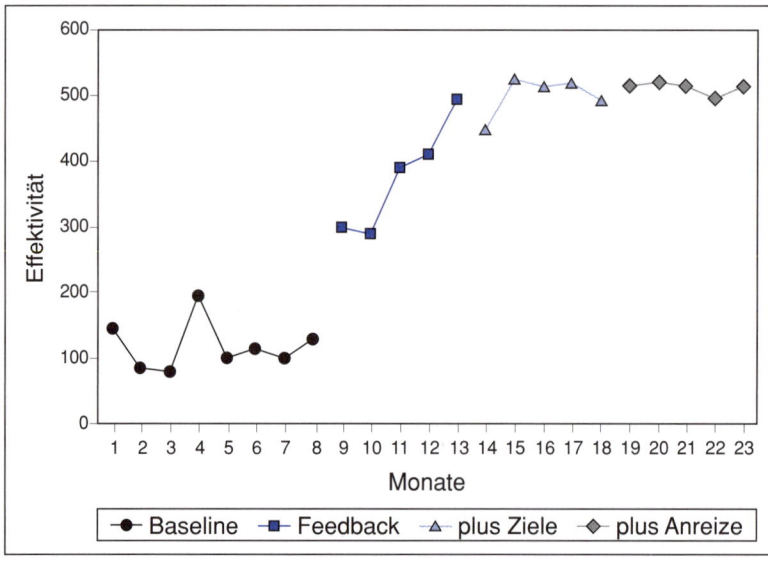

Abbildung 37: Verlauf der Effektivität in der ProMES-Studie von Pritchard et al. (1989)

und nach Beginn des Feedbacks in einer Studie von fünf Arbeitsgruppen der US Air Force (Pritchard et al., 1989). Man erkennt einen
massiven leistungssteigernden Effekt der Intervention, der durch
nachgeschaltete Zielsetzungs- und Anreizsysteme (vgl. Kapitel 7)
kaum noch weiter gesteigert werden konnte.

*Ergebnisse der
ProMES-Studie
in der US Air Force*

Eine Zusammenfassung der Ergebnisse von 83 Feldstudien, in denen ProMES eingesetzt wurde, zeigt, dass die Effekte nicht immer
so stark ausfallen, aber mit einer durchschnittlichen Effektstärke von
$d = 1.16$ nicht nur statistisch signifikant von Null verschieden sondern auch praktisch bedeutsam ausfallen (Pritchard, Harrell, Diaz-
Granados & Guzman, 2008).

Zusammenfassung

Unter beruflicher Leistung werden alle Verhaltensweisen eines
Mitarbeiters verstanden, die zur Erreichung der Ziele der Organisation beitragen. Dazu zählt nicht nur die pflichtgemäße
Erfüllung der Aufgaben, sondern auch ein darüber hinaus ge-
hendes Engagement, beispielsweise in Form von hilfsbereitem
Verhalten. Die Kriterien zur Beurteilung der Leistung sind vielfältig. Meist werden subjektive Kriterien verwendet, die durch
Vorgesetzte oder andere Quellen mittels Ratings auf relevanten
Leistungsdimensionen quantifiziert werden. Formale Leistungsbeurteilungssysteme müssen so geplant und umgesetzt werden,
dass die damit verfolgten Ziele auch erreicht werden können.
Neben der Beurteilung ist die Steigerung der Leistung in Unternehmen ein wichtiges Unterfangen. Dazu können beispielsweise
die Feedbackverfahren 360°-Feedback und ProMES erfolgreich
eingesetzt werden.

**Weiterführende
Literatur**

Murphy, K. R. & Cleveland, J. N. (1995). *Understanding performance appraisal: Social, organizational, and goal-based perspectives*. Thousand Oaks, CA: Sage.

Pulakos, E. D. (2009). *Performance management: A new approach
for driving business results*. Oxford: Wiley-Blackwell.

Schuler, H. (Hrsg.). (2004). *Beurteilung und Förderung beruflicher
Leistung*. Göttingen: Hogrefe.

Fragen

1. Konkretisieren Sie die drei Komponenten der Arbeitsleistung bei einem Betreiber eines Kinderkarussells.
2. Welche Leistungsdimensionen könnten für die Tätigkeit eines Briefträgers relevant sein?
3. Entwickeln Sie objektive und subjektive Kriterien für diese Leistungsdimensionen.
4. Diskutieren Sie die Vor- und Nachteile der Verwendung von Ratings vs. Rankings in Leistungsbeurteilungsverfahren.
5. Warum ist es schwierig, ein Leistungsbeurteilungssystem zu entwickeln, was gleichzeitig Informationen für karrierebezogene Entscheidungen und die Förderung von Mitarbeitern liefert?

Lösungshinweise finden Sie unter
www.hogrefe.de/buecher/lehrbuecher/psychlehrbuchplus.

Kapitel 9

Einstellungen, Emotionen und Persönlichkeit

Thomas Staufenbiel

Inhaltsübersicht

Mitarbeiter unterscheiden sich in vielfältiger Hinsicht. Sie besitzen bestimmte mehr oder weniger stabile Persönlichkeitsmerkmale (z. B. Intelligenz oder Selbstwert), sie haben Einstellungen gegenüber dem, was in der Organisation passiert (z. B. die Zufriedenheit mit ihrer Bezahlung) und erleben vielfältige Emotionen in ihrer Arbeit (z. B. Ärger oder Stolz). Diese interindividuellen Unterschiede können sich auf das Handeln der Mitarbeiter auswirken: Intelligentere Mitarbeiter sind beispielsweise leistungsstärker und Mitarbeiter mit einer geringen Arbeitszufriedenheit kündigen eher. In diesem Kapitel werden wir uns damit beschäftigen, welche Persönlichkeitsmerkmale, Einstellungen und Emotionen in Organisationen bisher untersucht wurden und was man über deren Zustandekommen und Konsequenzen weiß.

9.1 Einstellungen

Menschen bewerten ständig, was um sie herum geschieht. Dies trifft natürlich auch auf Mitarbeiter in Organisationen zu. Die Bewertungen können sich auf Personen (z. B. den Vorgesetzten), Dinge (z. B. ein neues Produkt des Unternehmens) oder Ereignisse (z. B. eine Gehaltserhöhung) beziehen. Solche Bewertungen, die von negativ über neutral bis positiv variieren können, bezeichnet man als *Einstellungen* und das, worauf sich die Bewertung bezieht, als Einstellungsobjekt. Häufig wird dabei eine affektive, kognitive und konative Einstellungskomponente unterschieden. Beispielsweise könnte ein Mitarbeiter eine Gehaltserhöhung als ungerecht empfinden (kognitiv), sich über sie ärgern (affektiv) und planen, sich eine neue Arbeitsstelle zu suchen (konativ, also eine Absicht haben, sich in bestimmter Weise zu verhalten).

Affektive, kognitive und konative Einstellungskomponenten

Wir werden nun einige bedeutsame Einstellungen zu allgemeineren Einstellungsobjekten genauer betrachten.

9.1.1 Arbeitszufriedenheit

Begriffsklärung: Arbeitszufriedenheit

Unter *Arbeitszufriedenheit* wird die Einstellung der Mitarbeiter gegenüber ihrer Arbeit verstanden. Arbeitszufriedenheit zählt zu den am häufigsten untersuchten Variablen in der Organisationspsychologie.

Während im *Taylorismus* zu Beginn des 20. Jahrhunderts die Optimierung des Produktionsablaufs im Vordergrund stand und die Befindlichkeiten der aus der Sicht dieses Ansatzes vor allem durch monetäre Anreize zu motivierenden Mitarbeiter nur eine untergeordnete Rolle spielten, änderte sich dies mit der aufkommenden *Human-Relations-Bewegung* in den 30er Jahren. Hier wurde jetzt die Zufriedenheit mit den sozialen Beziehungen in Teams und mit den Führungskräften in den Fokus des Interesses gerückt. Dabei bestand die Überzeugung, dass nur zufriedene Mitarbeiter auch produktiv sein können.

Von dieser Perspektive ausgehend ist es wichtig, die Arbeitszufriedenheit zu untersuchen, weil dies möglicherweise erlaubt, die berufliche Leistung als Verhalten vorherzusagen. Andere ebenfalls für Organisationen sehr relevante Verhaltensweisen wie etwa ein häufiges Fehlen am Arbeitsplatz *(Fehlzeiten, Absentismus)* oder die Kündigung des Arbeitsverhältnisses durch den Mitarbeiter könnten ebenfalls Konsequenzen geringer Arbeitszufriedenheit sein. Wir werden unten darauf zurückkommen, ob dies so ist.

Leisten zufriedene Mitarbeiter mehr?

Umgekehrt kann Arbeitszufriedenheit nicht als Antezedenz sondern auch als Konsequenz untersucht werden. Hier kann man beispielsweise vermuten, dass Arbeitszufriedenheit von den bestehenden Arbeitsbedingungen abhängt. Aus dieser Perspektive kann Arbeitszufriedenheit dann beispielsweise als Indikator für den Erfolg von arbeitsgestalterischen (oder anderen) Maßnahmen herangezogen werden.

Messung von Arbeitszufriedenheit

Die Messung von Arbeitszufriedenheit erfolgt in der Regel durch den Selbstbericht der Mitarbeiter. Dabei kann die Arbeitszufriedenheit einerseits global anhand eines Items *(single item measurement)* oder mehrerer Items erfasst werden. Ein prominentes Beispiel für ein Einzelitem zur Erfassung der Arbeitszufriedenheit stammt von Kunin (1955) und ist in Abbildung 38 abgebildet. Die symbolische Antwortskala mit den Gesichtern erlaubt vor allem die affektive Einstellung zu erfassen und wird heute eher stilisiert in Form von Smileys verwendet. Globale Items mit einer verbalen Antwortskala lauten beispielsweise „Alles in allem bin ich mit meiner Arbeit zufrieden" oder „Ich arbeite gerne hier" mit einer Antwortskala von „stimmt überhaupt nicht" bis „stimmt voll und ganz".

Erfassung der globalen Arbeitszufriedenheit

Kunin-Item	Kreuzen Sie bitte das Gesicht an, welches am besten ausdrückt, wie Sie sich insgesamt in Ihrem Job fühlen: 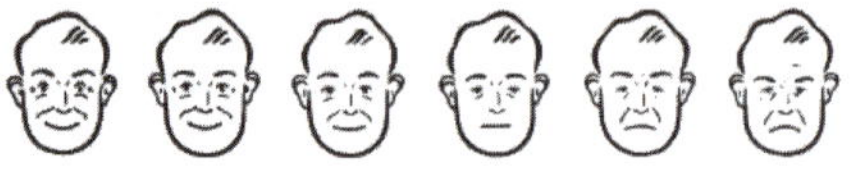
Items aus dem JDI	Denken Sie an den Job, den Sie gerade ausüben. Wie gut charakterisieren die folgenden Beschreibungen Ihren Job? Kollegen – loyal ☐ Ja ☐ Nein ☐ ? – reden zu viel ☐ Ja ☐ Nein ☐ ?
Items aus dem JSS	Bitte kreuzen Sie die Antwort an, die Ihrer Meinung am nächsten kommt. – Es gibt zu wenig Aufstiegschancen in meinem Job. – Mein Vorgesetzter behandelt mich fair. ☐ 1 = lehne völlig ab ☐ 2 = lehne ab ☐ 3 = lehne eher ab ☐ 4 = stimme eher zu ☐ 5 = stimme zu ☐ 6 = stimme völlig zu

Abbildung 38: Items zur Erfassung von Arbeitszufriedenheit aus drei Instrumenten

Facetten der
Arbeitszufriedenheit

Möglich ist aber auch, nach der Zufriedenheit mit spezifischen Aspekten *(Facetten)* der Arbeit zu fragen. Typische Facetten sind dabei die Arbeitsbedingungen, die Tätigkeit, die Bezahlung, die Aufstiegsmöglichkeiten, die Kollegen, der Vorgesetzte, die Information und Kommunikation, die Führungskräfte oder die Firma. Abbildung 38 zeigt in der Mitte zwei entsprechende Items zur Erfassung der Facette „Kollegen" aus einen im angloamerikanischen Bereich sehr häufig verwendeten Instrument, dem *Job Descriptive Index* (*JDI*, Smith, Kendall & Hulin, 1969). Der von Neuberger und Allerbeck (1978) entwickelte deutschsprachige *Arbeits-Beschreibungs-Bogen* (ABB) lehnt sich stark an den JDI an.

Heute finden sich häufiger Arbeitszufriedenheitsinstrumente, in denen die Items anders als im JDI vollständig ausformuliert sind und die Antworten gestuft gegeben werden können. Dies gilt z. B. für den *Job Satisfaction Survey* (JSS) von Spector (1997), aus dem in Abbildung 35 unten zwei Beispielitems gezeigt sind, die auf einer sechsstufigen Likert-Skala beantwortet werden.

Bei der Bestimmung der Arbeitszufriedenheit kann bei den facettierten Maßen entweder über alle Items summiert werden oder es können auch die Facetten als Subskalen getrennt ausgewertet werden.

Situationsbewertung oder Personenmerkmal?

In vielen Modellen der Arbeitszufriedenheit wird postuliert, dass die Zufriedenheit oder Unzufriedenheit mit der Arbeit durch eine Bewertung der Arbeitssituation zustande kommt. Es wird davon ausgegangen, dass Merkmale des Arbeitsplatzes (z. B. die Bezahlung, die Sicherheit des Arbeitsplatzes, die Vielfältigkeit der Tätigkeit) von der Person wahrgenommen und bewertet werden und diese Bewertungen dann in irgendeiner Form kognitiv zur Arbeitszufriedenheit verrechnet werden (z. B. durch Mittelung über die Bewertung der einzelnen Merkmale).

Arbeitszufriedenheit als Bewertung der Arbeitssituation

Im *Job Characteristics Model* von Hackman und Oldham (1980; vgl. auch Kapitel 11 in Bamberg et al., 2012) werden fünf solche Tätigkeitsmerkmale benannt, deren subjektive Bewertung die Arbeitszufriedenheit beeinflussen sollte. Tätigkeiten sollen danach zu mehr Zufriedenheit führen, wenn sie durch eine größere Anforderungsvielfalt, Ganzheitlichkeit, Bedeutsamkeit der Aufgabe, Autonomie und Rückmeldung aus der Aufgabenerfüllung charakterisiert sind[5]. Tatsächlich lassen sich für die genannten und auch andere Merkmale der Tätigkeit (z. B. die Schwierigkeit und die Komplexität des Jobs), soziale Merkmale (z. B. das Ausmaß an Unterstützung) und Merkmale des Arbeitskontexts (z. B. Lärm) Zusammenhänge mit der Arbeitszufriedenheit belegen (vgl. die Metaanalyse von Humphrey, Nahrgang & Morgeson, 2007).

Job Characteristics Model und Arbeitszufriedenheit

Eine weitere vielzitierte Theorie bezüglich des Zustandekommens von Arbeitszufriedenheit entwickelte Herzberg (Herzberg, Mausner & Snyderman, 1959). Als Resultat seiner sogenannten Pittsburgh-Studie (vgl. folgender Kasten) postulierte er, dass Arbeitszufrieden-

Herzbergs Zwei-Faktoren-Theorie

---

5 Tatsächlich ist das Modell noch komplexer. Es macht zusätzlich Aussagen darüber, über welche vermittelnden psychologischen Variablen die Aufgabenmerkmale auf die Ergebnisse (neben Arbeitszufriedenheit auch noch andere wie Leistung) wirken und unter welchen Rahmenbedingungen dies der Fall (z. B. nur bei einem großen Bedürfnis der Mitarbeiter nach Weiterentwicklung).

heit und Arbeitsunzufriedenheit nicht zwei entgegengesetzte Pole
einer Dimension darstellen. Vielmehr soll es ein Kontinuum von
neutral bis zufrieden und eines von neutral bis unzufrieden geben
und Zufriedenheit und Unzufriedenheit sollen jeweils durch unterschiedliche Faktoren beeinflusst werden.

Die Pittsburgh-Studie

Frederick Herzberg und Kollegen interessierten sich für die Frage,
wie positive und negative Einstellungen gegenüber der Arbeit zustande kommen (Herzberg et al., 1959). Um dies zu untersuchen,
führten sie mit 203 Mitarbeitern (Buchhaltern und Ingenieuren)
verschiedener Stahl- und Maschinenbauunternehmen in und um
Pittsburgh strukturierte Interviews durch. Mittels der *Methode der
kritischen Ereignisse* (*Critical incident technique*, CIT; vgl. Kapitel 2.2)
wurden die Befragten gebeten, Ereignisse in ihrem Job zu schildern, bei dem sie sich in der Vergangenheit besonders gut gefühlt
und solche Episoden, bei denen sie sich besonders schlecht gefühlt haben. Anschließend wurden alle berichteten Episoden nach
den thematischen Inhalten klassifiziert, die darin angesprochen
wurden.

Die 16 dabei verwendeten Inhaltskategorien finden sich in Abbildung 39 rechts dargestellt. Wurde beispielsweise in einer Episode
berichtet, dass jemand sich über eine Erhöhung seines Gehalts
gefreut oder über eine zu geringe oder ausbleibende Erhöhung
geärgert hat, so wurde als Inhaltskategorie „Gehalt" codiert. Diese
Codierung wurde für alle 228 positiven (Zufriedenheit erzeugenden) Situationen und 248 negativen (Unzufriedenheit hervorrufen-
den) Episoden vorgenommen. Dabei konnten für Episoden auch
mehrere Inhalte codiert werden.

Abbildung 39 zeigt die prozentuale Auftretenshäufigkeit der Kategorien, getrennt für zufrieden machende und unzufrieden machende Situationen. Es fällt auf, dass viele Kategorien nicht gleichermaßen in zufriedenstellenden und unzufrieden machenden
Situationen auftraten: Zum Beispiel wurde eine besonders gute
Leistung häufig in einer Zufriedenheit erzeugenden Situation genannt (41 %), aber nur sehr selten eine schlechte Leistung in einer
Situation mit großer Unzufriedenheit (7 %).

Herzberg bezeichnete die Kategorien, die vor allem in Zufriedenheit erzeugenden Situationen genannt wurden, als *Motivatoren*

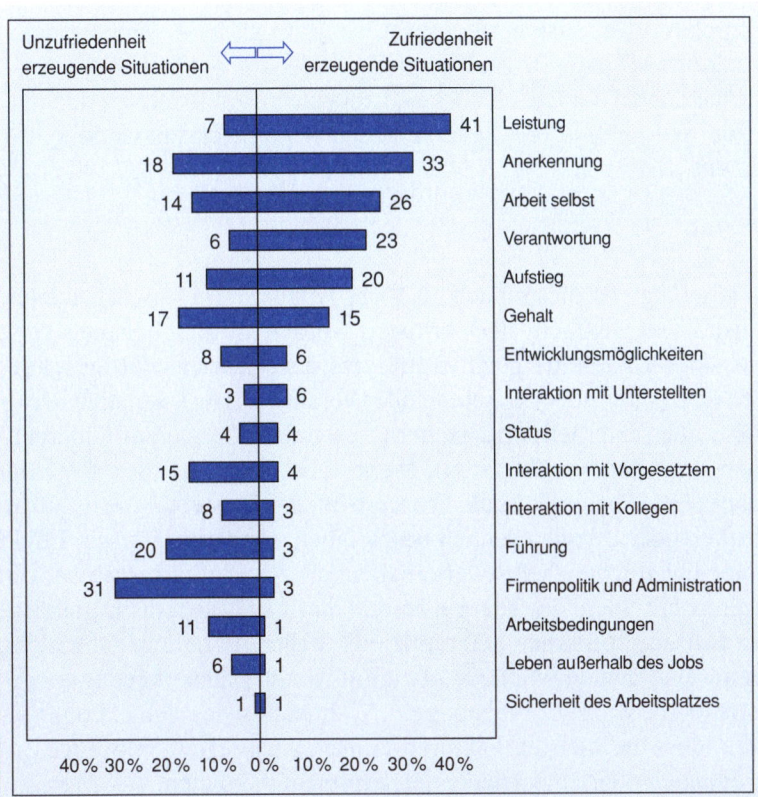

Abbildung 39: Ergebnisse der Pittsburgh-Studie von Herzberg et al.
(1959)

(also Leistung, Anerkennung, interessante Arbeitsinhalte, hohe
Verantwortung usw.; wegen des stärkeren Bezugs zu den Inhalten
der Tätigkeit auch als *Kontent-Faktoren* bezeichnet) und stellte
sie den *Hygiene-Faktoren* gegenüber, die dominierend in Unzufriedenheit erzeugenden Situationen genannt wurden (also Unter-
nehmenspolitik, interpersonelle Beziehungen, Arbeitsbedingungen usw.; auch als *Kontext-Faktoren* bezeichnet). Weitergehend
nahm er an, dass Hygiene-Faktoren, wenn sie negativ ausgeprägt
sind, zur Unzufriedenheit führen, im Falle einer positiven Ausprägung aber nicht zur Zufriedenheit, sondern nur zu einem neutralen
Zustand der fehlenden Unzufriedenheit. Umgekehrt sollen Motivatoren im positiven Falle zur Zufriedenheit führen; bei einer negativen Ausprägung aber nicht zur Unzufriedenheit. Zufriedenheit
und Unzufriedenheit werden hier also nicht als zwei Pole einer

> bipolaren Dimension aufgefasst, sondern als zwei unabhängige unipolare Dimensionen, die von Zufriedenheit zur Nichtzufriedenheit und von der Unzufriedenheit zur Nichtunzufriedenheit reichen und die durch jeweils unterschiedliche Faktoren zustande kommen.

Kritik an der Zwei-Faktoren-Theorie

In der Folge ist dieser auch als *Zwei-Faktoren-Theorie* bezeichnete Ansatz von Herzberg stark kritisiert worden. So fällt beispielsweise auf, dass Mitarbeiter positive Ereignisse sich meist selbst zuschrieben (z. B. ihrer hohen Leistung oder Verantwortung), negative Ereignisse aber externen Verursachern zuschoben (z. B. dem Unternehmen oder den Vorgesetzten). Wenn dies so ist, würden die zwei Faktoren also nicht kausale Prozesse bei der Entstehung von Zufriedenheit oder Unzufriedenheit beschreiben, sondern wären ein Effekt unterschiedlicher (selbstwerterhaltender) Attributionsprozesse. Ein weiteres Problem der Theorie besteht darin, dass sich die Ergebnisse der Pittsburgh-Studie nicht replizieren ließen (vor allem dann nicht, wenn eine andere Methode als die CIT zur Datenerhebung eingesetzt wurde wie z. B. Fragebögen). Vielmehr erwies sich in Folgestudien, dass die meisten Faktoren je nach Ausprägung entweder Zufriedenheit oder Unzufriedenheit hervorrufen können.

Die Ansätze von Hackman und Oldham und von Herzberg haben gemeinsam, dass sie Arbeitszufriedenheit als Ergebnis der Bewertung der Arbeitssituation sehen. Eine andere Sichtweise geht davon aus, dass die Zufriedenheit nicht primär von diesen situationalen,

Einfluss personaler Variablen auf die Arbeitszufriedenheit

sondern von personalen Bedingungen abhängt. In diesen Ansätzen wird postuliert, dass Personen mit bestimmten stabilen Personenmerkmalen sich generell als zufriedener (mit der Arbeit, dem Leben usw.) äußern.

Um dies zu belegen, wurde untersucht, wie stabil Arbeitszufriedenheit über die Zeit ist. Geht man davon aus, dass sich Arbeitssituationen häufiger ändern, so würde eine große Stabilität der Arbeitszufriedenheit über längere Zeiträume für die Wirksamkeit von stabilen Dispositionen der Personen sprechen. In einer Metaanalyse zeigen

Arbeitszufriedenheit weist eine gewisse Stabilität auf

Dormann und Zapf (2001), dass die Korrelationen zwischen wiederholt mit einem durchschnittlichen zeitlichen Abstand von drei Jahren erhobenen Arbeitszufriedenheitsurteilen $\rho = .50$ betragen. Für Arbeitnehmer, die in dieser Zeit ihre Tätigkeit oder ihren Arbeitge-

ber gewechselt haben, liegt diese Retest-Korrelation im Durch-
schnitt etwas niedriger bei $\rho = .35$. Auch mit zunehmendem zeitli-
chem Abstand beider Arbeitszufriedenheitsmessungen wird die
Korrelation kleiner. Das Problem bei der Deutung dieser Retest-
Korrelationen ist, dass man nicht weiß, in welchem Umfang die
Stabilität der Zufriedenheitsurteile auch auf gleiche oder ähnliche
Arbeitsbedingungen zu beiden Erhebungszeitpunkten zurückgeht.

Dennoch sprechen diese Befunde dafür, dass Arbeitszufriedenheits-
urteile zu einem bestimmten Teil auch auf stabile Dispositionen der
Mitarbeiter zurückgehen. Dies wird auch gestützt durch Zwillings-
studien, nach denen bis zu 30 % der Varianz in der Arbeitszufriedenheit auf genetische Einflüsse zurückgehen könnte.

Direktere Nachweise des Einflusses von personalen Bedingungen
auf die Arbeitszufriedenheit liefern Studien, die potenziell relevante
Persönlichkeitsvariablen auch direkt erheben. Sehr häufig wird dabei die Affektivität von Personen als eine solche Variable untersucht.
Nach Watson, Clark und Tellegen (1988) lassen sich die *positive*
Affektivität (PA) und die *negative Affektivität* (NA) unterscheiden
und mit einem Fragebogen weitgehend unabhängig voneinander erfassen (mit der „Positive Affect and Negative Affect Schedule",
PANAS). Menschen mit einer hohen positiven Affektivität sind
energiegeladen, enthusiastisch, motiviert, wach (vs. gelangweilt,
lustlos) und Personen mit einer stark ausgeprägtem negativen Affektivität gereizt, gestresst, nervös, verärgert (vs. entspannt, gut gelaunt,
friedlich). In einer Metaanalyse von Thoresen, Kaplan, Barsky, Warren und de Chermont (2003) resultierten gleich starke Zusammenhänge von $\rho = .34$ zwischen PA und Arbeitszufriedenheit sowie
$\rho = -.34$ zwischen NA und Arbeitszufriedenheit (wobei PA und NA
mit $\rho = .36$ negativ untereinander korrelierten und jeweils spezifische Varianzanteile an Arbeitszufriedenheit vorhersagten; alle Korrelationen doppelt minderungskorrigiert).

Es gibt verschiedene Mechanismen, wie die Wirkung der Affektivität auf die Arbeitszufriedenheit zustande kommen könnte. So könnten etwa die mit der negativen Affektivität verbundenen negativen
Affekte direkt auf die Arbeit generalisieren. Möglich wäre auch,
dass Personen mit hohen NA-Werten negative Aspekte ihrer Tätigkeit eher wahrnehmen oder mehr negative Ereignisse erinnern.
Denkbar wäre auch, das Personen mit einer hohen Negativität eher
solche Tätigkeiten aufsuchen, bei denen die Wahrscheinlichkeit für

Positive und negative
Affektivität

negative Ereignisse höher ist. Inwieweit diese Wirkmechanismen die Ursache für die beobachteten Zusammenhänge sind, ist bisher noch unzureichend geklärt.

Hohe Arbeitszufriedenheiten

Befragungen ergeben meist hohe Zufriedenheiten

Eine bemerkenswerte Beobachtung ist, dass Mitarbeiter meist eine hohe allgemeine Arbeitszufriedenheit berichten. So antworteten etwa 2006 in der bevölkerungsrepräsentativen Umfrage ALLBUS 86.3 % von 903 Berufstätigen auf die Frage „Wie zufrieden sind Sie im allgemeinen in Ihrem Beruf?", dass sie (mehr oder weniger) zufrieden sind. Nur 8.6 % äußerten sich weder zufrieden noch unzufrieden und nur 5.1 % gaben an, mehr oder weniger stark unzufrieden zu sein. Ähnliche Ergebnisse finden sich in einer Vielzahl weiterer Studien: Über ganz verschiedene Tätigkeiten hinweg bezeichnen sich meist 70 bis 90 % der Befragten als zufrieden mit ihrer Arbeit.

Angesichts der Tatsache, dass heute viele Jobs durch belastende Arbeitsbedingungen gekennzeichnet sind (z. B. hoher Zeitdruck, Überforderung, Angst vor Arbeitsplatzverlust) verwundert der hohe Anteil der Zufriedenen. Diese Verwunderung brachte Neuberger (1984) auf den Punkt, in dem er schrieb „Das heißt, dass die Leute – wenn sie nachdenken würden – feststellen müssten, dass sie eigentlich unglücklich sind" (S. 48). Als Folge wurde auch eine bestimmte Skepsis an dem Konzept der Arbeitszufriedenheit oder zumindest seiner Erfassung laut.

Erklärungen für hohe Zufriedenheiten

Es gibt aber eine Reihe möglicher Erklärungen für die hohen Zufriedenheitsurteile (Neuberger, 1985). Zunächst einmal könnten Mitarbeiter in Arbeitszufriedenheitsumfragen in Organisationen ihre Antworten beschönigen, wenn sie der Anonymität der Befragung nicht trauen und bei der Äußerung von Unzufriedenheit negative Konsequenzen befürchten. Da die hohen Zufriedenheiten aber auch wie oben geschildert in Bevölkerungsumfragen von Umfrageinstituten resultieren, erscheint diese Erklärung nicht hinreichend.

Viele andere Theorien im Kontext der Arbeitszufriedenheit gehen davon aus, dass bei der Frage nach der Arbeitszufriedenheit Personen die entsprechend der Bedürfnisse und Erwartungen gewünschte Arbeitssituation (global oder hinsichtlich der Facetten) mit der faktisch existierenden Arbeitssituation vergleichen. Sollte der Soll-Zustand besser als der Ist-Zustand ausfallen, so ist eine Unzufriedenheit zu erwarten, andernfalls eine Zufriedenheit. Bruggemann (1974) geht nun davon aus, dass sich an den Soll-Ist-Vergleich weitere in-

Theorie von
Bruggemann

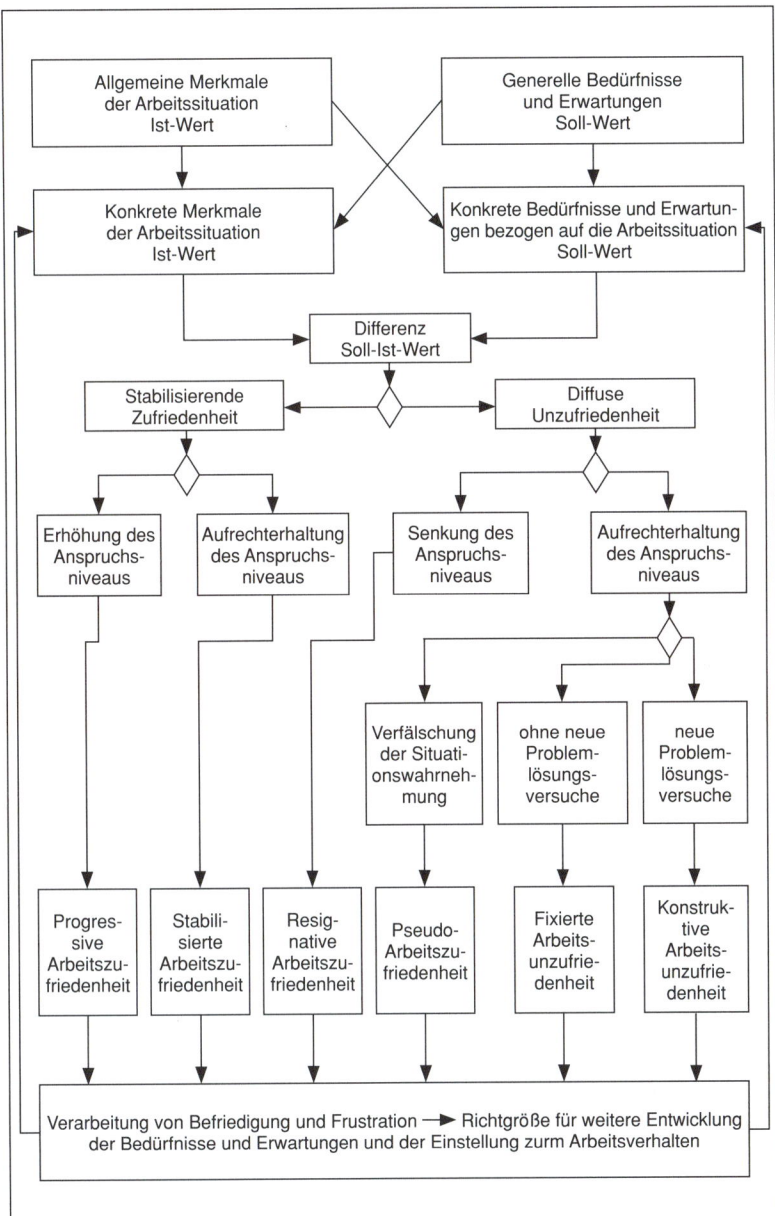

Abbildung 40: Theorie der Arbeitszufriedenheit nach Bruggemann (1974)

trapsychische Informationsverarbeitungsprozesse anschließen, die dann zu ganz unterschiedlichen Typen von Arbeitszufriedenheit oder Arbeitsunzufriedenheit führen (vgl. Abb. 40).

Im ersten Schritt kann der Sollwert, auch bezeichnet als Anspruchsniveau, in Abhängigkeit vom Ausgang des Soll-Ist-Vergleichs verändert werden.

Fällt der Vergleich von Soll und Ist positiv aus, so resultiert in dem Modell zunächst eine „stabilisierende Zufriedenheit", auf die dann mit einer Beibehaltung des Anspruchsniveaus oder sogar mit einer Erhöhung reagiert werden kann. Entsprechend kommt es dann entweder zur „progressiven Arbeitszufriedenheit" oder zur „stabilisierten Arbeitszufriedenheit".

Fällt der Soll-Ist-Vergleich negativ aus („diffuse Zufriedenheit") und wird in der Folge das Anspruchsniveau gesenkt, so spricht Bruggemann von einer „resignativen Arbeitszufriedenheit". Bei einem negativen Soll-Ist-Vergleich kann die Person aber auch mit einer Aufrechterhaltung des Anspruchsniveaus reagieren. In diesem Fall kann sie versuchen, durch neue Problemlösungsversuche die Ist-Situation aktiv zu verändern, was als „konstruktive Arbeitsunzufriedenheit" bezeichnet wird. Reagiert sie nicht in dieser konstruktiven Weise, so kommt es zur „fixierten Arbeitsunzufriedenheit". Schließlich kann sie auch die Wahrnehmung der Situation ins Positive verfälschen, so dass eine „Pseudo-Arbeitszufriedenheit" resultiert.

Psychologische Ursachen von Zufriedenheit

Das Bemerkenswerte an diesem theoretischen Ansatz liegt darin, dass er versucht, die hinter einem Zufriedenheitsurteil stehenden psychologischen Prozesse zu erhellen. Einem Zufriedenheitsurteil können entsprechend ganz verschiedene psychologische Mechanismen zugrunde liegen: So kommt das Zufriedenheitsurteil beispielsweise bei der resignativen Arbeitszufriedenheit dadurch zustande, dass sich der Befragte mit der schlechten Arbeitssituation abgefunden hat und bei der Pseudo-Arbeitszufriedenheit nur dadurch, dass er die tatsächliche Situation verkennt. Man könnte vermuten, dass sich die verschiedenen Typen von Arbeitszufriedenheiten in anderen Variablen unterscheiden (z. B. ihrer Neigung, zu kündigen). Bisher gibt es dazu aber nur sehr wenig Forschung, was auch damit zu tun hat, dass die verschiedenen Informationsverarbeitungsschritte und die Typen nur sehr schwierig zu erfassen sind.

Arbeitszufriedenheit und Leistung

Gibt es einen Zusammenhang zwischen der Zufriedenheit in einem Job und der individuellen Leistung? Viele organisationspsychologische Theorien vermuten einen positiven Zusammenhang. Die bereits angesprochene Human-Relations-Bewegung ging davon aus, dass eine hohe Zufriedenheit in einem Job, hervorgerufen durch positive soziale Beziehungen, dazu führt, dass Mitarbeiter auch mehr leisten. Diese Wirkrichtung von der Einstellung (hier: Arbeitszufriedenheit) auf das Verhalten (hier: Leistung) postulieren auch Einstellungstheorien, wie z. B. das *Modell des geplanten Verhaltens* von Fishbein und Ajzen (1975). Dabei wird angenommen, dass eine positive Einstellung gegenüber einem Einstellungsobjekt (hier: die Arbeit) auch dazu führt, dass man sich positiv gegenüber diesem Objekt verhält.

Annahme: positiver Zusammenhang

Ebenfalls einen positiven Zusammenhang, aber mit der umgekehrten Wirkrichtung, postuliert das Modell von Porter und Lawler (1968).

Theorie der Arbeitszufriedenheit nach Porter und Lawler (1968)

Modell von Porter und Lawler

Das in Abbildung 41 dargestellte Modell geht davon aus, dass eine hohe Leistung zu mehr intrinsischen und extrinsischen Belohnungen führt, die dann eine größere Zufriedenheit bewirken. Extrinsisch sind materielle (z. B. höherer Lohn, Beförderung) und immaterielle (z. B. Status, Lob, Anerkennung) Belohnungen für eine gute Arbeit durch die Organisation, Vorgesetzte, Kunden und Kollegen. Ob daraus Zufriedenheit entsteht, hängt nicht nur von dem Ausmaß an Belohnung ab, sondern auch davon, ob diese Belohnung aus Sicht des Individuums angemessen ist. (Wann dies der Fall ist, sagt beispielsweise die Equity-Theorie vorher; vgl. Kapitel 7.5.) Intrinsische Belohnungen ergeben sich unmittelbar nach einer positiven Leistung dadurch, dass sich das Individuum selbst als kompetent erlebt und Spaß bei der Ausführung der Tätigkeit hat.

Eine hohe Leistung selbst resultiert im Modell nur dann, wenn die notwendige Motivation („Anstrengung", das „Wollen") und die erforderlichen Fähigkeiten des Individuums vorhanden sind (das „Können") sowie eine entsprechenden Rollenwahrnehmung besteht (das „Sollen").

Die Motivation ist im Porter-Lawler-Modell abhängig davon, ob das Individuum glaubt, bei einer entsprechenden Anstrengung mit hoher Wahrscheinlichkeit positiv bewertete Belohnungen erzielen zu kön-

nen (*Erwartungs-x-Wert-Theorie*; vgl. auch Kapitel 7.3). Interessant
ist in dem Modell auch, dass die Zufriedenheit in einer Feedback-
schleife auch auf den Wert der Belohnung zurückwirken kann (z. B.
weil sich der subjektive Wert einer Belohnung bei häufiger Gabe reduzieren kann) und so die Zufriedenheit wiederum (allerdings wesentlich indirekter) auf die Leistung Einfluss nehmen kann.

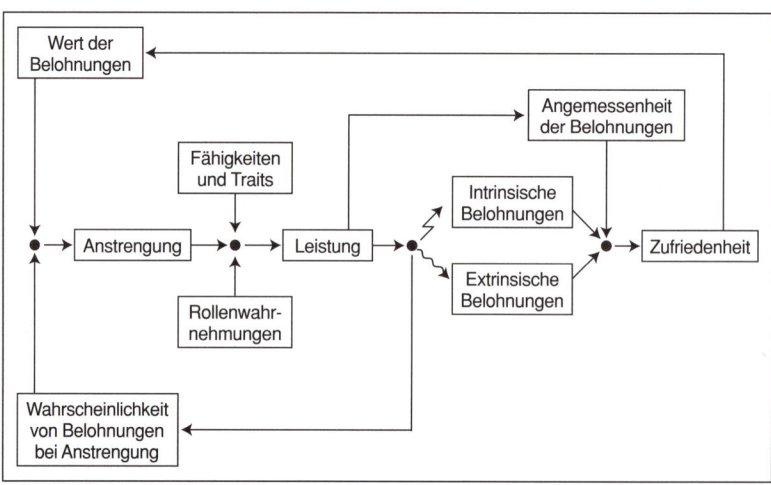

Abbildung 41: Theorie von Porter und Lawler (1968)

Empirische
Bestätigung
Unabhängig davon, welche Wirkrichtung möglicherweise existiert,
ist zunächst einmal empirisch zu klären, ob ein solcher Zusammenhang überhaupt besteht. Tatsächlich zeigen Metaanalysen, dass ein
positiver Zusammenhang zwischen der Arbeitszufriedenheit und der
Leistung von Mitarbeitern existiert. In der jüngsten Metaanalyse
von Judge, Thoresen, Bono und Patton (2001) beträgt die mittlere
Korrelation moderate $\rho = .30$. Dabei zeigt sich ferner, dass dieser
Zusammenhang bei Mitarbeitern in komplexeren Jobs stärker ausfällt ($\rho = .52$). Dieser Befund lässt sich beispielsweise vor dem Hintergrund des Porter-Lawler-Modells so erklären, dass die Erbrin-
gung einer guten Leistung in einem interessanten, komplexen Job
intrinsisch belohnender ist also in einem einfachen, monotonen Job.
Interessant ist auch, dass die Enge des Zusammenhangs davon abhängt welcher Aspekt von Leistung erfasst wird (vgl. Kapitel 8).

Die Frage der Wirkrichtung ist schwieriger zu beantworten. Neben
den oben dargestellten Möglichkeiten, dass Arbeitszufriedenheit auf
die Leistung wirkt und umgekehrt könnten auch noch beide Variab-

len wechselseitig aufeinander Einfluss nehmen oder auch ihr Zusammenhang durch eine oder mehrere dritte Variablen (z. B. Selbstwert) zustande kommen. Da eine Beantwortung durch eine experimentelle Manipulation eine der beiden Variablen nicht möglich ist, bleibt als Annäherung an die Beantwortung der Frage der Kausalrichtung die Betrachtung von Längsschnittstudien. In einer Metaanalyse der wenigen existierenden Längsschnittstudien, in denen Arbeitszufriedenheit und Leistung zu mindestens zwei Messzeitpunkten erhoben wurden, kommt Riketta (2008) zu dem Schluss, dass mehr für eine Wirkrichtung von der Arbeitszufriedenheit auf die Leistung spricht als umgekehrt.

Konsequenzen von Arbeitszufriedenheit

Neben der Leistung sind noch andere potenzielle Konsequenzen der Arbeitszufriedenheit untersucht worden, darunter Fehlzeiten und Kündigungen des Arbeitsverhältnisses durch die Mitarbeiter. Fehlzeiten und Kündigungen sind als Verhaltensweisen für Organisationen von besonderer Bedeutung, weil sie mit hohen Kosten verbunden sind (vgl. Kapitel 6.1 in Bamberg et al., 2012).

Fehlzeiten und Kündigungen sind mit hohen Kosten verbunden

Eine plausible Hypothese ist, dass unzufriedene Mitarbeiter häufiger kündigen und das Unternehmen verlassen. Eine Vielzahl von Modellen zur Erklärung von *Kündigungen (Fluktuation)* durch Mitarbeiter geht daher davon aus, dass negative Arbeitseinstellungen (eine geringe Arbeitszufriedenheit oder ein geringes Commitment) dazu führen, dass eine Kündigung in Erwägung gezogen wird (Kündigungsabsicht). Die Kündigungsabsicht führt entsprechend der Modelle aber nur dann zur Kündigung, wenn ein Wechsel in einen anderen, attraktiven Job möglich ist. Ob dies der Fall ist, hängt von weiteren Einflussgrößen ab (z. B. dem Vorhandensein von entsprechenden Arbeitsstellen und der Effektivität des Jobsucheverhaltens).

Tatsächlich zeigt sich empirisch, dass die Kündigungsintention der beste Prädiktor für die tatsächliche Kündigung ist und die Arbeitszufriedenheit sowohl mit der Kündigungsabsicht als auch der tatsächlichen Kündigung negativ korreliert. Allerdings fallen diese Zusammenhänge mit $\rho_P = -.19$ (korrigiert nur für Unreliabilität in der Arbeitszufriedenheit) in der Metaanalyse von Griffeth, Hom und Gaertner (2000) nicht besonders hoch aus (die Zusammenhänge mit der Kündigungsintention sind höher). Hier gilt es aber auch zu bedenken, dass die Unzufriedenheit unter bestimmten Bedingungen

Unzufriedene kündigen eher

(z. B. einer hohen Arbeitslosigkeit mit geringen Job-Alternativen) nicht zu einer Kündigung führen wird. Erfolgversprechend sind daher neuere Ansätze, die zwischen verschiedenen Pfaden zur Kündigung unterscheiden.

So konnten beispielsweise Lee, Gerhart, Weller und Trevor (2008) zeigen, dass die Arbeitszufriedenheit ein viel besserer Prädiktor der Kündigung war, wenn die Kündigung nach erfolgreicher Suche für einen neuen Job geschah, als wenn die Kündigung ohne eigene Suche aufgrund eines attraktiven Job-Angebots oder aufgrund familiärer Gründe ausgesprochen wurde.

Als eine weitere Konsequenz geringer Arbeitszufriedenheit kann es zu erhöhten Fehlzeiten kommen.

Begriffsklärung: Fehlzeiten

Unter *Fehlzeiten (Absentismus)* werden Zeiten verstanden, an dem der Arbeitnehmer nicht zur Arbeit erscheint, obwohl er planmäßig arbeiten müsste. Urlaub, Mutterschutz oder Zeiten, in denen sich der Mitarbeiter fortbildet, zählen also nicht zu den Fehlzeiten.

Eine Ursache für Fehlzeiten ist eine ernsthafte Erkrankung eines Mitarbeiters, die nicht (oder kaum) durch ihn beeinflusst werden kann. In einer Vielzahl von anderen Situationen liegt es aber stärker in der Entscheidung des Mitarbeiters, ob er zur Arbeit geht oder nicht. Solche Situationen können widrige Bedingungen (z. B. ein nicht anspringendes Auto, ein erkranktes Kind), eine geringfügige Erkrankung oder ein Unwohlsein umfassen und reichen bis zum absichtlichen „Blaumachen". Insbesondere bei diesen nicht krankheitsbedingten, häufig auch als motivational bezeichneten Fehlzeiten ist denkbar, dass sie bei einer geringen Arbeitszufriedenheit häufiger auftreten.

Motivational bedingte Fehlzeiten sind schwierig zu diagnostizieren

Ein Problem besteht darin, bei individuellen Fehlzeiten, die man entweder den Unternehmensaufzeichnungen entnehmen kann oder von den Mitarbeitern erfragen kann, zu entscheiden, ob sie krankheitsbedingt oder motivationaler Natur sind. Prinzipiell kann man die Häufigkeit und die Dauer der Fehlzeiten erfassen. Fehlt ein Mitarbeiter in einem Jahr beispielsweise einmal 1 Tag und einmal 10 Tage, so erhält er einen Häufigkeitswert von 2 und einen Dauerwert von 11. Stärkeres motivational bedingtes Fehlen sollte sich eher in vielen kurzzeitigen

(z. B. eintägigen) Fehlensepisoden äußern und damit besser durch das Häufigkeitsmaß erfasst werden als durch das Dauermaß, bei dem länger anhaltende, dauernde Erkrankungen stärker zu Buche schlagen. Da es sich bei Fehlzeiten allgemein um ein eher selten auftretendes Verhalten handelt, werden Fehlzeiten meist über einen längeren Zeitraum (z. B. ein Jahr) kumuliert.

Metaanalysen zeigen, dass tatsächlich ein moderater negativer Zusammenhang zwischen der Arbeitszufriedenheit und den Fehlzeiten besteht. Erwartungsgemäß fällt dieser in der Metaanalyse von Hackett und Guion (1985) auch etwas stärker für das Häufigkeitsmaß ($\rho_K =$ $-.10$) als für das Dauermaß aus ($\rho_K = -.13$; jeweils nur minderungskorrigiert in den Fehlzeiten). Neben der Zufriedenheit beeinflussen auch personale und soziale Merkmale das Ausmaß an Fehlzeiten. So fehlen Mitarbeiter etwa dann mehr, wenn auch deren Kollegen häufiger fehlen und in der Arbeitsgruppe ein Klima herrscht, bei dem ein bestimmtes Ausmaß an Fehlzeiten toleriert wird.

Arbeitsunzufriedenheit geht mit mehr Fehlzeiten einher

Neben Kündigungen und Fehlzeiten sind auch Zusammenhänge von Arbeitszufriedenheit mit anderen aus Sicht der Organisation ebenfalls kontraproduktiven Verhaltensweisen der Mitarbeiter untersucht worden. Dabei zeigte sich, dass Arbeitszufriedenheit beispielsweise auch mit aggressivem Verhalten gegenüber anderen am Arbeitsplatz in Zusammenhang steht ($\rho = -.18$ in einer Metaanalyse von Hershcovis et al., 2007).

Betrachtet man positive Verhaltensweisen, so steht eine höhere Arbeitszufriedenheit mit freiwillig gezeigtem beruflichem Engagement, auch als *Organizational Citizenship Behavior* (OCB; Organ, 1988, vgl. auch Kapitel 8.2) bezeichnet, in positiver Beziehung. Zufriedene Mitarbeiter zeigen mehr hilfsbereites und gewissenhaftes Verhalten, zeigen mehr Eigeninitiative und beschweren sich weniger bei alltäglichen Problemen (Hoffman, Blair, Meriac & Woehr, 2007).

Interessant erscheint auch der Zusammenhang zwischen der Arbeits- und der Lebenszufriedenheit. Eine empirisch gestützte Hypothese besagt, dass positive bzw. negative Erlebnisse in der Arbeit auf andere Lebensbereiche (z. B. Freizeit und Familie) abfärben können und umgekehrt *(work-family spillover)*. Entsprechend kann ein positiver Zusammenhang zwischen Arbeits- und Lebenszufriedenheit erwartet werden, der sich auch empirisch zeigt ($\rho = .44$ in einer Metaanalyse von Tait, Padgett & Baldwin, 1989).

Arbeitserlebnisse können auf andere Lebensbereiche abfärben

Bei der Erörterung des Zusammenhangs zwischen Arbeitszufriedenheit und Leistung haben wir gesehen, dass es schwierig ist, zu entscheiden welche der beiden Variablen Antezedenz und welche Konsequenz ist. Dies gilt auch für die meisten Zusammenhänge, die in diesem Abschnitt dargestellt wurden. Ob Arbeitszufriedenheit also ursächlich für Fehlzeiten, Lebenszufriedenheit usw. ist, kann nicht gesagt werden. Möglich ist fast immer auch die umgekehrte Wirkrichtung, eine wechselseitige Beeinflussung oder eine Zustandekommen des Zusammenhangs durch dritte Variablen. So konnten beispielsweise Heller, Judge und Watson (2002) in einer Studie zeigen, dass der Zusammenhang zwischen Arbeits- und Lebenszufriedenheit sehr viel geringer wird, wenn man statistisch für Persönlichkeitsunterschiede kontrolliert. Dies spricht dafür, dass der Zusammenhang zumindest teilweise durch stabile Persönlichkeitsmerkmale wie etwa positive und negative Affektivität gestiftet wird.

Mediatoren und Moderatoren

Interessant sind immer auch Studien, die genauer untersuchen, unter welchen Bedingungen ein bestimmter Zusammenhang stärker oder schwächer ausfällt. So zeigt sich etwa, dass der Zusammenhang zwischen der Arbeitszufriedenheit und Kündigungen in Zeiten hoher Arbeitslosigkeit geringer ausfällt, da dann weniger Möglichkeiten bestehen, einen neuen Arbeitsplatz zu finden (Carsten & Spector, 1987). Die Arbeitslosigkeitsquote ist also ein *Moderator* des Zusammenhangs zwischen beiden Variablen. Darüber hinaus liefert auch die Identifikation von vermittelnden Variablen *(Mediatoren)* weitere Einsichten. Wir haben bereits darauf hingewiesen, dass die Arbeitszufriedenheit über die Absicht zu kündigen auf das Kündigungsverhalten wirkt. Die Kündigungsabsicht ist also ein Mediator der Wirkung der Arbeitszufriedenheit auf die Kündigung.

9.1.2 Commitment und Involvement

Neben der Arbeitszufriedenheit wurde auch das *organisationale Commitment* als eine Arbeitseinstellung intensiver untersucht. Unter organisationalem Commitment wird die Einstellung gegenüber der Organisation verstanden.

Organisationales Commitment

Formen von Commitment nach Meyer und Allen (1991)

- Das **affektive Commitment** gibt an, wie stark sich ein Beschäftigter emotional mit der Organisation verbunden fühlt. Ein Mitarbeiter mit einem hohen affektiven Commitment identifiziert sich mit dem Unternehmen, ist gerne dort tätig und fühlt sich als „Teil der Familie" dem Unternehmen zugehörig.

- Das **normative Commitment** bezeichnet das wahrgenommene Ausmaß an moralischer Verpflichtung, in der Organisation zu verbleiben. Ein Mitarbeiter mit einem hohen normativen Commitment ist der Überzeugung, dass man seinem Arbeitgeber gegenüber treu und loyal sein sollte.
- Das **kalkulatorische Commitment** (auch als *fortsetzungsbezogenes* oder *abwägendes* Commitment bezeichnet) schließlich beschreibt die Stärke der Bindung an die Organisation, die dadurch zustande kommt, dass ein Verlassen mit hohen Kosten verbunden sein würde. Solche subjektiv wahrgenommenen Kosten können dadurch entstehen, dass es schwierig wäre, einen adäquaten neuen Arbeitsplatz zu finden, dass man einem Arbeitsstellenwechsel bestimmte speziell erworbene Fähigkeiten nicht mehr nutzen könnte oder auf erworbene Vergünstigungen verzichten müsste (z. B. bezüglich der betrieblichen Altersversorgung).

Eine naheliegende Hypothese ist, dass Mitarbeiter, die sich stärker mit dem Unternehmen verbunden fühlen, seltener kündigen. Mitarbeiter mit hohem affektiven Commitment sollten beim Unternehmen verbleiben, weil sie dies wollen, Mitarbeiter mit normativen Commitment, weil sie denken, sie sollten das, und Mitarbeiter mit kalkulativem Commitment, weil sie nicht anders können. Tatsächlich zeigen sich solche negativen Zusammenhänge auch mit allen drei Formen von Commitment ($\rho = -.17$ mit affektivem, $\rho = -.16$ mit normativem und $\rho = -.10$ mit kalkulatorischem Commitment in der Metaanalyse von Meyer, Stanley, Herscovitch & Topolnytsky, 2002). Darüber hinaus steht Commitment mit anderen potenziellen Antezedenzien (z. B. der wahrgenommenen Unterstützung durch das Unternehmen, dem Ausmaß an Rollenkonflikt und Rollenambiguität) und Konsequenzen (z. B. Leistung, Fehlzeiten) in Zusammenhang. Meist weist das affektive Commitment höhere Zusammenhänge mit anderen Variablen auf als die beiden anderen Commitment-Formen. Dies gilt auch für die Korrelation mit der Arbeitszufriedenheit, die mit $\rho = .65$ sehr hoch ausfällt (Meyer et al., 2002). Daher verwundert es auch nicht, dass das affektive Commitment mit vielen anderen Variablen ähnliche Zusammenhänge wie die Arbeitszufriedenheit aufweist.

Job Involvement

Eine weitere Einstellung stellt das *Job Involvement* dar. Darunter wird eine positive Einstellung gegenüber dem Job verstanden. Der Fokus (das Einstellungsobjekt) ist also hier nicht wie beim Commitment die Organisation, sondern die aktuelle Arbeitstätigkeit. Wenngleich man sich Mitarbeiter vorstellen kann, die sich stark mit ihrem Job identifizieren, nicht aber mit der Organisation (z. B. ein Banker, der immer den Arbeitgeber wählt, der ihm am meisten bezahlt) und auch umgekehrt, so besteht doch im Allgemeinen ein positiver Zusammenhang zwischen dem Commitment und dem Job Involvement.

Weitere Foki von Commitment

In jüngster Zeit werden immer vielfältigere Einstellungsobjekte, meist als *Foki* bezeichnet, untersucht. Commitment kann danach bestehen gegenüber anderen sozialen Objekten (z. B. Führungskräften, Vorgesetzten, der Arbeitsgruppe, Kunden), Organisationen (z. B. Gewerkschaften), Interventionen (z. B. einem bestimmten Veränderungsprozess) oder auch bezüglich bestimmter Ziele, darunter die eigene Karriere. Wie die in Tabelle 6 exemplarisch dargestellten Items zeigen, lässt sich auch bei diesen Foki affektives, normatives und kalkulatives Commitment unterscheiden.

Tabelle 6: Beispiele für Items zur Erfassung verschiedener organisationaler Einstellungen (Likert-Antwortskala von „stimme voll und ganz zu" bis „lehne voll und ganz ab")

Organisationale Einstellung	Dimension	Itembeispiele
Organisationales Commitment	affektiv	• Ich habe ein starkes Zugehörigkeitsgefühl zu meinem Unternehmen. • Ich fühle mich als „Teil der Familie" in meinem Unternehmen.
	normativ	• Ich denke, man muss sich seinem Unternehmen gegenüber loyal verhalten. • Heutzutage wechseln Menschen viel zu häufig das Unternehmen.
	kalkulatorisch	• Es wäre für mich mit zu vielen Nachteilen verbunden, wenn ich das Unternehmen verlassen würde. • Ich habe zu wenig berufliche Alternativen, um einen Wechsel ernsthaft in Erwägung zu ziehen.

Tabelle 6: Fortsetzung

Organisationale Einstellung	Dimension	Itembeispiele
Job Involvement	Arbeitsfähigkeit	• Ich kann mich mit meiner Arbeit identifizieren. • Meine Arbeit spielt in meinem Leben eine zentrale Rolle.
Commitment gegenüber anderen Foki	Arbeitsgruppe	• Ich bin stolz, Mitglied dieser Arbeitsgruppe zu sein. (affektiv)
	Kunden	• Ich fühle mich verpflichtet, die Bedürfnisse unserer Kunden zu befriedigen. (normativ)
	Karriere	• Angesichts des Aufwands, den ich bisher für meine Karriere getrieben habe, kann ich sie nicht aufgeben. (kalkulativ)
	Aufgabe	• Ich empfinde eine starke innere Verpflichtung, dieses Ziel zu erreichen. (normativ)

9.2 Emotionen und Stimmungen

Obwohl unmittelbar evident ist, dass Emotionen und Stimmungen nicht nur im Alltag sondern auch bei der Arbeit eine Rolle spielen, werden diese erst in jüngerer Zeit genauer untersucht. Entsprechend wissen wir darüber auch viel weniger als über Einstellungen.

Was sind *Emotionen* und wie unterscheidet man sie von Stimmungen? Emotionen beziehen sich meist auf konkrete Ereignisse oder Objekte bzw. Subjekte (Wegge, 2004a). Ein solches Ereignis könnte beispielsweise ein bevorstehendes Gespräch eines Mitarbeiters mit seinem Vorgesetzten sein, in dem er befürchtet, gekündigt zu werden. Angesichts eines solchen Gesprächs kann bei dem Mitarbeiter die Emotion Angst ausgelöst werden, die sich in einer *affektiven* Komponente (d.h. er erlebt diese Angst subjektiv), einer *physiologischen* Komponente (z.B. beginnt er zu schwitzen oder die Herzfrequenz steigt) und einer *konativen* Komponente (z.B. zeigt er einen bestimmten mimischen Ausdruck und eine bestimmte Körperhaltung) äußern kann. Über die Zahl und Art der unterscheidbaren

Emotionen äußern sich affektiv, physiologisch und konativ

(Primär-)Emotionen besteht keine vollständige Einigkeit. Häufig tauchen in solchen Klassifikationen aber übereinstimmend zumindest Ärger, Abscheu/Ekel, Angst, Freude, Traurigkeit und Überraschung auf. Weitere Emotionen wie z. B. Scham oder Stolz werden dann entweder ebenfalls als primäre gesehen oder als Ausdifferenzierungen der Primäremotionen betrachtet (z. B. Stolz als eine Form der Freude). Wie im Beispiel können Emotionen bereits in Antizipation eines Ereignisses auftreten, aber auch während des Ereignisses (z. B. Langeweile bei einer monotonen Aufgabe) oder danach (z. B. Stolz nach erfolgreicher Ausführung einer Aufgabe).

Stimmungen *Stimmungen* (moods, z. B. gereizt, gut gelaunt, in sich gekehrt) werden häufig dadurch von Emotionen abgegrenzt, dass sie sich weniger auf bestimmte Ereignisse beziehen, weniger intensiv erlebt werden und länger andauernd sein sollen. Tatsächlich ist diese Abgrenzung nicht immer einfach, da beispielsweise auch Stimmungen von kurzer Dauer sein können und Emotionen über einen langen Zeitraum anhalten können (z. B. Trauer).

Anders als bei Emotionen, bei denen diskrete Formen unterschieden werden, werden Stimmungen meist durch Dimensionssysteme charakterisiert. Die bekannteste Unterscheidung in die beiden Dimensionen positive und negative Affektivität haben wir bereits oben dargestellt. Die Erfassung der Affektivität kann sich auf einen kurzen Zeitraum beziehen (z. B. auf den aktuellen Zustand der Person als „state") oder als allgemeine Gestimmtheit im Sinne eines Traits erfolgen.

Affective Events Theory Eine interessante Theorie, die das Erleben von Emotionen mit der Entstehung von Arbeitszufriedenheit verbindet, stammt von Weiss und Cropanzano (1996, *Affective Events Theory*, *AET*).

Affective Events Theory (AET; Weiss & Cropanzano, 1996)

Wie in Abbildung 42 dargestellt ist, gehen die Autoren davon aus, dass Beschäftigte über die Zeit auftretende Ereignisse in ihrem Job bewerten und diese Bewertung dann zu affektiven Reaktionen führt (z. B. der Emotion Ärger). Wie positiv bzw. negativ und wie intensiv die affektiven Reaktionen ausfallen, hängt aber nicht nur von den Ereignissen selbst ab, sondern auch von Persönlichkeitsmerkmalen. Personen mit beispielsweise einer hohen Ausprägung in negativer Affektivität können dabei eher und stärker auf negative Ereignisse reagieren. Die Positivität bzw. Negativität der Serie von affektiven Erlebnissen beeinflusst dann die (vor allem affektive Komponente der) Arbeitszufriedenheit („Einstellungen zur Arbeit"). Die kognitive Komponente der Arbeitszufriedenheit kommt durch die Bewertung verschiedener Merkmale der Arbeitsumgebung zustande, die ihrerseits auch einen Einfluss auf die in der Arbeit auftretenden Ereignisse haben. So wird ein Beschäftigter beispielsweise mit einem negativ bewerteten Vorgesetzten, mit dem er unzufrieden ist, auch mehr unerfreuliche Erlebnisse haben.

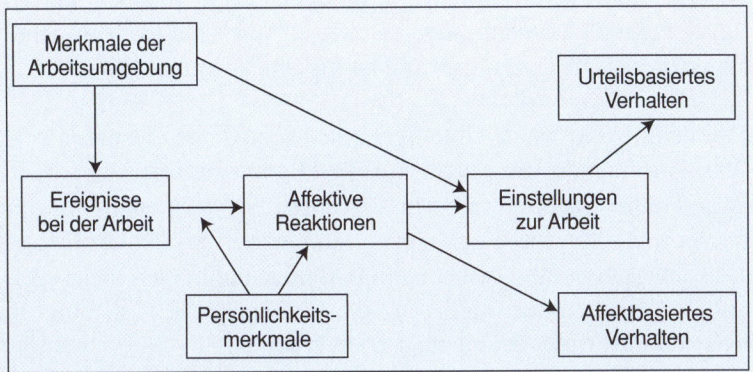

Abbildung 42: Die Affective Events Theory von Weiss und Cropanzano (1996)

Die Arbeitszufriedenheit schließlich hängt in dem Modell mit Verhaltensweisen zusammen, die vor allem aufgrund von kognitiven Abwägungen erfolgen („Urteilsbasiertes Verhalten"). Dazu zählen beispielsweise Fehlzeiten oder Kündigungen. Davon abgegrenzt gibt es in dem Modell affektbasierte Verhaltensweisen, wie etwa hilfsbereites Verhalten, das unmittelbar auf die affektiven Erlebnisse folgt. Erste empirische Überprüfungen des Modells sind erfolgversprechend (Wegge, 2004a).

9.3 Persönlichkeit

Neben ihren Einstellungen und Affekten unterscheiden sich Mitarbeiter in einer Vielzahl von stabilen Merkmalen, die ihre Person charakterisieren. Diese Unterschiede spielen eine Rolle bei der Wahl eines Arbeitsplatzes, bei der Frage, ob man ein Unternehmen gründet, ob man in seinem Beruf erfolgreich ist usw.

9.3.1 Intelligenz

Intelligenz als Prädiktor für die Berufsleistung

Eine sehr bedeutsame Variable ist dabei die *allgemeine Intelligenz* einer Person. Intelligentere Menschen können unter anderem schneller lernen und besser Probleme lösen. Empirisch zeigt sich, das Intelligenz in praktisch allen Tätigkeiten die Berufsleistung vorhersagt ($\rho_{KV}=.51$ für durchschnittlich komplexe Jobs in der Metaanalyse von Schmidt und Hunter, 1998). Bei komplexeren Jobs mit stärkeren Anforderungen an die Informationsverarbeitung ist der Zusammenhang mit Intelligenz stärker. In der Metaanalyse von Schmidt und Hunter zeigt sich zudem, dass Intelligenz auch ein hervorragender Prädiktor für den Trainingserfolg ist ($\rho_{KV}=.57$; vgl. auch Kapitel 5).

In Abhängigkeit von der Intelligenztheorie und den entsprechenden Messinstrumenten kann nicht nur die allgemeine Intelligenz (auch als „g-Faktor" bezeichnet) erfasst werden, sondern auch verschiedene Formen von Intelligenz (etwa numerisch, verbal oder figural). Insgesamt gibt es aber bisher wenige Belege dafür, dass diese spezifischeren Formen der Intelligenz die Vorhersage der Leistung und des Trainingserfolgs relativ zu g noch erhöhen.

Neben der allgemeinen Intelligenz sind auch andere allgemeine und spezielle kognitive Fähigkeiten von Bedeutung. Zu den allgemeinen Fähigkeiten zählt beispielsweise die Kreativität, spezieller sind beispielsweise Fachwissen und Fachkenntnisse.

In neuerer Zeit sind auch andere Formen von Intelligenzen propagiert und Gegenstand erster Untersuchungen geworden. Dazu zählen etwa die emotionale und die soziale Intelligenz. Konzeptuell besteht – anders als bei der allgemeinen Intelligenz – aber keine Einigkeit darüber, ob es sich dabei auch um Fähigkeiten (die man ähnlich wie in einem Intelligenztest mit Aufgaben prüft, die richtig oder falsch beantwortet können) oder eher um Persönlichkeitsmerkmale handelt (die per Selbsteinschätzung erfasst werden). Die Forschung zur emotionalen und sozialen Intelligenz steckt noch in den Kinderschuhen.

9.3.2 Persönlichkeit

Die Big Five

Eine empirisch gut gestützte Beschreibung der Persönlichkeit unterscheidet fünf Dimensionen. Diese Persönlichkeitsmerkmale werden auch *Big Five* genannt:

- *Gewissenhaftigkeit:* Personen mit einer hohen Ausprägung sind pflichtbewusst, diszipliniert, besonnen, verlässlich und leistungsorientiert.
- *Extraversion:* Personen mit einer hohen Ausprägung sind gesellig, gesprächig, aktiv, dominant, strebsam und erlebnishungrig.
- *Neurotizismus* (oder das Gegenteil: emotionale Stabilität): Personen mit einer hohen Ausprägung sind ängstlich, reizbar, impulsiv und verletzlich. (Hier besteht eine hohe Ähnlichkeit zum Konstrukt negative Affektivität.)
- *Offenheit für Erfahrungen:* Personen mit einer hohen Ausprägung sind neugierig, fantasievoll und offen für neue Ideen und Erfahrungen.
- *Verträglichkeit:* Personen mit einer hohen Ausprägung sind hilfsbereit, gutmütig, bescheiden, nachgiebig und vertrauensbereit.

Von diesen fünf Persönlichkeitsfaktoren steht vor allem Gewissenhaftigkeit in Zusammenhang mit der Leistung (ρ_{PKV}=.27 in der Metaanalyse von Barrick, Mount & Judge, 2001). Man sieht, dass dieser Zusammenhang deutlich geringer als bei der Intelligenz ist. Dabei erklärt Gewissenhaftigkeit aber über die Intelligenz hinaus Unterschiede in der Leistung. Setzt man nämlich einen Gewissenhaftigkeitstest zusätzlich zu einem Intelligenztest ein, so erhöht sich die Vorhersage der beruflichen Leistung von ρ_{KV}=.51 auf ρ_{KV}=.60 (Schmidt & Hunter, 1998).

Ähnlich wie bei der Intelligenz wird auch bei der Persönlichkeit die Frage diskutiert, ob man Verhalten von Mitarbeitern (wie die berufliche Leistung, hilfsbereites oder kontraproduktives Verhalten usw.) nicht besser vorhersagen kann, wenn man statt der relativ umfassenden Big-Five-Dimensionen spezifischere Persönlichkeitsmerkmale verwendet. So lässt sich etwa Gewissenhaftigkeit in spezifischere Komponenten (Facetten) unterteilen wie etwas Leistungsstreben, Zuverlässigkeit, Ordnungsliebe usw. Das der Wahl zwischen engeren, spezifischeren oder breiteren Merkmalen zugrundeliegende Problem wird auch als *bandwidth-fidelity dilemma* bezeichnet. Nach diesem Dilemma resultiert bei der Erfassung breiterer, heterogener Merkmale (mit einer großen *bandwidth*) eine geringere Genauigkeit (*fidelity*) als bei spezifischeren Merkmalen. Empirisch zeigt sich meist, dass bei der Vorhersage eines sehr globalen Verhaltens wie der allgemeinen beruflichen Leistung spezifischere Personenmerkmale keine besseren Vorhersagen machen als globale Traits. Bei eng eingegrenzten Verhaltensweisen kann dies allerdings anders aussehen. So sagt z.B. die

Bandwidth-fidelity dilemma

Gewissenhaftigkeitsfacette Verlässlichkeit sowohl kooperatives als auch kontraproduktives Verhalten (wie z. B. Diebstahl, aggressives Verhalten gegenüber Kollegen) besser vorher als die globale Gewissenhaftigkeit (Dudley, Orvis, Lebiecki & Cortina, 2006).

Unterschiede in den Zusammenhängen zwischen Persönlichkeitsmerkmalen und beruflichem Verhalten kann es auch in Abhängigkeit von den Tätigkeiten geben. So ist etwa der Zusammenhang zwischen beruflicher Leistung und Extraversion insgesamt gering, fällt aber bei Führungskräften höher aus (Barrick, Mount & Judge, 2001).

Schließlich zeigt sich empirisch, dass Persönlichkeitsmerkmale sich stärker auf das Verhalten auswirken, wenn die Mitarbeiter mehr Autonomie darin haben, wie sie ihren Job ausführen. Bestehen hier mehr Freiheitsgrade, so kann die Persönlichkeit sich entfalten. In einem Arbeitsumfeld, in dem genau festgeschrieben ist, wie etwas zu tun ist, ist das nur in geringerem Umfang möglich.

9.3.3 Weitere Personenvariablen

Kontraproduktives
Verhalten

Neben den Big Five sind eine Reihe weiterer Persönlichkeitsmerkmale untersucht worden, die nicht notwendigerweise Spezialisierungen der Big Five sind. Eigenschaftsorientierte Integrity-Tests beispielsweise erfassen ein Bündel von Merkmalen mit dem Ziel, kontraproduktives Verhalten vorherzusagen (Marcus, 2000; Beispielitems sind „Manchmal reizt es mich, riskante Dinge zu machen, nur um den Nervenkitzel zu spüren" oder „Ich tue häufig Dinge, die ich dann später bereue", die auf einer Likert-Antwortskala eingeschätzt werden). Bei der dabei erfassten Integrität als Persönlichkeitsmerkmal ist nicht abschließend geklärt, ob es sich um eine bestimmte Kombination der Big Five oder einen davon unabhängigen (sechsten) Faktor handelt. Ähnliches gilt auch für Merkmale wie Kundenorientierung, Stresstoleranz oder Risikobereitschaft.

Über diese Persönlichkeitsvariablen hinaus spielen weitere Merkmale eine Rolle, in denen interindividuelle Unterschiede bestehen. So sind in einer Reihe von Tätigkeiten *physische* (z. B. Muskelkraft bei Bauarbeitern), *sensorische* (z. B. Wahrnehmung bei Uhrmachern) und *sensumotorische* (z. B. feinmotorische Koordination bei Zahnärzten) Fähigkeiten für eine erfolgreiche Bewältigung kritisch.

Berufliche Interessen sind vor allem bei der Wahl eines Berufes und der daraus resultierenden Konsequenzen (z. B. Zufriedenheit) von

Bedeutung. In einer empirisch gut gestützten Theorie unterschiedet **Berufliche Interessen** Holland (1997) sechs Interessentypen, darunter die „praktisch-technische", die „intellektuell-forschende" und die „soziale" Orientierung (vgl. auch Kapitel 4 in Bamberg et al., 2012). Personen, die einen Beruf ergreifen, der die Realisierung dieser Interessen ermöglicht *(Kongruenz)*, sind darin auch zufriedener.

Zusammenfassung

Die Arbeitszufriedenheit als eine positive Einstellung gegenüber der Arbeit ist vermutlich die am häufigsten untersuchte Variable in der Organisationspsychologie. Die Arbeitszufriedenheit resultiert als Folge positiv bewerteter Merkmale der Arbeit, hängt aber auch von persönlichen Dispositionen ab. Sie steht im Zusammenhang mit vielen für die Organisation relevanten Verhaltensweisen, wie etwa der beruflichen Leistung, den Fehlzeiten und Kündigungen der Mitarbeiter. Dies gilt auch für die als organisationales Commitment bezeichnete Einstellung gegenüber der Organisation. Weniger wissen wir bisher über die Rolle von Emotionen. Unter den stabilen Persönlichkeitsvariablen spielt die allgemeine Intelligenz nicht zuletzt wegen ihres hohen Zusammenhangs mit der Leistung der Mitarbeiter eine besondere Rolle.

Weiterführende Literatur

Fischer, L. (Hrsg.). (2006). *Arbeitszufriedenheit. Konzepte und empirische Befunde* (2. Aufl.). Göttingen: Hogrefe.

Landy, F. J. & Conte, J. M. (2009). *Work in the 21st century: An introduction to industrial and organizational psychology* (3rd ed.). Hoboken, NJ: Wiley-Blackwell.

Wegge, J. (2004a). Emotionen in Organisationen. In H. Schuler (Hrsg.), *Organisationspsychologie – Grundlagen und Personalpsychologie* (Enzyklopädie der Psychologie, Serie Wirtschafts-, Organisations- und Arbeitspsychologie, Bd. 3, S. 673–749). Göttingen: Hogrefe.

Fragen

1. Wie kann man Arbeitszufriedenheit erfassen?
2. In welcher Beziehung steht die Arbeitszufriedenheit mit der beruflichen Leistung?

3. Was versteht man unter organisationalem Commitment und welche Formen lassen sich unterscheiden?
4. Welche Rolle spielen Affekte in der Affective Events Theory?
5. Unter welchen Bedingungen, kann man berufliches Verhalten besser durch das Big-Five-Merkmal Gewissenhaftigkeit vorhersagen?

Lösungshinweise finden Sie unter
www.hogrefe.de/buecher/lehrbuecher/psychlehrbuchplus.

Kapitel 10
Führung

Uwe Peter Kanning

Inhaltsübersicht

Die Aufgaben von Führungskräften sind vielfältig. Auf der einen Seite geht es um *fachliche Entscheidungen*: In welche Felder soll investiert werden, aus welchen Bereichen zieht man sich lieber zurück? Wie lassen sich die eigenen Produkte verbessern und ihre Herstellung effizienter gestalten? Welche Marketingstrategie ist die beste? Auf der anderen Seite sind täglich Fragen der *Mitarbeiterführung* zu beantworten: Welche Arbeitsaufgabe passt zu den Fähigkeiten und Interessen eines bestimmten Mitarbeiters? Wie viel Freiheit lässt man ihm bei der Umsetzung seiner Aufgaben? Wie geht man mit Minderleistung oder Konflikten zwischen Kollegen um? Ziel der Führung ist zum einen das wirtschaftliche Wohlergehen der Organisation, zum anderen das Wohlergehen der Mitarbeiter. Im günstigsten Fall geht beides Hand in Hand. Die Mitarbeiter können dann durch die berufliche Arbeit wichtige Motive verwirklichen (vgl. Kapitel 7) und tragen dadurch gleichzeitig zum Erfolg der Organisation bei.

Im folgenden Kapitel beschäftigen wir uns mit Theorien und Forschungsergebnissen zum Thema Mitarbeiterführung. Nachdem zunächst einige grundlegende Begriffe geklärt wurden, gehen wir der Frage nach, ob es so etwas wie eine „geborene Führungspersönlichkeit" gibt. In einem zweiten Schritt werfen wir einen Blick auf die Forschung zum Thema Führungsverhalten und werden sehen, dass mitunter sehr verschiedene Führungsstile in gleicher Weise Erfolg versprechen. Hieraus leitet sich zu guter Letzt eine Auseinandersetzung mit den Rahmenbedingungen des Führungserfolgs ab. Es wird sich zeigen, dass ein und dasselbe Führungsverhalten je nach Rahmenbedingungen sehr unterschiedlich effektiv sein kann.

10.1 Grundlegende Begriffe und Zusammenhänge

10.1.1 Definitionen

In jeder Organisation gibt es eine gewisse Hierarchie, auch wenn diese Hierarchie nicht in jeder Organisation die gleiche Bedeutung für das alltägliche Miteinander hat. In manchen Teams merken die Mitarbeiter eine bestehende Hierarchie vielleicht nur hin und wieder, wenn wichtige Entscheidungen getroffen werden. Ansonsten arbeitet jeder weitgehend autonom. In anderen Arbeitsgruppen wiederum entscheiden die Vorgesetzten mehrfach am Tag, welche Aufgaben als Nächstes zu erledigen sind.

> **Definition: Führung**
>
> Von *Führung* sprechen wir, wenn Personen in irgendeiner Form zielgerichtet Einfluss auf andere Menschen nehmen (vgl. Rosenstiel, 2006).

Der Begriff „zielgerichtet" unterstreicht dabei, dass es sich um eine absichtsvolle und – zumindest aus der Sicht der Führungskraft – auch um eine sinnvolle Einflussnahme handelt, die beispielsweise dem wirtschaftlichen Erfolg eines Unternehmens dienen soll. In der einfachsten Form geschieht die Einflussnahme, indem man Mitarbeitern konkrete Arbeitsaufträge erteilt und deren Einhaltung und/oder deren Ergebnis überwacht bzw. bewertet. Da die Einflussnahme ganz unmittelbar über die Kommunikation zwischen der Führungskraft und ihren Mitarbeitern läuft, spricht man in diesem Fall auch von *direkter Führung*.

Eine *indirekte Führung* liegt hingegen vor, wenn die Einflussnahme weniger offensichtlich stattfindet. Dabei geht es um Strukturen und Prozesse, die – einmal festgelegt – dauerhaft das Verhalten der Mitarbeiter lenken, ohne dass eine unmittelbare Interaktion zwischen beiden Seiten erforderlich wäre. Zur indirekten Führung zählen beispielsweise Entlohnungssysteme, die festschreiben, für welche Leistung wie viel Geld ausgezahlt wird. Ein zweites Beispiel stellen technische Sicherheitslösungen in der Produktion dar. Mit ihrer Hilfe wird verhindert, dass etwa Facharbeiter unter eine Presse greifen können, sobald der Presskopf sich abwärts bewegt. In diesem Fall ist es eine Maschine, die das Verhalten der Mitarbeiter beeinflusst. Als drittes Beispiel kann auf jegliche Form der Personalentwicklung verwiesen werden. Vermittelt man im Rahmen von Verhaltenstrainings den Mitarbeitern neue Einsichten im zwischenmenschlichen Bereich und soziale Fertigkeiten, so verändert dies im besten Falle das Verhalten der Trainingsteilnehmer auch in solchen Situationen, in denen die eigene Führungskraft nicht anwesend ist. Die indirekte Führung erleichtert und ergänzt somit die direkte Führung. Erst hierdurch wird die Führung größerer Personengruppen möglich, da die Führungskraft nicht permanent jeden Mitarbeiter anweisen oder gar kontrollieren muss.

Führung kann direkt und indirekt erfolgen

10.1.2 Führung als Managementaufgabe

Die Führung der Mitarbeiter stellt dabei meist nur einen Teil der Aufgaben dar, die eine Führungskraft zu bewältigen hat. Je nachdem wie groß der Verantwortungsbereich ausfällt, rücken andere *Managementaufgaben* deutlich stärker in den Vordergrund des Geschehens (vgl. Rosenstiel, 2006). Ein Produktmanager in der Automobilindustrie muss beispielsweise langfristige Entwicklungen in bestimmten Marktsegmenten vorhersehen und in seiner Planung für zukünftige Entwicklungen berücksichtigen. Er muss sich damit auseinandersetzen, welche Ansprüche Käufer an sein Produkt stellen, wie sich die gesetzlichen Vorschriften im Bereich des Umweltschutzes entwickeln, welche technischen Innovationen wünschenswert sind und wie sich all diese Aspekte unter einen Hut bringen lassen. Bei der Bewältigung dieser Aufgaben ist er selbstverständlich nicht allein. Auf der einen Seite sind es seine eigenen Mitarbeiter, auf der anderen Seite Kollegen angrenzender Fachgebiete (Technik, Produktion, Marketing etc.), die ihn unterstützen. Die Führung der Mitarbeiter ist nur ein Baustein in einem komplexen Aufgabengeflecht.

Gesellschaftliche Veränderung

Zu allem Überfluss ist das Führen von Menschen in den letzten Jahrzehnten sicherlich nicht einfacher geworden. Verantwortlich hierfür sind gesellschaftliche Veränderungen (Rosenstiel, 1999). Im Zuge der allgemein voranschreitenden Emanzipation breiter Bevölkerungsschichten sind immer weniger Menschen bereit, sich einer anderen Person einfach unterzuordnen, nur weil diese die Position eines Vorgesetzten innehat. Damit korrespondiert ein insgesamt steigender Bildungsgrad der Bevölkerung, der die Bildungs- und Gesellschaftsunterschiede zwischen Führungspersonal und Mitarbeitern zunehmend eliminiert.

Bedenken wir zudem, dass aufgrund des immer rascher anwachsenden Wissens und der steigenden Komplexität von Produkten und Produktionsbedingungen viele Aufgaben nur noch durch Gruppen unterschiedlich qualifizierter Fachexperten zu lösen sind, so tritt die gleichsam veränderte und komplexer gewordene Vielfalt der Führungsaufgaben offen zu Tage. An die Stelle des Patriarchen, der in den 50er Jahren noch aufgrund eines beträchtlichen Wissensvorsprungs und gestützt durch eine autoritär geprägte Gesellschaft seine Mitarbeiter nach dem Prinzip von „Befehl und Gehorsam" leicht führen konnte, ist in weiten Teilen des Berufslebens eine reflektierte Führungskraft getreten, welche immer mehr die Rolle eines Primus inter pares einnehmen muss.

Führungsaufgaben sprechen heute daher insbesondere die *sozialen Kompetenzen* der Betroffenen an (vgl. Kanning, 2005). Fachkompetenz oder Berufserfahrung reichen bei weitem nicht mehr aus, um den Anforderungen gerecht zu werden.

10.1.3 Führungsverhalten von Männern und Frauen

Gern wird in diesem Zusammenhang auch die Überzeugung geäußert, dass Frauen und Männer grundsätzlich unterschiedlich führen. Mehr noch, Frauen seien aufgrund angenommener Stärken im Bereich der sozialen Kompetenzen bessere Führungskräfte als Männer. Orientiert man sich an gängigen Stereotypen, so kann beispielsweise bei weiblichen Vorgesetzten mit mehr Verständnis für die Belange der Mitarbeiter und bei Männern mit stärker autoritärem Verhalten gerechnet werden (vgl. Johnson, Murphy, Zewdie & Reichard, 2008). Empirische Studien fördern jedoch entweder nur geringe Unterschiede zu Tage oder können gar keine systematischen Unterschiede belegen (z. B. Eagly & Johnson, 1990; Eagly, Johannesen-Schmidt & Van Engen, 2003). Dies überrascht nicht. Geschlechtstypische Verhaltensunterschiede, die sich bisweilen in der Gesamtpopulation beobachten lassen, verschwinden häufig, wenn man selektive Stichproben wie etwa bestimmte Berufsgruppen betrachtet (vgl. Abele, Schulte & Andrä, 1999). Dies hat zum einen damit zu tun, dass sich Frauen und Männer mit ähnlichen Interessen und Kompetenzen für einen bestimmten Beruf oder ein Studium entscheiden und zum anderen die berufliche Sozialisation zu einer Verringerung etwaig vorhandener Unterschiede beiträgt.

> Führen Frauen anders als Männer?

10.2 Führung und Persönlichkeit

Gibt es die „geborene Führungspersönlichkeit"? – Spontan würden sicherlich viele Menschen, denen man auf der Straße eine solche Frage stellt, zustimmen. Sie denken dabei vielleicht an markante Politiker (Margret Thatcher), erfolgreiche Wirtschaftsführer (Bill Gates) oder Ikonen des Sports (Franz Beckenbauer). Im ersten Moment ist man geneigt, dieser Sichtweise zuzustimmen, allzu leicht lässt der Glanz des Erfolgs die dahinter liegende Persönlichkeit übermächtig erscheinen. Je tiefer man jedoch in dieses Gedankenexperiment einsteigt, desto deutlicher treten die Grenzen des Konzeptes „Führungspersönlichkeit" zu Tage. Wäre wohl Bill Gates als Bundestrainer ebenso erfolgreich gewesen wie Franz Beckenbauer? Könnte Beckenbauer einen Kindergarten oder einen Baumarkt so zielsicher führen wie eine Fußballmannschaft? Hätte Margret Thatcher im Jahre 1910 eine ernstzunehmende Chance gehabt, Premierministerin zu werden?

In der psychologischen Forschung sind zahlreiche Versuche unternommen worden, eine allgemeingültige Persönlichkeitsstruktur erfolgreicher Führung zu finden. Hierzu vergleicht man beispielsweise die Persönlichkeit besonders erfolgreicher Führungskräfte mit weniger erfolgreichen oder untersucht Führungskräfte im Vergleich zu Mitarbeitern ohne Führungsaufgabe. Die Vielfalt der Ergebnisse derartiger Studien sprechen eine deutliche Sprache: *Die* Führungspersönlichkeit gibt es nicht (vgl. Rosenstiel, 2006). In unterschiedlichen Branchen, aber auch innerhalb einer Branche, ja selbst innerhalb eines Unternehmens können die Anforderungen, die an Führungskräfte in verschiedenen Abteilungen gestellt werden, so unterschiedlich sein, dass keineswegs immer das gleiche Persönlichkeitsprofil von Vorteil ist.

Tabelle 7: Korrelationen (ρ) zwischen Persönlichkeit und Führungserfolg (Auszüge aus Judge et al., 2002)

	Führungserfolg	
	vermutete Karrieregeschwindigkeit	Effektivität
Neurotizismus	−.24	−.22
Extraversion	.33	.24
Offenheit	.24	.24
Verträglichkeit	.05	.21
Gewissenhaftigkeit	.33	.16
Multiple Korrelation	.53	.39

Im Umkehrschluss kann man hieraus jedoch nicht ableiten, dass Persönlichkeitsvariablen generell keine Bedeutung für erfolgreiches

Führungshandeln zukommt. Metaanalysen, wie die von Judge, Bono, Ilies und Gerhardt (2002) verdeutlichen z. B. die Relevanz der „Big Five" für den Führungserfolg in unterschiedlichen Branchen (vgl. Tab. 7). Allerdings ergeben sich nicht nur in Abhängigkeit vom gewählten Erfolgskriterium, sondern auch für verschiedene Berufsfelder signifikante Unterschiede.

Ähnlich verhält es sich in Bezug auf die Intelligenz. Judge, Colbert und Ilies (2004) belegen in einer Metaanalyse signifikante Zusammenhänge zwischen Intelligenz und objektiven Leistungsmaßen der einzelnen Führungskraft ($\rho = .25$). Definiert man Führungserfolg jedoch über die Leistung der geführten Gruppe, sinkt der Zusammenhang ab ($\rho = .19$). Schaut man zudem in ältere Studien, die keineswegs immer dieselben Persönlichkeitsmerkmale als besonders relevant identifiziert haben (z. B. Kreativität, Integrität, Selbstsicherheit vs. Dominanz, Maskulinität, Konservatismus; im Überblick Judge et al., 2002), so wird die Bedeutung des spezifischen Anforderungsprofils, das mit einer bestimmten Führungsposition verbunden ist, deutlich (vgl. Kapitel 2).

Persönlichkeit ist in den meisten Fällen zwar ein nennenswerter Prädiktor des Führungserfolgs, es sind jedoch nicht immer dieselben Eigenschaften in gleicher Weise bedeutsam. Mehr noch, André (2008) betont, dass sich Persönlichkeitsmerkmale – wie etwa Egozentrismus, Aggressivität oder Disziplinlosigkeit – sogar nachteilig auf den Führungserfolg auswirken können. Hinzu kommt, dass die gemeinsame Varianz von positiven Persönlichkeitsmerkmalen und Erfolg meist nicht überragend hoch ausfällt. Andere Faktoren, jenseits der Persönlichkeit, müssen mithin eine weitere Rolle spielen.

Bedeutung der Persönlichkeit *(margin note)*

10.3 Führungsverhalten

Wenn es also nicht die Persönlichkeit ist, die im Wesentlichen den Führungserfolg determiniert, so kommt vielleicht dem konkreten Verhalten der Führungskräfte im Umgang mit ihren Mitarbeitern eine bedeutsamere Funktion zu. Zahlreiche Ansätze widmen sich der Frage, welche Verhaltensweisen bzw. Führungsstile besonders erfolgreich sind. Dabei greifen unterschiedliche Ansätze durchaus auch auf ähnliche Konzeptionen zurück, verwenden aber andere Begriffe (vgl. Abb. 43).

Führungserfolg als Konsequenz des Führungsverhaltens *(margin note)*

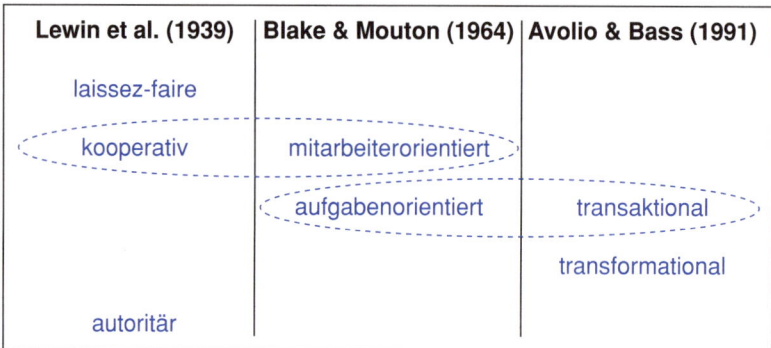

Abbildung 43: Klassische Führungsstile im Überblick

10.3.1 Führungsstile nach Lewin

Bereits in der 30er Jahren des letzten Jahrhunderts unterschieden Kurt Lewin und seine Mitarbeiter drei Führungsstile: laissez-faire, kooperativ und autoritär (Lewin, Lippitt & White, 1939). Lewin et al. (1939) charakterisierten damit ursprünglich das Verhalten von Lehrern im Unterricht.

Laissez-faire-Stil   *Laissez-faire* repräsentiert im Grunde genommen gar keinen richtigen Führungsstil, da in diesem Fall die Führungskraft ihre Mitarbeiter sich selbst überlässt und keinen Einfluss auf deren Verhalten nimmt. Untersuchungen zum Laissez-faire-Stil zeigen nahezu katastrophale Ergebnisse. In der Metaanalyse von Judge und Piccolo (2004) finden sich in Bezug auf alle abhängigen Variablen entweder negative Zusammenhänge (z. B. zur allgemeinen Arbeitszufriedenheit bzw. zur Zufriedenheit der Mitarbeiter mit ihrer Führungskraft) oder gar keine signifikanten Korrelationen (z. B. Gruppenleistung). Offenbar geht die Abwesenheit von Führung mit unerwünschten Konsequenzen für die Organisation einher und wird von Mitarbeitern als unangenehm erlebt. Mitarbeiter wollen im Allgemeinen geführt werden.

Kooperativer Führungsstil   Ein *kooperativer* Führungsstil – Lewin sprach ursprünglich von „demokratisch" – ist in hohem Maße durch Partizipation gekennzeichnet. Die Führungskraft trifft nicht einfach Anweisungen, die von ihren Mitarbeitern ohne Murren auszuführen sind, sondern bindet Mitarbeiter in Entscheidungen ein und bemüht sich darum, den Interessen der Einzelnen weitgehend Rechnung zu tragen. So könnte sie beispielsweise bei der Zuteilung der einzelnen Aufgaben danach fragen, wer welche Tätigkeiten am liebsten übernehmen möchte. Im Gegensatz zum laissez-faire handelt es sich hierbei explizit um Führung, da der Vorgesetzte Verantwortung übernimmt und darauf achtet, dass die notwendigen Arbeiten auch tatsächlich gut und fristgerecht erledigt werden.

Dies geschieht auch beim *autoritären* Führungsstil. Im Gegensatz zum kooperativen Handeln versteht sich die Führungskraft jedoch gewissermaßen als „Patriarch", der alle wichtigen Entscheidungen trifft und anschließend die Mitarbeiter zur Umsetzung derselben einteilt. Ob die Mitarbeiter selbst andere Vorstellungen haben oder vielleicht sogar bessere Lösungsvorschläge für anstehende Probleme entwickeln könnten, interessiert ihn nicht. Es wird deutlich zwischen „oben" und „unten" unterschieden.

Autoritärer Führungsstil

Experimentelle Untersuchungen zeigen insgesamt positive Effekte eines kooperativen Führungsstils im Hinblick auf die Arbeitszufriedenheit der Mitarbeiter, während sich bezüglich der reinen Arbeitsleistung keine allgemeine Überlegenheit eines bestimmten Führungsstils zeigen lässt (Rosenstiel 2006). Schaut man sich jedoch einzelne Studien an, in denen beide Stile direkt miteinander verglichen werden, so fallen sehr widersprüchliche Ergebnisse auf. Während in der einen Studie autoritäre Führung zu mehr Leistung und weniger Zufriedenheit führt, kann es sich in einer zweiten Studie genau umgekehrt verhalten. Wir werden diese wichtige Erkenntnis weiter unten noch einmal aufgreifen.

Unterschiedlichste Führungsstile sind erfolgreich

10.3.2 Aufgaben- und mitarbeiterorientierte Führung

Kurt Lewin hat seine Führungsstile nicht empirisch aus Felduntersuchungen abgeleitet, sondern auf der Basis von Plausibilitätsannahmen ganz einfach festgelegt und anschließend experimentell untersucht. Einen völlig anderen Zugang wählte man in den sogenannten Ohio-Studien, die in den 50er Jahren an der State University von Ohio durchgeführt wurden. In groß angelegten Befragungen von Mitarbeitern unterschiedlicher Organisationen forderte man die Probanden auf, das Verhalten ihrer Vorgesetzten zu charakterisieren. Anschließend unterzog man die oft sehr umfangreichen Itemsammlungen der eingesetzten Fragebögen einer Faktorenanalyse. Selbstredend fielen die Ergebnisse nicht immer identisch aus. Besonders häufig zeigte sich jedoch eine zweifaktorielle Struktur des Führungs-

Die Ohio-Studien

verhaltens, die später von Blake und Mouton (1964) zu einem überaus populären Modell weiterentwickelt wurde. Blake und Mouton unterscheiden darin zwei voneinander unabhängige Führungsstile.

Führungsstile nach Blake und Mouton (1964)

Mitarbeiterorientierter Führungsstil

Die **mitarbeiterorientierte Führung** („consideration") entspricht dem, was z. T. auch schon Lewin et al. (1939) unter der Bezeichnung „kooperative Führung" beschrieben hatten: Die Führungskraft lässt Mitarbeiter an wichtigen Entscheidungen partizipieren und versucht, deren Bedürfnisse weitestmöglich zu berücksichtigen. Die Mitarbeiter werden dabei nicht als austauschbare Elemente eines Arbeitsprozesses, sondern vielmehr als Individuen gesehen. Im Zuge der mitarbeiterorientierten Führung bemüht sich der Vorgesetzte um den Aufbau eines Vertrauensverhältnisses zu seinen Mitarbeitern. An die Seite der formellen Arbeitsbeziehung, die sich aus dem Arbeitsvertrag sowie der Organisation der Arbeitsprozesse ergibt, tritt die zwischenmenschliche Beziehung, die aktiv gepflegt wird. Dementsprechend setzt sich die Führungskraft für das Wohl der Mitarbeiter ein, ist offen und ehrlich zu ihnen und weiß auch etwas über das Privatleben der Menschen, mit dem sie tagtäglich zusammenarbeitet.

Aufgabenorientierter Führungsstil

Demgegenüber stellt die **aufgabenorientierte Führung** („initiation structure", bisweilen auch als „leistungsorientierte Führung" übersetzt) nicht die zwischenmenschliche Beziehung, sondern den Arbeitsauftrag in den Vordergrund. Im Zuge einer aufgabenorientierten Führung setzt die Führungskraft klare Arbeitsziele, verteilt die Arbeitsaufgaben entsprechend der Fähigkeiten der Mitarbeiter, überwacht die Zielerreichung und belohnt die Mitarbeiter für erfolgreiche Arbeit. Alles in allem dient das Streben der Führungskraft einer möglichst effizienten Erfüllung der Arbeitsaufgaben. Am Ende zählt allein das Arbeitsergebnis.

Der Nutzen beider Führungsstile im Hinblick auf Arbeitszufriedenheit, Motivation und Leistung der Mitarbeiter wird durch zahlreiche Studien untermauert. In einer Metaanalyse von Judge, Piccolo und Ilies (2004) finden sich insbesondere Hinweise darauf, dass eine aufgabenorientierte Führung positiv auf die Arbeitszufriedenheit und Leistungsmotivation wirkt (vgl. Abb. 44). Kein Stil ist dem anderen jedoch prinzipiell überlegen. Je nach Studie erweist sich entweder der eine oder der andere Stil als der bessere.

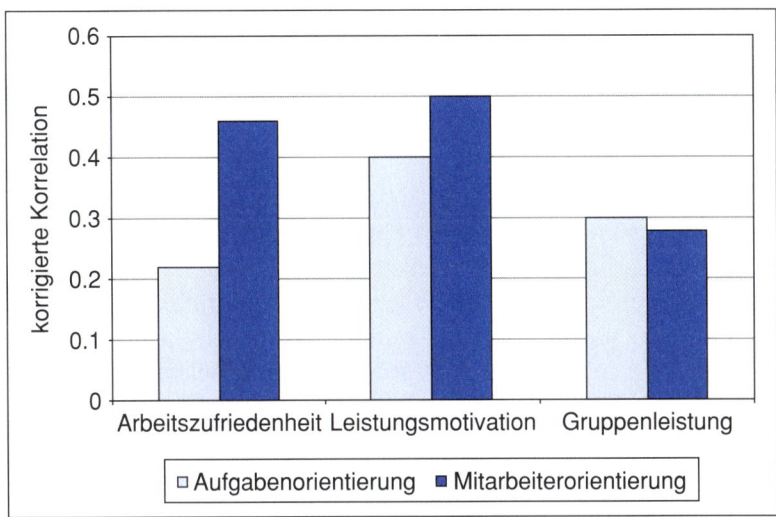

Abbildung 44: Effekte aufgabenorientierter und mitarbeiterorientierter Führung (nach Judge, Piccolo & Ilies, 2004)

Für Blake und Mouton (1964) schließen beide Führungsstile einander nicht zwangsläufig aus. Ihr Ideal ist vielmehr eine Führungskraft, die beide Stile in ihrem alltäglichen Handeln vereinigen kann. Erst wenn sie sich gleichzeitig aktiv für die Einhaltung der Arbeitsaufgaben einsetzt und dabei die Beziehung zu den Mitarbeitern positiv fördert, ist ihrer Meinung nach mit einem maximalen Erfolg zu rechnen. Auf der Grundlage dieser Überlegungen konzipieren sie ein Trainingskonzept, das bis auf den heutigen Tag in der Praxis anzutreffen ist.

Führungsgitter

In der ersten Phase findet eine Diagnose statt. Mit Hilfe eines Fragebogens werden die beiden Führungsstile einer Führungskraft gemessen. Dabei handelt es sich um reine Selbstbeschreibungen (Itembeispiel für Aufgabenorientierung: „Ich lasse meine Mitarbeiter wissen, was ich von ihnen erwarte"; für Mitarbeiterorientierung: „Ich kümmere mich um das Wohlbefinden meiner Mitarbeiter"; vgl. André, 2008).

Anschließend wird die Ausprägung beider Stile jeweils auf zwei neunstufigen Skalen abgetragen, welche die horizontale und vertikale Achse eines Gitternetzes bilden. Dieses sogenannte "Führungsgitter" weist 9×9 Zellen auf. Durch die Messung beider Führungsstile kann jeder Proband einer bestimmten Zelle zugeordnet werden.

Die Zelle 1/1 entspricht dabei einer Person, die weder mitarbeiter-
noch aufgabenorientiert führt, während die Zelle 9/9 eine Maximal-
ausprägung beider Stile – und damit dem Ideal – entspricht. In aller
Regel dürfte dieser Fall kaum vorkommen.

Daher tritt nun die Phase 2 in Kraft. Je nach Ergebnismuster wird
die Führungskraft im Rahmen eines mehrtägigen Verhaltenstrainings hinsichtlich einer verstärken Mitarbeiter- bzw. Aufgabenorientierung gefördert. Inwieweit viele Führungskräfte aus eigenem
Antrieb oder nach erfolgtem Training tatsächlich dauerhaft beide
Führungsstile in sehr hoher Ausprägung verwirklichen, ist nicht belegt. Hier sind eher Zweifel angebracht, da es sicherlich viele Alltagssituationen geben wird, in denen sich beide Orientierungen
nicht gleichzeitig in starkem Maße verwirklichen lassen. Man denke
nur einmal an die Arbeit eines Teams in der Unfallchirurgie. Dort ist
die Arbeitsbelastung so groß, dass nur wenig Zeit für Beziehungs-
pflege bleibt.

10.3.3 Transaktionale und transformationale Führung

Vor knapp 20 Jahren führen Avolio und Bass (1991) eine weitere
Differenzierung ein, die bis heute viel Aufmerksamkeit auf sich gezogen hat. Sie unterscheiden zwischen transaktionaler und transformationaler Führung.

> **Begriffsklärung: Transaktionale Führung**
>
> Bei der transaktionalen Führung nimmt die Führungskraft eine
> betont rationale Haltung ein. Sie geht davon aus, dass sowohl die
> Mitarbeiter als auch sie selbst bestimmte Ziele in der Organisation
> verfolgen und dass durch eine wechselseitige Unterstützung diese
> Ziele am besten erreicht werden können. In gewisser Weise sind
> beide Seiten also abhängig voneinander, woraus sich die Notwen-
> digkeit zur Kooperation ableitet.

*Transaktionale
Führung*

Die Führungskraft möchte beispielsweise, dass ein Produkt in einer
bestimmten Qualität und Stückzahl hergestellt wird. Die Mitarbeiter
in der Produktion möchten hingegen ihr Gehalt steigern und manche
von ihnen längerfristig in der Hierarchie des Unternehmens aufstei-
gen. Mitarbeiter und Führungskraft stehen nun in einer Austausch-
beziehung zueinander. Wenn die Mitarbeiter durch ihre Arbeit der

Führungskraft dabei helfen, das gesetzte Produktionsziel zu erreichen, hilft die Führungskraft ihren Mitarbeitern wiederum durch entsprechende Leistungsbeurteilungen bei der Verwirklichung der monetären Ziele. Dabei existiert ein explizites Belohnungssystem, indem sowohl die Leistungsziele als auch die Konsequenzen klar und verbindlich definiert sind. Die betont zweckrationale Beziehung schützt beide Seiten vor Willkür und absichtlich schädigendem Verhalten.

Begriffsklärung: Transformationale Führung

Die transformationale Führung verläuft nach völlig anderen Prinzipien. Hier steht weniger ein rationales Kalkül beider Seiten im Vordergrund als vielmehr die emotionale Beeinflussung der Mitarbeiter durch ihre Führungskraft. Ziel der transformationalen Führung ist die „mentale Veränderung" der Mitarbeiter. Sie sollen nicht rational ihre eigenen Interessen im Unternehmen verfolgen, sondern sich mit der Organisation soweit identifizieren, dass der Erfolg der Organisation als intrinsische Belohnung erlebt wird.

Wenn sich beispielsweise die Mitarbeiter einer Werbeagentur so stark mit der Entwicklung einer großen Kampagne für ein glamouröses Produkt identifizieren, dass sie das fertige Produkt an sich schon als Belohnung ansehen, könnte dies das Ergebnis transformationaler Führung sein.

Transformationale Führung

Ähnliches wird man allerdings auch immer dann antreffen können, wenn Arbeitsgruppen genau so zusammengestellt werden, dass die Arbeit inhaltlich völlig kompatibel zu besonders starken individuellen Bedürfnissen ist, ohne dass die Führungskraft gezielt einen bestimmten Führungsstil betreibt. Bemüht sie sich hingegen aktiv, einen solchen Zustand zu erzeugen, da entsprechende Bedürfnisse nicht natürlich vorhanden sind, liegt transformationale Führung vor. Die Führungskraft muss den Mitarbeitern ein Gefühl von Größe, Stärke und Erfolg vermitteln. Im günstigsten Falle reicht hierzu allein die Tatsache, dass man in einer bestimmten Organisation oder Arbeitsgruppe mitarbeiten darf. Die Mitarbeiter sollen stolz darauf sein, dass sie an einer bestimmten Aufgabe mitwirken dürfen, sie sollen – übertrieben ausgedrückt – für die Aufgabe „brennen". Natürlich ist dies nicht in jeder Branche gleichermaßen leicht zu realisieren. Wissenschaftler, die für die NASA die erste Marslandung der Menschen vorbereiten, dürften wohl vergleichsweise leicht positive

Emotionen mit ihrer Arbeitsaufgabe verbinden können. In einem Betrieb, der sich jedoch mit der Herstellung von Zahnstochern oder Stecknadeln beschäftigt, wird dies ungleich schwieriger sein. Umso größer ist die Aufgabe, die vor den Führungskräften liegt.

Wirkprinzipien transformationaler Führung

Transformationale Führung soll über vier Prinzipien auf die Mitarbeiter wirken. Das erste Prinzip ist auch gleich das schwierigste: *Charisma*. Die Führungskraft soll als Person ein Vorbild sein, dem die Mitarbeiter gern folgen. Im Extremfall sind sie schon sehr stolz darauf, wenn sie mit ihrem Vorgesetzten überhaupt zusammenarbeiten zu dürfen. Zudem muss eine *inspirierende Motivierung* von der Führungskraft ausgehen. Sie zeigt den Mitarbeitern Ziele auf und verdeutlicht, warum es für alle wichtig ist, diese Ziele zu erreichen. Durch *intellektuelle Stimulierung* sorgt die Führungskraft dafür, dass die Mitarbeiter alltägliche Probleme aus einer völlig anderen Perspektive betrachten und bringt ihnen darüber hinaus durchgängig *individuelle Wertschätzung* entgegen. Während man die drei zuletzt genannten Prinzipien auch in vielen weniger anspruchsvollen Führungsansätzen wiederfindet, stellt das Charisma eine neue Qualität dar. Vergleichbar zu Blake und Mouton (1964) gehen auch Avolio und Bass (1991) von einer prinzipiellen Lernbarkeit der Führungsstile aus. Ob diese de facto auch für das Charisma gilt, dürfte zumindest fraglich sein.

Inzwischen liegen zahlreiche Studien vor, die sich mit der Untersuchung der Wirkungen transaktionaler bzw. transformationaler Führung beschäftigen. Wie auch schon bei anderen Führungsstilen lassen sich für beide Alternativen positive Korrelate finden. Judge und Piccolo (2004) zeigen in einer Metaanalyse Zusammenhänge zur Arbeitszufriedenheit, Motivation und Gruppenleistung auf (vgl. Abb. 45). Die Unterschiede in den Effekten zwischen beiden Stilen sind eher gering, wobei sich im Hinblick auf die Gruppenleistung ein Vorteil für die transformationale Führung ergibt.

Führungsverhalten ist erlernbar

Prinzipiell sind die skizzierten Führungsstile erlernbar. Hierin liegt ein sehr wichtiger qualitativer Unterschied zum Persönlichkeitsansatz, da Persönlichkeitsmerkmale sich per definitionem nur sehr langsam verändern. Erst die Erlernbarkeit legt die Grundlage für die Durchführung von Führungskräftetrainings, die heute zum festen Bestandteil der Personalentwicklung gehören. Allerdings wird man nicht jeden Menschen beliebig trainieren können. Eine introvertierte, emotional labile oder aggressive Persönlichkeit dürfte auch nach

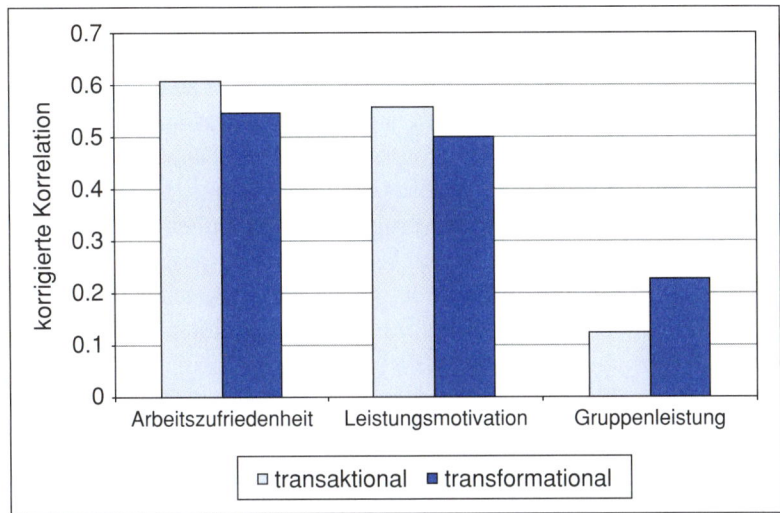

Abbildung 45: Effekte transformationaler und transaktionaler Führung
(nach Judge & Piccolo, 2004)

einem hervorragenden Training kaum zu einer erfolgreichen Führungskraft mutieren. Die Persönlichkeit setzt der Entwicklungsfä-
higkeit des Einzelnen Grenzen. Umgekehrt gilt, dass bestimmte
Persönlichkeitsstrukturen nur unter Anwendung spezifischer Führungsstile zum Führungserfolg beitragen.

In der Metaanalyse von Judge, Colbert und Ilies (2004) konnte z. B.
belegt werden, dass die Intelligenz der Führungskraft nur dann einen
signifikanten Zusammenhang zum Erfolg aufweist, wenn die Führungskraft einen direktiven Führungsstil bevorzugt. Insofern ist der
Persönlichkeitsansatz der Führungsforschung nicht obsolet. Beide
ergänzen einander. Zunächst muss mit Mitteln der Personalauswahl
untersucht werden, welche Person die grundlegenden Eigenschaften
mitbringt, die für eine spezifische Führungsposition vorteilhaft sind,
ehe man in einem zweiten Schritt die vorhandenen Potenziale durch
Führungskräftetrainings in Richtung auf einen passenden Führungsstil lenkt. Welcher Führungsstil der richtige ist, lässt sich nicht allge-
meingültig sagen. Die vorliegenden Metaanalysen zeigen, dass
letztlich jeder Führungsstil positive Konsequenzen nach sich ziehen
kann. Offenbar ist aber nicht in jeder Situation jeder Führungsstil in
gleicher Weise effektiv. Im folgenden Abschnitt gehen wir der Frage
nach, von welchen Rahmenbedingungen es abhängt, ob ein bestimmter Führungsstil erfolgreicher ist.

10.4 Rahmenbedingungen effektiver Führung

Spontan würde sicherlich jeder Führungsforscher zustimmen, dass man eine Truppe von Bundeswehrsoldaten im Auslandseinsatz anders führen muss als das Kreativteam einer Werbeagentur oder eine Gruppe von Pädagogen in einer sozialen Einrichtung. Umso erstaunlicher ist es, dass bislang der Frage der Rahmenbedingungen der Führung vergleichsweise wenig Aufmerksamkeit geschenkt wurde. Sogenannte *„Kontingenztheorien"* gehen der Frage nach, unter welchen Rahmenbedingungen welches Führungsverhalten das Beste ist.

Führungserfolg hängt von situativen Bedingungen ab

10.4.1 Kontingenztheorie von Fiedler

Zu den ersten Ansätzen dieser Art zählt die *Kontingenztheorie von Fiedler* (1967). Fiedler betrachtet in seiner Theorie drei situative Variablen (vgl. auch Tab. 8).

> **Kontingenztheorie von Fiedler (1967)**
>
> Die wichtigste der drei Situationsvariablen bezieht sich auf die **Beziehung zwischen Führungskraft und Mitarbeitern**. Sie kann mehr oder weniger positiv ausfallen. Aus Gründen der Übersichtlichkeit wird im Modell nur zwischen zwei Zuständen differenziert: Die Beziehung ist entweder gut oder schlecht. Im ersten Fall akzeptieren die Mitarbeiter ihre Führungskraft, vertrauen ihr und fühlen sich ihr verbunden. Im zweiten Fall nehmen sie die Führungskraft eher als ein (notwendiges) Übel hin.
>
> Neben der Beziehung berücksichtigt Fiedler die Art der Arbeitsaufgaben. Er spricht hier von **Arbeitsstruktur** und unterscheidet erneut zwei Zustände. Eine hohe Arbeitsstruktur liegt vor, wenn die notwendigen Arbeitsschritte sehr klar definiert sind und somit jeder Mitarbeiter genau weiß, was er zu tun hat. Einen Extremfall stellt die Fließbandarbeit dar. Hier ergeben sich die Arbeitsschritte fast von allein. Die Maschinen geben den Arbeitsprozess so weit vor, dass die Führungskräfte sich weitgehend zurückhalten können. Ähnlich verhält es sich immer dann, wenn überwiegend einfache Routineaufgaben abgewickelt werden. Eine geringe Aufgabenstruktur erfordert im Vergleich hierzu sehr viel mehr Führung, da immer wieder steuernd in den Arbeitsprozess eingegriffen werden muss. Die Aufgabenstruktur ist gering, wenn häufig neue Probleme entstehen, für die jeweils spezifische Lösungen

zu finden sind. Man denke hier z. B. an Projektarbeit in einer Unternehmensberatung.

Als dritte – dem Modell zufolge am wenigsten wichtige – Variable benennt Fiedler die **Positionsmacht**. Sie kann hoch oder niedrig ausgeprägt sein. Ist die Positionsmacht hoch, kann die Führungskraft weittragende Entscheidungen – bis hin zur Beförderung oder Entlassung von Mitarbeitern – selbst fällen. Dies ist klassischerweise in inhabergeführten Unternehmen der Fall, wenn man die Position des Inhabers betrachtet. Von einer geringen Positionsmacht ist bei Fiedler die Rede, wenn die wichtigen Entscheidungen nicht vom direkten Vorgesetzten, sondern von Personen getroffen werden, die weiter oben in der Organisationshierarchie stehen.

Aus der Kombination der drei Situationsvariablen ergeben sich acht Situationstypen, die einen unterschiedlichen Grad der Günstigkeit im Hinblick auf die Führung aufweisen. Die Bedingungen sind am günstigsten, wenn eine gute Beziehung zu den Mitarbeitern besteht, die Arbeitsaufgaben so hoch strukturiert sind, dass alle Mitarbeiter genau wissen, wie sie sich verhalten müssen, und die Führungskraft mit einem großen Machtpotenzial ausgestattet ist (vgl. Situation 1 in Tab. 8). Sehr ungünstig ist es hingegen, wenn die Beziehung konfliktreich ist, ja die Mitarbeiter sich vielleicht sogar gegen die Führungskraft verbünden, die Arbeitsprozesse nicht „von allein" ablaufen, weil der Strukturierungsgrad gering ist und die Führungskraft wichtige Entscheidungen nicht allein treffen kann (Situation 8).

Tabelle 8: Situationstypen nach Fiedler (1967)

	Situationstypen günstig ⟷ ungünstig							
	1	2	3	4	5	6	7	8
Beziehung zwischen Führungskraft und Mitarbeitern	⇧	⇧	⇧	⇧	⇩	⇩	⇩	⇩
Aufgabenstruktur	⇧	⇧	⇩	⇩	⇧	⇧	⇩	⇩
Positionsmacht der Führungskraft	⇧	⇩	⇧	⇩	⇧	⇩	⇧	⇩

Auf der Basis eigener Studien empfiehlt Fiedler in sehr günstigen sowie in sehr ungünstigen Situationen (Situation 1, 2, 3, 8) einen aufgabenorientierten Führungsstil, während in mittelschweren Situationen einem mitarbeiterorientierten Führungsstil der Vorzug zu geben wäre. Da seine Forschungsergebnisse nur zum Teil repliziert wurden und zahlreiche Kritikpunkte an seiner Vorgehensweise existieren (vgl. Gebert & Rosenstiel, 2002), sollte man dieser Empfehlung nicht folgen.

Trotz zahlreicher Schwächen der Theorie (Dichotomisierung, nicht hinterfragte Hierarchisierung der drei Situationsvariablen, fragwürdige Operationalisierung der Führungsstile, kausale Interpretation korrelativer Daten etc.) ist die Theorie von Fiedler ein sehr gutes Beispiel dafür, wie situative Rahmenbedingungen in Forschung und Praxis prinzipiell Berücksichtigung finden könnten.

10.4.2 Reifegrad-Theorie

Ein zweites Beispiel für eine Kontingenztheorie liefert die *Reifegrad-Theorie* von Hersey und Blanchard (1977). Auch sie arbeitet mit den beiden Führungsstilen, die aus den Ohio-Studien hervorgegangen sind und stellt sich die Frage, unter welchen Bedingungen man sich eher für einen mitarbeiterorientierten oder aufgabenorientierten Führungsstil entscheiden sollte. Zur Beantwortung dieser Frage führen sie das Konzept des Reifegrades der Mitarbeiter ein.

Begriffsklärung: Reifegrad

Der Reifegrad bezieht sich auf das Ausmaß, in welchem die Mitarbeiter selbstständig arbeiten können. Mitarbeiter, die erst noch eingearbeitet werden müssen, sehr geringe fachliche bzw. intellektuelle Kompetenzen aufweisen, wenig motiviert sind oder sich nur selbst schwer steuern können, weisen einen geringen Reifegrad auf. Der Reifegrad steigt in dem Maß, in dem die Mitarbeiter selbst Verantwortung übernehmen können.

Das Ausmaß des Reifegrades hat Einfluss auf die Art der Führung (vgl. Abb. 46). Ist der Reifegrad sehr gering, so sollte dem Modell zufolge die Führungskraft schlichtweg durch *Unterweisen* (telling) führen. Sie teilt dem betroffenen Mitarbeiter ganz einfach mit, welche Aufgabe als nächstes wie zu erfüllen ist und überwacht die Durchführung. Dies entspricht einem Führungsstil, der durch eine hohe Aufgabenorientierung bei gleichzeitig geringer Mitarbeiterori-

Unterweisen

entierung gekennzeichnet ist. Die Unterweisung hilft entwicklungs-
fähigen Mitarbeitern dabei, sich grundlegende fachliche Kompetenzen anzueignen und so einen höheren Reifegrad zu erlangen. Bei
Mitarbeitern, die dauerhaft auf niedrigem Reifeniveau verharren,
verhindert sie Leistungsabfälle.

Ist der Reifegrad gering bis mittel ausgeprägt, empfiehlt sich ein
Führungsverhalten, das als *Verkaufen* (selling) bezeichnet wird. Es   Verkaufen
ist durch eine hohe Mitarbeiterorientierung bei gleichzeitig hoher
Aufgabenorientierung gekennzeichnet. Dies entspricht jener Kombination aus Führungsstilen, die Blake und Mouton (1964) in jegli-
cher Situation bevorzugt hätten. Das „Verkaufen" ermuntert Mitarbeiter dazu, sich persönlich weiterzuentwickeln, wobei man ihnen
aufgrund der insgesamt noch zu geringen Reife jedoch noch keine
weitgehend eigenverantwortlich gesteuerte Arbeit zutrauen kann.

Steigt nun der Reifegrad noch weiter an (mittel bis hohe Reife), erscheint den Autoren eine Mischung aus hoher Mitarbeiterorientie-
rung und geringer Aufgabenorientierung angebracht, die als *Partizi-*   Partizipieren
pieren (participating) bezeichnet wird. Die betroffenen Mitarbeiter
arbeiten aufgrund ihres hohen Fähigkeitsniveaus bereits weitgehend
selbstständig. Die hohe Mitarbeiterorientierung hilft ihnen dabei,
sich weiterzuentwickeln. Gleichzeitig fühlen sie sich entsprechend
ihrer Kompetenzen ernst genommen.

Ist die höchste Stufe des Reifegrades erklommen, wird nur noch per
Delegieren (delegating) geführt. Die Führungskraft überträgt be-   Delegieren
stimmte Arbeitsaufgaben den geeigneten Mitarbeitern, die dann völlig
eigenverantwortlich die Umsetzung übernehmen. Dies entspricht
einer gleichzeitig geringen Aufgaben- und Mitarbeiterorientierung.

Die Reifegrad-Theorie hat aufgrund ihres hohen Plausibilitätsgrades
in den USA sehr viel Aufmerksamkeit in der Praxis großer Firmen
sowie beim Militär erfahren (Greenberg & Baron, 2008). Dies steht
jedoch im Widerspruch zur geringen Menge empirischer Untersuchungen bzw. der bislang eher defizitären empirischen Bestätigung
des Modells (Fernandez & Vecchio, 1997).

Andere Theorien, wie z. B. die von Vroom und Yetton (1973), entwickeln Entscheidungsbäume, die von den Führungskräften bearbeitet
werden müssen. Dazu werden nacheinander verschiedene Fragen gestellt, mit deren Hilfe die Führungskraft die konkrete Führungssituation

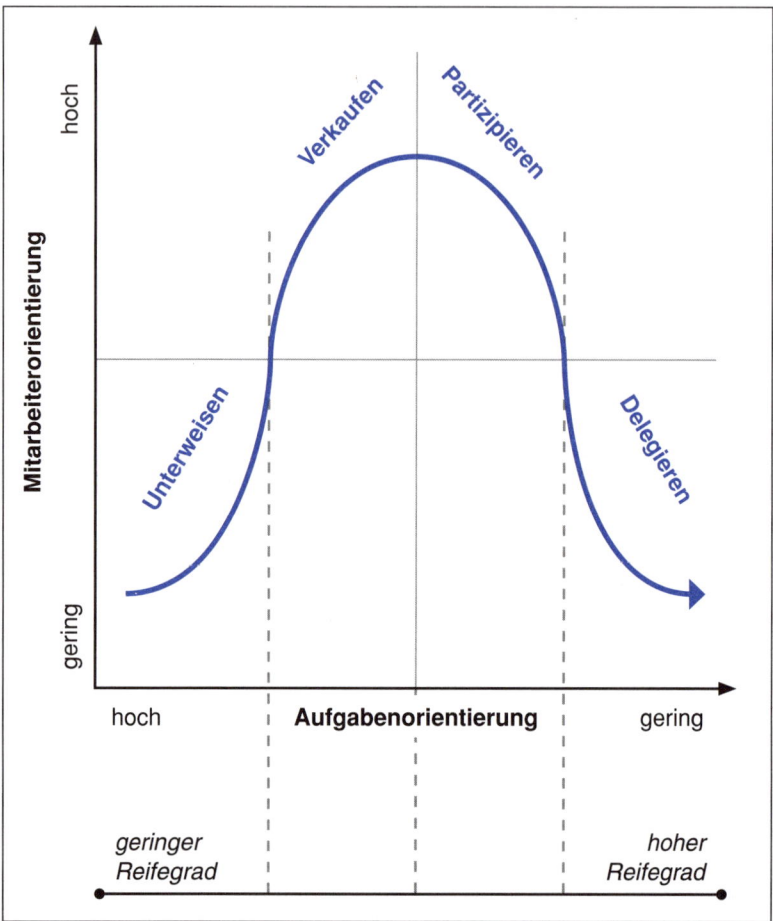

Abbildung 46: Reifegradtheorie (nach Hersey & Blanchard, 1977)

analysieren soll (z. B. „Ist das Problem stark strukturiert?" oder „Ist es
für die erfolgreiche Bewältigung der Aufgabe wichtig, dass die Mitarbeiter sie akzeptieren?"). Je nach Antwort auf eine Frage folgt eine andere, bis am Ende nach der Beantwortung mehrerer Fragen Vorschläge
zur richtigen Führung in der vorliegenden Situation resultieren.

10.4.3 Fazit

Führungserfolg durch
flexibles Reagieren auf
Rahmenbedingungen

Fassen wir die verschiedenen Perspektiven der Kontingenztheorien
zusammen, so erscheint erfolgreiche Führung als Ergebnis eines flexi-
blen, auf die jeweiligen Rahmenbedingungen abgestimmten Verhaltens. Verändern sich die Rahmenbedingungen, muss sich auch das

Führungsverhalten verändern. Insofern wäre es sinnvoll, wenn jede Führungskraft nicht nur einen Führungsstil beherrscht, sondern situationsgerecht variieren könnte.

Bislang gibt es allerdings keinen Ansatz, der eine Vielzahl möglicher Einflussvariablen bündelt und empirisch gut fundiert Handlungsanweisungen für die Praxis geben könnte. Die skizzierten Theorien greifen einzelne Variablen heraus, die zunächst einmal aufgrund von Plausibilitätsannahmen sinnvoll erscheinen. Parallel dazu liegen theoriefreie Forschungsergebnisse vor, welche die Bedeutung bestimmter Situationsvariablen hervorheben. So weisen beispielsweise die Ergebnisse, die Judge, Colbert et al. (2004) in einer Metaanalyse finden konnten, auf die Bedeutung des Stresserlebens hin. Der Zusammenhang zwischen der Intelligenz der Führungskraft und der Effizienz ihres Handelns sinkt auf Null, wenn die berufliche Belastung besonders hoch ist. Dies deutet u. a. darauf hin, dass man auf der Seite des Personalmanagements nicht nur die Auswahl und Schulung der Führungskräfte, sondern auch die aktive Gestaltung der Arbeitsbedingungen in den Blick nehmen sollte.

Besonders interessant ist in diesem Zusammenhang die Perspektive von Fiedler und Macaulay (1998). Sie zeigen Strategien auf, mit denen die Führungskraft die Situation für sich positiv beeinflussen kann. Situationsvariablen (Beziehung, Arbeitsstruktur und Positionsmacht etc.) stellen also nicht nur Rahmenbedingungen der Führung dar, sondern können ihrerseits durch Führung vorteilhaft beeinflusst werden.

10.5 Das „Geheimnis" erfolgreicher Führung

Wir haben gesehen, dass die Führung von Mitarbeitern keine simple Aufgabe ist, die sich allein mit Fachkompetenz, Erfahrung oder Macht adäquat bewältigen ließe. Ein guter Fachexperte ist ebenso wenig automatisch eine gute Führungskraft wie ein hervorragender Forscher selbstverständlich ein guter Hochschullehrer ist. Der Erfolg von Führung im Hinblick auf Produktivität, Effizienz, Arbeitszufriedenheit, Arbeitsklima etc. hängt von vielen Variablen ab (vgl. Abb. 47).

Auch wenn wir den naiven Glauben an die eine überragende Führungspersönlichkeit, die immer und überall erfolgreich wäre, verwerfen mussten, kommt der Persönlichkeit der Führungskraft eine

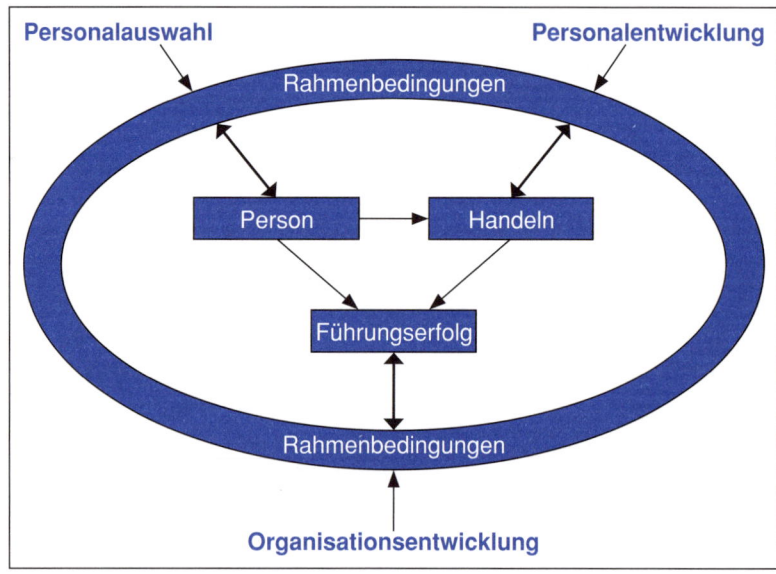

Abbildung 47: Integratives Modell des Führungserfolgs

wichtige Funktion zu. Neben der Intelligenz spielen hier die sozialen Kompetenzen eine bedeutsame Rolle.

Die Persönlichkeit spiegelt sich in dem konkreten Verhalten wider, mit dem die Führungskraft ihren Mitarbeitern begegnet. Mehrere prominente Theorien gehen daher der Frage nach, welcher Verhaltensstil prinzipiell der beste wäre. Die Forschung liefert für alle Verhaltensstile positive Ergebnisse, wenn auch je nach Erfolgskriterium mit unterschiedlichem Ausgang. Insgesamt sprechen die Befunde dafür, dass viele Verhaltensstile zum Ziele führen können.

Will man Führungserfolg besser prognostizieren, so sollte man zusätzlich die Rahmenbedingungen berücksichtigen. In Abhängigkeit von der Zusammensetzung der Mitarbeiterschaft, der Art der Arbeitsaufgaben, der Qualität der Beziehung zwischen Führungskraft und Geführtem oder der Macht des Vorgesetzten kann ein und derselbe Führungsstil mehr oder weniger erfolgreich sein. Ganz ähnlich dürfte es sich in Bezug auf die Persönlichkeit der Führungskräfte verhalten. Während eine dominante Persönlichkeit im Baugewerbe den Bedürfnissen vieler Mitarbeiter möglicherweise sehr entgegenkommt, könnte man damit in einem heilpädagogischen Kinderhort schnell scheitern. Bislang wurden nur wenige potenziell wichtige

Rahmenbedingungen in systematischer Weise theoretisch aufgearbeitet. In einer differenzierteren Betrachtung des Wechselspiels zwischen Persönlichkeit, Führungsverhalten und Rahmenbedingungen dürfte die erfolgversprechendste Zukunft der Führungsforschung liegen. Dabei erscheinen die drei Komponenten des Führungserfolgs keineswegs als unveränderbar. So wie eine Veränderung der Rahmenbedingungen das Führungsverhalten und langfristig vielleicht sogar die Persönlichkeit beeinflussen kann, so sind die Rahmenbedingungen durch Persönlichkeit und Führungshandeln veränderbar.

Das „Geheimnis" erfolgreicher Führung liegt also nicht in der blinden Anwendung von „Kochrezepten", die massenhaft in der populären Management-Ratgeberliteratur angeboten werden, sondern in einem ebenso reflektierten wie systematischen Vorgehen, bei dem man sich mit den Erfordernissen und Möglichkeiten des konkreten Anwendungsfalls auseinandersetzt. Die Ergebnisse der Führungsforschung liefern dazu ebenso Heuristiken wie die grundlegenden Prozesse der Personalpsychologie. Hierzu müssen Personalauswahl, Personalentwicklung und Organisationsentwicklung Hand in Hand greifen. Zunächst sollte auf der Basis von Anforderungsanalysen entschieden werden, welche Person unter den gegebenen Bedingungen die besten Voraussetzungen für eine erfolgreiche Führung mitbringt. Nach der Einstellung werden dann parallel auf dem Wege der Organisationsentwicklung die Rahmenbedingungen günstig beeinflusst und mit Mitteln der Personalentwicklung Korrekturen im Verhalten der Führungskraft initiiert (vgl. Abb. 47). Analog geht man auf Seiten der Mitarbeiter vor. Eine solchermaßen integrative Strategie verspricht auch langfristig den größten Nutzen für alle Beteiligten.

Zusammenfassung

Eine erfolgreiche Führung von Mitarbeitern in einer Organisation ist von verschiedenen Bedingungen abhängig. Neben Persönlichkeitsvariablen und der Intelligenz spielt das konkrete Verhalten der Führungsperson eine wichtige Rolle. Theorien zum Führungsverhalten unterscheiden zwischen verschiedenen Führungsstilen im Umgang mit den Mitarbeitern, die beispielsweise eher kooperativ oder aufgabenbezogen sein können. Je nach den Rahmenbedingungen, wie der interpersonellen Beziehung, der Strukturierung der Aufgaben und dem Machtpotenzial der Führungsperson kann ein bestimmtes Führungsverhalten in dem einen Fall günstig sein, in einem anderen Fall sich jedoch nachteilig auswirken. Schlussendlich empfiehlt es sich, den Einsatz eines bestimmten Führungsverhaltens im Einzelfall unter Berücksichtigung der Gegebenheiten abzuwägen, anstatt einfach ein „Kochrezept" anzuwenden.

Weiterführende Literatur

Neuberger, O. (2002). *Führen und führen lassen* (5. Aufl.). Stuttgart: Lucius.

Rosenstiel, L. v. (2006). *Führung*. In H. Schuler (Hrsg.), *Lehrbuch der Personalpsychologie* (S. 353–384). Göttingen: Hogrefe.

Rosenstiel, L. von, Regnet, E. & Domsch, M. E. (Hrsg.). (2009). *Führen von Mitarbeitern: Handbuch für erfolgreiches Personalmanagement* (6. Aufl.). Stuttgart: Schäffer-Poeschel.

Fragen

1. Worin liegen die grundlegenden Aufgaben einer Führungskraft?
2. Warum spielen heute die sozialen Kompetenzen der Führungskräfte eine größere Rolle als noch vor einigen Jahrzehnten?
3. Warum gibt es nicht *die* Führungspersönlichkeit, die in allen Führungsaufgaben zum Erfolg führt?
4. Wie sind unterschiedliche Führungsstile hinsichtlich ihrer Effektivität zu bewerten?
5. Welche Rahmenbedingungen nehmen Einfluss auf die Effektivität des Führungsverhaltens?
6. Wie spielen Persönlichkeit, Führungsstil und Rahmenbedingungen zusammen?

Lösungshinweise finden Sie unter
www.hogrefe.de/buecher/lehrbuecher/psychlehrbuchplus.

Kapitel 11

Teams in Organisationen

Uwe Peter Kanning und Thomas Staufenbiel

Inhaltsübersicht

Die meisten Menschen, die einer anspruchsvollen beruflichen Tätig-

Teamarbeit als
alltägliches Phänomen

keit nachgehen, sind heute in irgendeiner Form in Arbeitsgruppen eingebunden. Dies gilt für viele Facharbeiter in der Produktion ebenso wie für Menschen, die sich mit der Entwicklung neuer Produkte, der Planung einer Marketingstrategie oder der Personalarbeit in einer großen Organisation beschäftigen. Dabei muss die Arbeit im Team nicht unbedingt 100 % der täglichen Arbeitszeit umfassen. Ebenso gut können sich Phasen der Einzelarbeit mit denen der Gruppenarbeit abwechseln.

Die über die Jahrzehnte hinweg zunehmende Verbreitung der Teamarbeit hat u. a. etwas damit zu tun, dass unser Berufsleben immer komplexer wird. Konnte beispielsweise vor 100 Jahren noch ein einzelner Erfinder ein komplettes Automobil oder ein ganzes Flugzeug allein entwickeln, so sind dafür heute dutzende von Spezialisten notwendig, die nicht nebeneinander, sondern miteinander arbeiten müssen, damit am Ende ein konkurrenzfähiges Produkt entsteht. Angesichts dieser Veränderung des Arbeitsmarktes ist es nur von Vorteil, dass sich die Psychologie seit Jahrzehnten in der sozialpsychologischen Grundlagenforschung, aber auch in der organisationspsychologischen Anwendungsforschung mit dem Phänomen „Gruppenarbeit" auseinandersetzt.

Im Folgenden gehen wir zunächst der Frage nach, was aus Sicht der Psychologie unter einer „Arbeitsgruppe" bzw. einem „Team" zu verstehen ist. Beide Begriffe werden dabei synonym gebraucht. Im zweiten Schritt stellen wir verschiedene Formen der Gruppenarbeit vor, ehe in einem dritten Schritt die wichtige Frage nach den psychologischen Determinanten der Gruppenleistung zu beantworten ist. Den Abschluss des Kapitels bildet eine Übersicht über verschiedene Optionen zum erfolgreichen Management von Arbeitsgruppen.

11.1 Was ist eine Arbeitsgruppe?

Folgen wir den Definitionen von Hacker (1994) sowie von Rosenstiel (2007b), so lässt sich eine Arbeitsgruppe durch nicht weniger als zehn Merkmale charakterisieren.

Definition

Zehn Merkmale von Arbeitsgruppen

1. Eine Arbeitsgruppe besteht immer aus einer *Mehrzahl von Personen* (mindestens drei),

2. die einen gemeinsamen *Arbeitsauftrag* haben und

3. über einen *längeren Zeitraum*, in der Regel zumindest mehrere Wochen, bisweilen aber auch über Jahre hinweg, zusammenarbeiten.

4. Um ihren Arbeitsauftrag vollständig erfüllen zu können, müssen sie sich *untereinander austauschen*. Im Normalfall geschieht dies ganz unmittelbar, indem sich die Personen im Arbeitsalltag begegnen. In bestimmten Berufsfeldern kann der Austausch aber auch medial vermittelt (z. B. per Internet) erfolgen.

5. Der gegenseitige Austausch dient u. a. der *Koordination* der Einzelarbeiten, so dass im Endeffekt die Einzelleistungen wie die Bauteile einer komplexen Maschine zusammenwirken.

6. Zudem trifft man gemeinsam *Entscheidungen*, die ebenfalls der Erfüllung des Arbeitsauftrags dienen. Dabei kann es sich z. B. um organisatorische Fragen oder inhaltliche Entscheidungen handeln.

7. Das Verhalten der Gruppenmitglieder ist durch gemeinsame *Normen* geprägt, die sich einerseits durch die Zusammenarbeit in der Gruppe von allein ausbilden, andererseits durch Führungskräfte und die Organisationskultur beeinflusst werden.

8. Innerhalb der Gruppe besteht eine Differenzierung unterschiedlicher *Rollen*. Diese Differenzierung kann sowohl in horizontaler Richtung (verschiedene Experten für diverse Teilaufgaben) als auch in vertikaler Richtung (Über-Unterordnungs-Verhältnis der Teammitglieder) vorliegen.

9. Trotz ggf. starker Aufgabenteilung existiert ein Mindestmaß an *gemeinsamen Kenntnissen*. Hierdurch wird gewährleistet, dass der Einzelne versteht, wie die anderen Gruppenmitglieder arbeiten, und sich in das Gesamtgefüge integrieren kann.

10. Im Laufe der Zeit fühlen sich die Gruppenmitglieder zudem durch ein mehr oder minder starkes *„Wir-Gefühl"* miteinander verbunden.

Jedes der genannten Merkmale kann im konkreten Fall unterschiedlich ausgeprägt sein. Insofern ist das Phänomen „Arbeitsgruppe" bzw. „Teamarbeit" sehr heterogen. In ein und derselben Organisation können zwei Gruppen mit derselben Arbeitsaufgabe betraut sein und dennoch ergibt sich für die Gruppenmitglieder eine andere Berufsrealität mit der Konsequenz, dass beide Gruppen unterschiedlich effektiv und harmonisch zusammenarbeiten. Dieser Sachverhalt wird noch verstärkt durch die Tatsache, dass die Gruppenarbeit bereits von ihrer Struktur her sehr verschieden angelegt sein kann. Mit vier grundlegenden Formen der Gruppenarbeit werden wir uns im folgenden Abschnitt beschäftigen.

11.2 Formen der Gruppenarbeit

11.2.1 Projektgruppen

Zeitlich befristete Gruppen

Die wahrscheinlich am häufigsten anzutreffende Form der Gruppenarbeit wird als *Projektgruppe* bezeichnet (zusammenfassend Bungard & Antoni, 2007).

> **Begriffsklärung: Projektgruppe**
>
> Wie der Name bereits verrät, handelt es sich hierbei um einen Zusammenschluss von Personen, der an die Bearbeitung eines konkreten Projektes gebunden ist. Sobald das Projekt erfolgreich bearbeitet wurde, löst sich die Gruppe wieder auf.

Man denke hier z. B. an eine Projektgruppe zur Einführung eines Leistungsbeurteilungssystems. Der Erfolg der Leistungsbeurteilung hängt u. a. davon ab, inwieweit das neue Verfahren bei Führungskräften und Mitarbeitern Akzeptanz findet. Eine wichtige Quelle der Akzeptanz liegt wiederum in der Beteiligung der verschiedenen Interessengruppen. Demzufolge wird man neben Experten aus der Personalabteilung Führungskräfte aus unterschiedlichen Bereichen der Organisation, Vertreter des Personalrates sowie die Gleichstellungsbeauftragte mit ins Boot holen. Ergänzt wird das Team ggf. durch externe Berater.

Die Zusammenstellung einer Projektgruppe erfolgt jedoch nicht nur – wie in diesem Beispiel – aufgrund organisationspolitischer Erwägungen. Denken wir etwa an eine Unternehmensberatung, die einen sehr wichtigen und komplexen internationalen Auftrag erhält oder an eine Projektgruppe zur Entwicklung eines neuen Produktes. In diesen Fällen würde man das Projektteam in erster Linie unter fachlichen Gesichtspunkten bilden. Gesucht wird eine Konstellation, bei der sich die Expertise der verschiedenen Personen optimal ergänzt, so dass am Ende jeder dasjenige Element zum gemeinsamen Ergebnis beiträgt, welches er am besten beherrscht. Die Zusammenstellung erfolgt mithin in beiden Fällen nach rationalen Gesichtspunkten, wobei das Management der Organisation die Federführung übernimmt, ohne später selbst in das Alltagsgeschäft des Teams integriert zu sein. Aus der Zusammenstellung der Projektgruppe ergibt sich, dass sie selbst über hinreichende Entscheidungsbefugnisse verfügt, um das Projekt vorantreiben und abschließen zu können.

Studien, die sich mit der Frage der Effektivität und möglichen Problemen der Projektgruppenarbeit beschäftigen, lassen sich nur schwerlich generalisieren, da die Gruppenarbeit letztlich von sehr vielen Faktoren beeinflusst wird (Arbeitsauftrag, Interessen der Gruppenmitglieder, Soziale Kompetenzen, Erfolgsdruck, Gruppenkohäsion etc.). Dabei spielt auch eine Rolle, ob die Arbeitszeit jedes Einzelnen vollständig in die Gruppenarbeit einfließt oder nur einen kleinen Teil ausmacht. Im ersten Beispiel (Leistungsbeurteilungssystem) wird der Anteil der Projektgruppenarbeit an der Gesamtarbeitszeit vielleicht weniger als 10 % betragen. Alle Beteiligten müssen das Projekt also parallel zum üblichen Geschäft abwickeln. Im zweiten Beispiel wird das Projekt die gesamte Arbeitskraft über Monate hinweg binden. Ist die Projektgruppe nur ein zusätzliches Element, entstehen Konflikte, wenn andere Arbeitsbereiche darunter leiden oder umgekehrt die Gruppenmitglieder sich – bedingt durch die Mehrarbeit – unterschiedlich stark für den Erfolg der Gruppe engagieren.

Letztlich gibt es keine Alternativen zur Projektgruppenarbeit. In einer zunehmend komplexer werdenden Arbeitswelt wird es immer mehr Projektgruppen geben. Der Erfolg dieser Form der Gruppenarbeit liegt nicht in der Methode an sich, sondern im konkreten Management der Gruppenarbeit begründet (Aufgabenverteilung, Gesprächskultur, Umgang mit Konflikten etc.).

11.2.2 Teilautonome Arbeitsgruppen

Arbeitsplätze in der Produktion sind gemeinhin durch eine hohe Monotonie und einseitige Belastung gekennzeichnet. Dies gilt insbesondere, wenn die Fertigung per Fließband abläuft. Um diesem Missstand zu begegnen, wurde in den 70er Jahren des letzten Jahrhunderts beim Autohersteller Volvo eine neue Produktionsform eingeführt, die unter der Bezeichnung *teilautonome Arbeitsgruppe* bis

Zeitlich unbefristete Gruppen

in die 1990er Jahre hinein viele Nachahmer gefunden hat (vgl. ausführlich Bungard & Antoni, 2007).

Begriffsklärung: Teilautonome Arbeitsgruppe

Eine teilautonome Arbeitsgruppe besteht aus einer kleinen Anzahl von Produktionsarbeitern, die gemeinsam ein (Teil-)Produkt fertigen und bei der Gestaltung ihrer Arbeit gewisse Freiheiten haben.

In der Automobilproduktion könnte eine solche Gruppe beispielsweise für den Innenausbau eines Fahrzeugs zuständig sein. In diesem Beispielfall wären selbstverständlich das Ergebnis sowie die Geschwindigkeit, mit der das Gesamtwerk fertig gestellt werden muss, festgelegt. Die relative Freiheit besteht letztlich darin, dass die Arbeiter selbst entscheiden können, wer von ihnen welche Teiltätigkeiten übernimmt (Teppichboden verlegen, Sitze oder Türverkleidungen einbauen etc.). Dabei können sie sich nach Belieben auch abwechseln. Treten Probleme auf, so diskutieren sie gemeinsam Lösungswege und entscheiden allein über deren Umsetzung, sofern diese nur ihren eigenen Arbeitsbereich betreffen. Kleine Wartungsarbeiten an den Maschinen werden selbst vorgenommen. Darüber hinaus kontrolliert man innerhalb der Gruppe gegenseitig die Qualität der Ausführung, ohne dass hierfür ein Vorarbeiter oder Meister vonnöten wäre.

Ist das zu fertigende Produkt – anders als beim Beispiel Pkw-Produktion – isoliert von anderen Arbeitsgruppen fertigzustellen, kann die Gruppe in gewissen Grenzen auch die eigenen Arbeits- und Urlaubszeiten festlegen. Insgesamt betrachtet erhalten die Mitarbeiter somit mehr Kontrolle über ihre eigene Tätigkeit, tragen aber auch deutlich mehr Verantwortung. Die Einführung teilautonomer Arbeitsgruppe geht mit erheblichen Veränderungen in den Produktionsabläufen einher und führt auch zu einer veränderten Rollendefinition für die Arbeiter und deren direkte Vorgesetzte. Letztere müssen einen Großteil ihrer bisherigen Verantwortung abgeben.

Nutzen teilautonomer Gruppen nicht eindeutig belegt

Die wirtschaftlichen und arbeitspsychologischen Effekte der Einführung von teilautonomen Arbeitsgruppen wurden in zahlreichen Studien untersucht, die insgesamt zu sehr heterogenen Ergebnissen geführt haben (vgl. Bungard & Antoni, 2007). Während Einzelfallstudien überwiegend positive Befunde berichten (Abbau von Belastungen, Anstieg der Arbeitszufriedenheit, höhere Produktivität und geringere

Absentismusraten), zeichnen experimentelle Längsschnittstudien mitunter gegenteilige Effekte. Hier zeigt sich, dass die Methode nicht automatisch zu positiven Effekten führt, sondern nur dann die Erwartungen erfüllt, wenn die Umsetzung vor Ort klug gesteuert wird. So kann man beispielsweise nicht davon ausgehen, dass alle Arbeiter an mehr Autonomie interessiert oder den steigenden Anforderungen gewachsen sind. Ebenso ist zu bedenken, wie man mit Vorarbeitern und Meistern verfahren will, deren Aufgabengebiet sich verändern wird.

11.2.3 Qualitätszirkel

Ein deutlich anderes Bild der Gruppenarbeit zeichnen die sogenannten *Qualitätszirkel* (ausführlich Antoni, 1996).

> **Begriffsklärung: Qualitätszirkel**
>
> Bei einem Qualitätszirkel handelt es sich um fünf bis neun Mitarbeiter unterer Hierarchieebenen, die sich freiwillig ein- bis zweimal im Monat zusammensetzen, um mögliche Probleme ihrer Arbeitsrealität und deren Lösung zu diskutieren. Nach der Präsentation ihrer Arbeitsergebnisse löst sich die Gruppe wieder auf.

Der Hintergrund dieser Form der Gruppenarbeit, die insbesondere in den 80er und 90er Jahren des letzten Jahrhunderts starke Verbreitung in der Wirtschaft gefunden hat, besteht in der Überzeugung, dass Mitarbeiter der untersten Hierarchiestufe Experten für ihren Arbeitsplatz und die ihn umgebenden Arbeitsabläufe sind. Fragt man diese Mitarbeiter nach ihrer Sichtweise, so kommt man auf Ideen zur Optimierung der Arbeitsprozesse, die direkt vorgesetzte Führungskräfte oder gar Manager höherer Hierarchieebenen niemals generieren könnten, da sie zu weit von der Basis entfernt sind.

Nutzung der Mitarbeiterexpertise zur Optimierung

Ziel der Qualitätszirkel ist es also im weitesten Sinne, die Qualität der Arbeit zu verbessern. Aus diesem Grunde werden die Mitarbeiter für die Dauer der jeweiligen Zirkeltreffen von ihren Alltagsaufgaben freigestellt. Sie suchen sich selbst ein Thema, das ihnen interessant erscheint, und können ggf. Fachexperten zu ihren Sitzungen einladen. Man denke hier z. B. an Maschinenführer, die einen Maschinenbauingenieur einladen, um ein Problem der Produktion zu diskutieren, das ihr eigenes Fachwissen partiell übersteigt.

Kommt die Gruppe zu einem Ergebnis, darf sie die Ideen nicht einfach umsetzen, sondern muss sie als Vorschlag an die nächsthöhere Ebene weiterleiten. Ob und inwieweit ein Vorschlag in die Tat umgesetzt wird, entscheidet letztlich das Management. An dieser Stelle zeichnet sich ab, dass ein Qualitätszirkel de facto kein isoliert arbeitendes und ausschließlich lokal agierendes Instrument der Qualitätsverbesserung darstellt. Es handelt sich vielmehr um eine komplexe Methode, die zentral gesteuert wird. Nachdem sich das Management entschieden hat, Qualitätszirkel einzuführen, bildet sich aus den obersten Hierarchieebenen ein Steuerungskomitee. Hier wird in letzter Instanz entschieden, welche Vorschläge später umgesetzt werden. Zuvor fällt das Steuerungskomitee aber auch Entscheidungen darüber, wie viele und welche Qualitätszirkel tagen dürfen.

Die Initiative zu einem neuen Zirkel geht von den Mitarbeitern aus. Sie haben eine konkrete Idee zu einem Themenfeld, das sie gern bearbeiten wollen, und stellen daraufhin einen Antrag zur Einführung ihres konkreten Zirkels. Wird dieser genehmigt, weil dem Steuerungskomitee das vorgeschlagene Thema erfolgversprechend erscheint, wählen sie einen Moderator, der den Zirkel nach außen hin vertritt. Zwischen dem eigentlichen Zirkel und dem Steuerungskomitee existiert eine Zwischeninstanz, die sogenannten Koordinatoren. Dabei handelt es sich um Führungskräfte der mittleren Ebene, die den Zirkeln beratend zur Seite stehen und dafür sorgen, dass trotz der mitunter zahlreichen Zirkel die alltäglichen Arbeitaufgaben nicht auf der Strecke bleiben.

Nutzen von Qualitätszirkeln belegt

Studien, die sich mit der Evaluation der Qualitätszirkelmethode beschäftigen, kommen insgesamt zu einem positiven Fazit im Hinblick auf ökonomische Kennzahlen sowie das zwischenmenschliche Miteinander in den Gruppen (vgl. Bungard & Antoni, 2007). Probleme sehen die Mitglieder von Qualitätszirkeln vor allem in einer mangelnden Unterstützung durch das mittlere Management. Hier werden aus Sicht der Mitarbeiter Vorschläge häufig nur zögerlich oder zu wenig unterstützt. Natürlich ist dies ernüchternd. Hierhinter muss aber nicht zwangsläufig Willkür oder Machtmissbrauch stehen. Nicht jeder Vorschlag ist finanzierbar oder fügt sich sinnvoll in das Setting anderer Veränderungsprozesse ein. Dies den Mitarbeitern von Anfang an offen zu kommunizieren, ist ein wichtiger Baustein zum erfolgreichen Management der Qualitätszirkelmethode. Gleichzeitig muss man sich aber auch darüber im Klaren sein, dass Qualitätszirkel kaum mit einem sehr autoritär geprägten Führungsstil zu vereinbaren sind. Im Kern lebt die Methode davon, dass man bereit ist, Mitarbeiter an wichtigen Veränderungsprozessen partizipieren zu lassen.

Zu Recht findet sich dieser Ansatz heute in sehr vielen Organisationen wieder, auch wenn man mitunter die Prozesse anders strukturiert und andere Begrifflichkeiten verwendet (z. B. „kontinuierlicher Verbesserungsprozess" oder „Gesundheitszirkel").

Tabelle 9: Merkmale unterschiedlicher Arbeitsgruppen

Merkmal	Gruppenform		
	Projektgruppe	Teilautonome Arbeitsgruppe	Qualitätszirkel
Dauer	befristet	unbefristet	befristet
Zusammenstellung	durch das Management	durch das Management	durch die Mitglieder
Hierarchieebene der Mitglieder	Experten und Führungskräfte	untere	untere
Definition der Gruppenziele	vorgegeben	vorgegeben	selbst festgelegt
Entscheidungsbefugnis	liegt weitgehend bei der Gruppe	liegt weitgehend bei der Gruppe	nur Vorschlagsrecht

11.2.4 Virtuelle Arbeitsgruppen

Jenseits der drei klassischen Formen der Gruppenarbeit, deren markanteste Merkmale in Tabelle 9 zusammengefasst sind, entsteht seit einigen Jahren eine neue Form der Gruppenarbeit, die als eine besondere Variante der Projektgruppe verstanden werden kann. Die Rede ist von *virtuellen Arbeitsgruppen*.

Gruppenmitglieder müssen sich nicht begegnen

Begriffsklärung: Virtuelle Arbeitsgruppen

Virtuelle Arbeitsgruppen sind dadurch gekennzeichnet, dass sich die Mitglieder nur sehr selten oder nie face-to-face begegnen und sich stattdessen über das Intranet der Organisation austauschen. In internationalen Organisationen können die Beteiligten sogar auf verschiedenen Kontinenten ihren Arbeitsplatz haben.

Grundsätzlich geht man davon aus, dass die Arbeit in Gruppen dazu beiträgt, Bedürfnisse nach sozialer Integration zu befriedigen. Dies wäre im Falle virtueller Arbeitsgruppen kaum möglich. Hinzu kommt, dass man vergleichsweise schwer Vertrauen zu Menschen aufbauen kann, deren Persönlichkeit im Verborgenen des World Wide Web bleibt. Um derartige Nachteile frühzeitig abzufedern, organisiert man häufig zu Beginn der Gruppenarbeit ein persönliches Treffen aller Beteiligten. Insgesamt betrachtet stellen virtuelle Gruppen hohe Anforderungen an die Führungskraft (vgl. ausführlicher Konradt & Hertel, 2002).

11.3 Determinanten der Gruppenleistung

Nutzen der Gruppenarbeit wird gern überschätzt

Die Einführung neuer Gruppenarbeitsformen ist in den 1980er/90er Jahren mit recht großer Euphorie betrieben worden. Man dachte, das Ergebnis der Gruppenarbeit müsste nahezu zwangsläufig der Summe der Einzelleistungen überlegen sein. Schließlich können Gruppenmitglieder ihre jeweiligen Kompetenzdefizite gegenseitig kompensieren, gemeinsam über die Qualität ihrer Arbeit wachen und noch dazu ein Bedürfnis nach sozialer Integration befriedigen. Ein Blick in die Ergebnisse der psychologischen Grundlagenforschung hätte aber schon damals gezeigt, dass es ganz so einfach nicht ist (vgl. Wegge, 2004b). Mehrere empirisch gut belegte Phänomene verdeutlichen, dass die Leistung des Einzelnen im Zuge der Gruppenarbeit sinken kann, beispielsweise weil man es sich als „Trittbrettfahrer" auf Kosten der Kollegen gut gehen lässt oder weil die bloße Anwesenheit anderer Menschen zu einem erhöhten Erregungsniveau führt, wodurch die Wahrscheinlichkeit für Fehler bei der Lösung schwieriger Aufgaben ansteigt (vgl. Abb. 48). Gleichwohl birgt die Gruppenarbeit durchaus ein Potenzial zur Leistungssteigerung. So können beispielsweise starke Gruppenmitglieder den schwächeren helfen und somit deren Minderleistung kompensieren (vgl. Abb. 48).

Ob und inwieweit eine Arbeitsgruppe ein hohes Leistungsniveau erreicht und vielleicht sogar halten kann, hängt von vielen Faktoren ab. Abbildung 49 gibt einen Überblick über die zentralen Einflussgrößen.

Leistungssteigerung

Social Facilitation
→ Die Anwesenheit Anderer führt bei leichten Aufgaben zur Leistungssteigerung.

Social Compensation
→ Starke Gruppenmitglieder kompensieren die Leistung der Schwächeren.

Social Labouring
→ Ausbildung einer Gruppenidentifikation führt zu Leistungssteigerung, insbesondere im Wettbewerb mit anderen Gruppen.

Köhler-Effekt
→ Geringfügige Leistungsunterschiede in Kleingruppen führen bei motorischen Aufgaben zur Leistungssteigerung bei den schwächeren Gruppenmitgliedern.

Leistungsminderung

Social Inhibition
→ Die Anwesenheit Anderer führt bei schwierigen Aufgaben zur Leistungsminderung.

Social Loafing
→ Unabsichtliche Reduzierung der individuellen Leistung, weil die Einzelleistung nicht identifizierbar ist.

Free Riding
→ Absichtliche Reduzierung der individuellen Leistung, weil die Einzelleistung nicht identifizierbar ist.

Sucker-Effekt
→ Als Reaktion auf das Trittbrettfahren anderer Gruppenmitglieder reduzieren weitere Gruppenmitglieder ihre Leistung.

Groupthink
→ Gruppen neigen zu Extrempositionen, wenn sie sich selbst überschätzen, engstirnig denken und einen hohen Gruppendruck ausüben.

Abbildung 48: Sozialpsychologische Phänomene der Leistungssteigerung und Leistungsminderung in Arbeitsgruppen

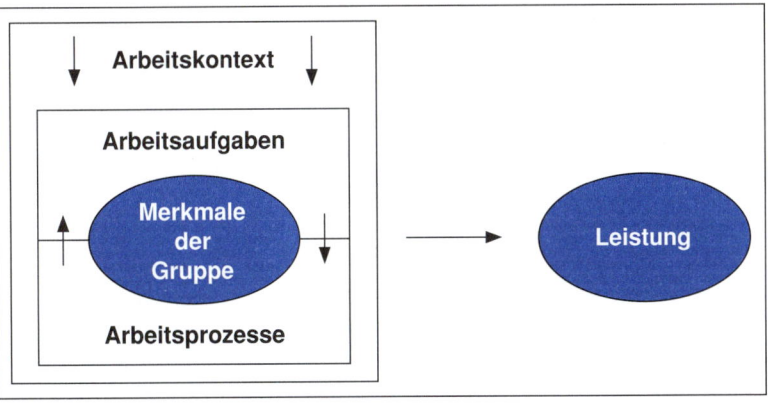

Abbildung 49: Einflussfaktoren der Gruppenleistung im Überblick

11.3.1 Merkmale der Arbeitsgruppe

Da sind zunächst einmal die *Merkmale der* Arbeitsgruppe, die die Gruppenleistung beeinflussen (vgl. Rosenstiel, 2007b; Wegge, 2006): Fähigkeiten und Fertigkeiten der Gruppenmitglieder, ihre Heterogenität und Kohäsion, die Größe der Gruppe sowie die Dauerhaftigkeit, mit der die Gruppe als solche Bestand hat.

Fähigkeiten und Fertigkeiten der Gruppenmitglieder

Es liegt auf der Hand, dass die Gruppenleistung von den *Fähigkeiten* und *Fertigkeiten* der Gruppenmitglieder abhängt. Neben fachlichen Kompetenzen, Intelligenz, Motorik u. Ä. kommt dabei den sozialen Kompetenzen eine wichtige Rolle zu (Kanning, 2005), denn letztlich gehört die Kooperation der Gruppenmitglieder zum bestimmenden Wesen der Gruppenarbeit. Die notwendigen Fachkompetenzen ergeben sich aus der Aufgabenstellung. Dabei können geringfügige Leistungsunterschiede durchaus erwünscht sein. Sind sie nicht zu groß, können die Schwächeren von den Stärkeren lernen und somit ihre Kompetenzen „on the job" ausbauen. Wird die Leistung der Gruppe allerdings – wie dies bei konjunktiven Gruppenaufgaben (vgl. Kapitel 11.3.2) der Fall ist – durch das schwächste Gruppenmitglied bestimmt, ist ein gleichmäßig hohes Kompetenzniveau anzustreben.

Heterogenität der Gruppe

Eng verbunden mit der Struktur der Fähigkeiten und Fertigkeiten ist die *Heterogenität* der Gruppe. Der Begriff der Heterogenität beschreibt die Vielfalt der Gruppenmitglieder. Sie macht sich jedoch nicht nur an Fähigkeiten und Fertigkeiten, sondern auch an der Verteilung der Geschlechter, der ethnischen und sozial-strukturellen Herkunft der Gruppenmitglieder, ihren Werten, Interessen etc. fest. Bedingt durch die zunehmende Globalisierung gehören heterogene Gruppen insbesondere in internationalen Unternehmen heute zum Arbeitsalltag. Seit einigen Jahren geht die Forschung unter dem Stichwort „diversity management" der Frage nach, wie man die Heterogenität im Sinne des Unternehmens nutzen kann. Heterogene Gruppen bergen die Gefahr, dass Entscheidungsprozesse langsamer vonstatten gehen, da sich die Gruppenmitglieder aufgrund unterschiedlicher Perspektiven nicht so schnell einigen können. Auch gibt es mehr Ansatzpunkte, an denen sich Konflikte entzünden können. Beides trägt wohl dazu bei, dass die Fluktuation in heterogenen Gruppen größer ist als in homogenen Gruppen. Demgegenüber stellt die Heterogenität aber auch eine Stärke dar, wenn es um kreative Aufgaben geht, bei denen man möglichst viele verschiedene Ideen generieren will.

Die Heterogenität einer Gruppe korreliert mit ihrer *Kohäsion*. Homogene Gruppen zeichnen sich durch einen engen Zusammenhalt aus. Auf der einen Seite ist dies positiv zu sehen, da die Gruppenmitglieder füreinander eintreten und sich gegenseitig helfen. Schwächere Gruppenmitglieder oder Neulinge können von den anderen lernen und sich somit weiterentwickeln. Ein positives Gruppenklima führt zu einem Anstieg der Arbeitszufriedenheit und einer Senkung von Fehlzeiten. Untersuchungen, die sich mit dem Einfluss der Kohäsion auf die Arbeitsleistung beschäftigen, kommen denn auch zu einem positiven Ergebnis ($r = .25$), wobei die Leistung der Gruppe allerdings in der Umkehrung noch stärker positiv auf die Gruppenkohäsion zurückwirkt ($r = .51$; Mullen & Copper, 1994). Auf der anderen Seite kann die Homogenität aber auch so stark werden, dass sich rigide Normen ausbilden, die zum Mobbing gegenüber Abweichlern führen. Dabei wird keineswegs nur die Minderleistung Einzelner, sondern ggf. auch eine nach oben von der Gruppennorm abweichende Mehrleistung von der Gruppe sanktioniert. Die Gruppe führt dann dazu, dass besonders leistungsstarke Mitglieder unter ihren eigentlichen Möglichkeiten bleiben und sich nicht frei entfalten können. Im Extremfall fördert die Homogenität das unerwünschte Phänomen des *Groupthink* (vgl. Abb. 48) oder aber die Gruppe solidarisiert sich als Ganze gegenüber dem Arbeitgeber.

Kohäsion der Gruppe

Die *Gruppengröße* ergibt sich aus den inhaltlichen Erfordernissen der Arbeitsaufgabe. Große Gruppen haben das Problem, dass sie in Subgruppen zerfallen können, wobei im schlimmsten Fall die Subgruppen nicht mehr miteinander, sondern gegeneinander arbeiten. Überdies sind große Gruppen schwieriger zu führen und benötigen mehr Zeit, Informationen auszutauschen und sich zu einigen. Problemlösegruppen sollten daher nicht mehr als etwa fünf Personen umfassen (Weinert, 2004).

Größe der Gruppe

Auch die *Dauer*, die eine Gruppe fortbesteht, sollte hinterfragt werden. Arbeiten die Mitarbeiter über Jahre hinweg in der gleichen Gruppe zusammen, so wächst die Gefahr starrer Gruppennormen, die sich wiederum negativ auf die Gruppenleistung auswirken können (s. o.). Für Gruppen, die kreative Aufgaben lösen müssen, ist es von geradezu existenzieller Bedeutung, dass zumindest einzelne Gruppenmitglieder immer wieder ausgetauscht werden und z. B. mit anderen Gruppen rotieren, da ansonsten nur schwerlich neue Ideen in die Gruppe einfließen können. Zu kurzlebige Gruppen weisen demgegenüber relativ große Reibungsverluste auf. Da nahezu jede

Dauerhaftigkeit der Gruppe

Gruppe zu Beginn Prozesse des Kennenlernens, der Abgrenzung, der Entwicklung von Normen etc. durchläuft, schöpft sie nicht von Beginn an das mögliche Leistungsmaximum aus. Je kürzer die Gruppe besteht, desto größer sind in Relation zur Gesamtleistung der Gruppe die Leistungsverluste, die durch derartige Prozesse entstehen. Anders ausgedrückt: Je länger die Gruppe besteht, desto mehr lohnen sich die zwangsläufigen Kosten gruppendynamischer Prozesse.

11.3.2 Merkmale der Arbeitsaufgabe

Die Ausführungen zur Rolle der Gruppenmerkmale haben bereits verdeutlicht, dass sie nicht unabhängig von der zu bewältigenden *Arbeitsaufgabe* (vgl. Abb. 49) zu sehen sind. Jenseits der Frage nach den konkreten Inhalten einer Arbeitsaufgabe legt Steiner (1972) eine abstrakte Differenzierung verschiedener Aufgabentypen vor.

Teilbarkeit der Aufgabe

Die erste Unterscheidung bezieht sich auf die Frage, ob eine Gruppenaufgabe *teilbar oder nicht teilbar* ist. Bei ersteren kann man mehrere Teilaufgaben definieren und diese dann zur Lösung an einzelne Gruppenmitglieder delegieren. Bei der Durchführung eines Assessment Centers könnte man beispielsweise eine Person mit der Moderation, eine weitere mit der Durchführung und Auswertung psychologischer Tests und eine dritte mit der Funktion eines Rollenspielers betrauen. Nicht teilbare Aufgaben erfordern hingegen, dass alle Mitglieder direkt zusammenarbeiten. Man denke hier z. B. an ein Gremium, das gemeinsam eine Entscheidung fällen muss. Teilbare Aufgaben sprechen eher für eine hinsichtlich der Fähigkeiten der Mitglieder heterogene Gruppe.

Ziel der Arbeitsaufgabe

Die zweite Differenzierung stellt das Ziel der Gruppenarbeit in den Vordergrund. Bei *Maximierungsaufgaben* geht es darum, in der zur Verfügung stehenden Zeit möglichst viel zu produzieren (z. B. Verkauf von möglichst vielen Produkten in einem Supermarkt), während *Optimierungsaufgaben* der Qualität den Vorrang vor der Quantität geben (z. B. Behandlung von Patienten auf einer Krankenhausstation).

Leistungsverhältnis des Einzelnen im Vergleich zur Gruppe

Zum Dritten bezieht sich Steiner (1972) auf das Verhältnis der Einzelleistung zur resultierenden Gruppenleistung. Hier werden drei Aufgabentypen unterschieden. Bei *additiven Aufgaben* ergibt sich das Ergebnis der Gruppe durch eine bloße Addition der Leistungen ihrer

Mitglieder (z. B. Abschluss von Verträgen einer Versicherungsfiliale). Liegt eine *disjunktive Aufgabe* vor, so wird das Ergebnis der Gruppe durch die Leistung des fähigsten Mitgliedes bestimmt (z. B. Forschung in einem Pharmakonzern). Umgekehrt verhält es sich bei *konjunktiven Aufgaben*. Hier bestimmt das leistungsschwächste Mitglied das Gruppenergebnis (z. B. Konstruktion einer Präzisionsmaschine).

In der Praxis wird man in aller Regel auf Mischformen dieser Grundtypen treffen. Einfache Empfehlungen nach dem Prinzip „Gruppenaufgaben vom Typ A ist der Vorrang zu geben." sind nicht möglich. Letztlich ergibt sich der Aufgabentyp weitgehend aus den Inhalten der zu erfüllenden Gruppenaufgabe. Eine Reflexion des Aufgabentyps hilft den Entscheidungsträgern aber bei der Auswahl der Gruppenmitglieder oder der Gestaltung der Arbeitsprozesse.

Jenseits des Modells von Steiner (1972) zeigen Studien zum Job Characteristic Model von Hackman und Oldham (1980), dass Arbeitsaufgaben vor allem dann zu einer Steigerung von Arbeitszufriedenheit und Leistung beitragen, wenn sie durch folgende Merkmale gekennzeichnet sind:

> **Merkmale von Arbeitsaufgaben, die zu Arbeitszufriedenheit und Leistungserhöhung beitragen**
>
> - **Anforderungsvielfalt:** Die Arbeit ist abwechslungsreich.
> - **Ganzheitlichkeit:** Die Mitarbeiter erstellen ein vollständiges Produkt und nicht nur einen kleinen, vergleichsweise unbedeutenden Baustein.
> - **Bedeutung:** Die Mitarbeiter sind sich darüber im Klaren, dass sie eine wichtige Aufgabe erfüllen.
> - **Autonomie:** Bei der Aufgabenerfüllung hat man eigene Entscheidungs- bzw. Handlungsspielräume.
> - **Feedback:** In der Aufgabenerledigung ist eine Rückmeldung über Ausmaß und Qualität der erbrachten Leistung direkt angelegt. Die Mitarbeiter können von allein sehen, wie gut oder schlecht sie ihre Aufgabe erfüllt haben.

Damit ist auch bereits der Bogen zu einer Einflussgröße, dem *Arbeitsprozess*, geschlagen. Nachweislich erfolgreich ist der Einsatz der Zielsetzungsmethode (Locke & Latham, 1990; vgl. auch Kapitel 7). Demzufolge sollte man gemeinsam mit der Gruppe anspruchs-

Arbeitsprozesse beeinflussen die Gruppenleistung

volle und präzise Leistungsziele für einen überschaubaren Zeitraum vereinbaren. Im weiteren Prozess besteht die Aufgabe der Führungskraft dann insbesondere darin, der Gruppe ein Feedback über den erreichten Leistungsstand zu geben.

11.3.3 Merkmale des Arbeitskontextes

Wie jede Arbeitsform ist auch die Gruppenarbeit in einen organisationalen *Arbeitskontext* eingebunden, der sich mehr oder minder förderlich auswirken kann.

Führungsverhalten   Ein wichtiges Element des Arbeitskontextes ist dabei das *Führungsverhalten*. Projektgruppen und teilautonome Arbeitsgruppen entbinden die unmittelbare Führungskraft ein Stück weit von ihren klassischen Aufgaben der Planung, Anweisung und Kontrolle. In eben diesem Maß gehen die Aufgaben in die Verantwortung der Arbeitsgruppe über. Ändern die Führungskräfte ihr Selbstverständnis und Verhalten nicht entsprechend, kann die Gruppe ihr Leistungspotenzial auch nicht entfalten. Erfolgreiche Gruppenarbeit kann daher u. a. durch die Auswahl und Schulung der Führungskräfte positiv beeinflusst werden.

Organisationsstruktur   Gibt man durch die Gruppenarbeit mehr Verantwortung an die Mitarbeiter ab, so spricht dies für eine eher flache *Organisationsstruktur*. Evaluationsstudien zur Wirkung von Qualitätszirkeln unterstreichen dies (vgl. Kapitel 1.2.3). Wenn die Arbeitsergebnisse der Gruppen durch mehrere Hierarchieebenen gefiltert werden, besteht die Gefahr, dass manch gute Idee allzu stark verwässert oder gar völlig verloren geht. Dass sich dies negativ auf die Motivation und damit letztlich auch auf die Leistung der Gruppen auswirkt, erscheint mehr als plausibel. Gleichwohl bedarf es einer gewissen Steuerung und Integration der Gruppenarbeit auf übergeordneten Hierarchieebenen. Zwischen den Extremen einer völligen Freiheit der Gruppen auf der einen Seite und der Unterordnung der Gruppen unter ein vielstufiges Hierarchiegebäude bedarf es, einen Kompromiss zu finden.

Die sozialpsychologischen Befunde zu leistungsmindernden Effekten der Gruppenarbeit (vgl. Abb. 48) verdeutlichen die Gefahr, die von einer mangelnden Identifizierbarkeit der individuellen Leistungen ausgeht. Will man hier entgegensteuern, benötigt man ein *Leistungsbeurteilungssystem*, das dieser Gefahr entgegenwirkt (vgl. Kapitel 8).

Neben der Gruppenleistung an sich muss der Beitrag, den jedes Mitglied zum Ergebnis beisteuert, bewertet und ggf. belohnt werden. Zielvereinbarungssysteme, die sowohl Gruppen- als auch Einzelziele festlegen, können dabei eine wichtige Hilfe sein (vgl. Kleinbeck, 2006).

Zu guter Letzt muss man den Mitarbeitern die Möglichkeit bieten, etwaige Defizite im Sozialverhalten durch *Trainingsmaßnahmen* zu überwinden. Hier bieten sich insbesondere verhaltenbezogene Seminare zu den Themenfeldern Kommunikation und Konflikt an. Darüber hinaus kann es nützlich sein, wenn die Mitarbeiter, die in Zukunft ein Team bilden sollen, im Vorfeld durch Teambildungs- bzw. Teamentwicklungstrainings auf die veränderte Arbeitssituation vorbereitet werden.

11.4 Konflikte

Konflikte in Teams sind unvermeidbar. Sie rühren daher, dass Mitglieder eines Teams häufig unterschiedliche Ziele, Ansichten oder Interessen haben. So haben Mitglieder beispielsweise unterschiedliche Vorstellungen darüber, wie man eine gestellte Aufgabe am besten bewältigen soll oder wofür man zur Verfügung stehende Mittel verwenden soll.

> **Begriffsklärung: Sozialer Konflikt**
>
> Thomas (1992) definiert einen *sozialen Konflikt* als einen Prozess, der beginnt, wenn eine Partei X wahrnimmt, das eine andere Partei negativen Einfluss auf etwas nimmt, was für X von Bedeutung ist.

Ausschlaggebend ist danach die subjektive Wahrnehmung einer Unvereinbarkeit der Aktivitäten der Gegenseite mit den eigenen Ansichten, Zielen, Werten oder Bedürfnissen. Diese Unvereinbarkeit muss dabei nicht zwingend wechselseitig so gesehen werden und auch nicht objektiv tatsächlich bestehen. Darüber hinaus wird aus dieser Definition ersichtlich, dass der Konflikt einen Prozess mit verschiedenen aufeinanderfolgenden Handlungen beinhaltet, die nicht notwendigerweise aggressiv sein müssen.

Sozialer Konflikt als Prozess

Von den so zu charakterisierenden sozialen Konflikten sind *intrapsychische (intrapersonale) Konflikte* abzugrenzen, um die es in die-

sem Abschnitt nicht gehen soll. Sie entstehen innerhalb einer Person
bei unvereinbaren Zielen, Interessen oder Bedürfnissen der Person.

Beziehungs- vs.
Aufgabenkonflikte

Worüber kann der Konflikt bestehen? Eine einfache Klassifikation
unterscheidet *Beziehungskonflikte* (z. B. aufgrund einer ungleichen
Behandlung von Mitarbeitern durch den Vorgesetzten) von *Aufgabenkonflikten*. Aufgabenkonflikte können z. B. bei unterschiedlichen Zielen in einer Arbeitsgruppe entstehen oder bei einer Uneinig-
keit darüber, wie man bestimmte Informationen bewerten oder eine
Aufgabe bewältigen soll. Vielfach haben Konflikte gleichzeitig eine
beziehungs- und eine aufgabenspezifische Komponente. Dies ist
z. B. dann der Fall, wenn Meinungsverschiedenheiten über eine Sache so eskalieren, dass sich die Konfliktparteien persönlich diffa-
mieren. Empirisch zeigt sich, dass das Ausmaß an Aufgaben- und
Beziehungskonflikten in Gruppen deutlich positiv miteinander korreliert ($\rho = .54$ in der Metaanalyse von De Dreu & Weingart, 2003).

Zwischen wem kann der Konflikt bestehen? Wenngleich in der Psychologie am besten die Konflikte innerhalb von Arbeitsgruppen untersucht wurden und auch die meisten hier referierten Ergebnisse sich
auf Teams beziehen, so sind interpersonelle Konflikte auch zwischen
anderen Konfliktparteien möglich. Sie können beispielsweise zwischen einem Mitarbeiter und dessen Vorgesetzten, Kollegen, Unterstellten oder Kunden auftreten, aber auch zwischen Gruppen. Noch
umfassender, aber in der Psychologie wenig untersucht, sind Konflikte zwischen Organisationen oder sogar zwischen Ländern.

11.4.1 Umgang mit Konflikten

Kooperativität vs.
Durchsetzung
in Konflikten

Wie wird mit Konflikten umgegangen? Nach Thomas (1992) unterscheiden sich die Intentionen einer Partei in einem Konflikt hinsichtlich zweier unabhängiger Dimensionen (vgl. Abb. 50). Die Dimension *Kooperativität* gibt das Ausmaß an, in dem versucht wird,
die Anliegen der anderen Partei zu berücksichtigen und die Dimension *Durchsetzung* gibt an, wie weit sich die Partei selbst behauptet,
um die eigenen Interessen zu wahren. Je nach Ausprägung auf beiden Dimensionen werden fünf verschiedene Strategien unterschieden. *Konkurrieren* bezeichnet etwa die Intention, die eigenen Interessen auf Kosten der anderen Partei durchzusetzen. Um dies zu
erreichen können eine Reihe von *Einflusstaktiken* eingesetzt werden, wie z. B. Drohen, Überzeugen, Einflussnahme über Dritte usw.

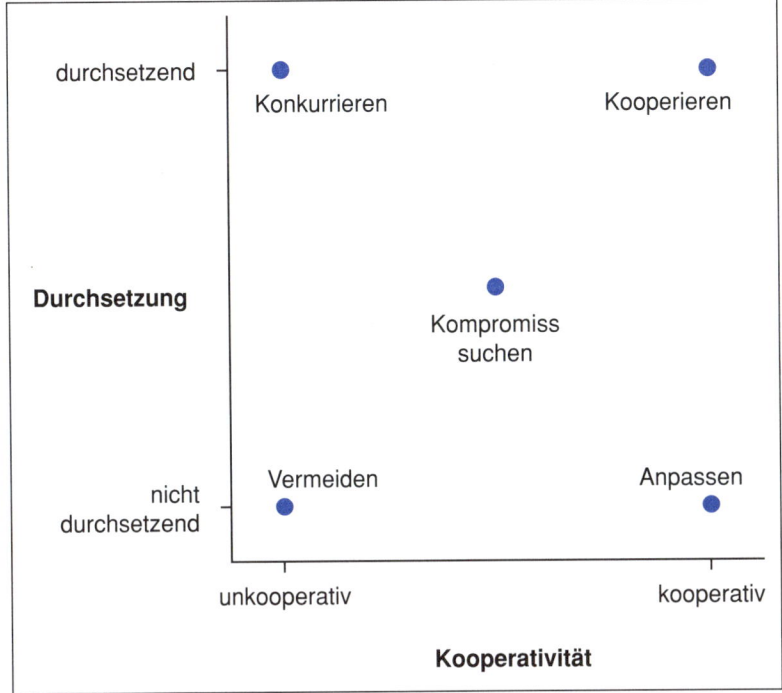

Abbildung 50: Zweidimensionale Taxonomie von Konfiktbearbeitungsin-
tentionen nach Thomas (1992)

Welche Strategie eine Person wählt, hängt nach der *Dual-Concern Theory* (Thomas, 1992) davon ab, wie stark zwei Motive ausgeprägt sind: das egoistische Motiv der Durchsetzung des *Eigeninteresses* (self-concern, Behauptung) und das prosoziale Motiv der Verfolgung des *Fremdinteresses* (other-concern, Kooperation). Je nach Ausprägungen der beiden Motive ergeben sich dann die Präferenzen für die Konfliktstile in Abbildung 50. Die Motive hängen ihrerseits sowohl von stabilen Merkmalen der beteiligten Personen (z. B. der Big-Five-Dimension Verträglichkeit) als auch von deren Kognitionen (z. B. die Überzeugung, dass es sich bei dem Konflikt um ein Nullsummenspiel handelt; auch als „Fixed-pie"-Überzeugung bezeichnet) sowie Merkmalen der Situation ab (z. B. dem Zeitdruck). Hinweise gibt es auch auf interkulturelle Unterschiede. So bevorzugen Menschen in kollektivistischen Kulturen wie z. B. Japan relativ zu individualistischen Kulturen wie den USA stärker Strategien des Vermeidens, des Suchens von Kompromissen sowie der Kooperation und weniger die Strategie des Konkurrierens (Holt & DeVore, 2005).

11.4.2 Konsequenzen sozialer Konflikte

Welche Konsequenzen haben soziale Konflikte? Sind Konflikte generell schädlich oder können sie auch positive Wirkungen nach sich ziehen? Zunächst kann man vermuten, dass ein häufigeres Auftreten von Konflikten in Arbeitsgruppen mit einer geringeren Arbeitszufriedenheit in Beziehung steht. Dies wird durch eine Metaanalyse von De Dreu und Weingart (2003) bestätigt, die zeigt, dass ein negativer Zusammenhang der Arbeitszufriedenheit sowohl mit dem Ausmaß an Aufgabenkonflikten ($\rho = -.32$) als auch – in stärkerem Maße – mit dem Ausmaß der Beziehungskonflikte besteht ($\rho = -.54$, korrigiert um Unreliabilität in beiden Maßen).

Konflikte gehen mit einer geringeren Arbeitszufriedenheit einher

Welche Kausalrichtung hierbei wirksam ist, kann daraus aber nicht geschlossen werden. Denkbar ist beispielsweise, dass unzufriedenere Mitarbeiter häufiger Konflikte verursachen. Möglich ist aber in umgekehrter Richtung auch, dass häufigere Konflikte zu einer größeren Unzufriedenheit mit der Arbeit führen. Schließlich ist auch nicht auszuschließen, dass eine dritte Einflussgröße (teilweise) für den Zusammenhang verantwortlich ist. So könnten z. B. Personen mit einer hohen Ausprägung in dem Persönlichkeitsmerkmal „positive Affektivität" (vgl. Kapitel 9) sowohl ihre Arbeit und ihr Leben allgemein positiver bewerten als auch weniger Konflikte wahrnehmen oder diese besser lösen.

Der Zusammenhang zwischen dem Ausmaß an sozialen Konflikten und der Leistung von Teams ist ebenfalls intensiver untersucht worden. Auch hier zeigt die Metaanalyse von De Dreu und Weingart (2003) negative Zusammenhänge. Die Leistung der Arbeitsgruppen korreliert mit dem Ausmaß an Aufgabenkonflikten ($\rho = -.23$) und Beziehungskonflikten ($\rho = -.22$) gleichermaßen negativ.

Während dies für Beziehungskonflikte nicht erstaunt, hätte man erwarten können, dass ein gewisses Ausmaß an Aufgabenkonflikten durchaus positive Konsequenzen haben könnte. Konflikte könnten Gruppenmitglieder aus der Lethargie und Routine reißen und sie dazu bringen, bestehende Probleme genauer zu analysieren und mehr über Alternativen und innovative Lösungen nachzudenken, was wiederum zu einer höheren Gruppenleistung führen könnte. Erst bei einem stärken Ausmaß sollte der Konflikt selbst so viele Ressourcen der Gruppenmitglieder beanspruchen, dass dadurch eine problembezogene Informationsverarbeitung beeinträchtigt wird. Tatsächlich gibt es auch Studien, die dafür sprechen, dass ein mittleres Ausmaß an Konflikten bezüglich der Leistung optimal sein kann. Dabei ist aber noch nicht ausreichend untersucht, unter welchen Bedingungen dies – abweichend von den Ergebnissen der Metaanalyse – der Fall ist.

11.4.3 Konfliktmanagement

Im Rahmen des Konfliktmanagements stellen sich die Fragen, wie sich Konflikte in Organisationen vermeiden lassen (Prophylaxe) und wie man bereits bestehende Konflikte lösen kann.

Um die Frage nach geeigneten Prophylaxemaßnahmen zu beantworten, muss man nach den Bedingungen suchen, die Konflikte wahrscheinlicher machen und auf diese dann – wenn möglich – gestalterisch Einfluss nehmen. Zur Konfliktvermeidung tragen in diesem Sinne klare Kompetenzabgrenzungen und Regeln auf den Gebieten bei, die eine Koordination von verschiedenen Beteiligten erfordern. Vermieden werden sollten auch Situationen, in denen der Nutzen einer Partei unmittelbar zu erhöhten Kosten einer anderen Partei führt (Nullsummenspiele). Häufig hilfreich ist auch eine frühzeitige Einbeziehung der Beteiligten bei Veränderungen, bei der die Form der Partizipation vorab klar formuliert werden sollte.

Konfliktprophylaxe

Auftretende Konflikte werden vielfach durch die Parteien selbst in der einen oder anderen Weise bearbeitet. Eskalieren Konflikte, so ist es sinnvoll, eine dritte Person (z. B. einen Vorgesetzten oder Berater) zur Vermittlung hinzu zu ziehen. Diese Vermittler können dann unterschiedlich stark auf den Prozess und das Ergebnis des Konfliktes einwirken. Führungskräfte favorisieren dabei eine Konfliktlösung mit einer starken Einwirkung auf beides (Thomas, 1992): Sie schreiben häufig vor, wie bei der Lösung vorgegangen werden soll und drängen die Parteien auf die Akzeptanz einer von ihnen vorgeschlagenen Kompromisslösung. Dies ist insbesondere unter Zeitdruck der Fall und wenn die Konfliktlösung weitreichende Konsequenzen hat. Das Risiko bei dieser Form der Konfliktbearbeitung besteht darin, dass die Interessen der Parteien nicht ausreichend berücksichtigt werden und deren Mitglieder die Lösung und deren Zustandekommen als unfair wahrnehmen.

Vermittler können bei der Bearbeitung von Konflikten helfen

> **Begriffsklärung: Mediation**
>
> Das Vorgehen, bei dem der Vermittler zwar den Prozess, nicht aber das Ergebnis kontrolliert, wird auch als *Mediation* bezeichnet. Die Entscheidung über die Lösung wird hier also den Konfliktparteien selbst überlassen.

Die Frage, welches Vorgehen besonders erfolgreich ist, ist bisher noch nicht umfassend untersucht worden. Die meisten Forscher gehen davon aus, dass der Erfolg der verschiedenen Vorgehensweisen von weiteren Randbedingungen abhängt, die sowohl personaler Natur (z. B. die Motivation der Beteiligten, den Konflikt zu lösen) als auch situationaler Natur (z. B. Zeitdruck oder Vertrauen in den Vermittler) sein können. Die Frage, wann eine Konfliktbearbeitung erfolgreich war, kann zudem ganz unterschiedlich beantwortet werden. Dazu können sowohl Kriterien des kurzfristigen Erfolgs (z. B. der Aufwand bei der Konfliktlösung, die Akzeptanz der Lösung durch die Beteiligten, die Qualität der Lösung) als auch der längerfristigen Auswirkungen (z. B. die Wahrscheinlichkeit des erneuten Aufflammens dieses oder eines ähnlichen Konflikts, die zukünftige Kooperationsfähigkeit der beteiligten Parteien) herangezogen werden.

Sowohl bei der Bearbeitung des Konflikts durch die Parteien selbst als auch durch Vermittler können im Prozess der Konfliktlösung verschiedene Techniken zum Einsatz kommen. Zu Beginn ist eine Klärung der zugrunde liegenden Interessen und Bedürfnisse der Parteien sinnvoll, verbunden mit einer Überprüfung, inwiefern diese miteinander vereinbar oder tatsächlich unvereinbar sind. Dies ist hilfreich, da hier häufig fehlerhafte Annahmen bestehen. Gerade bei interpersonalen Konflikten ist die Vereinbarung von Regeln für die Kommunikation der Parteien und die Strukturierung des Ablaufs der Auseinandersetzung häufig hilfreich. Sinnvoll ist auch eine aktive Suche nach neuen Lösungsmöglichkeiten. Bestehen nicht zu vereinbarende Interessen, so kann im Zuge von Verhandlungen durch wechselseitige Angebote und Zugeständnisse beider Parteien ein Kompromiss gesucht werden.

11.5 Management der Teamarbeit

Die bisherigen Ausführungen verdeutlichen, dass die Einführung von Gruppenarbeit keineswegs automatisch zum Erfolg führt. Es bedarf vielmehr einer aktiven Gestaltung. Die Erkenntnisse der Psy-

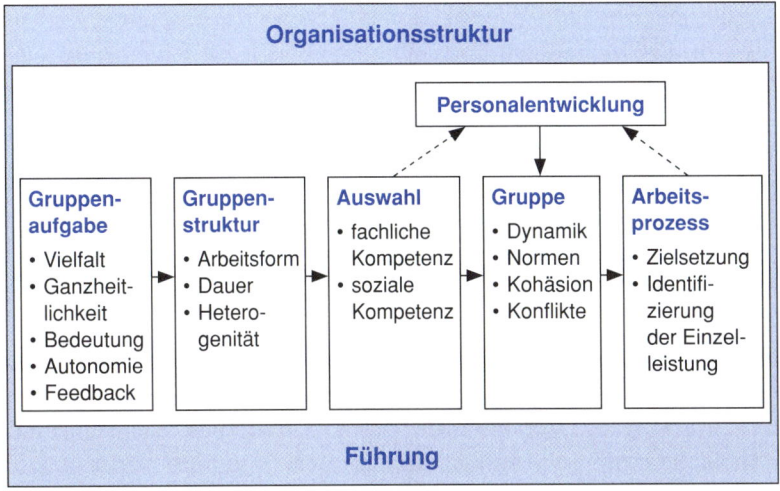

Abbildung 51: Zentrale Ansatzpunkte zum erfolgreichen Management von
Arbeitsgruppen

chologie liefern diverse Hinweise zum erfolgreichen Management
der Gruppenarbeit (vgl. Abb. 51).

Am Anfang steht eine bestimmte *Arbeitsaufgabe*, die sinnvollerweise
in einer Gruppe besser zu lösen ist als durch die isolierte Arbeit einzelner Personen. Die Forschung zum Modell von Hackman und Oldham
(1980) legt nahe, dass man diese Aufgabe in der Regel möglichst
weitgehend so gestalten sollte, dass sie durch *Anforderungsvielfalt*,
Ganzheitlichkeit, eine hohe *Bedeutung*, *Autonomie* und ein in der Auf-
gabenlösung unmittelbar angelegtes *Feedback* gekennzeichnet ist.

Erfolgreiche
Gruppenarbeit
setzt gezieltes
Management voraus

Neben der Arbeitsaufgabe muss man sich Gedanken über eine sinnvolle *Gruppenstruktur* machen. Hierzu zählt die Wahl der richtigen
Form der Gruppenarbeit (vgl. Tab. 9). Ebenso ist die Frage nach der
zeitlichen *Dauer*, über die eine Gruppe hinweg fortbestehen soll, zu
beantworten. Grundsätzlich sollte nach einiger Zeit darüber nachge-
dacht werden, ob ein Fortbestand in der vorliegenden Form sinnvoll
ist. Aus der eigentlichen Arbeitsaufgabe ergibt sich zudem ein Hinweis auf die notwendige *Heterogenität* des Teams. Dabei ist das
Problem des mangelnden Zusammenhalts sehr heterogener Gruppen
zu berücksichtigen.

Im nächsten Schritt kann nun im Zuge der *Personalauswahl* bzw. der
Neuplatzierung der Mitarbeiter die Arbeitsgruppe zusammengestellt
werden. Dabei kommt neben den fachlichen Kompetenzen der Mit-

glieder der Messung sozialer Kompetenzen eine besondere Bedeutung zu. Die vielfältigen Forschungsergebnisse zur Personalauswahl liefern die wichtigsten Handlungshinweise (vgl. Kapitel 2 bis 4).

Überall dort, wo bestehende Kompetenzen noch nicht ausreichen oder sich erst im Verlaufe der Gruppenarbeit Schwierigkeiten ergeben, kommen Methoden der *Personalentwicklung* zum Einsatz (vgl. Kapitel 5 und 6). Dies gilt ggf. auch präventiv für die Entwicklung eines Wir-Gefühls z. B. bei virtuellen Arbeitsgruppen („Teambuilding").

Sobald die Gruppe ihre Arbeit aufnimmt, bildet sie sich selbst *dynamisch* weiter. Reibungsverluste, die durch das gegenseitige Kennenlernen und erste Interaktionserfahrungen entstehen, können durch Personalentwicklungsmaßnahmen gezielt minimiert werden. Die Ausbildung einer mehr oder minder starken *Kohäsion* und damit einhergehende *Verhaltens- und Leistungsnormen* wirken sich nicht zwangsläufig zum Nutzen des gesamten Projektes aus. Daher liegt eine wichtige Führungsaufgabe darin, unerwünschte Entwicklungen (z. B. Mobbing gegenüber Abweichlern) frühzeitig zu erkennen und gegenzusteuern. Gleiches gilt wie dargestellt für *Konflikte*, die sich nahezu zwangsläufig im Laufe der Zeit ergeben, aber nicht von der Gruppe selbst konstruktiv gelöst werden.

Der *Arbeitsprozess* selbst sollte nach den Prinzipien der *Zielsetzungsmethode* gestaltet sein. Dabei kommt der Führungskraft u. a. die wichtige Aufgabe der Leistungsmessung zu. Will man leistungsmindernde Effekte (social loafing etc.) verhindern, muss die *Einzelleistung identifizierbar* bleiben und auch das *Belohnungssystem* darf nicht ausschließlich den Output der Gruppe als Ganzes in den Blick nehmen. Die Mitarbeiter sollen sich zwar als Gruppe verstehen, dürfen darin als Individuum aber nicht untergehen, zumal sie sich später auch wieder zu neuen Arbeitsgruppen zusammenfinden müssen.

Eingebettet ist das Konzept der Gruppenarbeit in eine *Organisationsstruktur* flacher Hierarchien und eine *Führung*, die den Mitarbeitern den notwendigen Raum zur Partizipation lässt.

Zusammenfassung

Die Gruppenarbeit ist eine vielgestaltige Arbeitsform, die ein hohes Potenzial zur Steigerung der Leistung und Arbeitszufriedenheit in sich trägt. Dieses Potenzial entfaltet sich jedoch nicht von allein. Im Gegenteil, die Gruppenarbeit beinhaltet zahlreiche Risiken, angefangen beim Trittbrettfahren über die Ausbildung rigider Normen bis hin zu eskalierenden Konflikten oder Groupthink. Aus diesem Grunde bedarf es einer bewussten Gestaltung. Die psychologische Forschung verdeutlicht etwaige Gefahrenquellen und liefert Ansatzpunkte für das Management. Die Interventionsmöglichkeiten sind dabei ebenso vielfältig wie das Phänomen Gruppenarbeit. Sie beziehen sich sowohl auf die Auswahl und Entwicklung der Gruppenmitglieder wie auf strukturelle und prozessuale Aspekte der Arbeit selbst.

Weiterführende Literatur

Gebert, D. (2004). *Innovation durch Teamarbeit*. Stuttgart: Kohlhammer.

Stumpf, S. & Thomas, A. (2003) *Teamarbeit und Teamentwicklung*. Göttingen: Hogrefe.

Wegge, J. (2004b). *Führung von Arbeitsgruppen*. Göttingen: Hogrefe.

Fragen

1. Welches sind die grundlegendsten Merkmale, durch die sich eine Arbeitsgruppe definiert?
2. Wodurch ist ein Qualitätszirkel gekennzeichnet?
3. Worin unterscheiden sich Projektgruppen von teilautonomen Arbeitsgruppen?
4. In welcher Form nehmen Merkmale der Arbeitsgruppe Einfluss auf die Gruppenleistung?
5. Was kann man tun, um in Arbeitsgruppen zur Lösung von Konflikten beizutragen?
6. Welches sind die wichtigsten Ansatzpunkte zum Management der Teamarbeit?

Lösungshinweise finden Sie unter
www.hogrefe.de/buecher/lehrbuecher/psychlehrbuchplus.

Kapitel 12

Organisationsentwicklung

Uwe Peter Kanning

Inhaltsübersicht

Wenn wir in der Psychologie von einer „Organisation" sprechen, so meinen wir in aller Regel ein Unternehmen, eine Behörde, ein Krankenhaus oder ähnliche Einrichtungen. Abstrakt betrachtet handelt es sich dabei immer um *soziale Gebilde*, die bestimmte *Ziele* verfolgen und *formale Regeln* festlegen, mit deren Hilfe die Interaktion der Organisationsmitglieder auf die Erreichung dieser Ziele hin ausgerichtet wird (vgl. Kieser & Kubicek, 1992). Die Organisationen unterscheiden sich dahingehend, welche Ziele sie verfolgen (z. B. Gewinnmaximierung vs. Heilung von Krankheiten) und mit welchen formalen Regeln (z. B. Entscheidungsstrukturen, Mitsprachemöglichkeiten für Arbeitnehmer) sie diese Ziele zu erreichen versuchen.

Im Folgenden werden wir uns zunächst mit der Frage beschäftigen, mit welchen grundlegenden Begriffen sich Organisationen beschreiben lassen, ehe wir in einem zweiten Schritt auf Methoden zur diagnostischen Untersuchung derartiger Organisationen eingehen. Es wird sich dabei zeigen, dass diagnostische Untersuchungen oft einer Bedarfsanalyse dienen. Es geht also u. a. darum, Schwachstellen innerhalb der Organisation aufzudecken, um hierdurch eine Grundlage für gezielte Interventionen zu legen. Derartige Maßnahmen zur Veränderung bzw. Optimierung fallen unter den Begriff der Organisationsentwicklung, mit der wir uns in einem dritten Schritt beschäftigen werden.

12.1 Merkmale zur Beschreibung von Organisationen

Organisationen lassen sich hinsichtlich zahlreicher Merkmale voneinander unterscheiden (Scholl, 2007; Weinert, 2004). Im Folgenden schauen wir uns die drei wichtigsten Beschreibungsdimensionen näher an: die Ziele einer Organisation, ihre Strukturen sowie ihre Entscheidungsprozesse.

12.1.1 Organisationsziele

Organisationen unterscheiden sich hinsichtlich ihrer Ziele

Unternehmen verfolgen gemeinhin das primäre Ziel der Gewinnmaximierung, während Einrichtungen des öffentlichen Dienstes höchst diverse Ziel verfolgen können: Schulen dienen dazu, Bildung, Normen und Werte zu vermitteln. Die Polizei versucht eine Staatsordnung und die in ihr lebenden Menschen zu sichern, während ein

Ministerium den politischen Willen der gewählten Volksvertreter in Gesetze und Verordnungen umwandeln soll.

Bei näherer Betrachtung offenbart sich jedoch meist ein ganzes Bündel von Zielen, die in einer *hierarchischen Beziehung* zueinander stehen. Strebt ein Unternehmen nach Gewinnmaximierung, so ergeben sich daraus *Zwischenziele,* wie etwa die Entwicklung innovativer Produkte, ein effektives Marketing oder eine beständige Optimierung der Produktion hinsichtlich Qualität, Ausschussrate und Effizienz. Greifen wir eines dieser Folgeziele heraus, ergeben sich wiederum mehrere Ziele, die in der Hierarchie auf der nächsten Ebene liegen. Die Entwicklung innovativer Produkte setzt beispielsweise voraus, dass man entsprechend qualifiziertes Personal einstellt, den Forschern und Entwicklern die notwendigen Ressourcen gibt und Marktforschung betreibt, um die Kundenwünsche richtig einschätzen zu können. Auf der nächsten Ebene könnte man Ziele formulieren, die dem übergeordneten Ziel der Einstellung qualifizierten Personals dienen: Durchführung empirischer Anforderungsanalysen, Entwicklung strukturierter Einstellungsinterviews etc. (vgl. Kapitel 2 bis 4). Auf diesem Weg lässt sich ausgehend von einem einzigen grundlegenden Ziel – dem der Gewinnmaximierung – nach und nach ein ganzer Zielbaum beschreiben, der auf mehreren Hierarchieebenen letztlich dutzende von (Teil-)Zielen skizziert, die eine Organisation verfolgt.

Organisationsziele sind hierarchisch geordnet

Diese Ziele stehen jedoch bisweilen in einer spannungsreichen Beziehung zueinander. Aus verschiedenen Zweigen des Zielbaumes können sich partiell *widersprüchliche Ziele* ergeben. Während die Personalabteilung vielleicht das Ziel einer langfristigen Bindung der Mitarbeiter an das Unternehmen formuliert, um die Identifikation und Motivation der Beschäftigten zu steigern, fordert das Management einen beständigen Personalabbau, um die Personalkosten gering halten zu können. An dieser Stelle sind Konflikte innerhalb der Organisation vorprogrammiert.

Organisationsziele können sich widersprechen

Hinzu kommt, dass in jeder Organisation auch unterschiedliche *Personen- und Interessengruppen* anzutreffen sind, die an sich divergierende oder einander sogar widersprechende Ziele formulieren. Ein Grundkonflikt in den meisten produzierenden Organisationen besteht sicherlich, wenn die Unternehmensleitung beständig Anstrengungen unternimmt, die Produktivität des einzelnen Arbeiters zu steigern, während die Vertreter des Betriebsrates auf die Einstellung zusätzlicher Mitarbeiter drängen. Aber auch zwischen verschiedenen Abteilungen auf der gleichen Hierarchieebene lassen sich konträre Ziele meist nicht von vornherein ausschließen. So liegt es in der Natur der Sache, wenn beispielsweise bei der Entwicklung eines neuen Pkw, Designer und Techniker oder aber Techniker und Vertreter des Rechnungswesens jeweils eigene Vorstellungen haben, die nicht so ohne weiteres kompatibel sind.

Jenseits der Frage, welche Ziele eine Organisation hat, unterscheiden sich Organisationen natürlich auch dahingehend, wie sehr es ihnen gelingt, ihre *Ziele tatsächlich zu erreichen.*

Wir sehen, ausgehend von der geradezu trivial anmutenden Erkenntnis, dass Organisationen Ziele verfolgen, ergibt sich schell ein recht komplexer Sachverhalt.

12.1.2 Organisationsstrukturen

Auch wenn jede Organisation ein bestimmtes Ziel verfolgt und letztendlich alle Mitarbeiter an der Erreichung dieses Zieles mitwirken, bedarf es einer klaren *Arbeitsteilung.* Spezifische Teilziele werden daher von bestimmten Fachexperten bearbeitet, die ihrerseits von einer Führungskraft gelenkt werden. Hinzu kommen Mitarbeiter, die Rohstoffe einkaufen, andere, die in der Produktion die Planungskonzepte in die Tat umsetzen und wieder andere Mitarbeiter, welche für den Vertrieb der Produkte zuständig sind. Je größer eine Organisation ist, desto wichtiger wird es, die notwendige Arbeitsteilung durch eine klare *Struktur* zu regeln. Nur so lässt sich die Arbeit vieler Menschen zielgerichtet koordinieren. Sehen wir einmal von Kleinstbetrieben, in denen nur ein oder zwei Personen arbeiten, ab, so weist jede Organisation eine bestimmte, explizit festgelegte Struktur auf, die sich in einem Diagramm verbildlichen lässt.

(Marginalie: Arbeitsteilung zum Zwecke der Zielerreichung)

(Marginalie: Klassische hierarchische Organisationsstruktur) In Abbildung 52 sehen wir ein Beispiel für den Aufbau einer *klassisch strukturierten Organisation.* Die Organisation ist in fünf Hierarchieebenen gegliedert. In der untersten Ebene – der Ebene 5 – befinden sich die Produktionsarbeiter, die an Maschinen ein bestimmtes Produkt herstellen. Sie bilden gemeinsam ein Team. Jedes Team wird von einem Meister geleitet (Ebene 4), der die Mitarbeiter einteilt, den Ablauf der Produktion überwacht und bei Problemen eingreift. Auf der Ebene 3 arbeiten die Abteilungsleiter. Sie leiten

mehrere Teams mit dem jeweils dazugehörigen Meister und koordinieren die Arbeit der Teams untereinander. Auf der nächsthöheren
Ebene befinden sich die Bereichsleiter, die wiederum mehreren Abteilungen vorstehen und ganz oben in der Hierarchie – auf Ebene 1
– treffen wir auf die Geschäftsführung, welche die Gesamtverant-
wortung für die Organisation und deren Arbeitsergebnisse trägt.

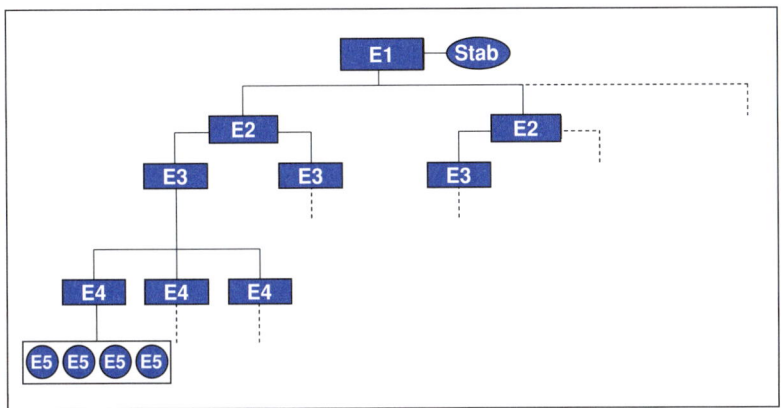

Abbildung 52: Klassische Struktur einer Organisation (E = Ebene)

Da sich die Hierarchie in einer imaginären Linie von oben nach unten ausdifferenziert, spricht man in diesem Zusammenhang auch
von einem *„Einlinien-System"*. Vorgesetzte werden dementsprechend als „Linienvorgesetzte" bezeichnet. Dies impliziert, dass
nicht jede Person, die beispielsweise auf Ebene 3 arbeitet, auch als
Vorgesetzter aller Mitarbeiter fungiert, die auf Ebene 4 oder 5 tätig
sind, obwohl diese Person in der Hierarchie der Gesamtorganisation
höher angesiedelt ist. Gegenüber dem Meister ist somit nur der Abteilungsleiter seiner eigenen Abteilung, nicht aber der Leiter einer
benachbarten Abteilung weisungsbefugt. Die übrigen Abteilungsleiter stehen nicht in der direkten Linie, die sich vor ganz oben nach
ganz unten zieht, sondern sind einer anderen Verzweigung zugeordnet. In einem Einlinien-System ist jeder Mitarbeiter genau einem
Vorgesetzten direkt unterstellt.

Parallel zu dieser Hierarchie gibt es oftmals einen sogenannten *Stab*
oder eine *Stabsabteilung* (vgl. Abb. 52). Der Stab befindet sich außerhalb der Hierarchielinie und ist direkt der Geschäftsführung zugeordnet. Hier könnte z.B. die Personal- oder Organisationsentwicklung verortet sein. Der Stab nimmt zentrale Aufgaben wahr und

Stabsabteilung
unterstützt die
Organisationsleitung

bemüht sich darum, die Organisation zu optimieren. Hierdurch entstehen Konflikte, wenn hoch angesiedelte Führungskräfte sich Regelungen anpassen müssen, die von Mitarbeitern des Stabs entwickelt
wurden, obwohl diese im Hinblick auf Lebensalter, Führungsverant-
wortung und Gehalt weit unter der betreffenden Führungskraft stehen. Man stelle sich zur Verdeutlichung einen 55-jährigen Bereichsleiter mit einem Monatsgehalt von 25 000 Euro vor, der an einem
Führungskräftetraining teilnehmen muss, das konzipiert und durchgeführt wird von einem Stabsmitarbeiter, der vielleicht erst 30 Jahre
alt ist und nur einen Bruchteil dieser Summe verdient. Gerade im
Hinblick auf hoch stehende Führungskräfte ist der Stab jedoch ein
wichtiges Korrektiv, da hier nur die Geschäftsführung Kontrollfunk-
tionen ausüben kann.

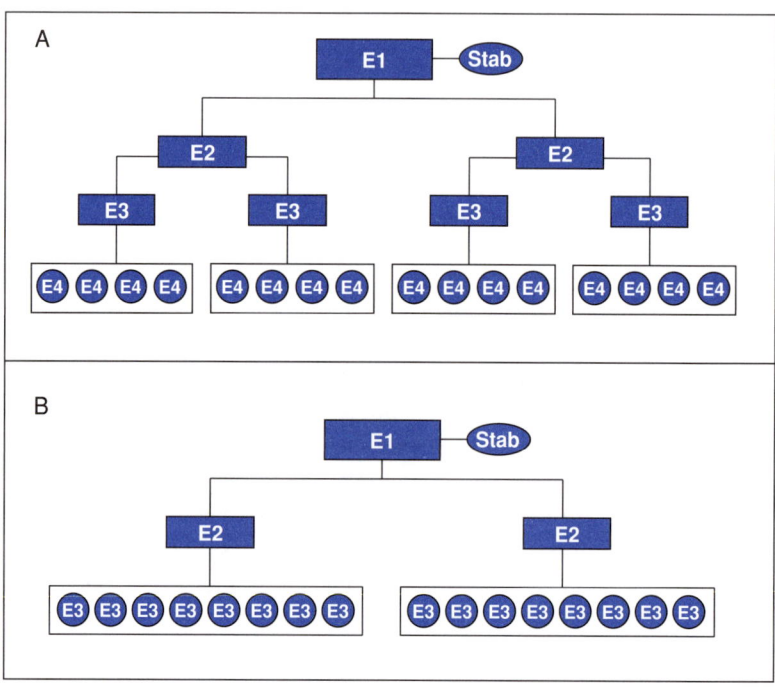

Abbildung 53: Anzahl der Hierarchieebenen und Führungsspanne

Viele Hierarchie-
ebenen vergrößern
die Distanz zwischen
Leitung und Produktion

Organisationen unterscheiden sich hinsichtlich der *Anzahl der Hierarchieebenen*. In Abbildung 53 sehen wir die Struktur zweier Organisationen, die bei gleicher Mitarbeiteranzahl vier bzw. drei Hierarchieebenen aufweisen. Dies hat weitreichende Konsequenzen. Im
Beispielfall B ist die *Führungsspanne* – also die Anzahl der Mitarbeiter, die von einem einzelnen Vorgesetzten geführt wird – doppelt

so groß, wie in Beispielsfall A. Im Fall A muss die Führungskraft der
untersten Führungsebene vier Produktionsarbeiter, im Fall B acht
Mitarbeiter leiten. In der Regel trägt eine höhere Führungsspanne
dazu bei, dass die Mitarbeiter weniger eng geführt werden können
und somit mehr Entscheidungsfreiheit und Verantwortung besitzen.
Dies wiederum hat zur Konsequenz, dass die Organisation höher
qualifizierte Mitarbeiter benötigt und auch das Führungsverhalten
ein anderes sein muss (vgl. Kapitel 10). Je weniger Ebenen eine
Organisation hat, desto näher ist zudem die Geschäftsführung an der
Basis und hat eine Chance, auch noch direkt etwas von der Arbeit in
der Produktion mitzubekommen. Je mehr Hierarchieebenen die Organisation aufweist, desto abstrakter ist das Verhältnis zwischen
Organisationsleitung und Basis, wobei die Gefahr langer, bürokrati-
scher Entscheidungswege ansteigt.

Die Strukturen in Abbildungen 52 und 53 stellen starke Vereinfa-
chungen der Realität dar. Insbesondere große Konzerne sind weitaus
komplexer strukturiert, da hier mehrere Standorte in mehreren Ländern und mehrere Produktsparten in eine Struktur integriert werden
müssen. Hinzu kommen neuere Strukturen, die grundlegend anders
aufgebaut sind (vgl. im Überblick Scholl, 2007; Weinert, 2004).

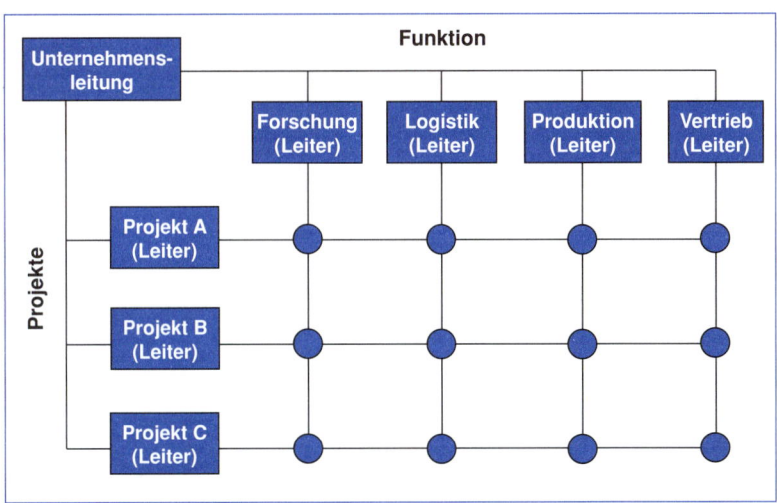

Abbildung 54: Matrix-Struktur einer Organisation

In Abbildung 54 finden wir ein Beispiel für eine völlig andere Orga-
nisationsform, die *Matrix-Struktur*. Sie eignet sich insbesondere in   Matrix-Struktur
Organisationen, deren Tätigkeit in starkem Maße durch Projektar-

beit gekennzeichnet ist. Ein Projekt könnte z. B. ein bestimmtes Produkt sein, das neu entwickelt werden muss. Zu diesem Zwecke wird ein Projektteam zusammengestellt, das für einen begrenzten Zeitraum zusammenarbeitet. Bei hinreichender Komplexität der Aufgabe setzt sich das Team aus unterschiedlichen Fachexperten zusammen, die für die Dauer des Projektes aus verschiedenen Fachabteilungen zur Verfügung gestellt werden. Darüber hinaus hat jedes Projekt einen Projektleiter. Aus der Sicht des einzelnen Mitarbeiters existieren somit zwei direkte Vorgesetzte. Dies ist zum einen der Projektleiter, zum anderen der Leiter der Fachabteilung, der man dauerhaft angehört. Eine solche Struktur wird folglich auch als *Mehrlinien-Struktur* bezeichnet.

Matrix-Strukturen weisen bei häufigen Projektwechseln das Problem auf, dass sich die Gruppenmitglieder immer wieder neu aufeinander einstellen müssen, wodurch gewisse Prozessverluste entstehen (vgl. Kapitel 11). Da der häufige Wechsel in neue Gruppen hohe Anforderungen an die sozialen Kompetenzen der Gruppenmitglieder stellt, ist dies entsprechend bei der Personalauswahl und Personalentwicklung zu berücksichtigen. Noch komplexer und damit auch anspruchsvoller für die Teammitglieder wird die Situation, wenn die einzelne Projektgruppe sich mit anderen Projektgruppen, Zulieferfirmen, Partnerfirmen im Ausland oder Unternehmensberatungen austauschen muss („Netzwerkorganisation"). Der Vorteil für die Organisation als Ganzes ist jedoch nicht von der Hand zu weisen. Werden die Teams richtig zusammengestellt, arbeiten immer die fachlich kompetentesten Personen gemeinsam an einer konkreten Aufgabe.

12.1.3 Entscheidungsprozesse

Die Frage, inwieweit die Organisationsziele erreicht werden können, hängt nicht nur von den Strukturen der Organisation, sondern auch von ihren Entscheidungsprozessen ab. In der Organisationsforschung werden mehrere Modelle unterschieden (Scholl, 2007).

Modelle in der Organisationsforschung

- Modell der rationalen Entscheidung
- Modell der bürokratischen Organisation
- Modell des adaptiven Problemlösens
- Politikmodell

Folgt man dem *Modell der rationalen Entscheidung,* so würde eine Organisation immer auf der Basis rein sachlicher Abwägungen handeln. Liegt ein Problem vor, müsste man demnach nur die Pro- und Kontra-Argumente für jede Entscheidungsalternative prüfen und anschließend diejenige auswählen, welche den größten Nutzen für die Organisation verspricht. Wohl ein jeder, der schon einmal mehrere Monate in einer Organisation gearbeitet hat, weiß, dass dieses streng rationale Vorgehen eher eine Ausnahmeerscheinung ist. Dieser Eindruck deckt sich mit den Ergebnissen empirischer Studien (Shapira, 1997). Prinzipiell ist der Mensch in seinen Fähigkeiten zur streng rationalen Informationsverarbeitung stark eingeschränkt, wie unzählige Untersuchungen aus der Allgemeinen Psychologie sowie der Sozialpsychologie zeigen. Darüber hinaus sind Entscheidungen in Organisationen immer auch in starkem Maße von den Interessen einzelner Entscheidungsträger oder Abteilungen abhängig, die sich nicht immer mit den Interessen der Gesamtorganisation decken. Will z. B. Abteilungsleiter A seine Position im Unternehmen stärken und seine Chancen auf eine Beförderung erhöhen, ist es für ihn möglicherweise hilfreich, wenn Abteilung B durch „Fehlentscheidungen" geschwächt wird, selbst wenn dies der Gesamtorganisation schadet.

Organisationen funktionieren nur bedingt rational

Das Modell der *bürokratischen Organisation,* das vor fast 100 Jahren als Ideal von Max Weber formuliert wurde, versucht derartige Probleme in den Griff zu bekommen, indem man im Rahmen einer klassischen Organisationsstruktur (vgl. Kapitel 12.1.2) möglichst viele Entscheidungen in der obersten Hierarchieebene trifft, wobei die unteren Ebenen nur noch für die Spezifizierung und Umsetzung zuständig sind. Leider ist auch ein solches Modell, das man heute insbesondere in großen Behörden noch antrifft, mit vielen Nachteilen verbunden. Die Mitarbeiter der unteren Ebene fühlen sich weitgehend entmündigt und haben gelernt, dass Eigeninitiative meist nicht gewünscht ist. Werden Entscheidungen weit entfernt von der ausführenden Basis getroffen, so kommt erschwerend hinzu, dass die Erfahrungen und das spezifische Fachwissen der Arbeitsplatzexperten kaum Berücksichtigung finden. Gleichzeitig kann die Organisationsspitze aber nicht in allen Arbeitsfeldern über entsprechend hohes Insiderwissen verfügen. Fehlentscheidungen oder doch zumindest suboptimale Entscheidungen sind somit vorprogrammiert. Die bürokratische Entscheidungsfindung ist sowohl der Komplexität der meisten Arbeitsfelder als auch den Autonomiebestrebungen zunehmend hoch qualifizierter Mitarbeiter kaum angemessen.

Das *Modell des adaptiven Problemlösens* (March & Simon, 1976) geht im Gegensatz zu den beiden zuvor skizzierten Ansätzen davon aus, dass Entscheidungen in Organisationen grundsätzlich nur bedingt rational gefällt werden können. Daher versucht man, ausgehend von der Analyse der Fehler, Entscheidungen Schritt für Schritt zu optimieren. Jedes Organisationsmitglied trägt dabei Verantwortung, indem es in seinem überschaubaren Arbeitsfeld Teillösungen für anstehende Probleme entwickelt. Spezialisten auf der nächsthöheren Ebene koordinieren die Entscheidungen und schlagen Verbesserungen vor. Die Organisationsspitze bewahrt den Überblick und definiert grundlegende Ziele, ohne jedoch für sich die Entscheidungsbefugnis in allen Belangen in Anspruch zu nehmen.

Einen völlig anderen Zugang zu organisationalen Entscheidungsprozessen beschreibt das sogenannte *Politikmodell* (Pfeffer, 1981). Im Zentrum stehen dabei die Einzelinteressen der Organisationsmitglieder, die durch geschicktes Taktieren, Absprachen, Koalitionen etc. verfolgt werden (vgl. auch Blickle & Solga, 2006). Je machtvoller ein Organisationsmitglied ist, desto eher kann es bestimmte Entscheidungen forcieren, wobei die Eigeninteressen nicht zwangsläufig im Widerspruch zu den Interessen der Gesamtorganisation stehen müssen. Genau hierin liegt das Problem politischer Entscheidungsprozesse. Im günstigsten Fall kann ein Unternehmen durch machtvolle Protagonisten flexibel, schnell und richtig auf dem Markt agieren. Im ungünstigsten Falle nutzen die Protagonisten das Unternehmen nur, um ihre eigene Karriere zu beflügeln und sich zu bereichern.

In der Realität treten die verschiedenen Prinzipien der Entscheidungsfindung in Organisationen häufig in gemischter Form auf. Je größer eine Organisation ist, desto vielfältiger sind die Prozesse, die letztlich zu Entscheidungen führen.

12.2 Organisationsdiagnostik

Da Organisationen in aller Regel komplexe Gebilde sind, gibt es auch nicht nur einen Weg, Organisationsdiagnostik zu betreiben. Zum Zwecke der Entwicklung einer organisationsdiagnostischen Strategie muss man sich zunächst danach fragen, welchem *Ziel* das Vorhaben dienen soll.

12.2.1 Organisationsdiagnostik als Prozess

Ausgangspunkt könnten z. B. unbefriedigende Entwicklungen in einem Unternehmen oder Teilen des Unternehmens sein. Möglicherweise ist der Umsatz kontinuierlich gesunken, die Anzahl der Arbeitsunfälle in den letzten Jahren gestiegen, oder aber die Fluktuation der Mitarbeiter nimmt zu. In all diesen Beispielfällen steht am Anfang ein Problem, dessen Hintergründe diagnostisch durchleuchtet werden sollen. Das Ziel ist mithin die *Problemanalyse*.

Zielgerichtetes Vorgehen ist wichtig

Am Anfang muss jedoch nicht immer eine bereits existierende Problemlage stehen. Man könnte auch trotz einer insgesamt guten Situation des Unternehmens Organisationsdiagnostik betreiben. Das Ziel wäre in diesem Fall die *Planung zukünftiger Entwicklungen*. So mag sich die Firmenleitung mit dem Gedanken tragen, einen bestimmten Geschäftszweig neu zu etablieren, eine bestehende Produktlinie auszubauen, Standorte im Ausland zu gründen oder eine neue Technologie einzuführen. Hierzu benötigt man verlässliche Informationen über den Status quo des Unternehmens: Auf welche Ressourcen kann man zurückgreifen? Sind die bisherigen Produktionsformen, die Strukturen und Entscheidungswege den neuen Aufgaben angemessen? Wie stehen die Mitarbeiter den Herausforderungen gegenüber. Kann man sich auf ihre Unterstützung verlassen? Sind die betroffenen Mitarbeiter für die neuen Aufgaben hinreichend qualifiziert? Dies sind nur einige Fragen, die man in diesem Zusammenhang beantwortet wissen möchte.

Auf der Basis der diagnostischen Erkenntnisse können in einem nächsten Schritt *Interventionsmaßnahmen abgeleitet* werden. Dies gilt gleichermaßen für akute Problemsituationen als auch für die prospektive Gestaltung der Organisation in einer Zeit, in der es den Unternehmen an sich gut geht. Die gewonnenen Daten helfen dabei, die einzusetzenden Ressourcen (Personal, Zeit, Geld, Know-how etc.) in die richtige Richtung zu lenken. So könnte man beispielsweise frühzeitig sehen, dass eine geplante Veränderung des Unternehmens nur dann gut gelingen wird, wenn man bereits im Vorfeld bestimmte Mitarbeitergruppen zielgerichtet qualifiziert oder ein besseres Informationsmanagement betreiben muss, um möglichst viele Mitarbeiter mit ins Boot zu holen.

Hat man sich für eine Intervention entschieden, so dient die Organisationsdiagnostik schließlich der *Evaluation*. Dabei wird zwischen einer formativen und einer summativen Evaluation unterschieden (vgl. Kapitel 6.2).

Formen der Evaluation

Die **formative Evaluation** begleitet die Intervention, so dass man noch während des Veränderungsprozesses Informationen über Teilerfolge erhält und notfalls gegensteuern kann.

Die **summative Evaluation** liefert hingegen erst nach Abschluss der Intervention eine Gesamtbewertung des Erfolgs.

12.2.2 Ansatzpunkte der Organisationsdiagnostik

Ausgehend von der Zielrichtung der Organisationsdiagnostik muss man überlegen, welche Aspekte der Organisation in den Fokus genommen werden sollen. Abbildung 55 gibt einen Überblick über mögliche Ansatzpunkte der Organisationsdiagnostik (vgl. auch Felfe & Liepmann, 2008). Je nach Komplexität der Fragestellung kann man an einzelnen oder mehreren Punkten gleichzeitig ansetzen. Dabei unterscheidet sich der Abstraktionsgrad der Analysen ganz erheblich.

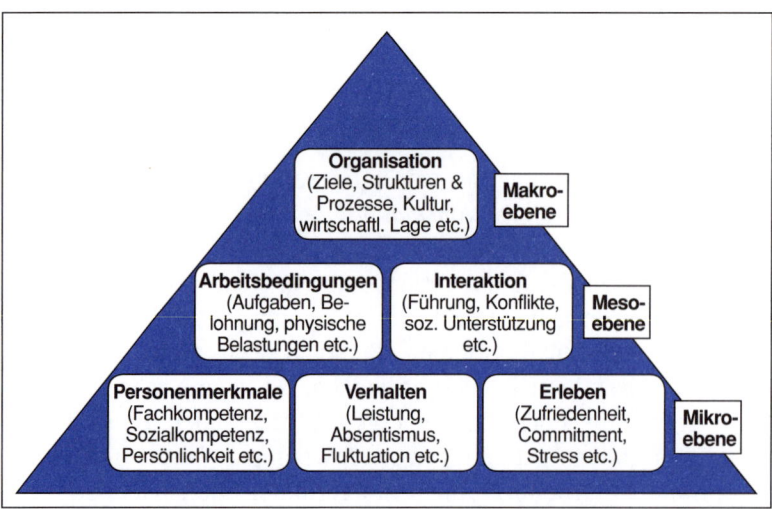

Abbildung 55: Ansatzpunkte der Organisationsdiagnostik

Makroebene   Auf einer *Makroebene* setzt man sich mit der Organisation als Ganzes auseinander. Auf dem Prüfstand stehen mittel- und langfristige Ziele, grundlegende Strukturen und Entscheidungsprozesse sowie explizite oder unausgesprochene Werte und Verhaltensnormen (Organisationskultur) oder auch die wirtschaftliche Lage des Unternehmens. Je nach Ziel der Organisationsdiagnostik können entsprechende Analysen ggf. nur Teilbereiche der Gesamtorganisation umfassen. Man denke hier z. B. an internationale Unternehmen mit mehreren hunderttausend Mitarbeitern. In diesem Fall dürfte schon allein die Analyse eines einzelnen Standortes mit vielleicht 30 000 Arbeitsplätzen oder eine Produktsparte, die sich auf mehrere Standorte und Länder verteilt, ein anspruchsvolles Unterfangen sein.

Auf der *Mesoebene* stehen die konkreten Arbeitsbedingungen der Mitarbeiter sowie die Interaktion zwischen den Organisationsmitgliedern auf dem Prüfstand. Auch hier muss man keineswegs immer alle Organisationsmitglieder betrachten. Der zu analysierende Ausschnitt reicht von ganzen Unternehmen über Bereiche, Standorte bis hin zu Abteilungen und einzelnen Arbeitsteams. Neben physikalischen Arbeitsbedingungen, wie sie insbesondere bei Produktionsarbeitsplätzen von Interesse sind (Belastung durch Lärm, Schmutz, Chemikalien etc.), kann man sich auf dieser Ebene die konkreten Arbeitsaufgaben, das Belohnungssystem und ähnliche Faktoren anschauen, die in struktureller Weise auf die Mitarbeiter einwirken. Daneben interessiert man sich für Interaktionen zwischen den Organisationsmitgliedern. An erster Stelle denkt man in diesem Zusammenhang an das Führungsverhalten der Vorgesetzten (vgl. Kapitel 10). Aber es geht auch um die Interaktionen zwischen den Kollegen: Inwieweit kann der Einzelne hier Unterstützung erfahren? Wie werden Konflikte ausgetragen? Gibt es Anzeichen für Mobbing und wie reagierten Kollegen und Führungskräfte darauf?

Mesoebene

Die *Mikroebene* bezieht sich auf die einzelnen Individuen innerhalb der Organisation, wobei natürlich auch hier, ausgehend von den Daten des Einzelnen, auf Gruppen von Menschen (Arbeitsteams, Abteilungen etc.) abstrahiert werden kann. Neben den zeitlich relativ stabilen Merkmalen der Mitarbeiter (Persönlichkeit, soziale Kompetenz, Fachkompetenz), kann man das Verhalten in den Blick nehmen. Dabei interessiert man sich primär für die berufliche Leistung (vgl. Kapitel 8). Überdies deuten hohe Absentismusraten – also die Abwesenheit am Arbeitsplatz aufgrund von Krankheit, Zuspätkommen, Pausenüberziehen oder Zufrühgehen – ebenso wie ein freiwilliges Ausscheiden aus dem Unternehmen als Hinweise auf mögliche Schwachstellen in der Organisation. Last but not least setzt man sich bei Analysen auf der Mikroebene mit dem berufsbezogenen Erleben

Mikroebene

der Mitarbeiter auseinander. Von Interesse sind in diesem Zusammenhang z. B. die Arbeitszufriedenheit, das Stresserleben oder das Commitment (vgl. Kapitel 9).

Ebenen wirken wechselseitig aufeinander ein

Die genannten Variablen stehen in der Realität natürlich nicht isoliert nebeneinander, sondern beeinflussen sich gegenseitig. Die *Wechselwirkungen* können sowohl in horizontaler als auch in vertikaler Richtung laufen. Gerade diese Prozesse sind für die Organisationsdiagnostik von großem Interesse, da sich hieraus Ansätze zur Intervention ableiten lassen. Sieht man beispielsweise, dass sich bestimmte Interaktionsformen positiv auf das Verhalten und Erleben der Mitarbeiter auswirken (vertikaler Einfluss), so gilt es, diese zu fördern. Gehen bestimmte Personenmerkmale mit Unzufriedenheit einher (horizontaler Einfluss), wird man sich mit der Frage auseinandersetzen müssen, wie diese Personenmerkmale mit den Mitteln der Personalentwicklung positiv zu beeinflussen sind (vgl. Kapitel 5 und 6).

12.2.3 Diagnostische Methoden und Durchführung

Vielfältige diagnostische Methoden einsetzbar

Die Komplexität der Materie legt nahe, dass in der Organisationsdiagnostik die ganze Bandbreite wissenschaftlich-diagnostischer Methoden zum Einsatz kommen kann. Die Palette reicht von physikalischen Messungen (z. B. Schadstoffbelastung der Luft in Produktionshallen) über die Analyse von Dokumenten (Leitlinien eines Unternehmens, wirtschaftliche Kennzahlen etc.) und Interviews bis hin zur Verhaltensbeobachtung und den Einsatz von Fragebogeninstrumenten. Im Vordergrund stehen quantitative Messmethoden wie z. B. schriftliche Mitarbeiterbefragungen, die durch qualitative Methoden (Gruppendiskussionen o. Ä.) ergänzt werden können. Auch wenn es inzwischen einige standardisierte Fragebogeninstrumente zur Organisationsdiagnostik gibt (im Überblick Felfe & Liepmann, 2008), kommt es letztlich im konkreten Anwendungsfall darauf an, ein diagnostisches Instrumentarium zusammenzustellen, das für die spezifische Fragestellung unter den vorliegenden Bedingungen der konkreten Organisation möglichst maßgeschneidert ist. Nur so kann gewährleistet werden, dass später tatsächlich die Fragen beantwortet werden, die für die Weiterentwicklung der Organisation relevant erscheinen.

Keine idealen Rahmenbedingungen

Leider sind die Bedingungen, unter denen organisationsdiagnostische Untersuchungen ablaufen; nicht so ideal wie man sich dies wünschen würde. Häufig stehen keine Kontrollgruppen zur Verfügung und auch Längsschnittstudien sind eher die Ausnahme. Hinzu kommen Probleme der Akzeptanz entsprechender Untersuchungen. Mitarbeiter verweigern vielleicht die Unterstützung, weil sie befürchten, dass die Ergebnisse später zur Rationalisierung der Arbeitsprozesse genutzt werden bzw. der Leistungsdruck steigen wird. Gegebenenfalls gab es in der Vergangenheit in dem Unternehmen schon häufiger Untersuchungen, die aus Sicht des Einzelnen zu keinen sichtbaren Konsequenzen geführt haben. In der Folge erscheinen die Studien wertlos, so dass man keinen Sinn darin sieht, solche Projekte in Zukunft zu unterstützen. Aber auch Führungskräfte bis hinauf zur Unternehmensspitze fürchten mitunter die Ergebnisse einer aussagekräftigen Organisationsdiagnostik, da hierdurch eigene Versäumnisse ans Tageslicht kommen können.

All dies sind ernst zu nehmende Probleme. Sie liegen jedoch nicht in der Natur der Sache, sondern können verändert werden. In dem Maße, in dem es Psychologen gelingt, die Notwendigkeit einer anspruchsvollen Organisationsdiagnostik gegenüber den Entscheidungsträgern und Mitarbeitern zu verdeutlichen, in dem Maße wird man auch die wahren Potenziale der Diagnostik in diesem Anwendungsgebiet entfalten können. Eine große Transparenz des Vorgehens gegenüber allen Beteiligten und die Möglichkeit der Partizipation von der Planung bis hin zur Ergebnisinterpretation mag dabei ein wichtiger Schritt in die richtige Richtung sein.

12.3 Methoden der Organisationsentwicklung

Angesicht der Komplexität der Materie überrascht es nicht, wenn auch die Methoden zur Organisationsentwicklung ein sehr breites Spektrum abdecken. Hierin spiegeln sich die vielfältigen Ansatzpunkte, aus denen sich eine Notwendigkeit zur Veränderung der Organisation ergeben können (vgl. Abb. 55). Insofern handelt es sich bei der Organisationsentwicklung nicht um einen geschlossenen Ansatz, der einem bestimmten theoretischen Modell folgt, sondern um einen Oberbegriff für Vorgehensweisen, die im Einzelfall sehr unterschiedlich aussehen können.

Trotz aller Unterschiedlichkeit gibt es jedoch auch Gemeinsamkeiten (vgl. Elke, 2007): Das Ziel liegt gleichermaßen in der Steigerung der *Effizienz* des Unternehmens sowie der Verbesserung der *Arbeits-*

Verbesserung von Effizienz und Arbeitsbedingungen als Ziel

bedingungen für die Mitarbeiter, zumal beide Faktoren einander beeinflussen. Dabei nimmt man eine *Systemperspektive* ein, betrachtet Schwachstellen also nicht nur isoliert, sondern sucht nach den Zusammenhängen, die solche Schwächen des Unternehmens bedingen. Dementsprechend beschränkt man sich nicht auf die Behandlung lokaler Symptome (z. B. hohe Absentismusrate in einer Arbeitsgruppe), sondern interveniert möglichst bei den grundlegenden Ursachen des Problems.

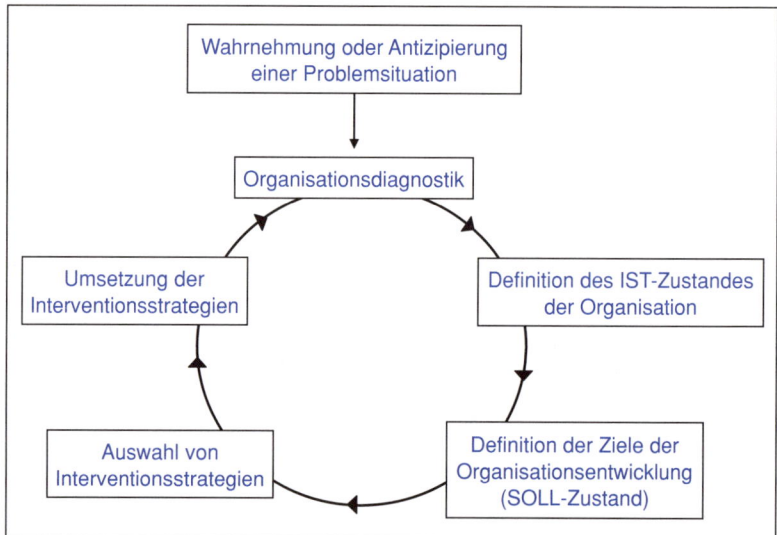

Abbildung 56: Regelkreismodell der Organisationsentwicklung

Die Organisationsentwicklung ist zudem kein punktuelles Ereignis, sondern entspricht einem fortwährenden *Prozess* der Optimierung, der nach dem Prinzip eines Regelkreises abläuft (vgl. Abb. 56). Am Anfang steht die Wahrnehmung einer Problemsituation (z. B. hohe Fluktuation) oder zukünftiger Entwicklungen, auf die man vorbereitet sein muss (z. B. demografischer Wandel der Gesellschaft; Verbreitung neuer Technologien). Mit Mitteln der Organisationsdiagnostik untersucht man die relevanten Teilbereiche der Organisation und erhält so eine Vorstellung vom Ist-Zustand. Im nächsten Schritt definiert man, inwieweit ein tatsächlicher Veränderungsbedarf besteht und formuliert konkrete Ziele der Organisationsentwicklung („Soll-Zustand"). Auf der Basis der diagnostischen Erkenntnisse wählt man nun Interventionsstrategien aus, die den größten Erfolg versprechen. Es folgt die eigentliche Intervention, wobei es sich hierbei oft um ein Bündel einander unterstützender Maßnahmen handelt. Spätestens nach der Umsetzung der Interventionsmaßnahmen – oftmals aber auch schon während der Umsetzung – untersucht man erneut mit den Mitteln der Organisationsdiagnostik den Erfolg der Maßnahmen (summative bzw. formative Evaluation; vgl. Kapitel 12.2). Die Ergebnisse der Diagnostik bilden dann wiederum die Grundlage für die Definition eines neuen Ist-Zustandes. Gesteuert wird dieser Prozess der fortwährenden Optimierungsbemühungen durch ein *Planungsteam*, an dem neben der Organisationsleitung auch Vertreter der Arbeitnehmerseite, der Personalabteilung sowie externe Berater teilnehmen.

Interventionsmaßnahmen in der Organisationsentwicklung

Bezüglich der Interventionsmaßnahmen kann zwischen personenbezogenen und struktur-/prozessbezogenen Maßnahmen unterschieden werden (Gebert, 2007; vgl. Abb. 57).

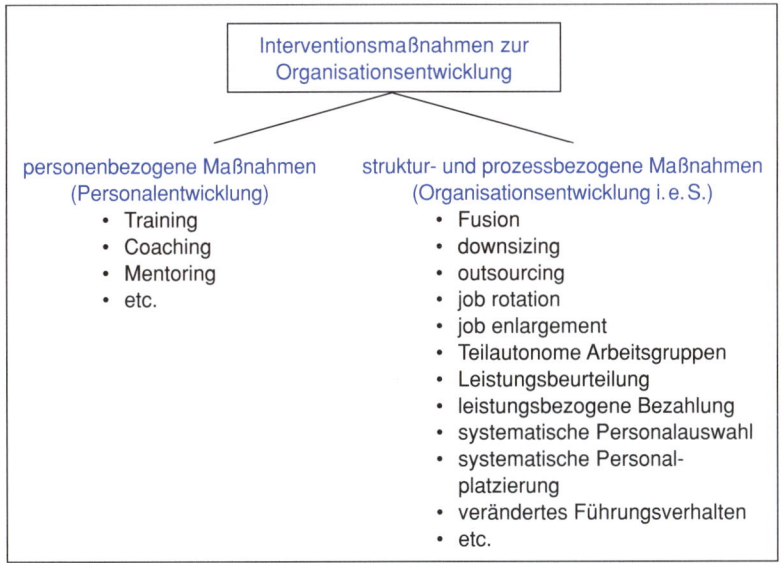

Abbildung 57: Interventionsmaßnahmen zur Organisationsentwicklung

Die *personenbezogenen Maßnahmen* entsprechen den Methoden der Personalentwicklung (vgl. Abb. 57). Hier wird deutlich, dass die Personalentwicklung, die an den Qualifikationen des einzelnen Mitarbeiters ansetzt, in der Summe aller Maßnahmen über viele Mitarbeiter

Personenbezogene Maßnahmen

hinweg letztlich auch der Veränderung und Optimierung der gesamten Organisation dient. Die konkreten Methoden der Personalentwicklung sind vielfältig und wurden bereits in Kapitel 6 vorgestellt.

Struktur- und prozessbezogene Maßnahmen

Die *struktur- und prozessbezogenen Maßnahmen* repräsentieren die Organisationsentwicklung im engeren Sinne, da die Intervention direkt an Strukturen und Prozessen der Organisation ansetzen und nicht nur vermittelt über die Personalentwicklung auf die Gesamtorganisation wirken. Fundamentale Veränderungen der Organisationen stehen an, wenn ein Unternehmen zur Sicherung der wirtschaftlichen Existenz mit einem anderen Unternehmen *fusioniert*. Dies führt sehr häufig dazu, dass in großem Stile Entlassungen vorgenommen werden, da durch den Zusammenschluss manche Positionen, insbesondere in den Bereichen Führung und Verwaltung, doppelt besetzt sind. Hinzu kommen weitgehende Veränderungen der Organisationsstruktur, wenn aus zwei Unternehmen ein neues Unternehmen entsteht.

Nicht minder weitreichend sind die Konsequenzen des *Downsizing*. Hiermit wird der Schrumpfungsprozess einer Firma bezeichnet, der sich aus rein wirtschaftlichen Überlegungen ergibt. Bisweilen handelt es sich hierbei um die langfristige Konsequenz einer erfolglosen Fusion. Ein bekanntes Beispiel hierfür ist der Verkauf von Chrysler durch die Daimler AG nachdem sich der Zusammenschluss beider Unternehmen als ein wirtschaftliches Desaster erwiesen hat.

Seit einigen Jahren entscheiden sich insbesondere große Konzerne für die Auslagerung ganzer Unternehmensaufgaben an jeweils spezialisierte Dienstleister *(Outsourcing)*. Dies betrifft z. B. die Betreuung der Endverbraucher durch Call-Center oder der Personalentwicklung durch Beratungsfirmen. Der Konzern definiert in diesem Fall nur noch die Ziele und überwacht die Servicequalität, ohne jedoch selbst personelle Ressourcen in die eigentliche Tätigkeit zu stecken. In der Automobilindustrie ist es beispielsweise schon seit Jahrzehnten so, dass nur ein kleiner Anteil der Bauteile tatsächlich von den eigenen Mitarbeitern produziert wird. Stattdessen kauft man weit mehr als die Hälfte der Komponenten bei Zulieferfirmen ein und beschränkt sich weitgehend auf Entwicklung, Kontrolle, Endmontage und Vertrieb der Fahrzeuge.

Klassische Maßnahmen der Organisationsentwicklung

Mehrere klassische Maßnahmen der Organisationsentwicklungen setzen unmittelbar an der Verteilung der Arbeitsaufgaben an. Das

Ziel von *Job rotation*, *Job enlargement* und *Job enrichment* ist immer die Beseitigung monotoner Arbeitsplätze, indem man die Aufgabenvielfalt, die ein einzelner Arbeiter erledigen muss, erhöht (vgl. Kapitel 12 in Bamberg et al., 2012). Der Einsatzbereich liegt insbesondere bei Produktionsarbeitsplätzen, die durch sehr einfache handwerkliche Tätigkeiten – wie etwa den Zusammenbau eines Toasters – gekennzeichnet sind. Während in der Ausgangsbedingung jeder Arbeiter nur einen einzigen Arbeitsschritt beim Zusammenbau des Produktes übernimmt (z. B. Einsetzen des Heizmoduls) und im schlimmsten Fall über Jahre hinweg nichts anderes macht, würde man bei der Einführung der Rotation z. T. wochenweise die Arbeitsplätze untereinander tauschen. Beim Job enlargement würde ein einzelner Arbeiter den Toaster komplett allein zusammenbauen und beim Job enrichment zusätzlich auch anspruchsvollere Tätigkeiten, wie etwa die Qualitätskontrolle des Gerätes, übernehmen. Je vielfältiger und anspruchsvoller die nunmehr abwechselungsreichen Tätigkeiten werden, desto größer wird die Eigenverantwortung des Einzelnen.

In die gleiche Richtung zielt die Einführung *teilautonomer Arbeitsgruppen* (vgl. Kapitel 11). Hinzu kommt hier jedoch, dass die Mitarbeiter sich in der Gruppe selbst bis zu einem bestimmten Grad organisieren müssen und gemeinsam Entscheidungen treffen. Dies stellt besondere Anforderungen an die sozialen Kompetenzen der Mitarbeiter.

Ein wichtiger Baustein der Organisationsentwicklung ist die Einführung professioneller *Leistungsbeurteilungssysteme* (vgl. Kapitel 8), die sinnvollerweise auch in ein System der *leistungsorientierten Bezahlung* eingebunden sind (vgl. Schuler, 2004). Hierdurch definiert die Organisation für alle Mitglieder sichtbar, in welche Richtung man gehen will und belohnt diejenigen, die diesen Weg aktiv unterstützen. Beides sind sehr wichtige Elemente zur Steuerung der gesamten Organisation (vgl. Kapitel 8).

Gleiches gilt für die Systematisierung und Professionalisierung der *Personalauswahl* sowie die *Platzierung* der Mitarbeiter innerhalb des Unternehmens (vgl. Kapitel 2 bis 4). Die Mitarbeiter sind letztlich die wichtigste Ressource eines jeden Unternehmens. Sitzen die richtigen Personen an den richtigen Stellen, ist damit eine zentrale Voraussetzung für eine erfolgreiche Organisation geschaffen.

Da die Mitarbeiter aber nicht nur aus ihren eigenen Kompetenzen heraus optimale Leistung bringen, sondern in ihrem Verhalten auf die aktuellen Aufgaben und langfristigen Ziele der Organisation hin ausgerichtet werden müssen, ist ein weiterer wichtiger Ansatzpunkt der Organisationsentwicklung die *Veränderung des Führungsverhaltens* (vgl. Kapitel 10).

So wichtig die Entwicklung für jede Organisation auch ist, nur selten wird sie sich ohne Probleme realisieren lassen. Schätzungen gehen davon aus, dass mehr als 50 % groß angelegter Organisationsentwicklungsmaßnahmen ohne positive Konsequenzen bleiben bzw. scheitern (Nerdinger, Blickle & Scharper, 2008). Dies liegt zum einen an einer mangelnden Begleitung der Veränderungsprozesse durch eine professionelle Diagnostik (vgl. Kapitel 12.2), zum anderen an Widerständen von Seiten der Organisationsmitglieder. Viele Menschen stehen Veränderungen skeptisch gegenüber, weil sie beispielsweise eine Verschlechterung ihrer eigenen Arbeitssituation fürchten, das Aufgeben von Routinen erst einmal mehr Arbeit bedeutet oder sie auch die Erfahrung gemacht haben, dass die früheren Entwicklungsbemühungen der Organisation letztlich im Sande verlaufen sind. Derartigen Problemen begegnet man am besten durch eine enge Einbindung der Mitarbeiter in den gesamten Prozess der Organisationsentwicklung. Von der Organisationsentwicklung sollen letztlich auch die Mitarbeiter profitieren, so dass man gut daran tut, ihrer Sichtweise und ihren Ideen auch Gehör zu verschaffen.

Zusammenfassung

Die Organisationsentwicklung ist eine wichtige Aufgabe, vor der jede Organisation früher oder später steht, da sich die Welt um sie herum in beständiger Veränderung befindet. Eine wichtige Frage ist nun, ob sich eine Organisation proaktiv dieser Aufgabe stellt oder abwartet, bis die Veränderungen so stark auf sie einwirken, dass sie mehr eine getriebene, denn eine treibende Kraft ist. Organisationen sind gut beraten, wenn sie den ersten Weg wählen. Die Psychologie hilft bei der Bewältigung der Entwicklungsaufgaben zunächst durch die Bereitstellung diagnostischer Methoden und legt damit die vielleicht wichtigste Grundlage für eine erfolgreiche Organisationsentwicklung, denn nur dann, wenn man den Status quo objektiv, reliabel und valide erfasst, kann man auch gezielt intervenieren. Im Feld der Intervention stellt die Psychologie spezifisches Wissen für eine erfolgreiche Umsetzung zur Verfügung. Dies gilt nicht in gleichem Maße für alle Maßnahmen. Hier wird deutlich, dass es sich bei der Organisationsentwicklung um ein interdisziplinäres Anwendungsfeld handelt. Wichtig für den Erfolg der Organisationsmaßnahmen ist immer auch, dass man den Prozess im Rahmen von Evaluationen empirisch begleitet. Nur so kann man die Verfahren an die konkreten Gegebenheiten der spezifischen Organisation anpassen. Wie so oft im Arbeitsfeld der Psychologie gilt auch für die Organisationsentwicklung, dass vermeintliche Patentrezepte – wie etwa komplexe Kompetenzmodelle, die so manche Unternehmensberatung gern all ihren Kunden überstülpt – meist nicht den gewünschten Erfolg erzielen können. Überdies spielen die Mitarbeiter eine wichtige Rolle. Gegen ihre Interessen, Ängste und Widerstände wird man wohl kaum eine Organisationsentwicklungsmaßnahme zum Erfolg führen können. Daher ist man gut beraten, die Mitarbeiter gleich von Beginn an in den gesamten Prozess der Organisationsentwicklung einzubinden.

Weiterführende Literatur

Bornewasser, M. (2009). *Organisationsdiagnostik und Organisationsentwicklung*. Stuttgart: Kohlhammer.

Greif, S., Runde, B. & Seeberg, I. (2004). *Erfolge und Misserfolge beim Change Management*. Göttingen: Hogrefe.

Felfe, J. & Liepmann, D. (2008). *Organisationsdiagnostik*. Göttingen: Hogrefe.

Fragen

1. Welche Bedeutung hat die Anzahl der Führungsebenen für Führungskräfte und Mitarbeiter?
2. Worin unterscheidet sich eine klassische, hierarchische Organisationsstruktur von einer Matrix-Struktur?
3. Welche grundlegenden Modelle der Entscheidungsprozesse in einer Organisation können unterschieden werden?
4. An welchen Punkten kann die Organisationsdiagnostik ansetzen?

5. Wie ist die Organisationsdiagnostik mit den Interventionsmaßnahmen zur Organisationsentwicklung verbunden?
6. Mit welchen Maßnahmen kann Organisationsentwicklung
betrieben werden?

Lösungshinweise finden Sie unter
www.hogrefe.de/buecher/lehrbuecher/psychlehrbuchplus.

Anhang

Literatur

Abele, A. E., Schute, M. & Andrä, M. S. (1999). Ingenieurin versus Pädagoge: Berufliche Werthaltungen nach Beendigung des Studiums. *Zeitschrift für Pädagogische Psychologie, 13,* 84–99.

Adams, J. S. (1965). Inequity in social exchange. *Advances in Experimental Social Psychology, 2,* 267–299.

Aguinis, H. & Kraiger, K. (2009). Benefits of training and development for individuals and teams, organizations, and society. *Annual Review of Psychology, 60,* 451–474.

Alderfer, C. P. (1972). *Existence, relatedness, and growth: Human needs in organizational settings.* New York: Free Press.

Allen, T. D., Eby, L. T., Poteet, M., Lentz, E. & Lima, L. (2004). Career benefits associated with mentoring for protégés: A meta-analysis. *Journal of Applied Psychology, 89,* 127–136.

Alliger, G. M., Tannenbaum, S. I., Bennett, W., Traver, H. & Shotland, A. (1997). A meta-analysis of the relations among training criteria. *Personnel Psychology, 50,* 341–358.

Ambrose, M. L. & Kulik, C. T. (1999). Old friends, new faces: Motivation research in the 1990s. *Journal of Management, 25,* 231–292.

André, R. (2008). *Organizational behavior.* Upper Saddle River, NJ: Prentice Hall.

Antoni, C. H. (1996). *Teilautonome Arbeitsgruppen.* Weinheim: Beltz.

Arthur, W., Bennett, W., Edens, P. S. & Bell, S. T. (2003). Effectiveness of training in organizations: A meta-analysis of design and evaluation features. *Journal of Applied Psychology, 88,* 234–245.

Avolio, B. J. & Bass, B. M. (1991). *The full range of leadership development: Basic and advanced manuals.* Binghamton, NY: Bass, Avolio & Associates.

Baldwin, T. T. & Ford, J. K. (1988). Transfer of training: A review and directions for future research. *Personnel Psychology, 41,* 63–103.

Bamberg, E. & Busch, C. (2006). Stressbezogene Interventionen in der Arbeitswelt. *Zeitschrift für Arbeits- und Organisationspsychologie, 50,* 215–226.

Bamberg, E., Mohr, G. & Busch, C. (2012). *Arbeitspsychologie.* Göttingen: Hogrefe.

Bandura, A. (1977). *Social learning theory.* Englewood Cliffs, NJ: Prentice Hall.

Bargh, J. A. & Chartrand, T. L. (1999). The unbearable automaticity of being. *American Psychologist, 54,* 462–479.

Baron, L. & Morin, L. (2009). The coach-coachee relationship in executive coaching: A field study. *Human Resource Development Quarterly, 20,* 85–106.

Barrick, M. R., Mount, M. K. & Judge, T. A. (2001). Personality and performance at the beginning of the new millennium: What do we know and where do we go next. *International Journal of Selection and Assessment, 9,* 9–30.

Barthel, E. & Schuler, H. (1989). Nutzenkalkulation eignungsdiagnostischer Verfahren am Beispiel eines biographischen Fragebogens. *Zeitschrift für Arbeits- und Organisationspsychologie, 33,* 73–83.

Bartram, D. (2000). Internet recruitment and selection: Kissing frogs to find princes. *International Journal of Selection and Assessment, 8,* 261–274.

Bartram, D. (2005). The great eight competencies: A criterion-centric approach to validation. *Journal of Applied Psychology, 90,* 1185–1203.

Bergmann, B. & Sonntag, K. (2006). Ermittlung tätigkeitsbezogener Merkmale: Qualifikationsanforderungen und Voraussetzungen menschlicher Aufgabenbewältigung. In K. Sonntag (Hrsg.); *Personalentwicklung in Organisationen* (3. Aufl., S. 206–234). Göttingen: Hogrefe.

Bernardin, H. J. & Beatty, R. W. (1984). *Performance appraisal: Assessing human behavior at work.* Boston, MA: Kent.

Blake, R. R. & Mouton, J. S. (1964). *Verhaltenspsychologie im Betrieb.* Düsseldorf: Econ.

Blickle, G. (2000). Mentor-Protégé-Beziehungen in Organisationen. *Zeitschrift für Arbeits- und Organisationspsychologie, 44,* 168–178.

Blickle, G. & Solga, M. (2006). Einfluss, Konflikte, Mikropolitik. In H. Schuler (Hrsg.), *Lehrbuch der Personalpsychologie* (S. 611–650). Göttingen: Hogrefe.

Bliesener, T. (1996). Methodological moderators in validating biographical data in personnel selection. *Journal of Occupational and Organizational Psychology, 69,* 107–120.

Blume, B. D., Ford, J. K., Baldwin, T. T. & Huang, J. L. (2010). Transfer of training: A meta-analytic review. *Journal of Management, 36,* 1065–1105.

Boltz, J., Kanning, U. P. & Hüttemann, T. (2009). Qualitätsstandards für Assessment Center – Treffende Prognosen durch Beachtung von Standards. *Personalführung, 10,* 32–37.

Bono, J. E. & Judge, T. A. (2004). Personality and transformational and transactional leadership: A meta-analysis. *Journal of Applied Psychology, 89,* 901–910.

Borg, I. & Staufenbiel, T. (2007). *Theorien und Methoden der Skalierung* (4. Aufl.). Bern: Huber.

Boudreau, J. W. (1991). Utility analysis for decisions in human resource management. In M. D. Dunnette & L. M. Hough (Eds.), *Handbook of industrial and organisational psychology* (2nd ed., Vol. 2, pp. 621–745). Palo Alto, CA: Consulting Psychologists Press.

Bruggemann, A. (1974). Zur Unterscheidung verschiedener Formen von „Arbeitszufriedenheit". *Arbeit und Leistung, 28,* 281–284.

Bundesagentur für Arbeit (2005). *Arbeitsmarkt-Informationen Psychologinnen und Psychologen.* Bonn: Zentralstelle für Arbeitsvermittlung der Bundesagentur für Arbeit.

Bungard, W. & Antoni, C. H. (2007). Gruppenorientierte Interventionstechniken. In H. Schuler (Hrsg.), *Lehrbuch Organisationspsychologie* (S. 439–473). Bern: Huber.

Burke, M. J. & Day, R. R. (1986). A cumulative study of the effectiveness of managerial training. *Journal of Applied Psychology, 71,* 232–245.

Büssing, A. (2007). Organisationsdiagnose. In H. Schuler (Hrsg.), *Lehrbuch Organisationspsychologie* (S. 557–599). Bern: Huber.

Cable, D. M. & Turban, D. B. (2003). The value of organizational reputation in the recruitment context: A brand-equity perspective. *Journal of Applied Social Psychology, 33,* 2244–2266.

Callinan, M. & Robertson, I. T. (2000). Work sample testing. *International Journal of Selection and Assessment, 8,* 248–260.

Campbell, J. P., McCloy, R. A., Oppler, S. H. & Sager, C. E. (1993). A theory of performance. In N. Schmitt, W. C. Borman and Associates (Eds.), *Personnel selection in organizations* (pp. 35–70). San Francisco, CA: Jossey Bass.

Campbell, J. P., McHenry, J. J. & Wise, L. L. (1990). Modeling job performance in a population of jobs. *Personnel Psychology, 43,* 313–333.

Carsten, J. M. & Spector, P. E. (1987). Unemployment, job satisfaction, and employee turnover: A meta-analytic test of the Muchinsky model. *Journal of Applied Psychology, 72,* 374–381.

Cascio, W. F. & Aguinis, H. (2005). *Applied psychology in human resource management* (6th ed.). Upper Saddle River, NJ: Pearson.

Cohen, J. (1988). *Statistical power analysis for the behavioral sciences* (2nd ed.). Hillsdale, NJ: Erlbaum.

Conway, J. M. & Huffcutt, A. I. (1997). Psychometric properties of multisource performance ratings: A meta-analysis of subordinate, supervisor, peer, and self-ratings. *Human Performance, 10,* 331–360.

Cropanzano, R., Rupp, D. E., Mohler, C. J. & Schminke, M. (2001). Three roads to organizational justice. *Research in Personnel and Human Resources Management, 20,* 1–113.

De Dreu, C. K. W. & Weingart, L. R. (2003). Task versus relationship conflict, team performance, and team member satisfaction. *Journal of Applied Psychology, 88,* 741–749.

Donovan, J. J. (2001). Work motivation. In N. Anderson, D. S. Ones, H. K. Sinangil & C. Viswesvaran (Eds.), *Handbook of industrial, work and organizational psychology* (Vol. 2, pp. 53–76). London: Sage.

Dormann, C. & Zapf, D. (2001). Job satisfaction: A meta-analysis of stabilities. *Journal of Organizational Behavior, 22,* 483–504.

Drucker, P. F. (1954). *The practice of management.* New York: Harper.

Dudley, N. M., Orvis, K. A., Lebiecki, J. E. & Cortina, J. M. (2006). A meta-analytic investigation of conscientiousness in the prediction of job performance: Examining the intercorrelations and the incremental validity of narrow traits. *Journal of Applied Psychology, 91,* 40–57.

Dunckel, H. (Hrsg.). (1999). *Handbuch psychologischer Arbeitsanalyseverfahren.* Zürich: vdf Hochschulverlag.

Eagly, A. H., Johannesen-Schmidt, M. C. & van Engen, M. L. (2003). Transformational, transactional, and laissez-faire leadership styles: A meta-analysis comparing women and men. *Psychological Bulletin, 129,* 569–591.

Eagly, A. H. & Johnson, T. (1990). Gender and leadership style: A meta-analysis. *Psychological Bulletin, 108,* 233–256.

Elke, G. (2007). Veränderung von Organisationen – Organisationsentwicklung. In H. Schuler & K. Sonntag (Hrsg.), *Handbuch der Arbeits- und Organisationspsychologie* (S. 752–766). Göttingen: Hogrefe.

Felfe, J. & Liepmann, D. (2008). *Organisationsdiagnostik.* Göttingen: Hogrefe.

Fernandez, C. F. & Vecchio, R. P. (1997). Situational leadership theory revisited: A test of an across-jobs perspectives. *Leadership Quarterly, 8,* 67–84.

Fiedler, F. E. (1967). *A theory of leadership effectiveness.* New York: McGraw Hill.

Fiedler, F. E. & Macaulay, J. L. (1998). The leadership situation: A missing factor in selecting and training. *Human Resource Management Review, 8,* 335–350.

Fishbein, M. & Ajzen, I. (1975). *Belief, attitude, intention, and behavior: An introduction to theory and research.* Reading, MA: Addison-Wesley.

Fisseni, H.-J. & Preusser, I. (2007). *Assessment Center.* Göttingen: Hogrefe.

Flanagan, J. C. (1954). The critical incident technique. *Psychological Bulletin, 51,* 327–358.

Frayne, C. A. & Latham, G. P. (1987). Application of social learning theory to employee self-management of attendance. *Journal of Applied Psychology, 72,* 387–392.

Frieling, E. & Graf Hoyos, C. (Hrsg.). (1978). *Fragebogen zur Arbeitsanalyse (FAA): Deutsche Bearbeitung des „Position Analysis Questionnaire" (PAQ). Handbuch.* Bern: Huber.

Gaugler, B. B. & Thornton, G. C. (1989). Number of assessment center dimensions as a determinant of assessor accuracy. *Journal of Applied Psychology, 74,* 611–618.

Gebert, D. (2007). Organisationsentwicklung. In H. Schuler (Hrsg.), *Lehrbuch Organisationspsychologie* (S. 601–616). Bern: Huber.

Gebert, D. & Rosenstiel, L. v. (2002). *Organisationspsychologie* (5. Aufl.). Stuttgart: Kohlhammer.

Gilliland, S. W. (1995). Fairness from the applicant's perspective: Reactions to employee selection procedures. *International Journal of Selection and Assessment, 3,* 10–19.

Goldstein, I. L. & Ford, J. K. (2002). *Training in organizations: Need assessment, development, and evaluation* (4th ed.). Belmont, CA: Wadsworth.

Greenberg, J. & Baron, R. A. (2008). *Behavior in organizations.* Upper Saddle River, NJ: Prentice Hall.

Greif, S. (2007). Geschichte der Organisationspsychologie. In H. Schuler (Hrsg.), *Lehrbuch Organisationspsychologie* (4. Aufl., S. 21–57). Bern: Huber.

Greif, S. (2008). *Coaching und ergebnisorientierte Selbstreflexion.* Göttingen: Hogrefe.

Greif, S. & Kluge, A. (2004). Lernen in Organisationen. In H. Schuler (Hrsg.), *Organisationspsychologie – Grundlagen und Personalpsychologie* (Enzyklopädie der Psychologie, Serie Wirtschafts-, Organisations- und Arbeitspsychologie, Bd. 3, S. 751–825). Göttingen Hogrefe.

Griffeth, R. W., Hom, P. W. & Gaertner, S. (2000). A meta-analysis of antecedents and correlates of employee turnover: Update, moderator tests, and research implications for the next millennium. *Journal of Management, 26,* 463–488.

Guzzo, R. A., Jette, R. D. & Katzell, R. A. (1985). The effects of psychologically based intervention programs on worker productivity: A meta-analysis. *Personnel Psychology, 38,* 275–291.

Hacker, W. (1994) Arbeitsanalyse zur prospektiven Gestaltung von Gruppenarbeit. In C. H. Antoni (Hrsg.), *Gruppenarbeit in Unternehmen: Konzepte, Erfahrungen, Perspektiven* (S. 49–80). Weinheim: Beltz.

Hackett, R. D. & Guion, R. M. (1985). A reevaluation of the absenteeism – job satisfaction relationship. *Organizational Behavior and Human Decision Processes, 35,* 340–381.

Hackman, J. R. & Oldham, G. R. (1980). *Work design.* Reading, MA: Addison-Wesley.

Heckhausen, H. (1989). *Motivation und Handeln.* Berlin: Springer.

Heller, D., Judge, T. A. & Watson, D. (2002). The confounding role of personality and trait affectivity in the relationship between job and life satisfaction. *Journal of Organizational Behavior, 23,* 815–835.

Hersey, P. & Blanchard, K. H. (1977). *Management of organizational behavior: Utilizing human resources.* Englewood Cliffs, NJ: Prentice Hall.

Hershcovis, M. S., Turner, N., Barling, J., Arnold, K. A., Dupré, K. E., Inness, M., LeBlanc, M. M. & Sivanathan, N. (2007). Predicting workplace aggression: A meta-analysis. *Journal of Applied Psychology, 92,* 228–238.

Herzberg, F., Mausner, B. & Snyderman, B. (1959). *The motivation to work.* New York: Wiley.

Hoffman, B. J., Blair, C. A., Meriac, J. P. & Woehr, D. J. (2007). Expanding the criterion domain? A quantitative review of the OCB literature. *Journal of Applied Psychology, 92,* 555–566.

Hoffmann, C. & Thornton, G. C. III (1997). Examining selection utility where competing predictors differ in adverse impact. *Personnel Psychology, 50,* 455–470.

Hofstede, G. (1980). *Culture's consequences: International differences in work-related values.* Beverly Hills, CA: Sage.

Holland, J. L. (1997). *Making vocational choices: A theory of vocational personalities and work environments* (3rd ed.). Odessa, FL: Psychological Assessment Ressources.

Holling, H. (2002). Monetäre Nutzenanalyse. In U. P. Kanning & H. Holling (Hrsg.), *Handbuch personaldiagnostischer Instrumente* (S. 545–556). Göttingen: Hogrefe.

Holling, H. & Liepmann, D. (2004). Personalentwicklung. In H. Schuler (Hrsg.), *Lehrbuch Organisationspsychologie* (3. Aufl., S. 345–383). Bern: Huber.

Holt, J. L. & DeVore, C. J. (2005). Culture, gender, organizational role, and styles of conflict resolution: A meta-analysis. *International Journal of Intercultural Relations, 29,* 165–196.

Hossiep, R. & Paschen, M. (2003). *Bochumer Inventar zur berufsbezogenen Persönlichkeitsbeschreibung (BIP)* (2., vollständig überarbeitete Aufl.). Göttingen: Hogrefe.

Huffcutt, A. I. & Arthur, W. Jr. (1994). Hunter and Hunter (1994) revisited: Interview validity for entry-level jobs. *Journal of Applied Psychology, 79,* 184–190.

Humphrey, S. E., Nahrgang, J. D. & Morgeson, F. P. (2007). Integrating motivational, social, and contextual work design features: A meta-analytic summary and theoretical extension of the work design literature. *Journal of Applied Psychology, 92,* 1332–1356.

Johnson, S. K., Murphy, S. E., Zewdie, S. & Reichard, R. J. (2008). The strong, sensitive type: Effects of gender stereotypes and leadership prototypes on the evaluation of male and female leaders. *Organizational Behavior and Human Decision Processes, 106,* 39–60.

Judge, T. A., Bono, J. E., Ilies, R. & Gerhardt, M. W. (2002). Personality and leadership: A qualitative and quantitative review. *Journal of Applied Psychology, 87,* 765–780.

Judge, T. A., Colbert, A. E. & Ilies, R. (2004). Intelligence and leadership: A quantitative review and test of theoretical propositions. *Journal of Applied Psychology, 89,* 542–552.

Judge, T. A. & Piccolo, R. F. (2004). Transformational and transactional leadership: A meta-analytic test of their relative validity. *Journal of Applied Psychology, 89,* 755–768.

Judge, T. A., Piccolo, R. F. & Ilies, R. (2004). The forgotten ones? The validity of consideration and initiation structure in leadership research. *Journal of Applied Psychology, 89,* 36–51.

Judge, T. A., Thoresen, C. J., Bono, J. E. & Patton, G. K. (2001). The job satisfaction – job performance relationship: A qualitative and quantitative review. *Psychological Bulletin, 127,* 376–407.

Kanfer, E. H. (1980). Self-management methods. In E. H. Kanfer & A. P. Goldstein (Eds.), *Helping people change: A textbook of methods* (2nd ed., pp. 334–389). New York: Pergamon Press.

Kanning, U. P. (2001). *Psychologie für die Praxis: Perspektiven einer nützlichen Forschung und Ausbildung.* Göttingen: Hogrefe.

Kanning, U. P. (2004). *Standards der Personaldiagnostik*. Göttingen: Hogrefe.

Kanning, U. P. (2005). *Soziale Kompetenzen: Entstehung, Diagnose und Förderung*. Göttingen: Hogrefe.

Kanning, U. P. (2007). *Wie Sie garantiert nicht erfolgreich werden! Dem Phänomen der Erfolgsgurus auf der Spur*. Lengerich: Pabst.

Kanning, U. P. (2010). *Von Schädeldeutern und anderen Scharlatanen: Unseriöse Methoden der Psychodiagnostik*. Lengerich: Pabst.

Kanning, U. P., Grewe, K., Hollenberg, S. & Hadouche, M. (2006). From the subjects' point of view: Reactions to different types of situational judgement items. *European Journal of Psychological Assessment, 22*, 168–176.

Kanning, U. P., Hofer, S. & Schulze Willbrenning, B. (2004). *Professionelle Personenbeurteilung: Ein Trainingsmanual*. Göttingen: Hogrefe.

Kanning, U. P. & Holling, H. (Hrsg.). (2004). *Handbuch personaldiagnostischer Instrumente*. Göttingen: Hogrefe.

Kanning, U. P., Pöttker, J. & Gelléri, P. (2007). Assessment Center Praxis in deutschen Großunternehmen – Ein Vergleich zwischen wissenschaftlichem Anspruch und Realität. *Zeitschrift für Arbeits- und Organisationspsychologie, 51*, 155–167.

Kanning, U. P., Pöttker, J. & Klinge, K. (2008). *Personalauswahl: Leitfaden für die Praxis*. Stuttgart: Schäffer-Poeschel.

Kersting, M. (1999). *Diagnostik und Personalauswahl mit computergestützten Problemlöseszenarien?* Göttingen: Hogrefe.

Kieser, A. & Kubicek, H. (1992). *Organisation* (4. Aufl.). Berlin: De Gruyter.

Kirkpatrick, D. L. (1959). Techniques for evaluating training programs: Part 1-Reactions, Part 2-Learning. *Journal of the American Society of Training Directors, 13*, 3–9 & 21–26.

Kirkpatrick, D. L. (1960). Techniques for evaluating training programs: Part 3-Behavior, Part 4-Results. *Journal of the American Society of Training Directors, 14*, 13–18 & 28–32.

Klehe, U.-C. (2004). Choosing how to choose: Institutional pressures affecting the adoption of personnel selection procedures. *International Journal of Selection and Assessment, 12*, 327–342.

Kleinbeck, U. (2006). Das Management von Arbeitsgruppen. In H. Schuler (Hrsg.), *Lehrbuch der Personalpsychologie* (S. 651–672). Göttingen: Hogrefe.

Kleinmann, M. (2003). *Assessment Center*. Göttingen: Hogrefe.

König, C. J. & Kleinmann, M. (2006). Selbstmanagement. In H. Schuler (Hrsg.), *Lehrbuch der Personalpsychologie* (2. Aufl., S. 331–348). Göttingen: Hogrefe.

König, W., Wendt, O., Weitzel, T., Keim, T. & Westarp, F. (2005). *Recruiting trends 2005*. Unveröffentlichtes Manuskript.

Konradt, U. & Hertel, G. (2002). *Management virtueller Teams – von der Telearbeit zum virtuellen Unternehmen*. Weinheim: Beltz.

Konradt, U. & Sarges, W. (2003). *E-Recruitment und E-Assessment*. Göttingen: Hogrefe.

Kraiger, K. (2002). Decision based evaluation. In K. Kraiger (Ed.), *Creating, implementing, and managing effective training and development: State-of-the-art lessons for practice* (pp. 331–375). San Francisco, CA: Jossey-Bass.

Kreuscher, R. (2000). Lebenslaufanalyse – kürzer als das Rauchen einer Zigarette. *Personalwirtschaft, 10*, 64–68.

Krumm, S. & Schmidt-Atzert, L. (2009). *Leistungstests in Personalmanagement*. Göttingen: Hogrefe.

Kunin, T. (1955). The construction of a new type of attitude measure. *Personnel Psychology, 8,* 65–78.

Landy, F.J. & Farr, J.L. (1983). *The measurement of work performance: Methods, theory, and applications*. New York: Academic press.

Latham, G.P. & Budworth, M.-H. (2007). The study of work motivation in the 20th century. In L.L. Koppers (Ed.), *Historical perspectives in industrial and organizational psychology* (pp. 353–381). Mahwah, NJ: Erlbaum.

Latham, G.P. & Frayne, C.A. (1989). Self-management training for increasing job attendance: A follow-up and a replication. *Journal of Applied Psychology, 74,* 411–416.

Latham, G.P. & Pinder, C.C. (2005). Work motivation theory and research at the dawn of the twenty-first century. *Annual Review in Psychology, 56,* 485–516.

Lawler, E.E. (2000). *Rewarding excellence: Pay strategies for the new economy*. San-Francisco, CA: Jossey-Bass.

Lee, T.H., Gerhart, B., Weller, I. & Trevor, C.O. (2008). Understanding voluntary turnover: Path-specific job satisfaction effects and the importance of unsolicited job offers. *Academy of Management Journal, 51,* 651–671.

Leutner, D. (1994). Computerunterstützte Planspiele als Instrument der Personalentwicklung. In T. Geilhardt & T. Mühlbradt (Hrsg.), *Planspiele im Personal- und Organisationsmanagement* (S. 105–116). Göttingen: Verlag für Angewandte Psychologie.

Leventhal, G.S. (1980). What should be done with equity theory? In K.G. Gergen, M.S. Greenberg & R.H. Willis (Eds.), *Social Exchange: Advances in theory and research* (pp. 27–55). New York: Plenum.

Lewin, K., Lippitt, R. & White, R.K. (1939). Patterns of aggressive behavior in experimental created social climates. *Journal of Social Psychology, 10,* 271–299.

Lienert, G. & Raatz, U. (1998). *Testaufbau und Testanalyse* (6. Aufl.). Weinheim: Psychologie Verlags Union.

Lievens, F. & Conway, J.M. (2001). Dimension and exercise variance in assessment center scores: A large-scale evaluation of multitrait-multimethod studies. *Journal of Applied Psychology, 86,* 1202–1222.

Locke, E.A. & Latham, G.P. (1990). *A theory of goal setting and task performance*. Englewood Cliffs, NJ: Prentice Hall.

Locke, E.A. & Latham, G.P. (2002). Building a practically useful theory of goal setting and task motivation. *American Psychologist, 57,* 705–717.

Lucia, A.D. & Lepsinger, R. (1999). *The art and science of competency models*. San Francisco, CA: Jossey Bass/Pfeiffer.

Lück, H.E. (2004). Geschichte der Organisationspsychologie. In H. Schuler (Hrsg.), *Organisationspsychologie – Grundlagen und Personalpsychologie* (Enzyklopädie der Psychologie, Serie Wirtschafts-, Organisations- und Arbeitspsychologie, Bd. 3, S. 17–72). Göttingen: Hogrefe.

Machin, M.A. (2002). Planning, managing, and optimizing transfer of training. In K. Kraiger (Ed.), *Creating, implementing, and managing effective training and development* (pp. 263–301). San Francisco, CA: Jossey Bass.

Machwirth, U., Schuler, H. & Moser, K. (1996). Entscheidungsprozesse bei der Analyse von Bewerbungsunterlagen. *Diagnostica, 42,* 220–241.

March, J. G. & Simon, H. A. (1976). *Organisation und Individuum*. Wiesbaden: Gabler.

Marcus, B. (2000). *Kontraproduktives Verhalten im Betrieb. Eine individuumsbezogene Perspektive*. Göttingen: Hogrefe.

Marcus, B. (2003). Das Wunder sozialer Erwünschtheit in der Personalauswahl. *Zeitschrift für Personalpsychologie, 2*, 129–132.

Marlowe, C. M., Schneider, S. L. & Nelson, C. E. (1996). Gender and attractiveness bias in hiring decisions. Are more experienced managers less biased? *Journal of Applied Psychology, 81*, 11–21.

Maslow, A. H. (1943). A theory of human motivation. *Psychological Review, 50*, 370–346.

McEvoy, G. M. (1997). Organizational change and outdoor management education. *Human Resource Management, 36*, 235–250.

Meyer, J. P. & Allen, N. J. (1991). A three-component conceptualization of organizational commitment. *Human Resource Management Review, 1*, 61–89.

Meyer, J. P., Stanley, D. J., Herscovitch, L. & Topolnytsky, L. (2002). Affective, continuance, and normative commitment to the organization: A meta-analysis of antecedents, correlates, and consequences. *Journal of Vocational Behavior, 61*, 20–52.

Moser, K. (2002). *Markt- und Werbepsychologie*. Göttingen: Hogrefe.

Moser, K. & Zempel, J. (2006). Personalmarketing. In H. Schuler (Hrsg.), *Lehrbuch der Personalpsychologie* (S. 69–99). Göttingen: Hogrefe.

Mullen, B. & Copper, C. (1994). The relation between group cohesiveness and performance: An integration. *Psychological Bulletin, 115*, 210–227.

Murphy, K. R. & Balzer, W. K. (1989). Rater errors and rating accuracy. *Journal of Applied Psychology, 74*, 619–624.

Murphy, K. R. & Cleveland, J. N. (1995). *Understanding performance appraisal: Social, organizational, and goal-based perspectives*. Thousand Oaks, CA: Sage.

Murray, H. A. (1938). *Explorations in personality*. New York: Oxford University Press.

Nerdinger, F. W. (2003). *Motivation von Mitarbeitern*. Göttingen: Hogrefe.

Nerdinger, F. W., Blickle, G. & Scharper, N. (2008). *Arbeits- und Organisationspsychologie*. Heidelberg: Springer.

Neter, E. & Ben-Shakhar, G. (1989). The predictive validity of graphological inferences: A meta analytic approach. *Personality and Individual Differences, 10*, 737–745.

Neuberger, O. (1984). Arbeitsunzufriedenheit. „Wunschloses Unglück?" Ein Interview. *Psychologie Heute, 11*, 46–51.

Neuberger, O. (1985). *Arbeit*. Begriff – Gestaltung – Motivation – Zufriedenheit. Stuttgart: Enke.

Neuberger, O. & Allerbeck, M. (1978). *Messung und Analyse von Arbeitszufriedenheit: Erfahrungen mit dem „Arbeitsbeschreibungsbogen ABB"*. Bern: Huber.

Noe, R. A. (2010). *Employee training and development* (5th ed.). Boston, MA: McGraw-Hill.

Noe, R. A. & Colquitt, J. A. (2002). Planning for training impact: Principles of training effectiveness. In K. Kraiger (Ed.), *Creating, implementing, and managing effective training and development: State-of-the-art lessons for practice* (pp. 53–79). San Francisco, CA: Jossey-Bass.

Normenausschuss Gebrauchstauglichkeit und Dienstleistungen (Hrsg.). (2002). *Anforderungen an Verfahren und deren Einsatz bei berufsbezogenen Eignungsbeurteilungen* (DIN 33430). Berlin: Deutsches Institut für Normung.

O'Brien, K.E., Biga, A., Kessler, S.R. & Allen, T.D. (2010). A meta-analytic investigation of gender differences in mentoring. *Journal of Management, 36,* 537–554.

Organ, D.W. (1988). *Organizational citizenship behavior: The good soldier syndrome.* Lexington, MA: Lexington Books.

Ortner, T.M. & Westmeyer, H. (in Vorb.). *Psychologische Diagnostik.* Göttingen: Hogrefe.

Pfeffer, J. (1981). *Power in organizations.* Marshfield: Pitman.

Porter, L.W. & Lawler, E.E. (1968). *Managerial attitudes and performance.* Homewood, IL: Irwin.

Pritchard, R.D., Harrell, M.M., DiazGranados, D. & Guzman, M.J. (2008).The productivity measurement and enhancement system: A meta-analysis. *Journal of Applied Psychology, 93,* 540–567.

Pritchard, R.D., Jones, S.D., Roth, P.L., Stuebing, K.K. & Ekeberg, S.E. (1989). The evaluation of an integrated approach to measuring organizational productivity. *Personnel Psychology, 42,* 69–115.

Pulakos, E.D. (2009). *Performance management: A new approach for driving business results.* Oxford: Wiley-Blackwell.

Püttner, I. (1999). Rechtsfragen beim Einsatz von psychologischen Tests. *Personalführung, 4,* 54–57.

Quiñones, M.A., Ford, J.K. & Teachout, M.S. (1995). The relationship between work experience and job performance: A conceptual and meta-analytic review. *Personnel Psychology, 48,* 887–910.

Riketta, M. (2008). The causal relation between job attitudes and performance: A meta-analysis of panel studies. *Journal of Applied Psychology, 93,* 472–481.

Rosenstiel, L. von (1999). Entwicklung von Werthaltungen und interpersonaler Kompetenz – Beiträge der Sozialpsychologie. In K. Sonntag (Hrsg.), *Personalentwicklung in Organisationen. Psychologische Grundlagen, Methoden und Strategien* (S. 99–122). Göttingen: Hogrefe.

Rosenstiel, L. von (2006). Führung. In H. Schuler (Hrsg.), *Lehrbuch der Personalpsychologie* (S. 353–384). Göttingen: Hogrefe.

Rosenstiel, L. von (2007a). Grundlagen- und Bezugsdisziplinen der Arbeits- und Organisationspsychologie. In H. Schuler & K. Sonntag (Hrsg.), *Handbuch der Arbeits- und Organisationspsychologie* (S. 15–26). Göttingen: Hogrefe.

Rosenstiel, L. von (2007b). Kommunikation und Führung in Arbeitsgruppen. In H. Schuler (Hrsg.), *Lehrbuch Organisationspsychologie* (S. 387–414). Bern: Huber.

Rosenstiel, L. von, Molt, W. & Rüttinger, W. (1972). *Organisationspsychologie.* Stuttgart. Kohlhammer.

Roth, P.L., BeVier, C.A., Switzer, F.S. III & Schippmann, J.S. (1996). Meta-analyzing the relationship between grades and job performance. *Journal of Applied Psychology, 81,* 548–556.

Salas, E., Burke, C.S., Bowers, C.A. & Wilson, K.A. (2001). Team training in the skies: Does crew resource management (CRM) training work? *Human Factors, 43,* 641–674.

Salas, E., Burke, C.S. & Cannon-Bowers, J.A. (2002). What we know about designing and delivering team training: Tips and guidelines. In K. Kraiger (Ed.), *Creating, implementing, and managing effective training and development: State-of-the-art lessons for practice* (pp. 234–259). San Francisco, CA: Jossey-Bass.

Salas, E., DiazGranados, D., Klein, C., Burke, C. S., Stagl, K. C., Goodwin, G. F. & Halpin, S. M. (2008). Does team training improve team performance? A meta-analysis. *Human Factors, 50,* 903–933.

Sarges, W. & Wottawa, H. (2005). *Handbuch wirtschaftspsychologischer Testverfahren.* Lengerich: Pabst.

Scherm, M. & Sarges, W. (2002). *360°-Feedback.* Göttingen: Hogrefe.

Schmidt, F. L. & Hunter, J. E. (1998). The validity and utility of selection methods in personnel psychology: Practice and theoretical implications of 85 years of research findings. *Psychological Bulletin, 124,* 262–274.

Scholl, W. (2007). Grundkonzepte der Organisation. In H. Schuler (Hrsg.), *Lehrbuch Organisationspsychologie* (S. 515–556). Bern: Huber.

Schuler, H. (1992). Das Multimodale Einstellungsinterview. *Diagnostica, 38,* 281–300.

Schuler, H. (1993). Social validity of selection situations: A concept and some empirical results. In H. Schuler, J. L. Farr & M. Smith (Eds.), *Personnel selection and assessment: Individual and organizational perspectives* (pp. 11–26). Hillsdale, NJ: Erlbaum.

Schuler, H. (2000). *Psychologische Personalauswahl.* Göttingen: Verlag für Angewandte Psychologie.

Schuler, H. (2002). *Das Einstellungsinterview.* Göttingen: Hogrefe.

Schuler, H. (Hrsg.). (2004). *Beurteilung und Förderung beruflicher Leistung.* Göttingen: Hogrefe.

Schuler, H. (2006). *Lehrbuch der Personalpsychologie* (2. Aufl.). Göttingen: Hogrefe.

Schuler, H. (Hrsg.). (2007). *Assessment Center zur Potentialanalyse.* Göttingen: Hogrefe.

Schuler, H. & Berger, W. (1979). Physische Attraktivität als Determinante von Beurteilung und Einstellungsempfehlung. *Psychologie und Praxis, 23,* 59–70.

Schuler, H. & Fruhner, R. (1993). Effect of assessment center participation on self esteem and on evaluation of the selection situation. In H. Schuler, J. L. Farr & M. Smith (Eds.), Personnel selection and assessment: Individual and organizational perspectives (pp. 109–124). Hillsdale, NJ: Erlbaum.

Schuler, H., Funke, U., Moser, K. & Donat, M. (1995). *Personalauswahl in Forschung und Entwicklung. Eignung und Leistung von Wissenschaftlern und Ingenieuren.* Göttingen: Hogrefe.

Schuler, H. & Görlich, Y. (2006). Ermittlung erfolgsrelevanter Merkmale von Mitarbeitern durch Leistungs- und Potentialbeurteilung. In K. Sonntag (Hrsg.), *Personalentwicklung in Organisationen* (3. Aufl., S. 235–269). Göttingen: Hogrefe.

Schuler, H. & Marcus, B. (2006). Biographieorientierte Verfahren der Personalauswahl. In H. Schuler (Hrsg.), *Lehrbuch der Personalpsychologie* (S. 189–229). Göttingen: Hogrefe.

Schuler, H. & Prochaska, M. (2001). *Leistungsmotivationsinventar. Dimensionen berufsbezogener Leistungsorientierung.* Göttingen: Hogrefe.

Shadish, W. R., Cook, T. D. & Campbell, D. T. (2002). *Experimental and quasi-experimental designs for generalized causal inference.* Boston, MA: Houghton Mifflin.

Shapira, Z. (1997). *Organizational decision making.* New York: Cambridge University Press.

Smith, P. C. & Kendall, L. M. (1963). Retranslation of expectations: An approach of the construction of unambiguous anchors for rating scales. *Journal of Applied Psychology, 47,* 149–155.

Smith, P. C., Kendall, L. M. & Hulin, C. L. (1969). *The measurement of satisfaction in work and retirement*. Chicago, IL: Rand McNally.

Sonntag, K. (2006). Ermittlung tätigkeitsbezogener Merkmale: Qualifikationsanforderungen und Voraussetzungen menschlicher Aufgabenbewältigung. In K. Sonntag (Hrsg.), *Personalentwicklung in Organisationen* (3. Aufl., S. 206–234). Göttingen: Hogrefe.

Spector, P. E. (1997). *Job satisfaction: Application, assessment, causes, and consequences*. Thousand Oaks, CA: Sage.

Staufenbiel, T. (1999). Personalentwicklung. In C. Graf Hoyos & D. Frey (Hrsg.), *Arbeits- und Organisationspsychologie. Ein Lehrbuch* (S. 510–525). Weinheim: Psychologie Verlags Union.

Staufenbiel, T. & Hartz, C. (2000). Organizational Citizenship Behavior: Entwicklung und erste Validierung eines Meßinstruments. *Diagnostica, 46*, 61–72.

Staufenbiel, T. & Kleinmann, M. (2002). PaiRS: Ein Skalierungsverfahren für die Eignungsdiagnostik. *Zeitschrift für Personalpsychologie, 1*, 27–34.

Steiner, I. D. (1972). *Group processes and productivity*. New York: Academic Press.

Stephan, U. & Westhoff, K. (2002). Personalauswahlgespräch im Führungskräftebereich des deutschen Mittelstandes: Bestandsaufnahme und Einsparungspotential durch strukturierte Gespräche. *Wirtschaftspsychologie, 9*, 3–17.

Tait, M., Padgett, M. Y. & Baldwin, T. T. (1989). Job and life satisfaction: A reevaluation of the strength of the relationship and gender effects as a function of the date of the study. *Journal of Applied Psychology, 74*, 502–507.

Taylor, H. C. & Russell, J. T. (1939). The relationship of validity coefficients to the practical effectiveness of tests in selection: Discussion and tables. *Journal of Applied Psychology, 23*, 565–578.

Taylor, P. J., Russ-Eft, D. F. & Chan, D. W. L. (2005). A meta-analytic review of behavior modeling training. *Journal of Applied Psychology, 90*, 692–709.

Taylor, P. J., Russ-Eft, D. F. & Taylor, H. (2009). Transfer of management training from alternative perspectives. *Journal of Applied Psychology, 94*, 104–121.

Tharenou, P., Saks, A. M. & Moore, C. (2007). A review and critique of research and training and organizational-level outcomes. *Human Resource Management Review, 17*, 251–273.

Thomas, K. W. (1992). Conflict and negotiation in processes in organizations. In M. D. Dunnette & L. M. Hough (Eds.), *Handbook of industrial and organizational psychology* (2nd ed., pp. 651–717). Palo Alto, CA: Consulting Psychologists Press.

Thoresen, C. J., Kaplan, S. A., Barsky, A., Warren, C. & de Chermont, K. (2003). The affective underpinnings of job perceptions and attitudes: A meta-analytic review and integration. *Psychological Bulletin, 129*, 914–945.

Van Eerde, W. & Thierry, H. (1996). Vroom's expectancy models and work-related criteria: A meta-analysis. *Journal of Applied Psychology, 81*, 575–586.

Van Iddekinge, C. H., Raymark, P. H., Eidson, C. E., Jr. & Attenweiler, B. (2004). What do structured interviews really measure? The construct validity of behavior description interviews. *Human Performance, 17*, 71–93.

Vroom, V. H. (1964). *Work and Motivation*. New York: Wiley.

Vroom, V. H. & Yetton, P. (1973). *Leadership in decision making*. Pittsburgh, PA: University of Pittsburgh Press.

Watson, D., Clark, L. A. & Tellegen, A. (1988). Development and validation of brief measures of positive and negative affect: The PANAS scales. *Journal of Personality and Social Psychology, 54,* 1063–1070.

Weekley, J. A. & Ployhart, R. E. (Eds.). (2006). *Situational judgment tests: Theory, measurement, and application.* Mahwah, NJ: Erlbaum.

Wegge, J. (2004a). Emotionen in Organisationen. In H. Schuler (Hrsg.), *Organisationspsychologie – Grundlagen und Personalpsychologie* (Enzyklopädie der Psychologie, Serie Wirtschafts-, Organisations- und Arbeitspsychologie, Bd. 3, S. 673–749). Göttingen: Hogrefe.

Wegge, J. (2004b). *Führung von Arbeitsgruppen.* Göttingen: Hogrefe.

Wegge, J. (2006). Gruppenarbeit. In H. Schuler (Hrsg.), *Lehrbuch der Personalpsychologie* (S. 579–610). Göttingen: Hogrefe.

Weinert, A. B. (2004). *Organisations- und Personalpsychologie.* Weinheim: Beltz.

Weiss, H. M. & Cropanzano, R. (1996). Affective events theory: A theoretical discussion of the structure, causes, and consequences of affective experiences at work. *Research in Organizational Behavior, 18,* 1–74.

Westhoff, K., Hellfritsch, L. J., Hornke, L. F., Kubinger, K. D., Lang, F., Moosbrugger, H. et al. (Hrsg.). (2004): *Grundwissen für die berufsbezogene Eignungsbeurteilung nach DIN 33430.* Lengerich: Pabst.

Weuster, A. (1994). *Personalauswahl und Personalbeurteilung mit Arbeitszeugnissen.* Göttingen: Verlag für Angewandte Psychologie.

Wexley, K. N. & Latham, G. P. (2002). *Developing and training human resources in organizations* (3rd ed.). Upper Saddle River, NJ: Prentice Hall.

Woehr, D. J. & Huffcutt, A. L. (1994). Rater training for performance appraisal: A quantitative review. *Journal of Occupational and Organizational Psychology, 67,* 189–205.

Wottawa, H. (2000). Perspektiven der Potentialbeurteilung: Themen und Trends. In L. von Rosenstiel & T. Lang-von-Wins (Hrsg.), *Perspektiven der Potentialbeurteilung* (S. 27–51). Göttingen: Verlag für Angewandte Psychologie.

Glossar

360°-Feedback Eine Intervention, bei der die Beurteilung der Leistung von Mitarbeitern entlang bestimmter Dimensionen durch mehrere Quellen (neben der Selbsteinschätzungen beispielsweise durch Vorgesetzte, Kollegen, Kunden und Unterstellte) erfolgt. Die Ergebnisse der Beurteilungen werden dann den Beurteilten zurückgemeldet und bilden in der Regel den Ausgangspunkt für weitere Maßnahmen der Personalentwicklung.

Absentismus (Fehlzeiten) Zeiten, an dem der Arbeitnehmer nicht zur Arbeit erscheint, obwohl er planmäßig arbeiten müsste. Urlaub, Mutterschutz oder Zeiten, in denen sich der Mitarbeiter fortbildet, zählen also nicht zu den Fehlzeiten.

Anforderungsanalyse Sammelbegriff für unterschiedliche Methoden, mit deren Hilfe untersucht wird, welche Anforderungen ein bestimmter Arbeitsplatz an die Kompetenzen der Arbeitsplatzinhaber stellt. Die Anforderungsanalyse bildet die Grundlage für die Personalauswahl.

Anforderungsprofil Grafische Darstellung der Anforderungen eines bestimmten Arbeitsplatzes.

Arbeitsgruppe Mindestens drei Personen, die einen gemeinsamen Arbeitsauftrag sowie gemeinsame Kenntnisse haben und über längere Zeit zusammenarbeiten. Zu diesem Zwecke tauschen sie sich untereinander aus und treffen gemeinsam Entscheidungen. Innerhalb der Gruppe bilden sich dabei Normen, Rollendifferenzierungen sowie ein Wir-Gefühl aus.

Arbeitsprobe Klassische Methode der Personalauswahl, bei der die Bewerber im Auswahlprozess beispielhaft reale Arbeitsaufgaben bearbeiten müssen. Arbeitsproben haben eine besonders hohe Validität.

Arbeitszeugnis Bestandteil der Bewerbungsunterlagen von Personen, die vormals abhängig beschäftigt waren. Jeder Arbeitnehmer hat einen rechtlichen Anspruch auf ein solches Zeugnis, das seine Arbeitsaufgaben und Leistungen dokumentiert.

Arbeitszufriedenheit Unter Arbeitszufriedenheit wird eine positive Einstellung gegenüber der Arbeit allgemein oder bestimmten Facetten der Arbeit (z. B. Kollegen, Bezahlung, Entwicklungsmöglichkeiten) bezeichnet.

Assessment Center Komplexes Verfahren der Personalauswahl, das überwiegend mit der Methode der Verhaltensbeobachtung arbeitet. Die Bewerber müssen z. B. einen Vortrag halten, in einem Rollenspiel zeigen, wie sie eine zwischenmenschliche Problemsituation bewältigen oder in einer Gruppe gemeinsam diskutieren. Zusätzlich können Testverfahren eingesetzt und Interviews integriert werden.

Aufgabenorientierte Führung

Führungsstil, bei dem die Führungskraft in erster Linie darauf achtet, dass die anfallenden Arbeitsaufgaben durch die Mitarbeiter gut erfüllt werden.

BARS („Behaviorally Anchored Rating Scales")

Ratingskalen in der Leistungsbeurteilung, in denen die Skalenwerte durch Beschreibungen der für diese Leistungsausprägung typischen Verhaltensweisen verankert werden.

Bedürfnispyramide

Motivationstheorie, in der fünf hierarchisch geordnete Bedürfnisgruppen unterschieden werden: physiologische Bedürfnisse, Sicherheit, Zugehörigkeit, Achtung, Selbstverwirklichung.

Big Five

Die Big Five sind die folgenden fünf, in einem empirisch gut gestützten Modell unterschiedenen Dimensionen zur Beschreibung der Persönlichkeit: Gewissenhaftigkeit, Neurotizismus, Extraversion, Verträglichkeit und Offenheit gegenüber Veränderungen.

Biografische Fragebögen

Methode zur Personalauswahl, bei der die Bewerber nach Fakten aus ihrer Biografie gefragt werden.

Blended learning

Lehr-/Lernformen, die Präsenzveranstaltungen und E-Learning verknüpfen.

Coaching

Beim Coaching wird einem Mitarbeiter ein Berater (Coach) zur Seite gestellt, der ihn dabei unterstützen soll, seine beruflichen Ziele zu erreichen.

Commitment

Unter dem organisationalem Commitment wird eine positive Einstellung gegenüber dem Unternehmen verstanden, die sich unter anderem in einer emotionalen Verbundenheit ausdrückt. Es gibt auch Commitment gegenüber anderen Gegenständen, z. B. dem Team.

Critical Incident Technique

Methode der Anforderungsanalyse, die ausgehend von erfolgsrelevanten Arbeitssituationen die relevanten Anforderungen, die an Arbeitsplatzinhaber gestellt werden, ableitet.

Cut-off

Bestandteil des Anforderungsprofils. Der Cut-off-Wert dokumentiert, welche Minimalausprägung eines Merkmals von erfolgreichen Bewerbern erwartet wird.

Defizienz eines Kriteriums

Ausmaß, in dem das Kriterium relevante Aspekte des zu erfassenden Verhaltens nicht misst.

DIN 33430	Norm, in der die Prinzipien einer seriösen Eignungsdiagnostik festgeschrieben werden.
Direkte Führung	Führung, bei der die Führungskraft durch Anweisungen, Zielvereinbarung, Feedback etc. das Verhalten der Mitarbeiter zu beeinflussen versucht.
Distance learning	Lehr-/Lernformen für die Situation, in der Trainer und Lernende räumlich separiert sind.
E-Learning	Lehr-/Lernformen, bei denen elektronische Medien (z. B. interaktives Video, Hypertextsysteme) eingesetzt werden.
E-Recruitment	Sammelbegriff für unterschiedliche Methoden, mit deren Hilfe über das Internet eine Vorauswahl von Bewerbern vorgenommen wird.
Effizienz	Drückt aus, in welcher Relation Kosten und Nutzen (z. B. eines Personalauswahlverfahrens) zueinander in Beziehung stehen.
Einstellungs-interview	Eine der wichtigsten Methoden der Personalauswahl. Die Validität des Einstellungsinterviews steigt deutlich an, wenn es auf der Basis einer Anforderungsanalyse entwickelt und in standardisierter Weise durchgeführt wird. Die Standardisierung besteht darin, dass man einen Großteil der Frage zuvor festgelegt hat und die Antworten der Bewerber nach einem festgelegten Kriterienschlüssel bewertet.
ERG-Theorie	Motivationstheorie, in der drei grundlegende, hierarchisch angeordnete Bedürfnisgruppen unterschieden werden: Existenzbedürfnisse, Beziehungsbedürfnisse, Wachstumsbedürfnisse.
Führungsspanne	Drückt aus, wie viele Mitarbeiter eine Führungskraft als direkter Vorgesetzter führt. Je mehr Mitarbeiter geführt werden, desto größer ist die Führungsspanne.
Genauigkeit in der Leistungsbeurteilung (accuracy)	Grad an Abweichung der Leistungsbeurteilung von dem wahren Leistungswert. Es können verschiedene Genauigkeitsmaße bestimmt werden, etwa die Genauigkeit, mit der Unterschiede zwischen den Personen innerhalb von Leistungsdimensionen korrekt eingeschätzt werden.
Grundquote	Drückt im Rahmen der Personalauswahl aus, wie hoch der Anteil der objektiv geeigneten Personen in der Gruppe der Bewerber ist. Je höher die Grundquote ist, desto größer ist die Wahrscheinlichkeit, bereits per Zufall (bzw. durch nicht valide Auswahlverfahren) geeignete Bewerber zu identifizieren.

Human-Relations-Bewegung	Die Human-Relations-Bewegung ging davon aus, dass Mitarbeiter vor allem durch gute zwischenmenschliche Beziehung motiviert werden. Gruppendynamische Interventionen und kooperative Führungsstile sollten dazu beitragen, die sozialen Motive der Mitarbeiter nach Anerkennung und Wertschätzung zu befriedigen. Als Ergebnis sollte dann ein positives Betriebsklima und eine hohe Arbeitszufriedenheit resultieren und in der Folge auch eine höhere Produktivität der Mitarbeiter.
Indirekte Führung	Führung, bei der das Arbeitsverhalten der Mitarbeiter durch die Definition von Strukturen, Prozessen, Kontingenzen etc. beeinflusst wird.
Inhaltstheorien	Motivationstheorien, in denen grundlegende Motive des Menschen definiert werden.
Integritäts-Test	Testverfahren, die mit dem Ziel konstruiert wurden, kontraproduktives Verhalten von Mitarbeitern vorherzusagen.
Kompetenzen	Unter Kompetenzen werden hier alle motorischen, kognitiven, affektiven und sozialen Charakteristika von Personen verstanden, die relevant für die erfolgreiche Ausführung einer Tätigkeit sein können. Insgesamt wird der Begriff aber durch Autoren sehr unterschiedlich verwendet.
Konflikt (Sozialer Konflikt)	Ein Prozess, der beginnt, wenn eine Partei X wahrnimmt, dass eine andere Partei negativen Einfluss auf Dinge nimmt, die für X von Bedeutung sind.
Kontamination eines Kriteriums	Ausmaß in dem das Kriterium Aspekte misst, die nicht mit dem zu erfassenden Verhalten zusammenhängen.
Kontraproduktives Verhalten	Handlungen von Mitarbeitern, die die Organisation oder seine Mitglieder schädigen. Beispiele für kontraproduktives Verhalten sind Diebstahl, Sabotage, Drogenmissbrauch, Fehlzeiten, Unpünktlichkeit oder aggressives Verhalten.
Leistung (berufliche)	Alle Verhaltensweisen eines Mitarbeiters, die zur Erreichung der Ziele der Organisation beitragen. In einem erweiterten Verständnis des Begriffs werden darunter von einigen Autoren auch die Kompetenzen des Mitarbeiters und die Ergebnisse subsumiert, die durch das Arbeitsverhalten resultieren.
Management by Objectives	Methode zur Mitarbeitermotivation und Leistungssteigerung, bei der verbindliche Arbeitsziele von der Organisationsleitung vorgegeben und deren Erreichung durch die direkten Vorgesetzten regelmäßig überprüft werden.

Matrix-Struktur	Organisationsstruktur, bei der die Mitarbeiter zeitlich begrenzt in Projekten zusammenarbeiten. Je nach Projekt werden die Mitarbeitergruppen aus verschiedenen Fachabteilungen neu zusammengestellt.
Mentoring	Im Mentoring begleitet ein erfahrener Kollege *(Mentor)* einen jüngeren Mitarbeiter *(Protégé, Mentee)*, um ihn in seiner Karriere zu unterstützen.
Metaanalyse	Ein statistisches Verfahren, in denen die Effektstärken von verschiedenen Studien zu einer Fragestellung aggregiert werden. Als Ergebnis erhält man die mittlere Stärke des Effektes (z. B. der Wirkung einer Intervention und der Enge eines Zusammenhangs) sowie die Informationen, ob diese Effekte in Abhängigkeit von anderen Variablen (Moderatoren) unterschiedlich stark ausfallen.
Minderungs-korrektur	Durch die Minderungskorrektur wird berechnet, wie hoch zwei Variablen korrelieren würden, wenn eine der beiden Variablen (einfache Minderungskorrektur) oder beide Variablen (doppelte Minderungskorrektur) ohne Messfehler (d. h. perfekt reliabel) erfasst werden könnten. Dazu wird die Korrelation durch die Wurzel der Reliabilität(en) dividiert.
Mitarbeiter-orientierte Führung	Führungsstil, bei dem die Führungskraft versucht, die Interessen der Mitarbeiter weitgehend zu befriedigen.
Moderatorvariable	Eine Variable Z, die die Richtung oder Stärke des Zusammenhangs zwischen zwei anderen Variablen X und Y beeinflusst. Für Gruppen mit unterschiedlichen Ausprägungen in Z unterscheiden sich also die Zusammenhänge zwischen X und Y.
Motiv	Wertdisposition eines Menschen. Motive bilden die Grundlage für die Motivation bzw. zielgerichtetes Verhalten.
Motivierung	Ausrichtung eines Mitarbeiters auf ein bestimmtes Handlungsziel, indem man durch gezielte Anreize Motive der Mitarbeiter weckt bzw. bedient.
Objektivität	Diagnostisches Gütekriterium. Ein diagnostisches Verfahren ist dann vollständig objektiv, wenn das Ergebnis durch die Diagnostiker nicht beeinflusst wird.
Organizational Citizenship Behavior (OCB)	Verhaltensweisen, die Mitarbeiter freiwillig über das formal (z. B. in Arbeitsplatzbeschreibungen oder Zielvereinbarungen) Geforderte hinaus zeigen und die zur Erreichung der Ziele der Organisation beitragen.

Personal-entwicklung	Alle systematisch durchgeführten Maßnahmen zur Förderung der beruflichen Qualifikationen der Mitarbeiter.
Personalmarketing	Sammelbegriff für unterschiedliche Methoden, mit deren Hilfe eine Organisation sich selbst als attraktiver Arbeitgeber auf dem Markt der potenziellen Bewerber darstellt. Ziel des Personalmarketings ist es, möglichst qualifizierte Personen zu einer Bewerbung zu bewegen und als Mitarbeiter dauerhaft an die Organisation zu binden.
Projektgruppe	Zeitlich befristete Gruppenarbeit einer aus Experten zusammengestellten Gruppe. Nach Beendigung des Projektes wird die Gruppe ausgelöst.
ProMES (Productivity Measurement and Enhancement System)	Intervention bei Arbeitsgruppen zur Steigerung der Leistung, die auf der vollständigen Erfassung der relevanten Ziele, der Messung dieser Ziele und dem systematischen Feedback der Zielerreichung basiert.
Prozesstheorien	Motivationstheorien, die im Gegensatz zu Inhaltstheorien auf die Definition grundlegender Bedürfnisse des Menschen verzichten und stattdessen die kognitiven Prozesse beschreiben, die einem motivierten Verhalten zugrunde liegen.
Qualifikationen	Unter Qualifikationen werden hier alle Merkmale von Personen verstanden, die relevant für die erfolgreiche Ausführung einer Tätigkeit sein können. Dazu zählen nicht nur fachliche und überfachliche Kompetenzen der Mitarbeiter sondern beispielsweise auch deren Motivation und Einstellungen. Insgesamt wird der Begriff aber durch Autoren sehr unterschiedlich verwendet.
Qualitätszirkel	Zeitlich befristete Gruppe von Mitarbeitern unterer Hierarchieebenen zur Lösung frei gewählter Probleme. Die Gruppen haben lediglich Vorschlagsrecht.
Referenz	Freiwillige Fürsprache einer „Autorität", die einer Bewerbung in schriftlicher Form beigelegt wird. Alternativ kann die Referenz bei Bedarf auch telefonisch gegeben werden.
Reifegrad-Theorie	Führungstheorie, die betont, dass die Führungskraft in Abhängigkeit von der Qualifikation und Selbstständigkeit der Mitarbeiter ein unterschiedliches Führungsverhalten zeigen muss, um erfolgreich zu sein.
Reliabilität	Diagnostisches Gütekriterium. Die Reliabilität drückt aus, inwieweit ein Messergebnis durch Messfehler verunreinigt ist. Je höher die Reliabilität ausfällt, desto größer ist die Zuverlässigkeit eines Messergebnisses.

Selektionsquote (Selektionsrate) — Drückt im Rahmen der Personalauswahl das Verhältnis zwischen der Anzahl der Bewerber und der Anzahl der offenen Stellen aus. Eine Selektionsquote von 20 % bedeutet, dass fünfmal mehr Bewerbungen als zu vergebende Stellen vorliegen.

Soziale Kompetenzen — Kompetenzen einer Person, die sie potenziell in die Lage versetzen, in sozialen Interaktionen eigene Interessen erfolgreich zu vertreten, wobei gleichzeitig die Ansprüche der sozialen Umwelt gewahrt werden.

Soziale Validität — drückt aus, wie ein Auswahlverfahren aus der Sicht der Bewerber wahrgenommen und bewertet wird.

Stab — Element einer Organisationsstruktur, das nicht in die übliche hierarchische Struktur der Organisation eingebunden ist, sondern direkt der Organisationsführung unterstellt ist.

Taylorismus (Scientific Management) — Die nach dem Ingenieur Frederick W. Taylor benannte Organisationstheorie propagierte, dass Unternehmen nach den Prinzipien systematischer Analyse der Arbeitsprozesse den „one best way" für die Ausführung bestimmen und die Arbeiter dann entsprechend unterweisen, so zu verfahren. Mitarbeiter sind aus der Sicht des Taylorismus primär monetär motiviert und erhalten einen Akkordlohn. Sie sollen sich ausschließlich um die „Handarbeit" kümmern, die „Kopfarbeit" erledigt das Management.

Teilautonome Arbeitsgruppe — Kleingruppe in der Produktion, die in gewissen Grenzen eigene Entscheidungen über die eigenen Arbeitsorganisation (z.T. Verteilung von Aufgaben) treffen darf.

Trainierbarkeitstest — Methode, bei der die Bewerber nach einem Instruktionsprozess eine Arbeitsaufgabe ausführen müssen. Aus einem Prätest-Posttest-Vergleich der Leistung wird auf die Lernfähigkeit der Bewerber geschlossen.

Transaktionale Führung — Führungsstil, bei dem die Führungskraft in erster Linie rational über die Definition eindeutig festgelegter Austauschbeziehungen die Mitarbeiter leitet. Die Leistung wird kontingent verstärkt.

Transfer (Trainingstransfer) — Anwendung des im Training Gelernten im Job. Wichtig ist, dass das Gelernte auch auf Situationen generalisiert, die vorher nicht trainiert wurden, und dass dies über die Zeit stabil bleibt.

Transformationale Führung — Führungsstil, bei dem die Führungskraft insbesondere auf einer emotionalen Ebene die eigenen Mitarbeiter leitet. Eine große Bedeutung kommt dabei dem Charisma der Führungskraft zu.

Validität	Diagnostisches Gütekriterium. Die Validität macht eine Aussage darüber, wie gut ein diagnostisches Verfahren ein bestimmtes Merkmal misst. Die prognostische Validität drückt im Rahmen der Personalauswahl aus, inwieweit man mit einem Auswahlverfahren tatsächlich den Berufserfolg der Bewerber vorhersagen kann.
Verfahrens-gerechtigkeit	Theorien der Verfahrensgerechtigkeit beschäftigen sich mit der Frage, nach welchen Prinzipien ein komplettes Belohnungssystem gestaltet sein muss, damit die Mitarbeiter dieses als gerecht erleben.
Verhaltens-modellierung (behavior modeling training)	Intervention, die aufbauend auf der sozial-kognitiven Lerntheorie insbesondere zum Erwerb interpersoneller Verhaltensweisen eingesetzt wird und die Beobachtung von positiven Verhaltensmodellen, das Einüben des Verhaltens in Rollenspielen mit Rückmeldung umfasst.
Verteilungs-gerechtigkeit	Theorien der Verteilungsgerechtigkeit beschäftigen sich mit der Frage, nach welchen Prinzipien eine knappe Ressource (z. B. Geld) unter den Mitarbeitern aufgeteilt werden muss, damit die Mitarbeiter die Verteilung als gerecht erleben.
VIE-Theorie	Motivationstheorie aus der Kategorie der Prozesstheorien. Motiviertes Verhalten resultiert danach, wenn ein Mitarbeiter sich zutraut, ein bestimmtes Arbeitsergebnis erreichen zu können (Erwartung), dieses Ergebnis mit für ihn wertvollen Folgen verbunden ist (Valenz) und diese Folgen aus seiner Sicht mit einer hohen Wahrscheinlichkeit eintreten werden (Instrumentalität).
Zielsetzung (goal setting)	Sehr erfolgreiche Methode der Mitarbeitermotivation bzw. Leistungssteigerung, bei der gemeinsam mit den Mitarbeitern ebenso konkrete wie anspruchsvolle Leistungsziele vereinbart werden und die Mitarbeiter regelmäßig Feedback darüber bekommen, inwieweit die Ziele erreicht werden konnten.

Sachregister

Mit HOGREFE erfolgreich
durch's Psychologie-Studium ▶

Heinz Schuler
Karlheinz Sonntag (Hrsg.)

Handbuch der Arbeits- und Organisations- psychologie

(Reihe: »Handbuch der
Psychologie«, Band 6)
2007, 838 Seiten, geb.,
€ 59,95 / sFr. 99,–
(Bei Abnahme von mind. 4 Bänden
der Reihe € 49,95 / sFr. 84,–)
ISBN 978-3-8017-1849-7

Das Handbuch vermittelt die Essenz des heutigen Wissens auf dem Gebiet der Arbeits- und Organisationspsychologie. Auf der Basis der wichtigsten Theorien und Methoden spannen die Beiträge einen weiten Bogen, der von der Arbeitsgestaltung über individuelles und Gruppenverhalten, Personalgewinnung und -auswahl bis zur Veränderung von Organisationen reicht. Das Handbuch eignet sich zur Prüfungsvorbereitung für Studierende sowie als Nachschlagewerk für alle, die an Fragen der Arbeits- und Organisationspsychologie interessiert sind.

Erich M. Kirchler

Wirtschafts- psychologie

Individuen, Gruppen,
Märkte, Staat

4., vollständig überarbeitete
und erweiterte Auflage 2011,
XVIII/913 Seiten, geb.,
€ 69,95 / sFr. 104,–
ISBN 978-3-8017-2362-0

Die Neubearbeitung des Lehrbuches befasst sich mit menschlichem Erleben und Verhalten in verschiedenen Bereichen der Wirtschaft. Nach einer Einführung in die ökonomische Psychologie werden die Grundlagen von (Finanz-)Entscheidungen dargestellt. Besondere Aufmerksamkeit wird Konsum-, Arbeits- und Kapitalmärkten gewidmet. Weitere Kapitel beschäftigen sich mit dem Verhalten von Steuerzahlern sowie der Frage, ob Wohlstand und Wohlbefinden zusammenhängen.

Heinz Schuler (Hrsg.)

Lehrbuch der Personalpsychologie

2., überarb. u. erw. Aufl. 2006,
VII/892 Seiten, Großformat,
€ 69,95 / sFr. 118,–
ISBN 978-3-8017-1934-0

Das Lehrbuch informiert über das Gesamtgebiet der Personalpsychologie. Im Kern der Darstellung stehen Fragen der beruflichen Eignung und Leistung, der Personalentwicklung und der wirksamsten Führungsinstrumente. Weiterhin geht es u.a. um die Gewinnung qualifizierter Mitarbeiter, um berufsbezogenes Sozialverhalten und um die Erfolgsüberprüfung personalpsychologischer Arbeit.

Eva Bamberg · Gisela Mohr
Christine Busch

Arbeits- psychologie

(Reihe: »Bachelorstudium
Psychologie«)
2012, 304 Seiten,
€ 29,95 / sFr. 40,90
ISBN 978-3-8017-2165-7

Der Band bietet einen kompakten Überblick über die Arbeitspsychologie. Er behandelt anhand von Beispielen die Handlungsregulationstheorie sowie die Themen Arbeit und Entwicklung, Arbeitssicherheit, Arbeitszeit und demografischer Wandel. Die Wirkungen von Arbeit auf die Gesundheit werden aufgezeigt und dabei aktuelle Themen wie Work-Life-Balance und die Auswirkungen der Dienstleistungsarbeit auf die Gesundheit erörtert. Schließlich werden auch »klassische« Themen wie die Arbeitsanalyse und -gestaltung aufgegriffen.

HOGREFE

Hogrefe Verlag GmbH & Co. KG
Merkelstraße 3 · 37085 Göttingen · Tel.: (0551) 99950-0 · Fax: -111
E-Mail: verlag@hogrefe.de · Internet: www.hogrefe.de

Mit HOGREFE erfolgreich durch's Psychologie-Studium ▶

Arndt Bröder

Versuchsplanung und experimentelles Praktikum

(Reihe: »Bachelorstudium Psychologie«)
2011, 293 Seiten,
€ 29,95 / sFr. 44,80
ISBN 978-3-8017-2143-5

Der Band bietet eine kompakte Hilfestellung bei allen Schritten der Versuchsdurchführung. Er informiert zunächst über die Grundbegriffe und wissenschaftstheoretischen Grundlagen des Experimentierens. Anschließend werden die einzelnen Schritte zur Durchführung einer experimentellen Untersuchung, beginnend mit der Planung und der Erstellung eines Versuchsplans, der konkreten Durchführung des Experiments bis hin zur Analyse der Daten und der Erstellung eines Berichtes vermittelt.

Hans-Werner Bierhoff
Dieter Frey

Sozialpsychologie – Individuum und soziale Welt

(Reihe: »Bachelorstudium Psychologie«)
2011, 320 Seiten,
€ 29,95 / sFr. 40,90
ISBN 978-3-8017-2154-1

Der Band bietet Studierenden des Bachelor-Studiengangs Psychologie eine aktuelle Einführung in die Grundlagen der Sozialpsychologie. Mit dem Fokus auf das Individuum in der sozialen Welt werden die wichtigsten sozialpsychologischen Theorien und Methoden anschaulich dargestellt.

Rainer Leonhart

Datenanalyse mit SPSS

(Reihe: »Bachelorstudium Psychologie«)
2010, 252 Seiten,
€ 24,95 / sFr. 37,40
ISBN 978-3-8017-2164-0

Uwe Peter Kanning

Diagnostik sozialer Kompetenzen

(Reihe: »Kompendien Psychologische Diagnostik«, Band 4)
2., aktualisierte Auflage 2009,
137 Seiten,
€ 19,95 / sFr. 33,90
ISBN 978-3-8017-2253-1

Das Buch liefert eine verständliche Einführung in die Datenanalyse mit SPSS. Das Buch beschreibt die Dateneingabe und -analyse, die Erstellung von Grafiken und die Ausgabe der Daten. Sowohl das Arbeiten mit dem Menü als auch die Anwendung der Syntax wird dargestellt. Zusätzlich zum Buch werden verschiedene Datensätze für Übungen auf der Website zur Verfügung gestellt.

Soziale Kompetenzen bilden die Basis für Wohlergehen und Erfolg im zwischenmenschlichen Bereich. In der Wirtschaft zählen soziale Kompetenzen daher zu Recht zu den sog. Schlüsselqualifikationen. Der Band gibt einen ebenso anschaulichen wie praxisnahen Einblick in die unterschiedlichsten Methoden zur Diagnose sozialer Kompetenzen.

www.hogrefe.de

HOGREFE

Hogrefe Verlag GmbH & Co. KG
Merkelstraße 3 · 37085 Göttingen · Tel.: (0551) 99950-0 · Fax: -111
E-Mail: verlag@hogrefe.de · Internet: www.hogrefe.de